INTRODUCCION A LA LITERATURA ESPAÑOLA

Introducción a la literatura española

Revised Edition

FRANCISCO PÉREZ RIVERA

MARIO HURTADO

 Prentice Hall Regents, Englewood Cliffs, NJ 07632

Cover design: Judy Allan

Cover: "La corrida de toros" de Francisco de Goya y Lucientes
    The Metropolitan Museum of Art, Wolfe Fund, 1922.
    Catharine Lorillard Wolfe Collection.

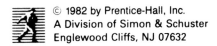 © 1982 by Prentice-Hall, Inc.
A Division of Simon & Schuster
Englewood Cliffs, NJ 07632

Printed in the United States of America

10 9 8 7 6 5 4 3 2

ISBN 0-13-477225-3

Prentice-Hall International (UK) Limited, *London*
Prentice-Hall of Australia Pty. Limited, *Sydney*
Prentice-Hall Canada Inc., *Toronto*
Prentice-Hall Hispanoamericana, S.A., *Mexico*
Prentice-Hall of India Private Limited, *New Delhi*
Prentice-Hall of Japan, Inc., *Tokyo*
Simon & Schuster Asia Pte. Ltd., *Singapore*
Editora Prentice-Hall do Brasil, Ltda., *Rio de Janeiro*

INDICE GENERAL

i

PREFACIO

No es nuestro propósito ofrecer en este breve volumen un estudio exhaustivo del inmenso panorama literario español. Antes bien, deseamos presentar al lector una selección de las obras y los autores más significativos de cada época, en una forma amena que despierte el interés por la literatura española.

El libro está dividido en cinco partes, cada una de las cuales va encabezada por una introducción de carácter general en que se esboza un cuadro histórico-artístico-literario de la época correspondiente. Seguidamente se estudian en detalle los autores, movimientos o tendencias que confieren a cada período sus características dominantes.

Hemos evitado recargar el texto con datos, fechas y subdivisiones que, por su excesiva especialización o por su naturaleza secundaria, rebasan los límites que nos hemos impuesto. Fuera de estos límites figuran también todos aquellos textos cuyo objetivo principal no cae dentro de los parámetros de la estética como son, por ejemplo, los estudios filosóficos y los tratados teológicos. En los casos de divergencias de opinión sobre cuestiones cronológicas o literarias, nos limitamos a señalar la diversidad de enfoques y a indicar la posición de la mayoría de la crítica.

En todo momento hemos tratado de mantener un estilo claro y sencillo, que evite al lector la necesidad de consultar continuamente obras de referencia. No obstante, ofrecemos anotaciones al pie de página cada vez que las consideramos necesarias.

No podríamos terminar este prefacio sin expresar nuestro agradecimiento más profundo a los profesores Eugenio Florit, de Barnard College y Columbia University, y Luz Castaños, de Barnard College, por sus valiosas aportaciones a este texto.

Si con él logramos despertar la curiosidad de algún lector por el fascinante campo de la literatura española, nos daremos por plenamente satisfechos.

Los autores
Nueva York, 1981

El Alcázar de Segovia. De origen árabe, fue reconstruido en el siglo XIV. (TWA)

I

LITERATURA MEDIEVAL

Hasta el siglo XV

1. GENERALIDADES

España: primera democracia de los tiempos modernos para unos, país de la Inquisición y la Leyenda Negra para otros; máximo exponente del realismo literario según muchos críticos y cuna del abstraccionismo más absoluto según los demás; "comienzo de Africa" para no pocos estadistas europeos, pero también la "Madre Patria" de una veintena de naciones americanas . . . La lista de juicios contradictorios acerca de esta tierra y sus habitantes podría prolongarse hasta el infinito: es esto lo que ha dado en llamarse el *enigma de España,* y lo que ha desafiado y cautivado con su misterio a una legión innumerable de estudiosos en el mundo entero.

Las páginas de este libro constituyen una nueva exploración de ese fascinante territorio intelectual. Antes de emprender el viaje, empero, es preciso tener en cuenta que el país conocido modernamente con el nombre de España, más que una nación en el sentido habitual de la palabra, es en realidad un *conjunto de nacionalidades*[1] de características muy diversas, unidas por un destino común. Una vez establecido este concepto, puede el lector darse a la tarea de estudiar las múltiples manifestaciones del espíritu español. Los capítulos que siguen le ayudarán en esa tarea, al desplegar ante sus ojos una visión panorámica de dichas manifestaciones, con especial hincapié, desde luego, en el aspecto literario. Confiamos en que, al término de su estudio, logre llegar cada lector a sus propias conclusiones acerca del alma, la civilización y el "enigma" de España.

La península sudoccidental de Europa fue llamada por los fenicios *Hispania,* que en su lengua significaba "tierra de los conejos". La designación de estos colonizadores se propagó rápidamente por la cuenca del Mediterráneo y fue adoptada también por los romanos, con lo que llegó a constituir la raíz etimológica de su nombre actual. Ya en el *Libro de los Reyes* de la Biblia se menciona la ciudad de Tarsis —en las cercanías de la actual Huelva— de donde el rey judío Salomón[2] importó muchos de los metales preciosos empleados en su famoso templo de Jerusalén.

---

[1] Grupos étnicos diferenciados, como los catalanes, vascos, castellanos, etc.

[2] Hijo y sucesor de David, que reinó del 970 al 931 A.C.

Los griegos llamaron a la península *Iberia*, posiblemente a causa de la floreciente cultura de los iberos, un pueblo de origen norafricano. También fue importante en la época antigua la civilización de los celtas, de origen indogermánico, que se asentaron principalmente en el norte.

En el año 133 A.C., con la toma de Numancia[3], se consolida la dominación romana sobre Hispania. A la caída del Imperio Romano de Occidente[4] se establece un reino independiente en territorio español: la monarquía visigoda. Los visigodos formaban parte de los pueblos de origen germánico que invadieron el occidente europeo en los primeros siglos de nuestra era, pero pronto se convirtieron al cristianismo y llegaron a integrar uno de los sustratos[5] étnicos esenciales de lo que, andando el tiempo, sería el pueblo español.

[3] Localidad situada cerca de la actual Soria. Tras un sitio memorable tendido por las legiones romanas, sus habitantes prefirieron incendiar la ciudad y perecer en las llamas que entregarse a los conquistadores. El asedio de Numancia ha de servir de tema a una obra fundamental de Cervantes.

[4] Ocurrida en el 476 D.C.

[5] Capas, estratos inferiores de una formación geológica determinada. Se aplica por extensión a la antropología y la filología con sentido similar.

Ruinas de un teatro romano en la provincia de Badajoz. (Ministerio de Información y Turismo, Madrid)

En el año 711, la monarquía visigoda recibe el impacto de un nuevo invasor, cuyos efectos sobre la vida futura de la Península serán incalculables: las huestes árabes.

El éxito de la invasión queda prácticamente asegurado ya desde la batalla de Guadalete o Barbate[6] que se libra en el suroeste español a mediados del año 711. La mayor parte de la Península pasa a ser durante algún tiempo una provincia musulmana más, dependiente del califa de Damasco[7]. Pocas décadas después, empero, se proclama la independencia política del Emirato de Córdoba, y a mediados del siglo X el emir Abderrahmán III[8] adopta además el título de califa, rompiendo así oficialmente su dependencia religiosa con respecto al Califato de Oriente.

Es ésta también la época del máximo esplendor de la civilización árabe en España. A partir del siglo XI el poder musulmán va decayendo paulatinamente, se rompe la unidad mantenida por el califa de Córdoba y se forman pequeños reinos independientes que comienzan a luchar entre sí[9].

Si bien la conquista de España por los árabes resultó fácil, no fue en cambio completa. En la región más septentrional quedaron varios caudillos nobles que no aceptaron la dominación extranjera, mantuvieron a toda costa su independencia y eligieron rey a un noble visigodo llamado Pelayo. Este logra vencer a los moros en la batalla de Covadonga (718), considerada a la vez como inicio de la Reconquista y como origen del primer reino cristiano español tras la derrota goda: Asturias.

La resistencia crece en diversas zonas del norte, y pronto aparecen insurgentes cristianos en las regiones que hoy en día corresponden a León, Castilla, Navarra, Cataluña y Aragón. A medida que avanza la Reconquista, los reinos de Castilla y Aragón cobran cada vez mayor importancia, mientras los demás van pasando a un plano secundario. Tras siete siglos de luchas, la toma de Granada en 1492 marca el fin de la dominación musulmana en España.

La gloria de haber concluido la Reconquista, y de haber allanado el camino a la unificación de España con su propio matrimonio, corresponde a los Reyes Católicos, Isabel de Castilla y Fernando de Aragón. Durante el gobierno de estos monarcas se lleva a cabo también el descubrimiento de

---

[6] Las opiniones de los historiadores divergen en lo que respecta al lugar preciso de esta batalla. Hay incluso quienes la sitúan junto a la laguna de Janda, y no a orillas de los ríos mencionados.

[7] El título de califa incluía las dignidades de jefe de gobierno y dirigente espiritual de los pueblos islámicos.

[8] Octavo emir omeya, fundador de la Escuela de Medicina de Córdoba (912-961).

[9] Son los llamados "reinos de taifas", cuyas enemistades intestinas contribuyen decisivamente al desplome de la civilización mora en la Península.

Patio de los Leones del palacio de La Alhambra, residencia de los reyes moros de Granada. (TWA)

América —que ocurre en el mismo año de la toma de Granada— gracias al apoyo prestado a Cristóbal Colón por la reina castellana.

El surgimiento de España como una nación eminentemente cristiana, en lucha contra una potencia extranjera que ha invadido su territorio y trata de imponer además una religión diferente, es un hecho de capital importancia para la comprensión de la literatura española: desde su nacimiento mismo, las letras castellanas[10] hacen equivaler el patriotismo al cristianismo, y, más tarde, después de la Reforma protestante, al catolicismo. Esa tendencia perdura durante gran parte de la producción literaria que estudiaremos en este libro.

[10] Aun cuando el territorio español ha sido y es cuna de las más variadas manifestaciones literarias, nos atenemos en este libro al concepto más aceptado desde el punto de vista docente, que considera como literatura española propiamente dicha a la literatura castellana. Por otra parte, como resultado de la preponderencia política de Castilla, su lengua llegó a convertirse en idioma oficial del país unificado.

4

Figurina ornamental de bronce del siglo XIII o XIV. (The Metropolitan Museum of Art, The Bashford Dean Memorial Collection, Purchase, 1929)

El caudillo que más contribuyó al afianzamiento de las armas cristianas en la lucha contra los moros fue Rodrigo Díaz de Vivar, más conocido en la literatura y en la historia por su sobrenombre de "el Cid". No es nada sorprendente, pues, que el primer monumento literario hispano-romance[11] llegado hasta nosotros sea precisamente un poema en que se narran sus hazañas: el *Cantar de Mio Cid.*

Este poema pertenece al repertorio de los *juglares,* es decir, de aquellos artistas que se ganaban la vida recitando versos ante gente de la nobleza o en la plaza pública. Sus composiciones relataban generalmente alguna hazaña famosa —por lo que eran llamadas "cantares de gesta"— y su arte en conjunto es conocido con la designación de *mester*[12] *de juglaría.*

La poesía que recitaban los juglares era primitiva, directa, carente de refinamientos técnicos o preocupaciones estilísticas. Durante largo tiempo los poemas épicos se transmitieron exclusivamente por vía oral. En su época de mayor auge, los siglos XII y XIII, el arte juglaresco no se limita a la recitación de poemas como los llegados hasta nuestros días, sino que abarca otras actividades escénicas como pantomimas, juegos de destreza, danzas y hasta diálogos en que un mismo recitador finge varios personajes imitando voces diversas. Aparte del *Cantar de Mio Cid,* que estudiaremos detalladamente en el próximo capítulo, el mester de juglaría incluye también el *Cantar de Roncesvalles,* el *Cantar de Rodrigo* y otros poemas de origen popular que sólo han llegado hasta nosotros en forma fragmentaria.

[11] **Lengua** popular hispánica, derivada del latín, pero poseedora ya de características sintácticas y morfológicas propias. El término "romance" se aplica en su sentido más amplio a todas las lenguas neolatinas; en los textos de filología española, empero, se utiliza frecuentemente como sinónimo de lenguaje hispánico primitivo.

[12] Del latín **ministerium,** que significa oficio, ocupación.

Al mester de juglaría se contrapone en la literatura medieval española el llamado *mester de clerecía*. En esta época, clérigo es sinónimo de hombre culto y letrado, que ha recibido una educación latino-eclesiástica. Su profesión, en cierto sentido, es el cultivo de las letras, y en particular de la poesía. Así pues, la literatura de clerecía es más perfecta desde el punto de vista formal, se atiene a las reglas métricas y emplea recursos literarios y temas filosóficos desconocidos para los juglares.

A los principales exponentes del mester de clerecía dedicamos uno de nuestros próximos capítulos.

Casi simultáneamente con las figuras del juglar declamador y recreador de poemas *épicos*[13], y del clérigo autor de poesía *erudita*, aparece en el escenario de las letras romances el personaje del *trovador*, cantor por excelencia de un género distinto, en el que predominan los elementos emotivos sobre los puramente anecdóticos: la poesía *lírica*.

El origen de la lírica castellana no está determinado aún con exactitud. En general, se reconoce la importancia que tuvieron en su desarrollo los poetas provenzales[14] y catalanes, así como las composiciones galaico-portuguesas del género. Hoy día, empero, tiende a darse una importancia cada vez mayor a los antecedentes *mozárabes*[15], considerablemente más antiguos que los arriba mencionados. De todo esto nos ocuparemos en detalle más adelante.

España, se ha dicho con frecuencia, es el país del *romancero*. Se da este nombre a la colección de romances, es decir, composiciones escritas en octosílabos de rima asonante[16], de origen generalmente anónimo, temas épicos o líricos y decidido carácter popular. Aunque el romance como forma poética no se ha dejado de cultivar prácticamente nunca en España, aquí nos referimos específicamente al *romancero tradicional*, esto es, a los ciclos originales que tienen su mayor auge en los siglos finales de la Edad Media. En un capítulo posterior estudiaremos con detenimiento sus principales características.

Las primeras manifestaciones de *prosa* castellana que han llegado hasta nosotros datan del siglo XIII. Los textos más antiguos —compilaciones de máximas morales o colecciones de leyes romanas y visigodas— carecen de propósitos específicamente literarios y quedan por tanto fuera del ámbito de este libro.

---

[13] Es decir, aquellos en que predominan los elementos narrativos, como los mencionados cantares de gesta.

[14] De una provincia en el sureste de Francia conocida en español como Provenza, cuna de un poderoso movimiento trovadoresco que se extendió en el siglo XII a numerosas cortes meridionales.

[15] El término se aplica a los cristianos que permanecieron en territorio musulmán y conservaron en gran medida su lengua y sus costumbres propias.

[16] Aquélla en que sólo han de coincidir las vocales a partir de la acentuada.

La Alcazaba de Málaga.
(Cortesía de Fonópolis 1978, Madrid)

En cambio, en la segunda mitad del siglo, durante el reinado de Alfonso X el Sabio[17], comienza a cultivarse la prosa *narrativa* al ser traducidas al castellano colecciones de cuentos de origen oriental, como el *Libro de Calila e Dimna*, y el *Sendebar*, que fue llamado *Libro de los engaños e los asayamientos*[18] *de las mujeres.*

La primera colección comprende fábulas que son contadas a un rey de la India por su alguacil y otros personajes. Entre éstos aparecen animales como los lobos Calila y Dimna, que dan su nombre a la obra. Los cuentos de este libro, mandado a traducir según algunos por el propio Alfonso X, alcanzaron gran popularidad en toda Europa e influyeron incluso en los fabulistas del siglo XVIII.

---

[17] Rey de Castilla y de León (1221-1284). Subió al trono a la muerte de su padre Fernando III el Santo en 1252. Escribió en lengua gallega sus célebres *Cantigas de Santa María,* y se esforzó por reunir en sus obras los distintos aspectos de la cultura de su época. En el plano político, fue el primer monarca de Europa que admitió en las asambleas del reino a representantes del "estado llano", es decir, de los plebeyos o habitantes comunes del país. Por ello se habla de su gobierno como de la "primera democracia moderna" del Continente.

[18] Astucias.

El *Sendebar*, también de origen indio, consta de una veintena de narraciones entrelazadas por una trama similar a la de *Las mil y una noches*. Ha sido calificado de libro misógino porque atribuye a las mujeres la culpa del "malcomportamiento" de los hombres y las desgracias derivadas de ello. Se considera que su traducción fue ordenada por el príncipe don Fadrique, hermano de Alfonso.

Aunque caen también fuera de los límites de este libro, resultan particularmente importantes para el futuro desarrollo de la civilización española los tratados científicos, las obras históricas y los códigos legislativos redactados bajo la supervisión de Alfonso el Sabio. Por otra parte, las compilaciones de leyes, particularmente *Las siete partidas*, brindan amplia e interesante información acerca de la España medieval.

El *teatro* renace en la Edad Media al calor de las ceremonias religiosas. Originalmente, las piezas conocidas como *dramas litúrgicos* estaban escritas de principio a fin en la "lengua oficial" de la iglesia, es decir, en latín. Sin

Frontispicio de Las siete partidas, *código de leyes que contribuyó a fijar el dialecto castellano como idioma.*

Cerámica valenciana del siglo XV. (Cortesía The Hispanic Society of America)

embargo, pronto comienzan a intercalarse pasajes en romance, y finalmente se escriben totalmente en lengua popular. El *Auto de los Reyes Magos* es la única pieza que ha llegado hasta nosotros de ese teatro religioso anterior al siglo XV, y todo lo que se conserva hoy en día de ella son unos 150 versos.

Finalmente, estos dramas salen de las iglesias a las plazas, amplían sus temas y conservan su vigencia hasta la época clásica, en que son cultivados por muchos de los grandes dramaturgos con la designación de *autos sacramentales*[19]. En los años de transición entre la Edad Media y el Renacimiento son particularmente interesantes las piezas religiosas de Gómez Manrique (¿1412-1490?), las *églogas*[20] de Juan del Encina (¿1469-1529?) y las *farsas*[21] de Lucas Fernández (1474-1542).

Ya a partir del siglo XII, empero, surge un *drama profano* que compite con los religiosos por la atención del público, y que poco a poco sienta las bases de lo que será el teatro nacional español.

---

[19] Composiciones breves de carácter alegórico, cuyos argumentos ilustran los diversos misterios de la religión, y particularmente el sacramento de la Eucaristía.

[20] Composición del llamado género bucólico. Se desarrolla habitualmente en un paisaje rural, y sus personajes principales son pastores. Su máximo desarrollo tendría lugar más tarde en la poesía lírica.

[21] El término equivale en esta época a "obra de teatro" en general.

Prácticamente todas las corrientes literarias medievales se funden a fines del siglo XV en una obra de características únicas dentro de las letras castellanas, que constituye a la vez una brillante conclusión del período que la precede y un digno comienzo del ciclo subsiguiente, la *Tragicomedia de Calisto y Melibea*.

La Celestina —que así se la designa comúnmente— es el puente literario que nos traslada del Medioevo al Renacimiento. Como obra de transición, los problemas que su estudio plantea son numerosos y delicados. Pero sólo después de analizarlos detenidamente, en el capítulo final de esta Primera Parte, estaremos en condiciones de llegar en nuestro estudio al **período de plenitud** de la literatura castellana.

Tela mudéjar. (Cortesía The Hispanic Society of America)

2. MESTER DE JUGLARIA

La épica[1] medieval castellana narra, como hemos visto, las hazañas de los héroes de la época, se transmite oralmente de unos juglares a otros y, más que la obra de autores anónimos, es el producto de la colaboración de todos.

Acerca de sus orígenes se han formulado diversas teorías, que pueden reducirse esencialmente a tres: la que considera la epopeya castellana como una derivación de la épica francesa; la que busca sus raíces en los cantos guerreros de los visigodos; y la que sostiene que hubo en la Andalucía de los siglos IX y X una poesía romanceada de la cual subsisten elementos en las crónicas árabes de la Península. El profesor Angel Valbuena Prat dice al respecto: "Creo que no son incompatibles los tres puntos de vista, sino que se completan y apoyan. Pudo haber un origen gótico (germánico) que explicase, remotamente, la génesis de nuestra epopeya, y a la vez, un influjo directo de formas, de detalles, de nombres árabes y un desarrollo netamente español, castellano, que al llegar a los comienzos del siglo XIII recoge . . . los elementos abundantes y magníficos del apogeo de las *chansons de geste*[2] francesas"[3].

La influencia francesa se evidencia principalmente en el *Cantar de Mio Cid* (siglo XII) y en otros posteriores. Los primeros poemas, que conocemos sólo indirectamente a través de versiones posteriores en prosa, no revelan tal influjo.

El período de formación de la épica castellana se extiende desde alrededor del siglo X hasta principios del XII. Le sigue la época de su máximo esplendor, que se prolonga hasta mediados del siglo XIII. A partir de entonces, y hasta mediados del siglo XIV, el mester de juglaría se sigue cultivando con asiduidad aunque ha hecho ya su aparición la escuela "rival" del mester de clerecía. En este período, numerosos cronistas e historiadores, conscientes del valor de la epopeya como testimonio de su tiempo, incorporan a sus obras versiones en prosa de tales poemas. Estas versiones han permitido más tarde la reconstrucción de las epopeyas originales perdidas.

---

[1] Del griego ἔπος, palabra, discurso, verso.
[2] Canciones, o más propiamente en este caso, cantares de gesta en la literatura francesa.
[3] *Historia de la Literatura española*, Editorial Gustavo Gili, Barcelona.

En la segunda mitad del siglo XIV comienza la decadencia del género; los cantares extensos se van fragmentando, el elemento fantástico gana preponderancia y el poema épico deriva hacia una nueva forma, más de acuerdo con la sensibilidad de las nuevas estructuras sociales: el *romance*.

La obra más antigua de la epopeya castellana que ha llegado hasta nosotros es el *Cantar de Mio Cid*, que constituye como hemos dicho, el primer monumento literario español. Parece compuesto hacia el año 1140, aunque la copia más antigua de que disponemos está fechada en 1307. El *Cid* ofrece pruebas de que, a diferencia de otras gestas europeas[4], la epopeya castellana se basa en hechos rigurosamente históricos; incluso las descripciones geográficas del poema corresponden a la realidad. Si bien el autor introduce ocasionalmente algún elemento ficticio, estas interpolaciones no alteran la veracidad fundamental de las hazañas narradas.

El filólogo español Ramón Menéndez Pidal[5], autor de las principales investigaciones históricas y literarias acerca del Cid, ha dividido el poema en tres partes:

Cantar del destierro

Por falsas imputaciones de sus enemigos[6], el Cid es desterrado de Castilla por su rey, Alfonso VI. El comienzo del poema[7] presenta la despedida de don Rodrigo Díaz de sus posesiones en Vivar:

> El Cid sale de Vivar, a Burgos va encaminado,
> allá deja sus palacios yermos y desheredados.
>
> Los ojos de Mio Cid mucho llanto van llorando[8];
> hacia atrás vuelve la vista y se quedaba mirándolos.
> Vio cómo estaban las puertas abiertas y sin candados,
> vacías quedaban las perchas ni con pieles ni con mantos,
> sin halcones de cazar y sin azores mudados[9].
> Y habló, como siempre habla, tan justo y tan mesurado;
> "¡Bendito seas, Dios mío, Padre que estás en lo alto!
> Contra mí tramaron esto mis enemigos malvados".

---

[4] En las epopeyas griega, francesa y alemana el elemento fantástico es parte esencial del relato.

[5] RAMON MENENDEZ PIDAL nació en La Coruña en 1869. Escribió numerosos tratados sobre temas históricos y literarios como *Los orígenes del español*, *Poesía juglaresca y juglares*, *El romancero español* y otros. Murió en noviembre de 1968.

[6] Se le acusó de haberse guardado parte de los tributos que había recaudado para el rey en tierras musulmanas.

[7] Según reconstrucciones modernas, pues al texto del copista le faltan varias páginas.

[8] Este es el primer verso que aparece en la copia de 1307.

[9] **Azor,** ave de rapiña que se usaba en la caza; **mudado,** que ha cambiado su plumaje.

Catedral de Burgos, cuya construcción empezó en el siglo XIII y tardó 300 años.
(Ministerio de Información y Turismo)

Don Rodrigo llega con sus hombres a Burgos, donde nadie les ofrece alojamiento porque el rey lo ha prohibido. En vista de ello, siguen todos hacia el monasterio de San Pedro de Cardeña, situado a diez kilómetros de la ciudad; allí el Cid se despide de su esposa, doña Jimena, y de sus dos hijas, que en el poema se nombran doña Elvira y doña Sol:

> Las dos manos inclinó el de la barba crecida[10],
> a sus dos niñitas coge, en sus brazos las subía
> al corazón se las llega, de tanto que las quería.
> Llanto le asoma a los ojos y muy fuerte que suspira.
> "Es verdad, doña Jimena, esposa honrada y bendita,
> tanto cariño os tengo como tengo al alma mía.
> Tenemos que separarnos, ya lo veis, los dos en vida;
> a vos[11] os toca quedaros, a mí me toca la ida.
> ¡Quiera Dios y con él quiera la Santa Virgen María
> que con estas manos pueda aún casar a nuestras hijas
> y que me quede ventura y algunos días de vida
> para poderos servir, mujer honrada y bendita!"

Más de cien castellanos se suman a las fuerzas del Cid; éste deja su familia al cuidado del abad de Cardeña y finalmente el grupo pasa a territorio árabe. Comienza entonces una larga serie de conquistas que gana para don Rodrigo y sus hombres merecida fama. La relación detallada de esas hazañas constituye el final de la primera parte.

Bodas de las hijas del Cid con los infantes de Carrión

Tras apoderarse de Valencia, don Rodrigo pide al rey Alfonso VI que permita a su esposa e hijas reunirse con él en esa ciudad. El monarca se muestra benévolo y accede a su solicitud. Pero los valiosos regalos enviados a la Corte por don Rodrigo despiertan la codicia de los infantes de Carrión, que piden al soberano por esposas a las hijas del Cid. Después de reconciliarse con su vasallo, Alfonso VI comunica a todos el deseo de los infantes:

> "Infanzones y mesnadas[12], condes oíd con atención
> el ruego que voy a hacer a Mio Cid Campeador,
> que sea para su bien ojalá lo quiera Dios.
> Vuestras hijas, Cid, os pido, doña Elvira y doña Sol,
> para que casen con ellas los infantes de Carrión.
> Me parece el casamiento honroso para los dos,
> los infantes os las piden y les recomiendo yo.

---

[10] En el poema hay numerosas referencias a la imponente barba del Cid.

[11] **Vos**, variante del pronombre personal de segunda persona, de ambos géneros y números cuando se usa como tratamiento. Se empleaba muy frecuentemente en la antigüedad; hoy sólo se utiliza en poesía, en oraciones (para dirigirse a Dios) y otros casos contados.

[12] **Infanzones**, hidalgos de potestad y señorío limitados. **Mesnadas**, compañías de hombres de armas.

Y pido a todos aquellos que están presentes y son
vasallos vuestros o míos, que rueguen en mi favor.
Dádnoslas, pues Mio Cid, y que os ampare Dios''.

El Cid accede al casamiento sólo porque se lo pide su rey, aunque desconfía de los infantes. Finalmente, las bodas se celebran en Valencia con gran solemnidad.

Afrenta[13] de Corpes y venganza del Cid

Un incidente en el campamento del Cid demuestra la cobardía de los infantes[14], y los compañeros del héroe se burlan de ellos. Ofendidos, éstos piden permiso para llevar a sus esposas a sus tierras de Carrión. Al entrar en territorio de Castilla, en el robledal de Corpes, azotan a sus mujeres y las dejan, desnudas y medio muertas, atadas a unos árboles: es la venganza

---

[13] Ultraje.

[14] Un león del Cid se escapa de su jaula y siembra el pánico en la comitiva de don Rodrigo. Los infantes dan muestra de gran temor ante la fiera, que el Cid domina sin mayor esfuerzo. El poeta relata que *"avergonzados estaban los infantes de Carrión,/ gran pesadumbre tenían de aquello que les pasó"*. Muchos consideran ficticio este incidente.

Vista nocturna de Toledo, ciudad medieval de Castilla.

que han tramado contra el Cid y sus guerreros. Pero doña Elvira y doña Sol son halladas por un primo suyo, que da parte de lo ocurrido a su padre. Este pide justicia al monarca, y se celebran Cortes[15] en Toledo, a las que sólo con renuencia asisten los de Carrión. En ellas, el Cid expone su demanda y reta a los infantes a un duelo:

"Merced, mi rey y señor, por amor y caridad:
la queja mayor de todas no se me puede olvidar.
Que me oiga la corte entera y se duela con mi mal:
los infantes de Carrión me quisieron deshonrar,
sin retarlos a combate no los puedo yo dejar.
Decidme, ¿qué os he hecho, infantes de Carrión?
¿Cuándo de burlas o veras, ofenderos pude yo?
Ante el juicio de la corte hoy pido reparación.
¿Para qué me desgarrasteis las telas del corazón?
Al marcharos de Valencia yo os entregué mis dos
hijas con buenas riquezas y con el debido honor.
Si no las queríais ya, canes[16] de mala traición,
¿por qué fuisteis a sacarlas de Valencia la mayor?
¿Por qué las heristeis luego con cincha y con espolón?
En el robledal quedaron doña Elvira y doña Sol
a la merced de las fieras y las aves del Señor.
Estáis, por haberlo hecho, llenos de infamia los dos.
Ahora que juzgue esta corte si no dais satisfacción".

El duelo se efectúa, y los infantes son vencidos y declarados traidores. Llegan entonces mensajeros que piden en matrimonio a las hijas del Cid para los infantes de Navarra y Aragón. Y, muy satisfecho, el juglar nos cuenta el favorable desenlace de su historia:

Sus casamientos hicieron doña Elvira y doña Sol,
los primeros fueron grandes pero éstos son aún mejor,
y a mayor honra se casan que con esos de Carrión.
Ved como crece en honores el que en buenhora[17] nació,
que son sus hijas señoras de Navarra y Aragón.
Esos dos reyes de España ya parientes suyos son,
y a todos les toca honra por el Cid Campeador.
Pasó de este mundo el Cid, el que a Valencia ganó:
en días de Pascua ha muerto, Cristo le dé su perdón.
También perdone a nosotros, al justo y al pecador.
Estas fueron las hazañas de Mio Cid Campeador[18]:
en llegando a este lugar se ha acabado esta canción[19].

[15] Reunión de principales del reino para dilucidar una disputa o cuestión importante. Modernamente, el término se emplea para designar al Parlamento español.

[16] Perros, palabra usada en sentido despectivo.

[17] En buena hora, esto es, por dicha, para bien.

[18] Es esa la denominación completa, mitad castellana y mitad árabe, que daban a don Rodrigo sus huestes y aun sus propios enemigos. Cid proviene del árabe **sidi**, que significa señor; Campeador (de campear) se aplicaba al que sobresalía en los campos de batalla.

[19] Versión moderna de Pedro Salinas, *Poema del Cid*, Editorial Losada, Buenos Aires. Reproducido por autorización de la Agencia Literaria Carmen Balcells, Barcelona. Derechos reservados.

El Cid en una de sus campañas militares. (N.Y. Public Library)

El Cid es el único héroe de la epopeya universal que trasciende los dominios de la poesía y "recibe de lleno la luz de la historia, (una luz) que no alumbra a ninguna de las grandes figuras épicas de otros pueblos"[20]. Y es precisamente la historia la que se encarga de confirmar el heroísmo y las altas cualidades morales de esta personalidad descollante de la Reconquista española.

Rodrigo Díaz de Vivar nació probablemente hacia el año 1043. Sus padres pertenecían a la nobleza, pero lejos de frecuentar la corte de Castilla, llevaban una vida tranquila en sus posesiones de Vivar, un pequeño pueblo situado al norte de Burgos. El joven Rodrigo se distinguió pronto entre los guerreros del ejército de Castilla, y ya a los 23 años lo encontramos desempeñando el cargo de alférez, un puesto de gran distinción en el ejército real. Al morir el

---

[20] Ramón Menéndez Pidal, *El Cid Campeador*, Espasa-Calpe, Madrid.

rey Sancho II, el Fuerte, que le había conferido tal honor, ocupó el trono de Castilla Alfonso VI —y con este acontecimiento comienzan las vicisitudes que hacen del Cid una figura heroica y trágica a la vez en la historia española.

Por intrigas de cortesanos envidiosos, don Rodrigo y sus guerreros son desterrados más de una vez de las tierras de Castilla. Sus esfuerzos de reconciliación con el rey Alfonso se ven frustrados repetidamente por la falta de visión política del monarca, siempre atento a los detractores del héroe. Finalmente, el Cid emprende por sí solo la magna empresa de frenar el avance musulmán en el Levante[21]. Y a pesar de su falta de recursos, el guerrero castellano impone su genio militar en toda la región valenciana, justamente en momentos críticos para las fuerzas de Castilla.

Tal como habíamos visto en el poema, las hazañas de don Rodrigo dan un impulso decisivo a la Reconquista, y culminan efectivamente en la toma de Valencia, en el año de 1092. Con ello, sus victorias sirven de poderoso dique a la ofensiva árabe, y su fallecimiento en 1099 "causó el más grave duelo en la cristiandad y gozo grande entre los enemigos musulmanes", según una crónica francesa de la época.

[21] Región sudoriental de España.

Monumento al Cid en Burgos. (Ministerio de Información y Turismo)

Pero ya su gloria estaba firmemente cimentada, sus denodados esfuerzos salvaron a España de una grave crisis provocada por la renovada belicosidad de los árabes, y su obra permitió que los cristianos se preparasen debidamente para resistir toda tentativa de expansión musulmana hasta poder lograr la victoria definitiva.

Aunque no han llegado completos hasta nosotros, se sabe que durante el florecimiento de la épica española los cantares de gesta fueron extensos y numerosos. Y, por lo que puede deducirse de los fragmentos conservados o reconstruidos hoy, una de sus características esenciales —que comparten con el poema del Cid— es el realismo.

El mismo éxito de los cantares de gesta provocó en cierta forma su decadencia. Su gran demanda por parte del público hizo que los juglares tuvieran que acudir a nuevos temas. Pronto se pierde el sentido realista y se recurre a la imaginación. Simultáneamente, se introduce un elemento nuevo, el amor, y se hace evidente la influencia francesa.

Pero no es sólo la literatura la que evoluciona, sino también la vida. Y, a medida que nos aproximamos al Renacimiento, van perdiendo importancia una serie de conceptos —como los de fuerza o bravura— para dejar paso a una visión más placentera o refinada de la existencia. Con ello, la literatura se ocupa cada vez menos de la narración de batallas violentas para entregarse a la descripción de lo bello y a la presentación de fiestas palaciegas.

Al terminar el siglo XIV, la combinación de elementos épicos y líricos da origen al *romancero español*.

La reina Blanca de Castilla con su hijo Luis IX de Francia.
(The Pierpont Morgan Library)

20

3. MESTER DE CLERECIA

A diferencia del mester de juglaría, cuya principal intención era interesar y divertir al público en forma de espectáculo popular, la poesía del mester de clerecía estaba destinada esencialmente a la lectura. Es poesía culta practicada por clérigos.

Su máximo auge corresponde a los siglos XIII y XIV, y su representante más antiguo parece haber sido Gonzalo de Berceo, que vivió a mediados del siglo XIII. Pertenecen a esta escuela, entre otros, los autores del *Libro de buen amor*, *Libro de Apolonio* y *Libro de Alexandre*.

No obstante, los límites entre clérigo y juglar no son tan nítidos como a primera vista pudiera parecer: el propio Berceo y el autor del *Libro de Alexandre* se llaman en alguna ocasión juglares, y se sabe además que numerosos poemas del mester de clerecía fueron incorporados al repertorio de los declamadores.

Desde el punto de vista formal, empero, el mester de clerecía se distingue por el uso de la *cuaderna vía*, es decir, estrofas de cuatro versos de rima consonante similar[1]. Sus temas abarcan desde lo profundamente religioso hasta lo festivo y lo pagano.

Gonzalo de Berceo

Es el primer poeta castellano de nombre conocido. De su vida sabemos apenas que nació a fines del siglo XII, se ordenó de sacerdote, y murió después de 1264 cerca de Logroño. Se educó en el convento de San Millán de la Cogolla, un importante centro cultural de la Rioja, y permaneció adscrito al propio monasterio durante gran parte de su vida.

---

[1] Aquella en que tanto las vocales como las consonantes son idénticas a partir de la vocal acentuada.

Mercaderes catalanes en camino de regreso del Oriente con una carga de seda.
De un manuscrito del siglo XIII. (Bibliothèque Nationale, París)

Imagen del la Virgen y el Niño Jesús, siglo XIII.
(Cortesía The Hispanic Society of America)

Su obra es de carácter religioso. Sus poemas más conocidos incluyen la *Vida de Santo Domingo de Silos, El sacrificio de la Misa* y su obra capital, los *Milagros de Nuestra Señora.*

Este poema consta de 25 relatos de otros tantos milagros de la Virgen, en que ésta aparece como eficaz intercesora para lograr la salud temporal y la salvación eterna. Su introducción, de carácter alegórico, figura por derecho propio entre las creaciones poéticas más delicadas y hermosas de la poesía castellana.

He aquí sus estrofas iniciales:

Amigos y vasallos   de Dios omnipotente,
si escucharme quisierais   de grado[2] atentamente,
yo os querría contar   un suceso excelente:
al cabo lo veréis   tal, verdaderamente.

Yo, el maestro Gonzalo   de Berceo llamado,
yendo en romería[3]   acaecí en un prado[4]
verde, y bien sencido[5],   de flores bien poblado,
lugar apetecible   para el hombre cansado.

Daban olor soberbio   las flores bien olientes,
refrescaban al par   las caras y las mentes;
manaban cada canto[6]   fuentes claras corrientes,
en verano bien frías,   en invierno calientes.

Gran abundancia había   de buenas arboledas,
higueras y granados,   perales, manzanedas,
y muchas otras frutas   de diversas monedas,
pero no las había   ni podridas ni acedas[7].

La verdura del prado,   el olor de las flores,
las sombras de los árboles   de templados sabores
refrescáronme todo,   y perdí los sudores:
podría vivir el hombre   con aquellos olores.

Nunca encontré en el siglo   lugar tan deleitoso,
ni sombra tan templada,   ni un olor tan sabroso.
Me quité mi ropilla   para estar más vicioso[8]
y me tendí a la sombra   de un árbol hermoso.

A la sombra yaciendo   perdí todos cuidados,
y oí sones de aves   dulces y modulados:
nunca oyó ningún hombre   órganos más templados
ni que formar pudiesen   sones más acordados.

[2] Con buena voluntad, con gusto.
[3] Peregrinación a un lugar santo.
[4] Llegué a un prado.
[5] Intacto.
[6] Esquina.
[7] Acidas.
[8] Cómodo.

Unas tenían la quinta[9]   y las otras doblaban;
otras tenían el punto,   errar no las dejaban.
Al posar, al mover,   todas se acompasaban:
aves torpes o roncas   allí no se acostaban.

No hay ningún organista,   ni hay ningún violero[10],
ni giga[11], ni salterio[12],   ni mano de rotero[13],
ni instrumento, ni lengua,   ni tan claro vocero
cuyo canto valiese   junto a éste un dinero.

Pero aunque siguiéramos   diciendo sus bondades,
el diezmo no podríamos   contar ni por mitades:
tenía de noblezas   tantas diversidades
que no las contarían   ni priores ni abades.

El prado que yo os digo   tenía otra bondad:
por calor ni por frío   perdía su beldad,
estaba siempre verde   toda su integridad,
no ajaba su verdura   ninguna tempestad.

En seguida que me hube   en la tierra acostado
de todo mi lacerio[14]   me quedé liberado,
olvidé toda cuita   y lacerio pasado:
¡el que allí demorase   sería bien venturado!

Los hombres y las aves   cuantas allí acaecían
llevaban de las flores   cuantas llevar querían,
mas de ellas en el prado   ninguna mengua hacían:
por una que llevaban,   tres y cuatro nacían.

Igual al Paraíso   me parece este prado,
por Dios con tanta gracia   de bendición dotado
el que creó tal cosa   fue maestro avisado;
no perderá su vista   el que haya allí morado.

El fruto de los árboles   era dulce y sabrido:
si Don Adán hubiese   de tal fruto comido
de tan mala manera   no fuera decebido
ni tomaran tal daño   Eva ni su marido.

Amigos y señores: lo que dicho tenemos
es oscura palabra: exponerla queremos.
Quitemos la corteza,   en el meollo[15] entremos,
tomemos lo de dentro,   lo de fuera dejemos.

---

[9] **Quinta, doble** y **punto** son referencias a la técnica del canto gregoriano, base de la música litúrgica medieval.

[10] Tañedor de viola.

[11] Viola pequeña.

[12] Especie de címbalo.

[13] **Rota:** instrumento parecido a la cítara.

[14] Miseria, pobreza.

[15] Médula.

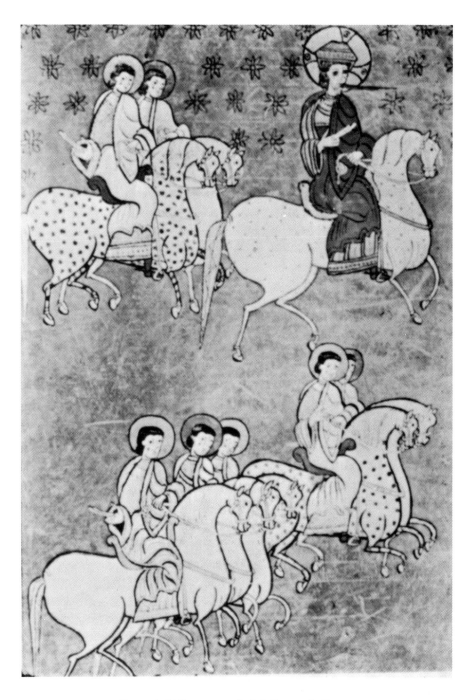

Beato de Liébana, catedral de Burgo de Osma.
(Cortesía de Editorial Hiares)

Todos cuantos vivimos   y sobre pies andamos
—aunque acaso en prisión   o en un lecho yazgamos—
todos somos romeros   que en un camino andamos
esto dice San Pedro,   por él os lo probamos.

Mientras aquí vivimos,   en ajeno moramos;
la morada durable   arriba la esperamos,
y nuestra romería   solamente acabamos
cuando hacia el Paraíso   nuestras almas enviamos.

En esta romería   tenemos un buen prado
en que encuentra refugio   el romero cansado:
es la Virgen Gloriosa,   madre del buen criado
del cual otro ninguno   igual no fue encontrado.

Este prado fue siempre   verde en honestidad,
porque nunca hubo mácula   en su virginidad;
post partum et in partu[16]   fue Virgen de verdad,
ilesa e incorrupta   toda su integridad.

Las cuatro fuentes claras   que del prado manaban
nuestros cuatro evangelios   eso significaban:
que los evangelistas,   los que los redactaban,
cuando los escribían   con la Virgen hablaban.

Cuanto escribían ellos,   ella se lo enmendaba;
sólo era bien firme   lo que ella alababa:
parece que este riego   todo de ella manaba,
cuando sin ella nada   a cabo se llevaba.

La sombra de los árboles,   buena, dulce y sanía,
donde encuentra refugio   toda la romería,
muestra las oraciones   que hace Santa María,
que por los pecadores   ruega noche y día.

Cuantos son en el mundo,   justos y pecadores,
coronados y legos,   reyes y emperadores,
allí corremos todos,   vasallos y señores,
y todos a su sombra   vamos a coger flores.

Los árboles que hacen   sombra dulce y donosa
son los santos milagros   que hace la Gloriosa.
que son mucho más dulces   que la azúcar sabrosa,
la que dan al enfermo   en la cuita rabiosa[17].

El pasaje inicial de los *Milagros* de Berceo, de acuerdo al texto reproducido, es una escena alegórica[18] seguida de una interpretación o "exégesis" del propio autor.

[16] Tanto en el parto como después del parto.

[17] Versión moderna de Daniel Devoto, Editorial Castalia, Madrid, España, 1969. Publicada con autorización del autor.

[18] *Alegórica*: derivado de **alegoría,** figura retórica que consiste en sustituir un objeto por otro que lo evoca o simboliza.

Retablo del Bautista y Santa Catalina.
(Museo del Prado)

Los versos siguientes amplían esa interpretación y ponen al lector *en situación* para las alegorías que ha de encontrar a cada paso en los relatos de los *Milagros de Nuestra Señora*.

El libro, en términos generales, responde a un intento de popularizar tradiciones religiosas marianas[18A], utilizando para ello recursos folklóricos y juglarescos cada vez que el poeta lo considera necesario.

Su permanencia en el acervo cultural de España hasta nuestros días da una idea de la intuición y el calibre poético del autor.

El Libro de Apolonio

Narra las aventuras de Apolonio, rey de Tiro, quien recobra a su esposa Luciana y a su hija Tarsiana al cabo de muchos años de haberlas perdido. Su autor anónimo se basó probablemente en una historia latina del mismo tema, muy popular en la Edad Media.

El *Libro de Apolonio* es particularmente interesante por reflejar los conceptos caballerescos de la época, al tiempo que conserva la estructura de las

[18A] Relativas a la Virgen María.

narraciones bizantinas con sus múltiples peripecias, altibajos y sorpresas para el lector.

El Libro de Alexandre

Es el libro del mester de clerecía más extenso que ha llegado hasta nosotros.

Página del Libro de Alexandre.
(Cortesía de Princeton University Press)

En sus 10,000 y tantos versos, el autor del siglo XIII nos relata la vida de Alejandro Magno[19] y aprovecha la ocasión para incluir "narraciones" de acontecimientos de otras épocas—como la guerra de Troya—o descripciones imaginativas y fantásticas de la vida en los territorios conquistados por el guerrero macedonio.

Muchos atribuyen este libro al clérigo Juan Lorenzo de Astorga, aunque otros lo consideran anónimo.

---

[19] Rey de Macedonia (356-323 A.C.). Conquistó Egipto, fundó la ciudad de Alejandría, venció a los persas en la batalla de Arbela (331) y llegó hasta el río Indo, que corre por la India y Paquistán, donde venció al rey Poro (326). A su muerte, sus generales se dividieron el imperio.

El Libro de buen amor

Es sin duda el principal exponente del género que se ha conservado hasta nuestros días, y, además, el mejor documento de que disponemos sobre la vida y costumbres de la España medieval.

De la vida de su autor, Juan Ruiz, tenemos pocos datos.

Se presume que nació en Alcalá de Henares, hacia el año 1283. Se sabe que se ordenó de sacerdote y que, algún tiempo después, fue nombrado *arcipreste* o presbítero principal de la localidad de Hita, en Castilla la Nueva.

Murió, según los estudios más recientes, alrededor del año 1350.

Sean cuales fueren las circunstancias biográficas del autor, lo cierto es que el *Libro de buen amor* nos presenta un pintoresco panorama de la vida de su tiempo, en el que podemos vislumbrar, con un poco de atención, las peculiaridades de su medio ambiente, su espíritu y su cultura.

El texto refiere las presuntas aventuras del autor en su búsqueda del "buen amor", con intercalaciones de relatos episódicos, un extenso fabulario[20] y numerosas canciones.

He aquí el comienzo de una de sus historias más conocidas, el famoso encuentro de don Melón con doña Endrina:

> ¡Ay Dios, y cuán hermosa viene doña Endrina por la plaza!
> ¡Qué talle, qué donaire, qué alto cuello de garza!
> ¡Qué cabellos, qué boquilla, qué color, qué buen andanza!
> Con saetas[21] de amor hiere cuando los sus ojos alza.
>
> Pero tal lugar no era para hablar en amores:
> a mí luego me vinieron muchos miedos y temblores,
> los mis pies y las mis manos no eran de sí señores,
> perdí seso, perdí fuerza, mudáronse mis colores.
>
> Unas palabras tenía pensadas por le decir;
> el miedo de las compañas me hacían ál departir[22];
> apenas me conocía ni sabía por dó[23] ir,
> con mi voluntad mis dichos no se podían seguir.
>
> Hablar con mujer en plaza es cosa muy descubierta...
> Bueno es jugar hermoso, echar alguna cubierta,
> a do es lugar seguro, es bien hablar cosa cierta.

[20] Conjunto de fábulas.
[21] Flechas.
[22] *Me hacían ál departir:* me hacían decir otra cosa.
[23] Dónde.

Tumba en el monasterio de Santa María Bellpuig de las Avellanas, siglo XIV
(The Metropolitan Museum of Art, The Cloisters Collection, 1948)

"Señora, la mi sobrina, que en Toledo seía[24],
se os encomienda mucho, mil saludes os envía;
si hubiés' lugar y tiempo, por cuanto de vos oía,
deséaos mucho ver y conoceros querría.

"Querrían allí mis parientes casarme en esta sazón
con una doncella muy rica, hija de don Pepión;
a todos di por respuesta que la no quería, non,
de aquélla sería mi cuerpo que tiene mi corazón".

Abajé más la palabra, díjel'[25] que en juego hablaba,
porque toda aquella gente de la plaza nos miraba,
desque vi que eran idos, que hombre ahí no afincaba[26],
comencél' decir mi quejura del amor que me ahincaba[27].

"En el mundo no es cosa que yo ame a par[28] de vos;
tiempo es ya pasado de los años más de dos,
que por vuestro amor me pena, ámoos más que a Dios;
no oso poner persona que lo hable entre nos.

"Con la gran pena que paso vengo a os decir mi queja
vuestro amor y deseo, que me ahínca y que me aqueja,
nos' me tira[29], nos' me parte, no me suelta, no me deja . . .

[24] Residía.
[25] *Díjele:* Otras contracciones similares aparecen en los versos siguientes.
[26] Estrechaba.
[27] Dolía.
[28] *A la par:* Igual que a vos.
[29] No se me quita.

Recelo que no me oídes esto que os he hablado;
hablar mucho con el sordo es mal seso y mal recaudo[30];
creed que os amo tanto que no he mayor cuidado;
esto sobre todas cosas me trae más ahincado.

"Señora, yo no me atrevo a deciros más razones
hasta que me respondades a estos pocos sermones;
decidme vuestro talante, veremos los corazones".
Ella dijo: "Vuestros dichos no los precio dos piñones . . ."[31]

Tras este encuentro en la plaza, el protagonista de la historia—que el autor llama don Melón—logra vencer la resistencia de doña Endrina gracias a los buenos oficios de doña Urraca, una vieja alcahueta que a partir de este episodio cobra considerable importancia en el libro.

Doña Urraca, también llamada la "Trotaconventos", se convierte poco a poco en el prototipo del personaje capaz de concertar un encuentro amoroso en las circunstancias más difíciles. De esta figura, como veremos más adelante, nacerá el personaje central de *La Celestina*[32].

En otros pasajes, el *Libro de buen amor* nos invita a reflexionar sobre debilidades humanas tales como la ira, la gula, la pereza, la envidia y la vanagloria. No obstante, en cada ejemplo de estos pecados capitales, el autor parece guiñar un ojo al lector y decirle: "Comprendo tu debilidad. No te la tomes tan en serio".

Una característica aparece así como la *constante* que sirve de fundamento a la obra: el deseo del autor de abarcar al ser humano en todas sus dimensiones, con todas sus virtudes y sus defectos.

Por lo que puede deducirse de sus escritos, el Arcipreste de Hita fue un clérigo de vida muy intensa aunque de convicciones religiosas muy profundas.

Numerosos críticos lo sitúan además en una "zona de confluencia" de las diferentes culturas que se superponían en la España medieval.

Hoy día, nos parece difícil aunar las convicciones religiosas del autor con su intensidad vital y con su interés por muchas manifestaciones "profanas" del ser humano. La lectura de *Libro de buen amor*, empero, nos lleva a la conclusión de que tales aparentes contradicciones no existían en la realidad cotidiana de la Edad Media española.

---

[30] Seguridad, cuidado.

[31] Simiente del pino (símil que indica lo escaso de su aprecio). Versión en español moderno de Eugenio Florit. Publicada con autorización del autor.

[32] Véase el Capítulo 6 de esta misma sección.

Interior del Alcázar de Sevilla. (Ministerio de Información y Turismo)

4. POESIA LIRICA[1]

Hasta hace muy poco tiempo, la lírica propiamente dicha era considerada un "fruto tardío" en el caso de las letras castellanas. Si bien no podía decirse que faltasen elementos emotivos en el mester de clerecía, o que fuesen raras las imitaciones de la poesía provenzal[2] en el alborear de nuestra literatura, por mucho tiempo se dio por sentado que el trovador castellano como tal no apareció hasta la primera mitad del siglo XIII.

Sin embargo, investigaciones recientes han demostrado la existencia de *poemitas mozárabes* incorporados a textos musulmanes y hebreos, que representan la poesía lírica más antigua conservada en una lengua románica[3]. Gran parte de la crítica considera estas cancioncillas, conocidas comúnmente con el nombre de *jarchas,* como el punto de arranque de la lírica castellana —e incluso de otras formas poéticas peninsulares como las *cantigas* de la lírica galaico-portuguesa.

He aquí uno de los ejemplos más conocidos de jarcha:

> ¿Qué faré yo o qué serad de mibi?
> Habibi,
> non te tolgas de mibi[4].

Según el parecer prevaleciente hoy, la tradición de las jarchas se continuó en los territorios reconquistados por las huestes cristianas y sirvió de base a la formación de líricas primitivas en los distintos dialectos romances.

Sobre estas corrientes líricas iniciales actuarían más tarde, de acuerdo a esta tesis, las influencias provenzales. En el caso de la lírica castellana, la ausencia de testimonios escritos que confirmen estos postulados ha sido atribuida a que su transmisión fue casi exclusivamente oral. Del repertorio de los

---

[1] La designación se deriva del instrumento musical **lira,** con que acompañaban los antiguos la recitación de poemas breves.

[2] Véase la nota 14 del Capítulo I.

[3] Angel del Río, *Historia de la literatura española*, Holt, Rinehart and Winston, Nueva York, 1963. El profesor del Río nació en Soria en 1901. Desarrolló gran parte de su labor docente y crítica en los Estados Unidos, donde murió en 1962.

[4] *¿Qué haré yo o que será de mí?/Amigo mío,/No te apartes de mí.* Al igual que las *cantigas de amigo* de la poesía galaico-portuguesa posterior, las jarchas se ponen generalmente en boca de una doncella.

primitivos trovadores castellanos sólo han llegado hasta nosotros noticias indirectas, fragmentos y dos poemas de carácter lírico-narrativo: la "Razón de amor" y la "Disputa de Elena y María".

La "Razón de amor" es la primera composición extensa de carácter predominantemente lírico que se conserva en castellano. Se trata de una candorosa y sugestiva descripción del encuentro de dos enamorados en un jardín idealizado. Los versos en que el escolar pinta a su amada constituyen también el primer retrato femenino conocido de nuestras letras:

> Blanca era y bermeja[5],
> cabellos cortos sobre la oreja,
> frente blanca y lozana,
> cara fresca como manzana;
> nariz igual y derecha,
> nunca visteis tan bien hecha,
> ojos negros y rientes,
> boca a razón y blancos dientes . . .

El joven enamorado ve aparecer en el jardín a una doncella de estas características, que lamenta la ausencia de su amado. Ambos se reconocen, confirman su amor y se separan de nuevo con promesas de eterna fidelidad.

A esta primera parte, eminentemente lírica, sigue una segunda de índole satírico-burlesca, los "Denuestos del agua y el vino". Personificados por el trovador a la manera de los tradicionales *debates* castellanos o las *tensones*[6] provenzales, el agua y el vino discuten sobre sus respectivas imperfecciones y ventajas.

De manera similar, en la "Disputa de Elena y María", la primera defiende el amor del caballero y la segunda el del clérigo. El poema contiene elementos satíricos en las descripciones del estilo de vida de uno y otro tipo humano. Si bien la anonimia[7] es común a ambas composiciones, la "Razón de amor" muestra un esmero propio de la lírica provenzal, y la "Disputa de Elena y María", como señala Menéndez Pidal, es poesía francamente juglaresca, de marcado tono popular.

Ambos poemas pertenecen al siglo XIII. A partir de ese momento se abre un largo paréntesis en la lírica castellana conocida, que no se cierra hasta principios del siglo XV, con la aparición del llamado *Cancionero de Baena*.

---

[5] Encarnada.

[6] Composiciones generalmente improvisadas en un certamen poético con las cuales dos cantores discutían sobre un tema determinado.

[7] Carácter anónimo.

Modas del siglo XV. (N.Y. Public Library)

Los poetas seleccionados por el antólogo Juan Alfonso de Baena para su compilación de 1445 pertenecen a dos grupos esenciales: los que utilizan con frecuencia el gallego-portugués o emplean frecuentes lusitanismos, y los que escriben ya totalmente en castellano, aunque con influencias de modelos franceses.

El *Cancionero de Baena,* con sus poesías cortesanas de lenguaje artificioso y temas triviales, tiene más interés histórico que estético.

Por esta época comienza también su producción una de las grandes figuras literarias del siglo XV español: don Iñigo López de Mendoza, más conocido por su título nobiliario de marqués de Santillana.

Marqués de Santillana

Don Iñigo nació en Carrión de los Condes, Palencia, en 1398. Durante su larga y azarosa vida peleó en diversas ocasiones contra los moros e intervino activamente en las revueltas políticas de Castilla, y en las rivalidades entre ésta y otras monarquías cristianas. Es representante típico del Pre-renacimiento español tanto por su vida como por su obra, que incluye crítica literaria —en su famosa "Carta proemio" al condestable don Pedro de Portugal— y el primer intento de aclimatar el soneto[8] "al itálico modo" en las letras castellanas.

Si bien sus 42 sonetos no logran superar las numerosas dificultades técnicas de la empresa, el marqués de Santillana se asegura un puesto de honor en la historia literaria española con sus célebres *serranillas:* breves composiciones de carácter popular, en que se describe el encuentro del poeta con pastoras de las sierras. El Arcipreste de Hita las había cultivado con

---

[8] Composición de catorce versos —dos cuartetos y dos tercetos— con rima consonante y característica especial de *poema en sí mismo.*

Don Iñigo López de Mendoza, marqués de Santillana. (MAS)

anterioridad, pero Santillana las produjo más refinadas y graciosas, sin perder por ello la impresión de realidad. Una de las más conocidas es la dedicada a la vaquera de la Finojosa:

Moza tan hermosa
no vi en la frontera
como una vaquera
de la Finojosa.

Haciendo la vía[9]
del Calatraveño
a Santa María,
vencido del sueño
por tierra fragosa
perdí la carrera
do vi la vaquera
de la Finojosa.

En un verde prado
de rosas e flores,
guardando ganado
con otros pastores,
la vi tan graciosa
que apenas creyera
que fuese vaquera
de la Finojosa.

. . . .

No tanto mirara
su mucha beldad
porque me dejara
en mi libertad.
Mas dije: "Donosa
(por saber quién era)
¿dónde es la vaquera
de la Finojosa? . . ."

Bien como riendo,
dijo: "Bien vengáis
que ya bien entiendo
lo que demandáis;
no es deseosa
de amar, ni lo espera
aquesa[10] vaquera
de la Finojosa".

[9] Transitando por el camino.
[10] esa.

37

Rejilla española del siglo XIV. (Louvre, París)

El marqués de Santillana escribió también poemas de carácter político y otros de tendencia moralizante. Pasó los últimos años de su vida retirado en su palacio de Guadalajara, donde murió en 1458.

No es, sin embargo, hasta sus décadas finales, que la Edad Media castellana produce su obra cumbre en los dominios de la lírica: las *Coplas*[11] de Jorge Manrique.

En la artificiosa atmósfera de frivolidad que rodea la poesía del período, la voz de este gran lírico sobresale y sorprende por su acrisolada pureza.

Jorge Manrique

Nace en Paredes de Nava, Palencia, hacia 1440. De su familia hereda la afición por las armas y por las letras. Es guerrero de profesión, combate

---

[11] Composición lírica de carácter popular, generalmente de arte menor. Las estrofas de Jorge Manrique se consideran como el mejor ejemplo de *coplas de pie quebrado*, en que alternan dos versos de ocho sílabas con uno de cuatro.

contra los enemigos de los Reyes Católicos y muere en plena batalla, frente al castillo de Garci-Muñoz (Cuenca), en 1479.

Produjo Manrique poesías de amor y bellas canciones que se publicaron en las antologías de la época. Su fama, sin embargo, la debe a las coplas compuestas al morir su padre, el Maestre de Santiago, don Rodrigo. "Pocas veces," comenta al respecto Angel del Río[12], "la devoción filial enaltecida por la fe religiosa, por la emoción del pasar del tiempo y el sentimiento de la muerte, se ha expresado con un acento tan sincero, majestuoso y perdurable, ni con sencillez tan grande".

Los temas centrales como la fugacidad de la vida, la nostalgia de "todo tiempo pasado" y la cristiana resignación ante la muerte, son empleados con frecuencia en la época. Sin embargo, en Manrique estos tópicos cobran una nueva vida que les confieren la sinceridad de sus sentimientos y la dignidad de su expresión.

El poema comienza con una serie de reflexiones sobre la caducidad de los bienes temporales y de la propia existencia humana:

> Recuerde[13] el alma dormida,
> avive el seso y despierte
>   contemplando
> cómo se pasa la vida,
> cómo se viene la muerte
>   tan callando;
>
> cuán presto se va el placer,
> cómo, después de acordado,
>   da dolor,
> cómo, a nuestro parecer,
> cualquiera tiempo pasado
>   fue mejor.
>
> Pues si vemos lo presente
> cómo en un punto se es ido
>   y acabado,
> si juzgamos sabiamente,
> daremos lo no venido
>   por pasado.
>
> No se engañe nadie, no,
> pensando que ha de durar
>   lo que espera
> más que duró lo que vio,
> pues que todo ha de pasar
>   por tal manera.

[12] Ob. cit.
[13] Vuelva en sí.

Nuestras vidas son los ríos
que van a dar en la mar
        que es el morir:
allí van los señoríos
derechos a se acabar
        y consumir;

allí los ríos caudales,
allí los otros, medianos
        y más chicos,
allegados son iguales
los que viven por sus manos
        y los ricos.

. . . .

Este mundo es el camino
para el otro, que es morada
        sin pesar;
mas cumple tener buen tino
para andar esta jornada
        sin errar.

Partimos cuando nacemos,
andamos mientras vivimos
        y llegamos
al tiempo que fenecemos,
así que cuando morimos
        descansamos . . .

Las estrofas que siguen recalcan lo efímero de los bienes terrenales, incluso de los fastuosos espectáculos del mundo cortesano de la primera mitad del siglo XV:

¿Qué se hizo el rey don Juan[14]?
Los infantes de Aragón[15],
        ¿qué se hicieron?
¿Qué fue de tanto galán?
¿Qué fue de tanta invención
        como trujieron?[16]

Las justas y los torneos,
paramentos[17], bordaduras
        y cimeras,
¿fueron sino devaneos?
¿qué fueron sino verduras
        de las eras?

[14] Don Juan II de Castilla (1406-1454), con su fastuosa y poética corte.
[15] Alude a don Enrique, don Juan y don Pedro, hijos de un castellano (Fernando de Antequera) que fue rey de Aragón entre 1412 y 1416.
[16] Trajeron. En este caso el verbo está empleado en el sentido de crear, idear.
[17] Gualdrapas que cubrían las ancas de los caballos.

¿Qué se hicieron las damas,
sus tocados, sus vestidos,
    sus olores?
¿Qué se hicieron las llamas
de los fuegos encendidos
    de amadores?

¿Qué se hizo aquel trovar,
las músicas acordadas
    que tañían?
¿Qué se hizo aquel danzar
aquellas ropas chapadas[18]
    que traían? . . .

El poema termina con las palabras de resignación del Maestre ante la muerte, y con la descripción de sus últimos momentos:

—"No gastemos tiempo ya
en esta vida mezquina
    por tal modo,
que mi voluntad está
conforme con la divina
    para todo;

y consiento en mi morir
con voluntad placentera
    clara y pura,
que querer hombre vivir
cuando Dios quiere que muera
    es locura.

Tú, que por nuestra maldad
tomaste forma servil
    y bajo nombre;
Tú, que a tu divinidad
juntaste cosa tan vil
    como el hombre.

Tú, que tan grandes tormentos
sufriste sin resistencia
    en tu persona,
no por mis merecimientos,
mas por tu sola clemencia
    me perdona".

Así con tal entender,
todos sentidos humanos
    conservados,
cercado de su mujer,
de sus hijos y hermanos
    y criados

---

[18] Con bordados de oro y plata.

dio el alma a quien se la dio,
el cual la ponga en el cielo
en su gloria,
y aunque la vida murió
nos dejó harto consuelo
su memoria.

Las *Coplas* de Jorge Manrique constituyen uno de los poemas más leídos, comentados y justamente célebres de toda la literatura castellana. Sus traducciones a los más diversos idiomas orientales y occidentales son incontables. Y la persistencia de su popularidad, a lo largo de cinco siglos, es la mejor demostración del poderoso aliento poético que las anima de principio a fin.

Capilla del Mihrab, mezquita de Córdoba. (Cortesía de Fonópolis 1978, Madrid)

5. EL ROMANCERO TRADICIONAL

Si bien otras literaturas europeas presentan colecciones de poesía épico-lírica muy semejantes al romancero tradicional español, en ninguna de ellas queda plasmado el espíritu nacional de forma semejante a esta manifestación de las letras castellanas. Se vierten en tal forma en los romances las experiencias y anhelos de su pueblo, y ha sido tanta la afición popular por esta poesía tradicional, que se suele llamar a España "el país del romancero".

Sobre su origen se han formulado principalmente dos teorías:

—La que considera a estos poemas cortos como la primera manifestación de la epopeya castellana, que luego por aglutinación[1] forman los cantares de gesta.

—Y la hipótesis diametralmente opuesta, según la cual son los cantares épicos los que dan origen a los romances.

Esta segunda teoría es sustentada por la mayoría de los investigadores modernos. De acuerdo con ella, los temas épicos fueron conservados por el pueblo español, que "recordó persistentemente muchos de los fragmentos más famosos (de las gestas) y los cantó aislados. Algunos romances más viejos no son otra cosa que un fragmento de un poema épico conservado en la memoria popular . . ."[2]

Bajo la forma del romancero perduran así en la literatura española numerosos personajes y pasajes de la epopeya nacional, en épocas en que otros pueblos europeos habían olvidado totalmente sus asuntos épicos. Pero una vez constituido como género, el romancero recoge también asuntos nuevos y temas diversos, que dan a sus colecciones una notable variedad y acrecientan su interés. De acuerdo con esos temas, los romances pueden clasificarse principalmente en: *históricos*, basados en la épica tradicional; *legendarios*, que como su nombre indica recogen leyendas de la época; *novelescos*, que son producto de la imaginación popular; y finalmente los llamados *fronterizos y moriscos*.

---

[1] Reunión.
[2] Menéndez Pidal en el proemio a *Flor nueva de romances viejos*, Col. Austral.

Torneo medieval. Dibujo de un libro de la época.
(The Metropolitan Museum of Art)

Los romances *históricos* han de considerarse, de acuerdo con lo dicho, como los herederos más directos de las antiguas gestas. Durante los siglos XIII y XIV, los juglares recurrieron a refundiciones o ampliaciones de los poemas primitivos, a fin de mantener el interés de un público que ya conocía las versiones originales. De estas refundiciones o interpolaciones, según los casos, derivaría este tipo de romance.

Algunos de los más interesantes de esta categoría se inspiran en la figura del Cid, y tratan de sus hechos reales o ficticios, dentro y fuera de la guerra. Del tema de las mocedades del héroe es el romance que sigue:

> Cabalga Diego Laínez
> al buen rey besar la mano[3]
> consigo se los llevaba
> los trescientos hijosdalgo[4];

[3] Presentar sus respetos al soberano.
[4] Hidalgos.

44

Casco de soldado. (The Metropolitan Museum of Art,
Obsequio de William Riggs, 1913).

entre ellos iba Rodrigo,
el soberbio castellano.
Todos cabalgan a mula,
sólo Rodrigo a caballo;
todos visten oro y seda,
Rodrigo va bien armado;
todos espadas ceñidas,
Rodrigo estoque dorado;
todos con sendas varicas[5],
Rodrigo lanza en las manos;
todos guantes olorosos,
Rodrigo guante mallado[6];
todos sombreros muy ricos,
Rodrigo casco afinado[7],
y encima del casco lleva
un bonete colorado.
Andando por su camino
unos con otros hablando
allegados[8] son a Burgos,
con el rey han encontrado.
Los que vienen con el rey

[5] Varas pequeñas.
[6] Provisto de malla de hierro.
[7] Pulido.
[8] Llegados.

45

entre sí van razonando;
unos lo dicen de quedo[9],
otros lo van pregonando:
"Aquí viene entre esta gente
quien mató al conde Lozano"[10]
Como lo oyera Rodrigo
en hito los ha mirado[11]
con alta y soberbia voz
de esta manera ha hablado:
"Si hay alguno entre vosotros,
su pariente o adeudado,
que le pese de su muerte,
salga luego a demandallo[12];
yo se lo defenderé,
quiera a pie, quiera a caballo".
Todos dicen para sí:
"Que te lo demande el diablo".
Se apean los de Vivar
para al rey besar la mano;
Rodrigo se quedó solo
encima de su caballo.
Entonces habló su padre,
bien oiréis lo que le ha hablado:

"Apeaos vos, mi hijo,
besaréis al rey la mano,
porque él es vuestro señor,
vos, hijo, sois su vasallo".
Desque Rodrigo esto oyó
sintióse más agraviado;
las palabras que responde
son de un hombre enojado:

"Si otro me dijera eso
ya me lo hubiera pagado,
mas por mandarlo vos, padre,
lo haré, aunque no de buen grado".
Ya se apeaba Rodrigo
para al rey besar la mano;
al hincar de la rodilla
el estoque se ha arrancado.
Espantóse de esto el rey
y dijo como turbado:
"¡Quítate, Rodrigo, allá,
quita, quítate allá, diablo,
que el gesto tienes de hombre,
los hechos de león bravo!"

---

[9] En voz baja.

[10] Padre de doña Jimena, que aparece también en otros romances, y que muere a manos de Rodrigo por haber agraviado al padre de éste.

[11] De hito en hito, fijamente.

[12] Demandarlo.

46

Escudos de cobre y esmalte, siglo XIV. (The Metropolitan Museum of Art, Fondo Rogers, 1904)

Como Rodrigo esto oyó
apriesa[13] pide el caballo,
con una voz alterada
contra el rey así ha hablado;
"Por besar mano de rey
no me tengo por honrado;
porque la besó mi padre
me tengo por afrentado".
En diciendo estas palabras
salido se ha del palacio;
consigo se los tornaba
los trescientos hijosdalgo.
Si bien vinieron vestidos,
volvieron mejor armados,
y si vinieron en mulas,
todos vuelven en caballos.

Menéndez Pidal considera este romance "una excelente muestra de lo que es un romance viejo, y de los más viejos: su base son unos cuantos versos de un cantar de comienzos del siglo XV, que encierran una escena preferida por el público entre el sinnúmero de episodios que ante él iba ofreciendo el canto de un largo poema épico[14]".

A pesar de su designación de *históricos*, estos romances no corresponden siempre, necesariamente, a la realidad de los sucesos o personajes que sirven de fundamento al poema. Su clasificación dentro de esta categoría responde más bien al carácter de los temas empleados.

[13] Aprisa, con celeridad.
[14] Ob. cit.

Entre los romances enteramente *legendarios* destaca el de "Rosaflorida", del llamado *ciclo carolingio*[15]:

> En Castilla está un castillo,
> que se llama Rocafrida;
> al castillo llaman Roca,
> y a la fonte[16] llaman Frida.
> El pie[17] tenía de oro,
> y almenas de plata fina;
> entre almena y almena
> está una piedra zafira:
> tanto relumbra de noche
> como el sol a mediodía.
> Dentro estaba una doncella
> que llaman Rosaflorida:
> siete condes la demandan,
> tres duques de Lombardía;
> a todos los desdeñaba,
> tanta es su lozanía.
> Prendóse de Montesinos,
> de oídas, que no de vista.
> Una noche estando así,
> gritos da Rosaflorida:

[15] Ciclo de romances sobre Carlomagno y personajes o hechos en alguna forma relacionados con ese conquistador franco.

[16] Fuente.

[17] La base.

Castillo de Coca, Segovia.

48

oyérala un camarero[18],
que en su cámara dormía.
"¿Qué es aquesto[19], mi señora?
¿Qué es esto Rosaflorida?
O tenedes[20] mal de amores,
o estáis loca sandía"[21].
"Ni yo tengo mal de amores,
ni estoy loca sandía,
mas llevásesme[22] estas cartas
a Francia la bien guarnida[23];
diéseslas a Montesinos,
la cosa que yo más quería;
dile que me venga a ver
para la Pascua Florida:
darle he siete castillos
los mejores de Castilla;
y si de mí más quisiere
yo mucho más le daría;
darle he yo este mi cuerpo,
el más lindo de Castilla,
si no es el de mi hermana,
que de fuego sea ardida".

En lugar de la sencillez y la base "realista" de los romances históricos, los legendarios despliegan pasiones y sentimentalismo en gran escala: las situaciones son aquí mucho más dramáticas, y en ellas interviene frecuentemente el elemento sobrenatural —características muy explicables puesto que se trata justamente de leyendas.

Los romances *novelescos* se aproximan mucho en su concepción a los legendarios. Sólo falta en ellos la relación a una tradición conocida, y por tanto sus protagonistas quedan normalmente circunscritos al ámbito del romance en cuestión. Tanto sus situaciones como sus personajes están envueltos en un velo de misterio. He aquí una versión del romance del "Infante Arnaldos", de gran fuerza lírica y poder sugestivo:

¡Quién hubiera tal ventura
sobre las aguas del mar
como hubo el infante Arnaldos
la mañana de San Juan!
Andando a buscar la caza
para su falcón[24] cebar,

[18] Sirviente.
[19] Esto.
[20] Tenéis.
[21] Tonta.
[22] Llévame o llevadme.
[23] Guarnecida o bien provista.
[24] Halcón.

vio venir una galera
que a tierra quiere llegar
las velas traía de seda;
la ejarcia[25] de oro torzal[26],
áncoras tiene de plata,
tablas de fino coral.
Marinero que la guía,
diciendo viene un cantar,
que la mar ponía en calma,
los vientos hace amainar;
los peces que andan al hondo,
arriba los hace andar;
las aves que van volando,
al mástil vienen posar.
Allí habló el infante Arnaldos,
bien oiréis lo que dirá:
"Por tu vida, el marinero,
dígasme ora[27] ese cantar".
Respondióle el marinero,
tal respuesta le fue a dar:
"Yo no digo mi canción
sino a quien conmigo va".

Los romances *fronterizos y moriscos* narran episodios de la guerra entre moros y cristianos. Los fronterizos aluden a hechos que ocurrían en la frontera entre territorio árabe y español, mientras que los moriscos se desarrollaban totalmente en territorio árabe. Los que se ponen en boca de los moros son los más interesantes, por sus lamentos ante el empuje arrollador de los cristianos y porque exponen también casos de amor o de bella fantasía poética.

De este tipo es el "Romance de la pérdida de Alhama", en que la caída de esta población fortificada, a 20 kilómetros de Granada, llena de pánico al rey moro Muley Abulthasán[28]:

Paseábase el rey moro
por la ciudad de Granada,
desde la puerta de Elvira
hasta la de Vivarrambla.
Cartas le fueron venidas
que Alhama era ganada.

¡Ay de mi Alhama!

---

[25] Jarcia, conjunto de cuerdas de la arboladura.

[26] Cordoncillos de oro.

[27] Ahora.

[28] Jefe árabe que conquistó a Córdoba en 1470 y organizó un poderoso ejército con el que invadió muchas otras tierras. Murió en 1484.

Las cartas echó en el fuego,
y al mensajero matara;
echó mano a sus cabellos
y las sus barbas mesaba.
Apeóse de la mula
y en un caballo cabalga;
por el Zacatín[29] arriba
subido había a la Alhambra[30]
mandó tocar sus trompetas,
sus añafiles[31] de plata,
porque lo oyesen los moros
los de la Vega[32] y Granada.

    ¡Ay de mi Alhama!

Cuatro a cuatro, cinco a cinco,
juntádose ha gran compaña.
Allí habló un viejo alfaquí[33],
la barba bellida y cana:
—¿Para qué nos llamas, rey,
para qué es esta llamada?
—Para que sepáis, amigos,
la gran pérdida de Alhama.

    ¡Ay de mi Alhama!

Bien se te emplea, buen rey,
buen rey, bien se te empleara;
mataste los bencerrajes[34],
que eran la flor de Granada;
cogiste los tornadizos[35]
de Córdoba la nombrada.
Por eso mereces, rey,
una pena muy doblada,
que te pierdas tú y el reino
y que se acabe Granada.

    ¡Ay de mi Alhama!

Los rasgos principales del romancero son pues, en resumen, la extraordinaria variedad de su inspiración, su carácter popular y anónimo, su espíritu
nacional y su capacidad de renovación, que le permite resurgir en todas las
épocas de la literatura española.

---

[29] Calle estrecha que conducía a las alturas de la Alhambra.

[30] Palacio moro de Granada, comenzado en el siglo XIII.

[31] Especie de trompeta mora.

[32] Lugar al oeste de Granada en que habitaban los moros del valle del Genil.

[33] Doctor de la ley entre los musulmanes.

[34] ABENCERRAJES, familia que disfrutaba de gran poder en el reino de Granada.

[35] Los renegados o cristianos convertidos a la religión musulmana.

Córdoba: Interior de la mezquita.

6. LA CELESTINA

Como hemos visto antes[1], el último cuarto del siglo XV representa un período clave en la historia de España, por cuanto en él se logran la unidad nacional, la sumisión de la nobleza y la conquista de las últimas posesiones árabes en Andalucía. Con ello, y con el comienzo de los viajes de Cristóbal Colón, que abrirían las puertas del Nuevo Mundo, quedan echados los cimientos de la futura grandeza de España.

Pero también desde el punto de vista literario, el final del siglo XV sienta las bases de lo que ha de constituir el período de plenitud de las letras castellanas. En 1499 aparece la *Comedia de Calisto y Melibea*, obra que, por su contenido profundamente humano, corresponde al espíritu renacentista que habría de impregnar las creaciones artísticas más importantes del período posterior. Así como en la pintura renacentista comienza en esta época la aplicación de la perspectiva para dar al lienzo una nueva dimensión[2], en la *Comedia de Calisto y Melibea*, como bien dice Valbuena Prat, "la estatura humana de los personajes hace pensar en la entrada de la tercera dimensión en literatura"[3].

La *Comedia de Calisto y Melibea*, llamada *Tragicomedia*[4] en una nueva versión publicada en 1502, y comúnmente conocida como *La Celestina*, atrae pronto la atención de autores y lectores de la Península, y en pocos años es traducida a los principales idiomas europeos.

Escrita en prosa, publicada primero en dieciséis y luego en veintiún actos, y prácticamente irrepresentable, esta obra es atribuida —con la probable excepción del primer acto— a la pluma del bachiller Fernando de Rojas.

Poco sabemos de la vida de Rojas: si no fuera por las breves citas encontradas en crónicas y documentos de la época, no tendríamos siquiera prueba alguna de su existencia. Quizás su biografía más aceptable es la que nos ofrece Gómez de Tejada[5] en su *Historia de Talavera:* "Fernando de Rojas,

---

[1] En las *Generalidades* de esta Primera Parte.
[2] La tercera dimensión, que produce sensación de profundidad.
[3] Ob. cit.
[4] Obra en que se combinan los elementos trágicos y cómicos.
[5] Historiador español del siglo XV.

Portada del Libro de Calisto y Melibea, Sevilla, 1502. (MAS)

autor de *La Celestina*, fábula de Calisto y Melibea, nació en la Puebla de Montalbán, como él lo dice al principio de su libro en unos versos de arte mayor acróstico[6], pero hizo asiento en Talavera; aquí vivió y murió y está enterrado en la iglesia del convento de monjas de la Madre de Dios; fue abogado docto y aun hizo algunos años en Talavera oficio de alcalde mayor, naturalizóse en esta villa y dejó hijos en ella''.

La importancia de *La Celestina* en el desarrollo de las literaturas hispánicas y occidentales es incalculable, ya que por el tratamiento de la forma dialogada, la viveza de la acción y el hondo sentido dramático, constituye la simiente de la novela y el teatro modernos.

---

[6] Composición poética en que las letras iniciales, medias o finales de los versos forman un vocablo o una frase.

Nunca antes se había utilizado el diálogo de una manera continua con el propósito de retratar seres profundamente humanos, entre los cuales sobresale la Celestina. Esta, de simple alcahueta[7] al principio de la acción, va definiendo su perfil a medida que transcurre la obra, y, a través de halagos, servicios, consejos y recados, llega a dirigir las vidas de todos los que la rodean. Su actividad incesante y su genuina personalidad le dan tal fuerza, que su carácter sobrepasa los límites puramente literarios para convertirse en símbolo[8].

Los protagonistas de la obra son la vieja alcahueta, la joven Melibea, que representa le encarnación del ideal femenino, y el galán Calisto, definido en sus propias palabras por lo que podría llamarse una profesión de fe: "Melibeo soy, y a Melibea adoro, y en Melibea creo, y a Melibea amo".

La joven, ciega por el amor, consiente en entregarse a Calisto en una cita a medianoche en que toda consideración por la honra en peligro cede ante el incontrolable ímpetu de la pasión amorosa. Esta unión sensual, contraria a la ley cristiana por no haber sido precedida del matrimonio religioso, despierta más tarde en el alma de la joven la angustia del pecado.

El sórdido interés por el dinero, señal de la nueva época, determina la muerte violenta de la Celestina, y el ajusticiamiento sumario de los homicidas, Sempronio y Pármeno[9]. La pareja amorosa termina también trágicamente: Calisto muere víctima de un accidente, y Melibea se suicida.

El personaje de la alcahueta, aunque tratado ya en la Edad Media[10], se presenta en esta obra en su dimensión más completa. Intermediaria fría y calculadora, capaz de hacer ver el pecado como una virtud y de servir a cualquier instinto mediante un precio, la alcahueta juega inteligentemente con la pasión de los jóvenes y los conduce a los placeres del amor. La Celestina manifiesta además su concepción utilitaria de la vida en sus relaciones con las mozas descarriadas a su cargo y con los criados de Calisto.

Conjuntamente con los amores de los amos, se desenvuelven las aventuras eróticas de los sirvientes. Este procedimiento, que añade variedad a la acción y hace destacar la diferencia de ambiente y condición humana, será utilizado por Torres Naharro en su comedia Himenea[11], y por muchos otros dramaturgos posteriores.

---

[7] Persona que solicita o sonsaca a una mujer para satisfacer los deseos carnales de un hombre.

[8] La palabra **celestina** ha pasado a ser sinónimo de alcahueta.

[9] Criados de Calisto, a quienes movía más que la lealtad a su amo, el afán de compartir lo que éste había dado a la Celestina por sus servicios.

[10] En el Libro de buen amor aparece la figura de la vieja Trotaconventos, de rasgos similares a los de Celestina.

[11] La obra de Bartolomé de Torres Naharro (¿-1524?) se publicó con otras suyas en Nápoles en 1517 y se considera un precedente de la denominada comedia "de capa y espada".

Indumentaria española de la época de Rojas. (N.Y. Public Library)

El desarrollo del argumento es el siguiente:

Al penetrar de improviso en un jardín en busca de su halcón, Calisto se encuentra con Melibea, cuya belleza lo seduce inmediatamente. El joven declara su amor y es rechazado con menosprecio:

CALISTO: En esto veo, Melibea, la grandeza de Dios.

MELIBEA: ¿En qué, Calisto?

CALISTO: En dar poder a natura que de tan perfecta hermosura te dotase y hacer a mí inmérito tanta merced que verte alcanzase y en tan conveniente lugar, que mi secreto dolor manifestarte pudiese. Sin duda incomparablemente es mayor tal galardón que el servicio, sacrificio, devoción y obras pías que por este lugar alcanzar yo tengo a Dios ofrecido, ni otro poder mi voluntad humana puede cumplir. ¿Quién vido en esta vida cuerpo glorificado de ningún hombre, como agora el mío? Por cierto los gloriosos santos, que se deleitan en la visión divina, no gozan más que yo agora en el acatamiento tuyo. Mas ¡oh triste! que en esto diferimos: que ellos puramente se glorifican sin temor de caer de tal bienaventuranza, y yo, mixto[12], me alegro con recelo del esquivo[13] tormento, que tu ausencia me ha de causar.

[12] Carnal y espiritual.
[13] Duro, áspero.

MELIBEA: ¿Por gran premio tienes éste, Calisto?

CALISTO: Téngolo por tanto en verdad que, si Dios me diese en el cielo la silla sobre sus santos, no lo ternía[14] por tanta felicidad.

MELIBEA: Pues aun más igual galardón te daré yo, si perseveras.

CALISTO: ¡Oh bienaventuradas orejas mías, que indignamente tan gran palabra habéis oído!

MELIBEA: Más desaventuradas de que me acabes de oír, porque la paga será tan fiera, cual la merece tu loco atrevimiento; y el intento de tus palabras, Calisto, ha sido como de ingenio de tal hombre como tú, haber de salir para se perder en la virtud de tal mujer como yo. ¡Vete, vete de ahí, torpe, que no puede mi paciencia tolerar que haya subido en corazón humano conmigo el ilícito amor comunicar su deleite![15]

CALISTO: Iré como aquél contra quien solamente la adversa fortuna pone su estudio con odio cruel.

Uno de sus criados, Sempronio, le aconseja entonces entablar contacto con Celestina y pedirle ayuda para lograr acercarse a su amada. La vieja va a casa de Melibea y logra hablarle a solas:

CELESTINA: . . . Si tú me das licencia, diréte la necesitada causa de mi venida, que es otra la que hasta agora[16] has oído y tal, que todos perderíamos en me tornar en balde sin que la sepas.

MELIBEA: Di, madre, todas tus necesidades, que si yo las pudiere remediar, de muy buen grado, lo haré por el pasado conocimiento y vecindad, que pone obligación a los buenos.

CELESTINA: ¿Mías, señora? Antes ajenas, como tengo dicho; que las mías de mi puerta adentro me las paso, sin que las sienta la tierra, comiendo cuando puedo, bebiendo cuando lo tengo. . .

MELIBEA: Pide lo que querrás, sea para quien fuere.

CELESTINA: ¡Doncella graciosa y de alto linaje! Tu suave habla y alegre gesto, junto con el aparejo[17] de liberalidad que muestras con esta pobre vieja, me dan osadía a te lo decir. Yo dejo un enfermo a la muerte, que con una sola palabra de tu noble boca salida, que le lleve metida en mi seno, tiene por fe que sanará, según la mucha devoción tiene en tu gentileza.

MELIBEA: Vieja honrada, no te entiendo, si más no declaras tu demanda. Por una parte me alteras y provocas a enojo; por otra me mueves a compasión. No te sabría volver respuesta conveniente según lo poco que he sentido de tu habla. Que yo soy dichosa, si de mi palabra hay necesidad para salud de algún cristiano. Porque hacer beneficio es semejar a Dios . . . y el que puede sanar al que padece, no lo haciendo le mata. Así que no ceses tu petición por empacho ni temor.

[14] Tendría.
[15] Es decir: ". . . que el ilícito amor haya subido en corazón humano para comunicarme su deleite".
[16] Ahora.
[17] Inclinación.

CELESTINA: El temor perdí mirando, señora, tu beldad. Que no puedo creer que en balde pintase Dios unos gestos más perfectos que otros, más dotados de gracias, más hermosas facciones; sino para hacerlos almacén de virtudes, de misericordia, de compasión, ministros de sus mercedes y dádivas, como a ti. Y pues como todos seamos humanos, nacidos para morir, sea cierto que no se puede decir nacido el que para sí sólo nació. Porque sería semejante a los brutos animales, en[18] los cuales aun hay algunos piadosos, como se dice del unicornio, que se humilla a cualquiera doncella . . . ¿Pues las aves? Ninguna cosa el gallo come que no participe y llame a las gallinas a comer de ello. El pelícano rompe el pecho por dar a sus hijos a comer de sus entrañas. Las cigüeñas mantienen otro tanto tiempo a sus padres viejos en el nido, cuanto ellos les dieron cebo siendo pollitos. Pues si tal conocimiento dio la natura a los animales y aves, ¿por qué los hombres habemos de ser más crueles? ¿Por qué no daremos parte de nuestras gracias y personas a los próximos[19], mayormente, cuando están envueltos en secretas enfermedades, y tales que, donde está la melecina[20], salió la causa de la enfermedad?

MELIBEA: Por Dios, que sin más dilatar me digas quién es ese doliente, que de mal tan perplejo se siente, que su pasión y remedio salen de una misma fuente.

CELESTINA: Bien ternás[21], señora, noticia en esta ciudad de un caballero mancebo, gentilhombre de clara sangre, que llaman Calisto.

MELIBEA: ¡Ya, ya, ya! Buena vieja, no me digas más, no pases adelante. ¿Ese es el doliente por quien has hecho tantas premisas en tu demanda, por quien has venido a buscar la muerte para ti, por quien has dado tan dañosos pasos, desvergonzada barbuda? ¿Qué siente ese perdido, que con tanta pasión vienes? De locura será su mal. ¿Qué te parece? ¡Si me hallaras sin sospecha de ese loco, con qué palabras me entrabas! No se dice en vano que el más empecible[22] miembro del mal hombre o mujer es la lengua. ¡Quemada seas, alcahueta falsa, hechicera, enemiga de la honestidad, causadora de secretos yerros! ¡Jesú, Jesú! ¡Quítamela, Lucrecia, de delante que me fino[23], que no me ha dejado gota de sangre en el cuerpo! Bien se lo merece esto y más, quien a estas tales da oídos. Por cierto, si no mirase a mi honestidad y por no publicar su osadía de ese atrevido, yo te hiciera, malvada, que tu razón y vida acabaran en un tiempo.

CELESTINA: (¡En hora mala acá vine, si me falta mi conjuro! ¡Ea pues! Bien sé a quién digo. ¡Ce, hermano, que se va todo a perder!)

MELIBEA: ¿Aun hablas entre dientes delante mí, para acrecentar mi enojo y doblar tu pena? ¿Querrías condenar mi honestidad por dar vida a un loco? ¿Dejar a mí triste por alegrar a él y llevar tú el provecho de mi perdición, el galardón de mi yerro? ¿Perder y destruir la casa y honra de mi padre por ganar la de una vieja maldita como tú? ¿Piensas que no tengo

---

[18] Entre.

[19] Al prójimo.

[20] Medicina.

[21] Tendrás.

[22] Aborrecible.

[23] Me muero (de indignación).

Escena de una representación contemporánea de La Celestina, *ofrecida en México por la Compañía de Teatro Repertorio Español de Nueva York.*

sentidas tus pisadas y entendido tu dañado mensaje? Pues yo te certifico que las albricias, que de aquí saques, no sean sino estorbarte de más ofender a Dios, dando fin a tus días. Respóndeme, traidora, ¿cómo osaste tanto hacer?

CELESTINA: Tu temor, señora, tiene ocupada mi desculpa. Mi inocencia me da osadía, tu presencia me turba en verla airada, y lo que más siento y me pena es recibir enojo sin razón ninguna. Por Dios, señora, que me dejes concluir mi dicho, que ni él quedará culpado ni yo condenada. Y verás como es todo más servicio de Dios, que pasos deshonestos; más para dar salud al enfermo, que para dañar la fama al médico. Si pensara, señora, que tan de ligero habías de conjeturar de lo pasado nocibles sospechas, no bastara tu licencia para me dar osadía a hablar en cosa, que a Calisto ni a otro hombre tocase.

MELIBEA: ¡Jesú! No oiga yo mentar más ese loco, saltaparedes, fantasma de noche, luengo como cigüeña, figura de paramento mal pintado; si no, aquí me caeré muerta. ¡Este es el que el otro día me vido y comenzó a desvariar conmigo en razones, haciendo mucho del galán! Dirásle, buena vieja, que, si pensó que ya era todo suyo y quedaba para él el campo, porque holgué más de consentir sus necedades, que castigar su yerro, quise más dejarle por loco, que publicar su grande atrevimiento. Pues avísale que se aparte de este propósito y serle ha sano; si no, podrá ser que no haya comprado tan cara habla en su vida. Pues sabe que no es vencido sino el que se cree serlo, y yo quedé bien segura y él ufano. De los locos es estimar a todos los otros de su calidad. Y tú tórnate con su misma razón; que respuesta de mí otra no habrás ni la esperes. Que por demás es ruego

Acueducto romano en Segovia.
(Cortesía de Foninolis 1978, Madrid)

60

a quien no puede haber misericordia. Y da gracias a Dios, pues tan libre vas de esta feria. Bien me habían dicho quién tú eras y avisado de tus propiedades, aunque agora no te conocía.

CELESTINA: (¡Más fuerte estaba Troya y aun otras más bravas he yo amansado! Ninguna tempestad mucho dura.)

MELIBEA: ¿Qué dices, enemiga? Habla, que te pueda oír. ¿Tienes desculpa alguna para satisfacer mi enojo y excusar tu yerro y osadía?

CELESTINA: Mientra viviere tu ira, más dañará mi descargo. Que estás muy rigurosa y no me maravillo; que la sangre nueva poco calor ha menester para hervir.

MELIBEA: ¿Poco calor? Poco lo puedes llamar, pues quedaste tú viva y yo quejosa sobre tan gran atrevimiento. ¿Qué palabras podías tu querer para ese tal hombre, que a mí bien me estuviese? Responde, pues dices que no has concluido; ¡y quizá pagarás lo pasado!

CELESTINA: Una oración, señora, que le dijeron sabías de Santa Apolonia para el dolor de las muelas. Asimismo tu cordón, que es fama que ha tocado todas las reliquias que hay en Roma y Jerusalén. Aquel caballero, que dije, pena y muere de ellas. Este fue mi venida. Pero, pues en mi dicha estaba tu airada respuesta, padézcase él su dolor, en pago de buscar tan desdichada mensajera. Que, pues en tu mucha virtud me faltó piedad, también me faltará agua, si a la mar me enviara.

MELIBEA: Si eso querías, ¿por qué no me lo expresaste? ¿Por qué me lo dijiste por tales[24] palabras?

CELESTINA: Señora, porque mi limpio motivo me hizo creer que, aunque en otras cualesquier[25] lo propusiera, no se había de sospechar mal. Que, si faltó el debido preámbulo, fue porque la verdad no es necesario abundar de muchas colores. Compasión de su dolor, confianza de tu magnificencia ahogaron en mi boca al principio la expresión de la causa. Y pues conoces, señora, que el dolor turba, la turbación desmanda y altera la lengua, la cual había de estar, siempre atada con el seso, ¡por Dios, que no me culpes! Y si él otro yerro ha hecho, no redunde en mi daño, pues no tengo otra culpa, sino ser mensajera del culpado. No quiebre la soga por lo más delgado. No semejes[26] la telaraña, que no muestra su fuerza sino contra los flacos animales. No paguen justos por pecadores. Imita la divina justicia, que dijo: el ánima que pecare, aquella misma muera; a la humana, que jamás condena al padre por el delito del hijo ni al hijo por el del padre. Ni es, señora, razón que su atrevimiento acarree mi perdición. Aunque, según su merecimiento, no ternía en mucho que fuese él el delincuente y yo la condenada. Que no es otro mi oficio, sino servir a los semejantes; de esto vivo y de esto me arreo[27]. Nunca fue mi voluntad enojar a unos por agradar a otros, aunque hayan dicho a tu merced en mi ausencia otra cosa. Al fin, señora, a la firme verdad el viento del vulgo no la empece[27A].

[24] Con esas.

[25] Con cualesquiera otras (palabras).

[26] Imites.

[27] De esto gano mi sustento y me visto.

[27A] Perjudica.

MELIBEA: Por cierto tantos y tales loores me han dicho de tus falsas mañas, que no sé si crea que pedías oración.

CELESTINA: Nunca yo la rece y si la rezare no sea oída, si otra cosa de mí se saque, aunque mil tormentos me diesen.

MELIBEA: Mi pasada alteración me impide a reír de tu desculpa. Que bien sé que ni juramento ni tormento te hará decir verdad, que no es en tu mano.

CELESTINA: Eres mi señora. Téngote de callar, hete yo de servir, hasme tú de mandar. Tu mala palabra será víspera de una saya[27B].

MELIBEA: Bien la has merecido.

CELESTINA: Si no la he ganado con la lengua, no la he perdido con la intención.

MELIBEA: Tanto afirmas tu ignorancia, que me haces creer lo que puede ser. Quiero pues en tu dudosa desculpa tener la sentencia en peso y no disponer de tu demanda al sabor de ligera interpretación. No tengas en mucho ni te maravilles de mi pasado sentimiento, porque concurrieron dos cosas en tu habla, que cualquiera de ellas era bastante para me sacar de seso: nombrarme ese tu caballero, que conmigo se atrevió a hablar, y también pedirme palabra sin más causa, que no se podía sospechar sino daño para mi honra. Pero pues todo viene de buena parte, de lo pasado haya perdón. Que en alguna manera es aliviado mi corazón, viendo que es obra pía y santa sanar los apasionados y enfermos.

CELESTINA: ¡Y tal enfermo, señora! Por Dios, si bien le conocieses, no le juzgases por el que has dicho y mostrado con tu ira. En Dios y en mi alma, no tiene hiel; gracias, dos mil; en franqueza, Alejandre; en esfuerzo, Héctor; gesto, de un rey; gracioso, alegre; jamás reina en él tristeza. De noble sangre, como sabes; gran justador, pues verle armado, un San Jorge. Fuerza y esfuerzo, no tuvo Hércules tanta. La presencia y facciones, disposición, desenvoltura, otra lengua había menester para las contar. Todo junto semeja ángel del cielo. Por fe tengo que no era tan hermoso aquel gentil Narciso, que se enamoró de su propia figura, cuando se vido en las aguas de la fuente. Agora, señora, tiénele derribado una sola muela, que jamás cesa de quejar.

MELIBEA: ¿Y qué tanto tiempo ha?

CELESTINA: Podrá ser, señora, de veinte y tres años; que aquí está Celestina, que le vido nacer y le tomó a los pies de su madre.

MELIBEA: Ni te pregunto eso ni tengo necesidad de saber su edad; sino qué tanto ha que tiene el mal.

CELESTINA: Señora, ocho días. Que parece que ha un año en su flaqueza. Y el mayor remedio que tiene es tomar una vihuela y tañe tantas canciones y tan lastimeras, que no creo que fueron otras las que compuso aquel emperador y gran músico Adriano, de la partida del ánima, por sufrir sin desmayo la ya vecina muerte. Que aunque yo sé poco de música, parece que hace aquella vihuela hablar. Pues, si acaso canta, de mejor gana se paran les aves a le oír, que no aquel antico, de quien se dice

---

[27B] Dádiva de las señoras a sus sirvientas.

62

que movía los árboles y piedras con su canto. Siendo éste nacido no alabaran a Orfeo. Mira, señora, si una pobre vieja como yo, si se hallará dichosa en dar vida a quien tales gracias tiene. Ninguna mujer le ve, que no alabe a Dios, que así le pintó. Pues, si le habla acaso, no es más señora de sí, de lo que él ordena. Y pues tanta razón tengo, juzga, señora, por bueno mi propósito, mis pasos saludables y vacíos de sospecha.

MELIBEA: ¡Oh, cuánto me pesa con la falta de mi paciencia! Porque siendo él ignorante y tu inocente, habéis padecido las alteraciones de mi airada lengua. Pero la mucha razón me relieva de culpa, la cual tu habla sospechosa causó. En pago de tu buen sufrimiento, quiero cumplir tu demanda y darte luego mi cordón. Y porque para escribir la oración no habrá tiempo sin que venga mi madre, si esto no bastare, ven mañana por ella muy secretamente.

Gracias a los oficios de Celestina, los protagonistas conciertan una cita nocturna. Después de la cita, Sempronio y Pármeno van a casa de Celestina a reclamar la parte de la recompensa que les corresponde. La vieja opone resistencia y ellos le dan muerte.

Calisto y Melibea logran un nuevo encuentro amoroso. Al concluir éste el joven enamorado cae de la escala que utiliza para penetrar en el jardín de su amada y muere. Melibea se suicida arrojándose de lo alto de una torre. Con el largo lamento y queja de Pleberio, padre de la joven, termina la tragicomedia.

Numerosos elementos de la literatura medieval española —como el realismo de *El Corbacho*[28], la viveza y el colorido del Arcipreste de Hita, lo erudito y lo vulgar, el planto u oración fúnebre— confluyen aquí con la preocupación profunda por el ser humano, típica del Renacimiento.

La mayoría de la crítica ha encontrado gran dificultad en la clasificación genérica de esta obra. El hispanista Stephen Gilman dice al respecto: "(La Celestina), constituida exclusivamente por diálogos, no puede presentar un mundo narrativo, esa reproducción de la vida, con ambiente y contornos completos, que esperamos de la novela. Pero a la vez tampoco es dramática. El drama impone necesariamente una geometría de motivo, trama y clímax sobre el proceso de la vida. A Rojas no le interesa tal geometría . . ."[29]

La Celestina es considerada como la obra capital de las letras europeas de su época. De su inmenso éxito da una idea el que se publicaran durante el siglo XVI más de 25 ediciones en España, además de innumerables traducciones en otros países. En las letras castellanas, sólo es superada en importancia por "El Quijote".

---

[28] *El Corbacho* o más bien *Reprobación del amor mundano*, se debe a Alfonso Martínez de Toledo, Arcipreste de Talavera, que vivió entre 1398 y 1470.

[29] "Rebirth of a Classic: Celestina" en *Varieties of Literary Experience*, ed. Stanley Burnshaw, Nueva York.

El Greco: "El entierro del conde de Orgaz" (Iglesia de San Tomé, Toledo). Con este lienzo, el Siglo de Oro español alcanzó una de sus máximas expresiones artísticas. (Ministerio de Información y Turismo)

II
EL SIGLO DE ORO

Siglos XVI y XVII

A. EL RENACIMIENTO

1. GENERALIDADES

El llamado Siglo de Oro de la civilización española abarca en realidad casi doscientos años, desde comienzos del siglo XVI hasta fines del XVII[1].

El período precedente está dominado por el gobierno de los Reyes Católicos, que no sólo allanan el camino a la unificación política de España, sino que, con su extraordinaria visión del futuro, sientan las bases del renacimiento económico, artístico y literario del país.

Durante su reinado, España se fortalece militarmente con la toma de Granada, rescatada de los moros, y abre un nuevo capítulo en la historia de Occidente con el descubrimiento de América. Ambos hechos ocurrieron en 1492.

Si a ello añadimos, en un plano más vinculado con la literatura, el establecimiento de la imprenta en las principales ciudades de la península y la aparición de la *Gramática castellana* de Antonio de Nebrija[2], también en 1942, podremos tener una idea de cuánto deben los clásicos españoles a la labor de los gobernantes y estudiosos del período inmediatamente anterior.

Quizás la descripción mejor y más sucinta de la Edad de Oro española sea la del destacado historiador francés François Piétri, quien la compara con "un día de sol que amanece con los Reyes Católicos, tiene su mañana luminosa en el reinado de Carlos V, su cenit en el de Felipe II, y un largo crepúsculo, durante los reinados de Felipe III y Felipe IV, en que lanza todavía rayos de sorprendente esplendor"[3].

El Renacimiento español propiamente dicho abarca todo el siglo XVI, con los reinados de Carlos V y Felipe II. El período subsiguiente, durante los

---

[1] Como en tantas otras ocasiones, la crítica difiere notablemente en cuanto a los límites cronológicos precisos de este período. Damos la opinión más aceptada.

[2] Es la primera obra en su género de una lengua romance. Su autor, cuyo verdadero nombre era Antonio Martínez de Cala, nació en Lebrija (Sevilla), en 1444. Fue profesor de las universidades de Salamanca y Alcalá. Murió en 1522.

[3] *L'Espagne du Siècle d'Or*, Librairie Arthème Fayard, París.

Capilla de los Reyes Católicos en Granada. La reja de hierro forjado, en estillo plateresco, es obra de Bartolomé de Jaén (1520). (Ministerio de Información y Turismo)

reinados de Felipe III y Felipe IV, en el siglo XVII, es considerado por la mayoría de la crítica como el período barroco.

Desde el punto de vista político —y en cierta forma también para efectos de clasificación literaria— el verdadero período de plenitud de la civilización española comienza en 1517, cuando sube al trono el nieto de los Reyes Católicos, Carlos I, quien pronto habría de ceñirse, además, la corona imperial de los Habsburgo[4].

Con ello, la hegemonía de España queda prácticamente asegurada, no sólo en Europa, sino también en los vastos territorios que los colonizadores del Nuevo Mundo añaden al trono imperial.

En la época del emperador se distingue una legión innumerable de humanistas, místicos, eruditos y escritores didácticos. En cambio, la arquitectura,

[4] Como rey de España fue Carlos I y como emperador de Alemania, Carlos V.

66

la pintura y las bellas artes en general merecen atención especial en el reinado de su hijo, Felipe II, que se extiende de 1556 a 1598.

Es durante el gobierno de Felipe II cuando se concibe y ejecuta la idea del imponente monasterio de El Escorial[5], cuando se pintan los famosos lienzos del Greco, Juan de Juanes y Navarrete[6], cuando la música alcanza su apogeo con las exquisitas composiciones de Francisco Salinas y Tomás Luis de Victoria[7].

Por otra parte, también es éste el período en que se intensifican al máximo las actividades de la Inquisición, que en España, a diferencia de otros países europeos, había adquirido el carácter de "agencia gubernamental" desde la

Expulsión de los moriscos. (N.Y. Public Library)

[5] El monasterio y a la vez palacio real fue construido por orden de Felipe II para conmemorar la victoria de San Quintín contra los franceses (1557). Su construcción tardó 21 años (1563 a 1584). Se iniciaron los trabajos bajo la dirección de Juan Bautista de Toledo y después de su muerte continuó Juan de Herrera.

[6] EL GRECO (Domenico Theotocopuli), nació en Creta hacia 1544, pero realizó la mayor parte de su obra en Toledo, donde murió en 1614. Entre sus pinturas más célebres figuran el "Caballero de la mano al pecho" y el "Entierro del Conde de Orgaz". JUAN DE JUANES (Vicente Masip), nació en 1523. Sus lienzos se destacan por su brillante colorido y dominio del dibujo. Son particularmente famosos "La última cena", "La Sagrada Familia" y el "Descendimiento". Murió en 1579. JUAN FERNANDEZ DE NAVARRETE, llamado "el Mudo", nació hacia 1526. Su defecto físico estimuló al máximo su labor artística. Gozó de la protección de Felipe II y pintó para el Escorial. Murió en 1572.

[7] SALINAS vivió de 1513 a 1590. Escribió un magnífico tratado de música y fue profesor de Salamanca. Era ciego de nacimiento. El mejor elogio de su talento es quizás la Oda que le dedicó fray Luis de León, y que estudiaremos más adelante; TOMAS LUIS DE VICTORIA nació en Avila, hacia 1535. Es uno de los grandes maestros de la polifonía religiosa, que consolidó con sus innumerables himnos, salmos, misas, etc. Murió en 1611.

Sánchez Coello: Retrato de Felipe II.
(Museo del Prado)

época de los Reyes Católicos. La Inquisición española continúa unida estrechamente a la corona durante los siglos subsiguientes, y no desaparece del todo hasta 1823.

Inicialmente, sus procesos se dirigieron contra los delitos de herejía, apostasía y magia, pero pronto abarcaron toda actividad que pudiese considerarse perjudicial a los intereses del trono.

El primer Inquisidor General de España, fray Tomás de Torquemada[8], ordenó en varias ocasiones la expulsión de musulmanes y judíos cuya conversión al cristianismo resultaba sospechosa.

Es también durante el reinado de Felipe II cuando surge la llamada *leyenda negra*, motivada esencialmente por su persecución contra los "falsos cristianos" de España y los protestantes de Flandes[9], contra su primogénito el príncipe Carlos, a quien encarceló en su propio palacio, y contra

---

[8] Sacerdote dominico nacido en Valladolid en 1420. Su nombramiento como Inquisidor tuvo lugar en 1482, bajo el reinado de Fernando e Isabel. Fue el autor de las notorias instrucciones que servirían de base a las actividades de la Inquisición en períodos posteriores. Murió en 1498.

[9] El condado de Flandes ocupaba territorios junto al mar del Norte que hoy día pertenecen a Francia, Bélgica y Holanda.

La biblioteca del monasterio de El Escorial, construido en la época de Felipe II.
(Ministerio de Información y Turismo)

su secretario, Antonio Pérez, quien después de un largo proceso inquisitorial se vio obligado a escapar a Francia e Inglaterra[10].

El teatro y la novela de los períodos posteriores no vacilarán en aprovechar al máximo estas enigmáticas situaciones que la historia no ha podido esclarecer del todo.

Felipe II es descrito en general como un monarca enérgico a la vez que piadoso, hábil aunque obstinado, prudente y al mismo tiempo absolutista. Este último rasgo es subrayado frecuentemente por los historiadores que lo consideran como el organizador de la monarquía absoluta, prototipo del sistema europeo de gobierno durante los siglos XVII y XVIII.

No obstante, es preciso reconocer que Felipe II favoreció activamente el cultivo de las artes y las letras, y mantuvo en todo momento un elevado concepto de su misión monárquica, desempeñada por él con ejemplar austeridad.

---

[10] A todo esto se añaden los escritos de FRAY BARTOLOME DE LAS CASAS (1474-1566) acerca de los abusos perpetrados por los colonizadores entre la población india de América. Los textos del misionero dominico alcanzaron una gran difusión en Europa y fueron utilizados frecuentemente por los enemigos de España.

Su profunda devoción lo llevó a erigirse en paladín del catolicismo frente a la reforma protestante, a la que atacó por tres flancos: el *legislativo*, con la conclusión de los trabajos del Concilio de Trento (1563); el *proselitista*, con su respaldo a la Compañía de Jesús, fundada en 1540; y el que hoy día llamaríamos *represivo*, con la intensificación de las actividades de la Inquisición.

Así pues, la contrarreforma, lanzada por la España de Felipe II, puede considerarse como una continuación, a nivel europeo, del espíritu religioso que animó la Reconquista a nivel peninsular.

En el mar, Felipe II obtuvo una resonante victoria en la batalla de Lepanto (1571) contra los turcos, pero sufrió un aplastante revés frente a los ingleses en la famosa expedición de la *Armada Invencible* (1588).

De esta última fecha arranca, según la opinión de algunos historiadores, el proceso de la decadencia española. Para otros, en cambio, el instante crucial es la muerte de Felipe II en 1598.

Lo cierto es que España se había debilitado económicamente en los últimos años del reinado, y que Felipe II pareció vislumbrar ya los días aciagos que se avecinaban, al pronunciar en su lecho de muerte sus célebres palabras postreras: "Dios, que me ha dado tantos reinos, me ha negado un hijo capaz de regirlos".

El renacimiento político de la España del Siglo de Oro conduce a un despertar intelectual pocas veces igualado en la historia de Europa.

Veamos a continuación algunas de sus características más sobresalientes:

La *poesía clásica* propiamente dicha comienza con las obras de Juan Boscán y Garcilaso de la Vega, que logran introducir la métrica italiana en España. Durante la segunda parte del siglo XVI, el movimiento poético se divide en dos escuelas: la *sevillana*, caracterizada por su exuberancia retórica y su tono majestuoso, y la *salmantina*, que cultiva la sobriedad de expresión y la naturalidad de estilo. El principal exponente de la escuela sevillana es Fernando de Herrera. El máximo representante de la salmantina es fray Luis de León. Ambos autores serán estudiados con detenimiento en los capítulos que siguen.

Prácticamente todos los géneros poéticos son cultivados en este período, incluso la *épica*, preterida en los siglos anteriores. Es particularmente digna de mención en este contexto *La Araucana*, de Alonso de Ercilla[11], la primera epopeya escrita en tierras de América.

El fervor religioso constituye un factor esencial del Siglo de Oro, y ese sentimiento logra su cristalización más pura en la obra de los escritores

---

[11] ALONSO DE ERCILLA Y ZUÑIGA nació en Madrid en 1533, murió en 1594. Se sumó a las huestes de los conquistadores, y escribió una obra de alta calidad poética.

Juego de ajedrez castellano del siglo XVI.
(The Metropolitan Museum of Art, Pfeiffer Fund, 1963)

místicos, entre ellos, en primera línea, Santa Teresa de Avila y San Juan de la Cruz. A ambos dedicamos uno de nuestros próximos capítulos.

La narrativa adquiere especial importancia durante este período.

La popularidad de las novelas de caballerías derivadas en su mayor parte del *Amadís de Gaula*[12], llega hasta principios del siglo XVII. Simultáneamente, empero, se cultivan también con fruición la novela pastoril y la picaresca, que estudiaremos en detalle más adelante.

El teatro, en fin, tarda más que otros géneros literarios en alcanzar su pleno desarrollo.

La propia *Celestina*, fuente inagotable de tipos, situaciones y motivos, no tuvo sino una influencia limitada en los primeros dramaturgos del período, como Juan del Encina, Bartolomé Torres Naharro, Lope de Rueda, y en algunos entremeses de Cervantes.

Sin embargo, el esplendor tardío del teatro no es un fenómeno exclusivo de España: prácticamente todo el Occidente europeo tiene que esperar hasta bien entrado el siglo XVI para ver surgir sus primeros genios dramáticos.

Aunque caen fuera de los límites de este estudio, no podemos dejar de mencionar aquí los textos filosóficos, filológicos y sicológicos del humanista Luis Vives (1492-1540), y los tratados teológicos de Melchor Cano (1509-1560). Benito Arias Montano (1527-1598) ayudó a preparar la segunda *Biblia políglota* en Amberes. (La primera *Políglota*, preparada por Nebrija y otros ilustres filólogos, había aparecido medio siglo antes en Alcalá). Ambas obras presentan juntos los textos caldeo, hebreo, griego y latino de la Biblia.

---

[12] Famosa novela de caballerías cuyos orígenes permanecen envueltos en la oscuridad.

*Reja de la capilla mayor de la catedral de
Toledo (detalle). (Cortesía de Editorial Hiares)*

Al concluir el reinado de Felipe II, se inicia una etapa de decadencia política que corresponde, artística y literariamente, al denominado *barroco español*.

Curiosamente, es en este período cuando se forjan las grandes obras de la literatura castellana de todos los tiempos.

2. LA POESIA LIRICA: BOSCAN Y GARCILASO

El despertar renacentista de España se refleja en las letras del siglo XVI a un doble nivel: en el contenido, donde predominan las ideas de los humanistas[1], y en la forma, donde se imponen los nuevos metros tomados de la literatura italiana. No quiere esto decir, desde luego, que la tendencia a renovar los motivos, el léxico y la métrica partiera de esta época, pues ya se había intentado en la Edad Media con el aporte de obras de ningún modo desdeñables. Pero es indiscutible que, para el desarrollo ulterior de nuestra poesía, la influencia de las *ideas clásicas* y de las *formas italianas* reviste ahora una importancia decisiva.

Los principales poetas de este período —llamados frecuentemente "petrarquistas" por la influencia directa o indirecta que en sus obras ejerció el italiano Petrarca[2]—son Juan Boscán y Garcilaso de la Vega.

Juan Boscán

Nació en Barcelona, alrededor del año 1490. Quedó huérfano de padre desde muy niño, y entró a formar parte de la guardia real de Carlos V. Siguió a la corte en sus numerosos viajes, y pronto dio muestras de un vivo interés por las humanidades, y sobre todo por la literatura. Un momento crucial en su vida fue su conversación en Granada con el embajador de la Señoría de Venecia, Andrea Navagiero, en 1526. Según relata el propio Boscán en una carta, fue justamente Navagiero quien le sugirió que intentara escribir en lengua castellana "sonetos y otras clases de trovas[3] usados por los buenos autores de Italia".

Como tantos otros escritores españoles del Siglo de Oro, Boscán no sólo fue hombre de letras, sino también de armas. Se sabe que tomó parte en

---

[1] Eruditos que renovaron el interés por la civilización greco-romana, y a su vez escribieron obras notables en verso y prosa.

[2] FRANCESCO PETRARCA (1304-1374) es considerado el primer gran humanista del Renacimiento, y a su gloria contribuyeron los poemas escritos en lengua toscana, e inspirados en su amor por Laura de Noves. También escribió numerosos textos en latín.

[3] **Trova:** verso.

diversas expediciones guerreras al servicio de su rey, y finalmente se estableció en Barcelona, donde contrajo matrimonio con doña Ana Girón de Rebolledo. Boscán cultivó la amistad del poeta más importante de su generación, Garcilaso de la Vega, y vivió una existencia apacible hasta su muerte en 1542.

Un año más tarde, doña Ana dio a la publicación, en cuatro volúmenes, las obras poéticas de los dos amigos. Ya por entonces hacía siete años que Garcilaso había muerto.

Portada de la edición póstuma de las obras de Boscán,
editada en Barcelona en 1543.

Boscán tradujo al español la obra *El Cortesano,* de Baltasar Castiglione[4], y la prosa que empleó al hacerlo se considera una de las mejores de la lengua castellana de su época. Sin embargo, la fama de Boscán se basa principalmente en su obra poética, donde logra la "aclimatación" definitiva de los metros italianos.

El conocido "Soneto LXXXI" constituye un excelente ejemplo de sus adaptaciones:

[4] Escritor italiano de la corte de León X (1478-1529), calificado como arquetipo del humanista del Renacimiento.

Un nuevo amor un nuevo bien me ha dado,
ilustrándome el alma y el sentido,
por manera que a Dios ya yo no pido
sino que me conserve en este estado.

A mi bien acrecienta el mal pasado,
tan sin temor estoy de lo que ha sido;
y en las hierbas compuestas que he bebido,
mi fuerza y mi vivir se han mejorado.

Anduvo sobre mí gran pestilencia
hasta matar los pájaros volando
y casi cuanto en vida fue criado;

este influjo cruel se fue pasando
y así de esta mortal, brava dolencia
con más salud quedó lo que ha quedado.

Si bien es cierto que los versos de Boscán no alcanzan la perfección formal o la intensidad de sentimiento que caracterizan la poesía de Garcilaso y de otros grandes líricos, no puede perderse de vista que, en su condición de innovador, este autor se aventura por terrenos prácticamente desconocidos hasta el momento. Por ello, no debe extrañarnos que sus pasos poéticos sean inseguros. Según el crítico español Marcelino Menéndez y Pelayo[5], "su destino fue afortunado . . . llegó a tiempo; comprendió mejor que otros la necesidad de una renovación literaria; encontró un colaborador de genio (Garcilaso), y no sólo triunfó con él, sino que participa, en cierta medida, de su gloria".

Fue el introductor en las letras castellanas del endecasílabo de origen italiano[6], un verso que habría de ser cultivado con predilección durante el período clásico español. Introdujo también numerosas estrofas, como las canciones de corte petrarquista, los tercetos y la octava rima[7]. Además del soneto[8], cultiva el llamado "verso libre"[9] con una soltura verdaderamente sorprendente para su época.

---

[5] Nació en Santander en 1856. Su erudición le hizo el maestro por excelencia de la historiografía literaria española. Entre sus obras más célebres figuran *Historia de las ideas estéticas en España, Orígenes de la novela* y *Estudios de crítica literaria.* Murió en 1912.

[6] Si bien pueden hallarse endecasílabos —versos de once sílabas— en otros autores, aquéllos llevan los acentos en las sílabas cuarta y séptima, en tanto que Boscán acentúa los suyos en la sexta, a la manera italiana, o bien en la cuarta y octava.

[7] Estrofa de ocho versos endecasílabos, de rima consonante. Es conocida también como *octava real.*

[8] Véase el Capítulo 4 de la Primera Parte, nota 8.

[9] Carente de rima.

Garcilaso de la Vega

Nació en Toledo en 1501. A los 19 años de edad entró al servicio de Carlos V. Demostró su lealtad a éste al tomar parte en la guerra contra sus propios compatriotas rebeldes, que frente al emperador, querían preservar ciertas libertades para Castilla[10]. En la Corte, Garcilaso alcanzó gran prestigio personal y en 1525 contrajo matrimonio con doña Elena de Zúñiga, una dama de elevada posición económica.

Su gran amor, sin embargo, fue doña Isabel de Freyre, dama de la emperatriz Isabel de Portugal, que aparece en la "Egloga I" de Garcilaso con los nombres de Galatea y Elisa. Doña Isabel jamás correspondió a los sentimientos del poeta, y el dolor de ese desdén impregna desde 1526 la vida y la obra del insigne toledano.

[10] La sublevación de las *comunidades*, que estalló en 1521, se dirigió contra las exacciones provocadas por la política exterior de Carlos V, y contra la introducción de numerosos extranjeros en los cargos públicos. El ejército comunero fue derrotado por las fuerzas reales en la batalla de Villalar y sus caudillos fueron ejecutados.

Garcilaso de la Vega. (MAS)

76

Pedro Menéndez de Avilés, quien fundó en 1565 la ciudad de
San Agustín, la más antigua del territorio actual de
los Estados Unidos.

En el ejercicio de las armas, fuera de España, Garcilaso participó en una expedición contra los turcos, combatió en Florencia y fue herido en Túnez. Por haber concurrido a un matrimonio desaprobado por Carlos V, cayó en desgracia y fue desterrado en 1532 a una isla del Danubio, cerca de Viena. En ese mismo año se le permitió trasladarse a Nápoles, y residió entonces en la corte de su amigo, el virrey don Pedro de Toledo.

Garcilaso había estado antes en Italia, pero fue su estancia en Nápoles la más fructífera para su poesía por sus lecturas y amistades. En 1533 murió Isabel de Freyre y ese mismo año el poeta se entrevistó con Boscán en Barcelona. En 1536, recobrado en absoluto el favor del emperador, le acompañó en la campaña de Provenza, y al adelantarse con otros dos combatientes para asaltar una torre en la villa de Le Muy, recibió gravísimas heridas. Se le trasladó para su curación a Niza, pero todos los esfuerzos que se realizaron por salvarlo resultaron inútiles. Murió a mediados de agosto de ese mismo año.

Garcilaso de la Vega es considerado con justicia uno de los grandes poetas españoles de todos los tiempos. Si bien fue su amigo Boscán el que, como hemos visto, introdujo en las letras castellanas las formas prevalecientes en Italia, es Garcilaso quien lleva las innovaciones renacentistas a su máximo grado de perfección. Boscán abrió rutas, señaló caminos; Garcilaso demostró que por esos senderos podía llegarse, en la literatura castellana, a cimas poéticas insuperables.

De su obra, abundante en ecos de Virgilio, Horacio y Ovidio[10A] han llegado hasta nosotros una epístola, dos elegías, tres églogas, 40 sonetos, varias odas[11] y algunas composiciones menores. Una de sus principales contribuciones formales a las letras castellanas es una estrofa de cinco versos en que se combinan los endecasílabos con los heptasílabos, y que ha sido llamada *lira*. He aquí un fragmento de la canción "A la flor de Gnido", ejemplo clásico de este tipo de estrofa:

Si de mi baja lira
tanto pudiese el sol, que en un momento
aplacase la ira
del animoso viento,
y la furia del mar y el movimiento[12],

y en ásperas montañas
con el suave canto enterneciese
las fieras alimañas[13],
los árboles moviese,
y al son confusamente los trajese;

no pienses que cantado
sería de mí, hermosa flor de Gnido[14],
el fiero Marte airado,
a muerte convertido,
de polvo y sangre y de sudor teñido;

ni aquellos capitanes[15]
en las sublimes ruedas colocados,
por quien los alemanes

[10A] VIRGILIO MARON (Publio), poeta latino, nació cerca de Mantua en el año 70 a.C. Murió en 19 a.C. Autor de *Las Bucólicas*, *Las Geórgicas* y *La Eneida*, gran epopeya nacional y religiosa que dejó sin terminar. HORACIO (Quinto Horacio Flaco), poeta latino nacido en Venusia (65-8 a.C.). Autor de *Odas*, *Sátiras* y *Epístolas*. La poesía horaciana, modelo de moderación y buen gusto influyó notablemente sobre fray Luis de León. OVIDIO (Publio Ovidio Nasón), poeta latino nacido en Sulmona (43 a.C.— 17 d.C.). Autor del *Arte de Amar*, en cuyos versos se expone delicada y apasionadamente la ciencia del amor, y de las *Metamorfosis*, consideradas como el principal ciclo de poemas mitológicos de la literatura romana.

[11] Poema lírico en estrofas, dedicado a celebrar los atributos divinos, a cantar grandes hazañas o a expresar los sentimientos y reflexiones del poeta.

[12] Esta primera estrofa dio nombre a la combinación de cinco versos, por mencionarse en su primer verso la palabra **lira**.

[13] Animales salvajes.

[14] Gnido, Cnido o Nido, uno de los barrios de Nápoles.

[15] Capitanes de la armada, en pie al timón de sus galeras, que dominan a la tripulación de diversos países.

el fiero cuello atados
y los franceses van domesticados[16].

Mas solamente aquella
fuerza de tu beldad sería cantada,
y alguna vez con ella
también sería notada
el aspereza[17] de que estás armada;

y cómo por ti sola,
y por tu gran valor y hermosura,
convertida en viola,
llora su desventura
el miserable amante en su figura.

En los versos siguientes, el poeta recomienda a la "beldad cantada" que preste siquiera algo de atención al amante, que por ella ha envainado su espada y no hace otra cosa que lamentar su dolor ante el desprecio de su amada. Luego cuenta el castigo sufrido por la desdeñosa Anaxáreta, a quien los dioses convirtieron en estatua de mármol por haber provocado con su frialdad el suicidio de su pretendiente. El poema concluye con una respetuosa advertencia a la dama en cuestión:

No quieras tu, señora,
de Némesis airada las saetas[18]
probar, por Dios, agora[19]
baste que tus perfetas[20]
obras y hermosura a los poetas

den inmortal materia,
sin que también en verso lamentable
celebren la miseria
de algún caso notable,
que por ti pase, triste y miserable.

Pero la composición más famosa de Garcilaso es quizás la "Egloga I", clasificada entre los poemas más bellos del Renacimiento, que tiene como tema las quejas de amor de dos pastores, Salicio y Nemoroso. El primero se lamenta del rechazo de su pastora, Galatea, que prefiere a otro, mientras el segundo llora la muerte de su amada Elisa.

Es opinión generalizada que Garcilaso se sirve de las figuras de ambos pastores para volcar en el poema todos los sentimientos que le había inspirado doña Isabel de Freyre, como objeto de un amor no correspondido

---

[16] El orden normal sería: por quienes van domesticados los alemanes y los franceses, el fiero cuello atados.

[17] La aspereza.

[18] Las saetas de la diosa de la venganza (Némesis).

[19] Ahora.

[20] Perfectas.

en los lamentos de Salicio, y a la vez como amada arrebatada por la muerte en las quejas de Nemoroso.

Tras una dedicatoria a su amigo, el virrey de Nápoles, el poeta describe un paraje ameno, donde los pastores cuentan seguidamente sus penas de amor:

SALICIO:
¡Oh más dura que mármol a mis quejas,
y al encendido fuego en que me quemo,
más helada que nieve, Galatea!

Estoy muriendo, y aún la vida temo,
témola con razón, pues tú me dejas;
que no hay, sin ti, el vivir para qué sea[21].
Vergüenza he que me vea[22]
ninguno en tal estado,
de ti desamparado,
y de mí mismo yo me corro agora[23].
¿De un alma te desdeñas ser señora
donde siempre moraste, no pudiendo
della salir un hora?[24]
Salid sin duelo, lágrimas, corriendo.
. . . .
Con mi llorar las piedras enternecen
su natural dureza y la quebrantan,
los árboles parece que se inclinan;
las aves que me escuchan, cuando cantan
con diferente voz se condolecen
y mi morir cantando me adivinan.
Las fieras que reclinan
su cuerpo fatigado,
dejan el sosegado
sueño por escuchar mi llanto triste.
Tú sola contra mí te endureciste,
los ojos aun siquiera no volviendo
a lo que tú hiciste.
Salid sin duelo, lágrimas, corriendo.
. . . .

Al terminar Salicio, toma la palabra Nemoroso:

Corrientes aguas, puras, cristalinas;
árboles que os estáis mirando en ellas;
verde prado de fresca sombra lleno;
aves que aquí sembráis vuestras querellas;
hiedra que por los árboles caminas,
torciendo el paso por su verde seno;

[21] No tiene sentido la vida.
[22] Me avergüenzo de que alguien me vea.
[23] Me avergüenzo ahora de mí mismo.
[24] Salir de ella una hora.

Vista de Toledo, ciudad natal de Garcilaso.

yo me vi tan ajeno
del grave mal que siento,
que de puro contento
con vuestra soledad me recreaba,
donde con dulce sueño reposaba,
o con el pensamiento discurría
por donde no hallaba
sino memorias !lenas de alegría.

Y en este mismo valle, donde agora
me entristezco y me canso, en el reposo
estuve ya contento y descansado.
¡Oh bien caduco, vano y presuroso!
Acuérdome durmiendo aquí algún hora[25],
que, despertando, a Elisa vi a mi lado.
¡Oh miserable hado![26]
¡Oh tela delicada,
antes de tiempo dada
a los agudos filos de la muerte!
Más convenible fuera aquesta suerte[27]
a los cansados años de mi vida,
que es más que el hierro fuerte,
pues no la ha quebrantado tu partida.

[25] Alguna hora, alguna vez.
[26] Destino.
[27] Esta suerte.

El poema termina con la llegada de la noche, que pone fin a las lamentaciones de los dos pastores, y los obliga a recogerse con sus rebaños.

Tanto la intensidad de los sentimientos descritos por el poeta, como la fuerza de sus imágenes y la musicalidad de su lenguaje, hacen de esta "Egloga I" no sólo una obra maestra de su autor, sino también una de las grandes composiciones líricas de las letras castellanas.

En general, puede decirse que son precisamente esas cualidades de poderosa vibración emotiva, sinceridad de expresión y elevada perfección formal, las que aseguran el triunfo definitivo en España de las innovaciones renacentistas, y ganan para Garcilaso de la Vega el merecido título de "Príncipe de los poetas castellanos" con que se anuncia la edición de sus obras de 1622.

Aldabón, forja castellana del siglo XVI.
(Cortesía de Fonópolis 1978, Madrid)

3. LA NOVELA: DE CABALLERIAS, PASTORIL Y PICARESCA

En los siglos XII y XIII, el espíritu heroico que había encontrado su manifestación literaria en la *épica* se extinguía en la mayor parte de Europa como consecuencia del fracaso de las últimas cruzadas[1] y de toda una serie de cambios políticos y sociales —entre ellos, el crecimiento de la burgesía en las ciudades y el aumento de la autoridad real.

En España, empero, la continuación de la lucha contra los árabes confiere aún plena vigencia a los temas épicos, que por ello mismo perduran aquí mucho más que en el resto del continente, y luego, en lugar de desaparecer, se adaptan a nuevos géneros[2].

Paralelamente con la transformación de los temas épicos, aparecen obras que relatan en verso hazañas extraordinarias, como el *Libro de Alexandre*, y muchas otras de origen francés o inspiradas en leyendas griegas, que despiertan en los lectores el gusto por los viajes fabulosos, las aventuras y el mundo pagano. Con la aparición de estos poemas narrativos queda preparado el terreno donde habría de nacer y desarrollarse la novela española.

La novela de caballerías

La primera novela de caballerías escrita en castellano que ha llegado hasta nosotros es la llamada *Historia del caballero de Dios que había por nombre Cifar*. Hay indicios de que esta obra data de la primera mitad del siglo XIV, aunque la edición más antigua que se conoce es de 1512[3]. Su desarrollo muestra influencias de obras francesas del mismo género, y su

---

[1] Empresas guerreras auspiciadas por los monarcas cristianos de Occidente con el fin de expulsar a los musulmanes de la Tierra Santa. La primera, propugnada por el papa Urbano II, se libró de 1096 a 1099. La octava y última fue emprendida por Luis IX de Francia en 1270. Ciertas ciudades como Jerusalén fueron conquistadas durante algún tiempo, pero al final de las cruzadas la mayoría de Palestina cayó en poder de los turcos.

[2] Como por ejemplo los romances, tal como vimos en el Capítulo 5 de la Primera Parte.

[3] Si bien no hay pruebas definitivas acerca de su autor, muchos atribuyen *El caballero Cifar* al arcediano madrileño Ferrán Martínez.

Montura española. (The Metropolitan Museum of Art, Fondo Fletcher, 1921)

tema principal está tomado de una leyenda medieval. Sin embargo, muchos detalles hacen de *El caballero Cifar* una obra característicamente española:

- —El autor modera en todo momento los impulsos y anhelos de aventura del héroe, y hace que prevalezcan en el desarrollo de la acción la modestia y la caridad cristiana.
- —Fiel a su máxima de que "el atrevimiento se hace con locura y el esfuerzo con buen seso natural", Cifar sólo enfrenta el peligro cuando hacerlo constituye un deber.
- —Dos de sus características pueden considerarse como constantes de gran parte de la literatura castellana: el realismo y la actitud estoica frente a la vida.

El reflejo de la "realidad prosaica" carece de precedente alguno en las obras de caballerías de otras literaturas europeas: ningún caballero de Bretaña hubiera sufrido tan resignadamente como Cifar las humillaciones que le causa la pobreza, ni hubiera tolerado las insolencias de su escudero Ribaldo. El componente realista del género desaparece empero gradualmente en novelas posteriores.

A partir de esta obra, y a pesar de que en el resto de Europa la afición por la literatura caballeresca había declinado, comienza en la Península el auge del género, que habría de prolongarse hasta el Renacimiento. Es curioso observar que las novelas caballerescas españolas, producto de esta época "tardía", son recibidas calurosamente por el público europeo —el mismo público que había perdido ya todo interés por las producciones vernáculas del mismo tipo.

La novela de caballerías más famosa de la literatura castellana, y la que más repercusión tuvo en el continente, fue *Amadís de Gaula*, una extensa obra que narra las fantásticas aventuras de Amadís, hijo del rey Perión de Gaula. Sus orígenes nunca han podido ser esclarecidos del todo, ya que en su gestación participaron al parecer, infinitos "colaboradores" que enmendaron, alteraron y ampliaron continuamente el texto original.

Portada de una edición de Amadís de Gaula *editada en 1533.*

La primera edición de que se tiene noticia es de 1508, pero la obra debió ser conocida mucho antes, ya que el Canciller Ayala, que murió en 1407 a los 75 años de edad, menciona haber leído la novela en su juventud, y en el *Cancionero de Baena* se encuentran varias alusiones a una antigua versión del *Amadís*.

A continuación ofrecemos un fragmento del Capítulo XL, Libro I, donde se cuentan las relaciones de Amadís con Briolanja, princesa a quien nuestro héroe restituye el reino de Sobradisa, del que había sido desposeída por su tío. Briolanja se enamora locamente de Amadís y se entrega a él. Según un texto primitivo, Amadís, fiel a su amada Oriana, resiste las pretensiones de la princesa, pero el infante don Alfonso de Portugal, al leer la novela sintió piedad por Briolanja y ordenó modificar el texto. En esta versión, Amadís, autorizado por Oriana, accede a los ruegos de Briolanja, aunque el narrador niega después la veracidad del episodio.

CAPITULO XL

Cómo la batalla pasó, que Amadís había prometido hacer con Abiseos y sus dos hijos, en el castillo de Grovenesa, a la hermosa niña Briolanja, en venganza de la muerte del rey su padre.

Contádoos ha la historia[4] cómo estando Amadís en el castillo de Grovenesa, donde prometió a Briolanja, la niña hermosa, de le dar venganza de la muerte del rey, su padre, y ser allí con ella[5] dentro de un año, trayendo consigo otros dos caballeros para se combatir con Abiseos y con sus dos hijos, y cómo a la partida la hermosa niña le dio una espada que por amor suyo trajese, viendo que la había menester, porque la suya quebrara, defendiéndose de los caballeros que a mala verdad en aquel castillo matarlo quisieron, de que después de Dios fue librado por los leones que esta hermosa niña mandara soltar, habiendo gran piedad que tan buen caballero tan malamente fuese, y cómo esta misma espada quebrantó Amadís en otro castillo de la amiga de Angriote de Stravaus, combatiéndose con un caballero, que Gasinán había nombre, y por su mandado[6] fueron guardadas aquellas tres piezas de la espada por Gandalín, su escudero. Y ahora será dicho cómo aquella batalla pasó y qué peligro tan grande le sobrevino por causa de aquella espada quebrada, no por su culpa de él, mas del su enano[7] Ardián, que con gran ignorancia, erró pensando que su señor Amadís amaba aquella niña hermosa Briolanja de leal amor, viendo cómo por su caballero se le ofreciera estando él delante, y quería por ella tomar aquella batalla.

. . . .

Amadís y Agrajes se tuvieron su camino como antes iban y don Galaor en guía de la doncella. Amadís y Agrajes, partidos de don Galaor, anduvieron tanto por sus jornadas que llegaron al castillo de Torin, que así había nombre, donde la hermosa niña y Grovenesa estaban, y antes que allí llegasen hicieron en el camino muchas buenas caballerías. Cuando la dueña supo que allí venía Amadís, fue muy alegre y vino contra él con muchas dueñas y doncellas, trayendo por la mano la niña hermosa, y cuando se vieron, recibiéronse muy bien. Mas dígoos que a esta sazón la niña era tan hermosa que no parecía sino una estrella luciente. Así que ellos fueron de la ver muy maravillados[8] que en comparación de lo que al presente aparecía no era tanto como nada cuando Amadís primero la vio, y dijo contra Agrajes: "Paréceme que si Dios hubo sabor de la hacer hermosa, que muy por entero se cumplió su voluntad." La dueña dijo: "Señor Amadís, Briolanja os agradece mucho vuestra venida y lo que de ella se seguirá con ayuda de Dios, y desarmaos y holgaréis." Entonces los llevaron a una cámara donde, dejando sus armas con sendos mantos cubiertos, se tornaron a la sala donde los atendían y en tanto hablaba con Grovenesa,

---

[4] La historia os ha contado .

[5] Y regresar .

[6] Por orden suya .

[7] Sino por la de su enano .

[8] Se maravillaron de verla .

Briolanja a Amadís miraba y parecíale el más hermoso caballero que nunca
viera, y por cierto tan era en aquel tiempo, que no pasaba de veinte años
y tenía el rosto manchado de las armas; mas considerando cuán bien
empleadas en él aquellas mancillas eran, y cómo con ellas tan limpia y
clara la su fama y honra hacía, mucho en su apostura y hermosura acre-
centaba, y en tal punto aquesta vista se causó que de aquella muy hermosa
doncella que con tanta afición le miraba tan amado fue que por muy largos
y grandes tiempos nunca de su corazón la su membranza[9] apartar pudo,
donde por muy gran fuerza de amor constreñida no lo pudiendo su ánimo
sufrir ni resistir, habiendo cobrado su reino, como adelante se dirá, fue
por parte de ella requerido que de él y de su persona, sin ningún intervalo
señor podía ser; mas esto sabido por Amadís dio enteramente a conocer
que las angustias y dolores con las muchas lágrimas derramadas por su
señora Oriana no sin gran lealtad las pasaba, aunque el señor infante don
Alfonso de Portugal, habiendo piedad de esta hermosa doncella de otra
guisa lo mandase poner. En esto hizo lo que su merced fue, más no aquello
que en efecto de sus amores se escriba. De otra guisa se cuentan estos
amores que con más razón a ello dar se debe: que siendo Briolanja en
su reino restituída, holgando en él con Amadís y Agrajes, que llagados
estaban, permaneciendo ella en sus amores, viendo como en Amadís ninguna vía para que sus mortales deseos efecto hubiesen, hablando aparte
en gran secreto con la doncella a quien Amadís y Galaor y Agrajes los
sendos dones prometieron, porque guiase a don Galaor a la parte donde
el caballero de la floresta había ido, que ya de aquel camino tornara, y
descubriéndole su hacienda, demandóle con muchas lágrimas remedio
para aquella su tan crecida pasión, y la doncella, doliéndose de aquella
su señora, demandó a Amadís, para cumplimiento de su promesa, que de
una torre no saliese hasta haber un hijo o hija en Briolanja y a ella le fue
dado y que Amadís por no faltar a su palabra en la torre se pusiera, como
le fue demandado, donde no queriendo haber juntamiento con Briolanja,
perdiendo el comer y dormir en gran peligro de su vida fue puesto. Lo
cual sabido en la corte del rey Lisuarte como en tal estrecho estaba, su
señora Oriana, porque se no perdiese, le envió mandar que hiciese lo que
la doncella le demandaba y que Amadís con esta licencia considerando
no poder por otra guisa de allí salir, ni ser su palabra verdadera, que
tomando su amiga, aquella hermosa reina, hubo en ella un hijo y una
hija de un vientre, pero ni lo uno ni lo otro fue así, sino que Briolanja,
viendo cómo Amadís de todo en todo se iba a la muerte en la torre donde
estaba, que mandó a la doncella que el don le quitase, so pleito que de
allí no fuese hasta ser tornado don Galaor, queriendo que sus ojos
gozasen de aquello que lo no viendo en gran tiniebla y oscuridad quedaban, que era tener ante sí aquel tan hermoso y famoso caballero.
Esto lleva más razón de ser creído porque esta hermosa reina casada
fue con don Galaor, como el cuarto libro lo cuenta. Pues en aquel castillo
estuvieron Amadís y Agrajes, como oís, esperando que las cosas necesarias al camino para ir a hacer la batalla se aparejasen . . .

En el *Amadís* están ya ampliamente desarrollados los elementos del
género: el valor sobrehumano; la conducta caballerosa y pura del prota-

[9] Memoria, recuerdo.

gonista; la inspiración derivada de un amor, casi siempre platónico, a una dama ideal que es el más alto motivo para vivir y acometer las mayores y más difíciles empresas.

A las aventuras de Amadís, llamado el Doncel del Mar, siguieron las de su hijo, en un libro titulado *Las sergas de Esplandián*, y a éste toda una familia de libros de caballerías, los *Palmerines*, así como numerosas versiones en poesía, obras de teatro, etc.

A partir del éxito de esta nueva moda, la edición de novelas de caballerías alcanza en España proporciones de verdadera "epidemia literaria". Tal popularidad trajo consigo una disminución de la calidad en el género —uno de los primeros casos de literatura "comercializada".

La novela de caballerías llega a representar una avenida de escape de la áspera y austera realidad que circunda al hombre pre–renacentista. La extraordinaria afición de sus compatriotas a los relatos caballerescos sirve de base e inspiración a Cervantes para su inmortal *Don Quijote*.

La novela pastoril

A mediados del siglo XVI, cuando ya comienza a disminuir considerablemente el interés del público por los libros de caballerías, hace su aparición en el panorama literario castellano otro tipo de narrativa tan idealizado como los anteriores, pero cuyos protagonistas, en lugar de caballeros andantes y princesas encantadas, son pastores y ninfas. En estas novelas, llamadas *pastoriles*, la acción se desarrolla en un cuadro bucólico de exquisitos paisajes imaginarios, y la prosa se alterna con extensos fragmentos en verso.

Este género narrativo es de origen italiano[10], y su difusión en España coincide con el auge de la influencia renacentista en la península Ibérica. Uno de sus primeros cultivadores es Jorge de Montemayor, portugués de nacimiento y castellano de elección. Se considera que nació hacia 1520, cerca de Coimbra. En 1543 se trasladó a la Corte española. Sus *Siete libros de la Diana*, publicados hacia 1559, fijan las características de la novela pastoril en lengua castellana, y sirven de modelo a la mayoría de sus sucesores. La obra adquiere pronto gran popularidad en toda Europa, y sus traducciones e imitaciones son innumerables ya en el propio siglo XVI. Montemayor murió en 1561, en el curso de un duelo sostenido en Turín, Italia, por cuestiones amorosas.

---

[10] Su iniciador es Jacopo Sannazaro, autor de *La Arcadia* (1502). Esta novela, inspirada en obras de Virgilio, Ovidio, Dante y Boccaccio, presenta una novedosa concepción de la literatura bucólica en que se mezclan secciones en prosa con otras en verso (églogas) y se hacen referencias a personajes y hechos contemporáneos encubiertos bajo el disfraz pastoril. Obtiene gran difusión y sirve de modelo a numerosas novelas en toda Europa —entre ellas, *La Arcadia* de Lope.

La tradición pastoril es continuada en España por Gil Polo[11], y algún tiempo después por Cervantes con su *Galatea* y por Lope de Vega con *La Arcadia*, la última novela de verdadera importancia del género.

De la biografía y del resto de la obra de Lope nos ocuparemos más adelante, en el capítulo dedicado al teatro del Siglo de Oro. Por el momento veamos un breve fragmento en verso de *La Arcadia*: un soneto dirigido por uno de los pastores, Anfriso, a la "muy famosa ciudad de Tegea" tras haber contemplado largo rato sus altos muros, sus pintadas torres, sus espesos bosques y floridas selvas:

[11] GASPAR GIL POLO nació hacia 1535 en Valencia y murió en Barcelona en 1591. Escribió una continuación de la *Diana* de Montemayor, titulada *Diana enamorada*.

Escena pastoril. (N.Y. Public Library)

89

Excelsas torres y famosos muros,
cerca antigua, lustrosos capiteles,
ocultos sotos, que jamás pinceles
supieron retratar vuestros oscuros;

líquidas aguas y cristales puros,
dignos de Zeuxis y el divino Apeles,[12]
hermosas plantas, célebres laureles,
que pensando no veros se me acorta,

fuistes, cual sois ahora de mis daños:
de todo tiempo y tempestad seguros.
Adiós prendas, que un tiempo de la gloria

vivid mientras viviere en mi memoria,
si ya la Parca en el partir no corta
el tierno tronco de mis verdes años.

Anfriso abandona la ciudad, y el narrador nos cuenta que, por su partida, "quedaron . . . en soledad los montes, turbias las fuentes, las aves mudas y los árboles tristes, porque parecía que sólo la presencia de este pastor los alegraba; todos preguntaban por él, todos le echaban de menos, y en todas las ocasiones faltaba a todos. . . ."

La trama relata los desventurados amores del pastor y describe en multitud de peripecias la vida de la aristocracia de su tiempo, valiéndose de un ardid muy común en las obras de este género: la llamada "novela en clave", donde los protagonistas encubren personajes reales, fácilmente identificables para sus contemporáneos. En esta obra Anfriso es el duque de Alba[13], Belisarda una dama toledana amante de aquél y Alcino el propio autor.

Veamos el comienzo del Libro V, típico del género por la mezcla de prosa y verso, las numerosas citas clásicas y las frecuentes referencias a la mitología grecorromana:

Hasta ahora, pastores amigos del dorado y cristalino Tajo[14], de mi patria Manzanares[15] y del famoso Jarama[16] por sus valientes toros, habéis oído los amores del mayoral Anfriso, excelente por sangre, claro por virtudes, amable por hermosura y estimado de todos por su rico entendimiento; y aunque en instrumento rústico, indigno de celebrar pensamientos de tan ilustre alma, escuchado sus ternuras, oído sus lágrimas, sus celos, quejas, sentimientos y desdichas; de aquí adelante en más bien templada lira os promete mi deseo mayores cosas, porque no solamente el deleitar es oficio del que escribe. Y pues la obligación más justa es de enseñar,

[12] Zeuxis y Apeles son los dos pintores más célebres del mundo griego.

[13] Lope fue durante varios años secretario del duque de Alba, don Antonio Alvarez, nieto del célebre don Fernando que tantas batallas ganó para Carlos I y Felipe II.

[14] Río que nace en Teruel, pasa por Toledo y desemboca en el Atlántico a la altura de Lisboa.

[15] Río que pasa por Madrid y desemboca en el Jarama.

[16] Afluente del Tajo que atraviesa las provincias de Guadalajara y Madrid.

a cuyo fin se dirige su principio, advertid ahora de qué suerte puede ser posible que amor, a quien no curan hierbas, la virtud le acabe; que no es nuevo para el celestial hijo de esta noble señora e incorruptible doncella[17] atar al Cupido[18] humano al pie de un tronco, y con la misma leña de sus rotas flechas ponerle fuego.

Aquí veréis el efecto que hace la ciencia, cuyo ejercicio honesto priva todo pensamiento ocioso, sacando el alma del cautiverio de la vil costumbre y rompiendo el hábito estrecho, convertido en la misma vida, como segunda naturaleza. Veréis cómo se puede seguir la virtud sin que espanten sus ásperos principios, y cómo no hay dificultad en ella que, esforzando la voluntad, no se acabe con la paciencia y consiga con la perseverancia. Así que, pastores míos, no habrá sido en vano la narración de mi amorosa historia pues por ella vendréis ahora a conocer el valor de la virtud, más resplandeciente y hermoso cuanto más cerca de las tinieblas y oscuridades de su contrario. Pues, hablando de este mismo propósito, son dignísimos de memoria aquellos versos de Ovidio donde dice así:

> Si Troya fuera dichosa,
> ¿quién a Héctor[19] conociera?
> Si amor no hubiera, no fuera
> de Tifis[20] la arte famosa;
> si nuestra vida gozosa
> de mortal no diera indicio,
> cesara, Febo[21], tu oficio,
> pues toda fuera salud.
> De esta suerte la virtud
> se conoce por el vicio . . .

Saliendo pues Frondoso[22] y Anfriso del verde valle, discurriendo en varias cosas, llegaron a la falda de la inaccesible punta de aquella sierra, y visitando primero el templo del dios de los pastores, Pan cornígero[23], que a la salida del oscuro bosque entre dos acequias de agua fabricado se veía, como todo buen principio se ha de tomar de Dios, hiciéronle su oración debida con devotas palabras, y . . . comenzaron a entretener la vista en la suntuosa fábrica[24], en cuyas paredes se veían pintados los doce meses con sus lunas crecientes y menguantes, y escritos los ejercicios pastoriles en doce tablas de alabastro, guarnecidas de pórfido, que decían así . . .

Sigue un largo poema en que se entremezclan elementos astrológicos y mitológicos con consejos acerca de las labores propias del oficio pastoril.

Resulta prácticamente imposible resumir en unos pocos párrafos la intrincada acción de *La Arcadia*, que el autor califica de "historia verdadera"

---

[17] La virtud.

[18] Dios del amor.

[19] Héroe troyano.

[20] Talía, primero divinidad campestre y luego musa de la comedia.

[21] Apolo, dios de la medicina entre otros muchos atributos.

[22] Amigo del protagonista.

[23] Que tiene cuernos.

[24] Edificación.

aunque embellecida con elementos poéticos. Como hemos visto en los fragmentos precedentes, estos elementos están tomados frecuentemente de la magia, la mitología, la historia clásica, etc.

La novela pastoril ha envejecido mucho como género literario, y *La Arcadia* de Lope de Vega no es una excepción. Sin embargo, a pesar de su evidente artificiosidad y de sus ostentaciones de erudición, muchas de sus páginas encierran pasajes de gran belleza y poemas de extraordinario valor. Para el lector familiarizado con la cultura clásica, la obra representa una deliciosa incursión en un género donde la fantasía y el afán de belleza formal apenas conocen fronteras.

La novela picaresca

Al promediar el siglo XVI aparece un género de narrativa que —a diferencia de los tipos de novelas "importadas" que hemos visto hasta ahora— puede considerarse absolutamente español: nos referimos a la llamada *novela picaresca*. El ciclo comienza con *La Vida de Lazarillo de Tormes*, de autor desconocido, publicada alrededor de 1554; alcanza su plenitud con *Guzmán de Alfarache* de Mateo Alemán[25], *La Vida del buscón* de Quevedo[26] y *El diablo cojuelo* de Luis Vélez de Guevara[27], para luego entrar en decadencia hacia fines del siglo XVII.

Las novelas del género reflejan en sus páginas el hambre, la miseria y la corrupción de las clases bajas del país, producto de las condiciones sociales imperantes. Muchas de sus páginas retratan —no sin compasión— la figura del hidalgo venido a menos, que no puede aceptar trabajos físicos por temor a "perder su honra" y que se ve obligado por ello a padecer toda clase de privaciones. En otras, se describe la amarga vida de los estudiantes pobres, las vicisitudes de los vagabundos y el tenebroso mundo del hampa. Sus personajes constituyen una extensa galería de tipos humanos dibujados con mayor o menor maestría, pero arraigados siempre en los estratos más hondos de la vida misma.

"Lo picaresco", escribe Samuel Gili Gaya[28], "es ante todo un modo de enfocar la vida. El pícaro, escarmentado desde su infancia por amargas ex-

---

[25] Nacido en Sevilla en 1547. Publicó *Aventuras del pícaro Guzmán de Alfarache o Atalaya de la vida humana* en dos partes. La primera vio la luz en 1599; la segunda en 1604. Cuatro años después emigra a México con su familia, y allí se pierde toda traza de su vida. Se cree que murió hacia 1614.

[26] Véase el Capítulo 3 del período Barroco.

[27] Dramaturgo y novelista nacido en Ecija en 1579. Sus mejores comedias son las inspiradas en temas de la historia nacional, como *La luna de la sierra*, *El águila del agua*, etc. Su pieza más famosa es *Reinar después de morir*. *El diablo cojuelo* aparece en 1641. Murió en Madrid en 1644.

[28] *Diccionario de la literatura española*, Revista de Occidente, Madrid.

"Vendedores de fruta", de Murillo. (Alte Pinakothek, Munich)

periencias, es un resentido que no tendrá más ojos que para ver los planos inferiores de la sociedad y los móviles ruines de la conducta. Cuanto hay de noble, generoso y heroico en el mundo pasará inadvertido ante su turbia mirada". En términos modernos, podría decirse que el pícaro es el primer "anti-héroe" de las literaturas occidentales.

La mayor parte de estas características están presentes en el *Lazarillo de Tormes*, cuyas primeras ediciones conocidas vieron la luz, como hemos dicho, en 1554, aunque se tiene la certeza de que debió existir alguna edición anterior. Durante algún tiempo se atribuyó a Diego Hurtado de Mendoza. Hoy se considera anónima.

La novela narra en un estilo claro y sencillo, casi popular, las aventuras de Lázaro, hijo de dos aldeanos pobres de las cercanías de Salamanca, que dedica su vida a servir a diversos amos —entre ellos a un ciego, a un cura y a un escudero pobre. Las desventuras del Lazarillo bajo sus diversos amos constituyen un análisis profundamente satírico y mordaz de los prototipos sociales que sus amos representan.

Veamos el comienzo mismo de la obra, que en lugar de capítulos está dividida en *tratados*:

TRATADO PRIMERO
CUENTA LAZARO SU VIDA Y CUYO HIJO FUE[29]

Pues sepa vuestra merced, ante todas cosas, que a mí me llaman Lázaro de Tormes, hijo de Tomé González y de Antoña Pérez, naturales de Tejares, aldea de Salamanca. Mi nacimiento fue dentro del río Tormes, por la cual causa tomé el sobrenombre, y fue desta manera. Mi padre, que Dios perdone, tenía cargo de proveer una molienda de una aceña[30] que está (en la) ribera de aquel río, en la cual fue molinero más de quince años. Y estando mi madre una noche en la aceña, preñada de mí, tomóle el parto y parióme allí. De manera que con verdad me puedo decir nacido en el río.

Pues, siendo yo niño de ocho años, achacaron a mi padre ciertas sangrías[31] mal hechas en los costales de los que allí a moler venían, por lo cual fue preso, y confesó y no negó, y padeció persecución por justicia. Espero en Dios que esté en la gloria, pues el Evangelio los llama bienaventurados[32]. En este tiempo se hizo cierta armada contra moros, entre los cuales fue mi padre, que a la sazón estaba desterrado por el desastre ya dicho, con cargo de acemilero de un caballero que allá fue. Y con su señor, como leal criado, feneció su vida.

Mi viuda madre, como sin marido y sin abrigo se viese, determinó arrimarse a los buenos por ser uno dellos, y vínose a vivir en la ciudad, y alquiló una casilla, y metióse a guisar de comer a ciertos estudiantes, y lavaba la ropa a ciertos mozos de caballos del comendador de la Magdalena, de modo que fue frecuentando las caballerizas.

Ella, y un hombre moreno de aquellos que las bestias curaban, vinieron en conocimiento. Este algunas veces se venía a nuestra casa y se iba a la mañana. Otras veces, de día llegaba a la puerta, en achaque[33] de comprar huevos, y entrábase en casa. Yo, al principio de su entrada, pesábame con él y habíale miedo, viendo el color y mal gesto que tenía; mas desde que vi que con su venida mejoraba el comer, fuile queriendo bien, porque siempre traía pan, pedazos de carne y, en el invierno, leños a que nos calentábamos.

De manera que, continuando la posada y conversación, mi madre vino a darme un negrito muy bonito, el cual yo brincaba y ayudaba a calentar.

---

[29] Y de quien fue hijo.
[30] Molino harinero de agua.
[31] Hurto pequeño.
[32] Referencia irónica al *Sermón de la montaña*.
[33] So pretexto.

Salamanca y el río Tormes.

Y acuérdome que estando el negro de mi padrastro trebejando[34] con el mozuelo, como el niño veía a mi madre y a mí blancos, y a él no, huía de él, con miedo, para mi madre, y, señalando con el dedo decía: "¡Madre, coco!"[35]

Respondió él, riendo: "¡Hideputa!"[36]

Yo, aunque bien muchacho, noté aquella palabra de mi hermanico, y dije entre mí: "¡Cuántos debe haber en el mundo que huyen de otros porque no se ven a sí mismos!"

. . . .

En este tiempo vino a posar al mesón un ciego, el cual pareciéndole que yo sería para adestrarle me pidió a mi madre, y ella me encomendó a él,

---

[34] Jugueteando.
[35] Fantasma imaginario con que se asusta a los niños.
[36] Hijo de puta.

diciéndole cómo era hijo de un buen hombre, el cual, por ensalzar la fe, había muerto en la de los Gelves, y que ella confiaba en Dios no saldría peor hombre que mi padre, y que le rogaba me tratase bien y mirase por mí, pues era huérfano.

El respondió que así lo haría, que me recibía, no por mozo, sino por hijo. Y así, le comencé a servir y adestrar a mi nuevo y viejo amo.

Como estuvimos en Salamanca algunos días, pareciéndole a mi amo que no era la ganancia a su contento, determinó irse de allí, y cuando nos hubimos de partir, yo fui a ver a mi madre, y, ambos llorando, me dio su bendición y dijo:

—Hijo, ya sé que no te veré más. Procura ser bueno y Dios te guíe. Criado te he y con buen amo te he puesto: válete por ti.

Y así, me fui para mi amo, que esperándome estaba.

Salimos de Salamanca, y llegando a la puente, está a la entrada de ella un animal de piedra, que casi tiene forma de toro, y el ciego mandóme que llegase cerca del animal y, allí puesto, me dijo:

—Lázaro, llega el oído a este toro y oirás gran ruido dentro dél.

Yo simplemente llegué, creyendo ser así. Y como sintió que tenía la cabeza par de la piedra, afirmó recio la mano y diome una gran calabazada en el diablo del toro, que más de tres días me duró el dolor de la cornada, y díjome:

—Necio, aprende que el mozo del ciego un punto ha de saber más que el diablo.

Y rió mucho la burla.

Parecióme que en aquel instante desperté de la simpleza en que, como niño dormido, estaba. Dije entre mí: "Verdad dice éste, que me cumple avivar el ojo y avisar, pues solo soy, y pensar cómo me sepa valer".

Comenzamos nuestro camino, y en muy pocos días me mostró jerigonza. Y como me viese de buen ingenio, holgábase mucho y decía:

—Yo oro ni plata no te lo puedo dar; mas avisos para vivir muchos te mostraré.

Y fue así: que, después de Dios, éste me dio la vida, y siendo ciego me alumbró y adestró en la carrera de vivir.

Huelgo de contar a vuestra merced estas niñerías, para mostrar cuánta virtud sea saber los hombres subir siendo bajos, y dejarse bajar siendo altos cuánto vicio.

Pues, tornando al bueno de mi ciego, y contando sus cosas, vuestra merced sepa que, desde que Dios crió el mundo, ninguno formó más astuto ni sagaz. En su oficio era un águila. Ciento y tantas oraciones sabía de coro, un tono bajo, reposado y muy sonable, que hacía resonar la iglesia donde rezaba; un rostro humilde y devoto, que con muy buen continente ponía cuando rezaba, sin hacer gestos ni visajes con boca ni ojos, como otros suelen hacer.

Allende[37] desto, tenía otras mil formas y manera para sacar el dinero.

Decía saber oraciones para muchos y diversos efectos, para mujeres que no parían, para las que estaban de parto, para las que eran malcasadas, que sus maridos las quisiesen bien. Echaba pronósticos a las preñadas: si traía hijo o hija.

Pues en caso de medicina, decía que Galeno[38] no supo la mitad que él para muela, desmayos, males de madre. Finalmente, nadie le decía padecer alguna pasión que luego no le decía:

"Haced esto, haréis estotro[39], coged tal hierba, tomad tal raíz".

Con esto andábase todo el mundo tras él, especialmente mujeres, que cuanto les decía creían. Déstas sacaba él grandes provechos con las artes que digo, y ganaba más en un mes que cien ciegos en un año.

Mas también quiero que sepa vuestra merced que, con todo lo que adquiría y tenía, jamás tan avariento ni mezquino hombre no vi; tanto, que me mataba a mí de hambre, y así no me remediaba de lo necesario. Digo verdad: si con mi sutileza y buenas mañas no me supiera remediar, muchas veces me finara de hambre; mas con todo su saber y aviso le contraminaba[40] de tal suerte, que siempre, o las más de las veces, me cabía lo más y mejor. Para esto le hacía burlas endiabladas de las cuales contaré algunas, aunque no todas a mi salvo. El traía el pan y todas las otras cosas en un fardel[41] de lienzo, que por la boca se cerraba con una argolla de hierro, y su candado y su llave; y al meter de todas las cosas y sacarlas, era con tan gran vigilancia y tanto por contadero, que no bastara hombre en todo el mundo hacerle menos una migaja. Mas yo tomaba aquella lacería[42] que él me daba, la cual en menos de dos bocados era despachada.

Después que cerraba el candado y se descuidaba, pensando que yo estaba entendiendo en otras cosas, por un poco de costura, que muchas veces del un lado del fardel descosía y tornaba a coser, sangraba el avariento fardel, sacando no por tasa pan, más buenos pedazos, torreznos y longaniza. Y así, buscaba conveniente tiempo para rehacer, no la chaza[43], sino la endiablada falta que el mal ciego me faltaba.

Todo lo que podía sisar y hurtar traía en medias blancas[44], y cuando le mandaban rezar y le daban blancas, como él carecía de vista, no había el que se la daba amagado con ella, cuando yo la tenía lanzada en la boca

---

[37] Además de esto.
[38] Famoso médico griego de la antigüedad.
[39] Haced esto o esto otro.
[40] Burlaba sus intrigas.
[41] Saco.
[42] Miseria.
[43] Mala jugada.
[44] Mitad de una blanca, moneda de la época.

y la media aparejada, que por presto que él echaba la mano, ya iba de mi cambio aniquilada en la mitad del justo precio. Quejábaseme el mal ciego, porque al tiento luego conocía y sentía que no era blanca entera, y decía:

—¿Qué diablo es esto, que después que conmigo estás no me dan sino medias blancas, y de antes una blanca y un maravedí[45] hasta veces me pagaban? En ti debe de estar esta desdicha.

También él abreviaba el rezar y la mitad de la oración no acababa, porque me tenía mandado que en yéndose el que le mandaba rezar, le tirase por cabo del capuz[46]. Yo así lo hacía. Luego él tornaba a dar voces, diciendo: "¿Mandan rezar tal y tal oración?", como suelen decir.

Usaba poner cabe sí[47] un jarrillo de vino, cuando comíamos, y yo muy de presto le asía y daba un par de besos callados y tornábale a su lugar.

Mas duróme poco. Que en los tragos conocía la falta, y por reservar su vino a salvo nunca después desamparaba el jarro, antes lo tenía por el asa asido. Mas no había piedra imán que así trajese a sí como yo con una paja larga de centeno, que para aquel menester tenía hecha, la cual, metiéndola en la boca del jarro, chupando el vino lo dejaba a buenas noches. Mas, como fuese el traidor tan astuto, pienso que me sintió, y dende en adelante mudó propósito y asentaba su jarro entre las piernas y atapábale con la mano y así bebía seguro.

Yo, como estaba hecho al vino, moría por él, y viendo que aquel remedio de la paja no me aprovechaba ni valía, acordé, en el suelo del jarro, hacerle una fuentecilla y agujero sotil, y delicadamente, con una muy delgada tortilla de cera, taparlo, y al tiempo de comer, fingiendo haber frío, entrábame entre las piernas del triste ciego a calentarme en la pobrecilla lumbre que teníamos, y al calor della, luego derretida la cera, por ser muy poca, comenzaba la fuentecilla a destilarme en la boca, la cual yo de tal manera ponía, que maldita la gota se perdía. Cuando el pobreto iba a beber, no hallaba nada.

Espantábase, maldiciendo, daba al diablo el jarro y el vino, no sabiendo qué podía ser.

—No diréis, tío, que os lo bebo yo —decía—, pues no le quitáis de la mano.

Tantas vueltas y tientos dio al jarro, que halló la fuente, y cayó en la burla, mas así lo disimuló como si no lo hubiera sentido.

Y luego, otro día, teniendo yo rezumando mi jarro como solía, no pensando el daño que me estaba aparejado ni que el mal ciego me sentía, sentéme como solía; estando recibiendo aquellos dulces tragos, mi cara puesta hacia el cielo, un poco cerrados los ojos por mejor gustar el sabroso licor, sintió el desesperado ciego que agora tenía tiempo de tomar de mí venganza, y con toda su fuerza, alzando con dos manos aquel dulce y

---

[45] Moneda de la época. Tuvo diferentes valores, pero frecuentemente equivalía a dos blancas.
[46] Capote.
[47] Junto a sí.

amargo jarro, le dejó caer sobre mi boca, ayudándose, como digo, con todo su poder, de manera que el pobre Lázaro, que de nada desto se guardaba, antes, como otras veces, estaba descuidado y gozoso, verdaderamente me pareció que el cielo, con todo lo que en él hay, me había caído encima.

Fue tal el golpecillo, que me desatinó y sacó de sentido, y el jarrazo tan grande, que los pedazos de él se me metieron por la cara, rompiéndomela por muchas partes, y me quebró los dientes, sin los cuales hasta hoy día me quedé. Desde aquella hora quise mal al mal ciego, y, aunque me quería y regalaba y me curaba, bien vi que se había holgado del cruel castigo. Lavóme con vino las roturas que con los pedazos del jarro me había hecho, y, sonriéndose, decía:

—¿Qué te parece, Lázaro? Lo que te enfermó te sana y da salud.

Y otros donaires, que a mi gusto no lo eran.

. . . .

Como hemos dicho antes, el auge de la picaresca continuará durante gran parte del siglo XVII. Algunas de las *Novelas ejemplares* de Cervantes, como *Rinconete y Cortadillo* o el *Coloquio de los perros*, caen de lleno dentro de este tipo de narrativa[48].

Merece leerse cuidadosamente el *Guzmán de Alfarache*, de Mateo Alemán, mencionado al comienzo de este acápite, que apareció en 1599. A diferencia de muchas obras del género, el estilo del *Guzmán* es sobrio y elegante, y la variedad de sus elementos resulta perfectamente integrada a la acción.

El escepticismo inherente a la mayor parte de la picaresca, así como la sátira más mordaz y pesimista, se hallan quizá en su estado más puro en las páginas de *La Vida del buscón*, de Quevedo. El *Buscón* ha sido descrito como la encarnación misma del pícaro cínico y amoral. El propósito moralizador de la obra alcanza su expresión más concisa en las palabras finales: ". . . (que) nunca mejora de estado quien muda solamente de lugar, y no de vida y costumbres".

La novela picaresca española ha de influir considerablemente en las literaturas europeas, y su descarnada representación de la realidad prepara el terreno para lo que ha de ser más tarde el *costumbrismo* peninsular.

La coexistencia de la novela pastoril —con su mundo ideal, ilusorio y artificioso— y de la picaresca —con su visión descarnada y punzante de la realidad— anuncia ya la dualidad de enfoques de la literatura castellana con respecto a la vida; una dualidad, que, según veremos, constituye una de las características claves de las letras españolas.

[48] Véase el Capítulo 2 del Barroco.

En esta época también se desarrolló la llamada *novela morisca,* de temas y origen puramente españoles, la cual tenía como protagonistas a personajes árabes del antiguo reino de Granada. Las primeras muestras de la novela morisca fueron publicadas dentro de otras obras, como por ejemplo *El Abencerraje o Historia de Abindarráez y Jarifa,* la cual apareció intercalada en algunas ediciones de la *Diana* de Montemayor. Más tarde la *Historia de Ozmín y Daraja* aparece incluida en el *Guzmán de Alfarache.* Su máximo desarrollo surge a fines del siglo XVI, con la publicación de *Las guerras civiles de Granada,* de Pérez de Hita[49].

HISTORIA
DE LOS VANDOS
DE LOS ZEGRIES Y ABEN-
ÇERRAGES CAVALLEROS MOROS
de Granada,de las Ciuiles guerras que vuo en ella, y batallas particulares que vuo en la Vega entre Moros
y Christianos, hasta que el Rey Don Fer
nando Quinto la gano.
AGORA NVEVAMENTE SACADA
de vn libro Arauigo, cuyo Autor de vista fue vn Moro llama-
do Aben Hamin, natural de Granada.Tratanao
desde su fundacion.
Traduzido en Castellano por Ginez Perez.Corregida y
emendada en esta vltima Impression.

Año   M.DC.X.

EN BARCELONA.
En la Emprenta de Sebastian Mateuad, y Lorenço Deu.
Acosta de Miguel Manescal, Mercader de Libros.

Ginés Pérez de Hita: Guerras civiles de Granada.

[49] GINES PEREZ DE HITA vivió entre 1544 y 1619. De su vida se tienen escasos datos concretos, se sabe que luchó contra una rebelión de los moros en 1568; al final de su libro sobre las guerras de Granada, lamenta la expulsión total de los moriscos.

4. ESCUELAS SALMANTINA Y SEVILLANA: FRAY LUIS DE LEON, FERNANDO DE HERRERA

Con la ascensión de Felipe II al trono en 1556[1], comienza un período marcadamente distinto en la historia de España. La época de Carlos V había sido "esencialmente un momento de universalidad, de vida hacia afuera"[2], caracterizado por el predominio de las armas y por un intenso intercambio de ideas entre España y el resto de Europa. Con el reinado de su hijo se inicia una etapa de sedimentación de los valores nacionales, en que el país se repliega sobre sí mismo y se aísla intelectualmente del extranjero.

Frente a la reforma protestante, surgida pocas décadas antes en Alemania, cobra en España su impulso definitivo la contrarreforma católica. Así, una literatura que nació al calor de las luchas contra los "infieles" árabes, se consolida e inicia su período de plenitud en las contiendas contra los "herejes" protestantes. Una vez más la religión juega un importante papel en el desarrollo de la nacionalidad.

A una generación de hombres de acción sigue bajo Felipe II una de ascéticos y místicos. Y la actitud oficial de apertura hacia Europa es reemplazada por una política nacionalista que, poniendo especial énfasis en el pensamiento religioso, logra implantar en el país "una unidad, una cultura, una línea de conducta"[3]. Las consecuencias de esta separación de España del que hoy se llamaría movimiento ideológico del continente se reflejan en todo el curso posterior de su historia y llegan prácticamente hasta la época actual.

En el plano lingüístico, la época de Felipe II se caracteriza por la consolidación definitiva del castellano frente al latín en la enseñanza universitaria y frente a numerosas formas regionales en el habla popular. En el plano literario, se mantienen las innovaciones poéticas de la primera generación renacentista (Boscán, Garcilaso, etc.), y se da cabida a los temas religiosos y patrióticos, sin que por ello decaiga la poesía popular ni se aminore el gusto por los romances.

---

[1] En ese año, el Emperador abdica en favor de su hijo Felipe sus posesiones, excepto Austria, Bohemia y Hungría, y se retira al monasterio de Yuste, provincia de Cáceres, donde pasa los dos últimos años de su vida.

[2] Valbuena Prat, ob. cit.

[3] Valbuena Prat, ob. cit.

Interior de la catedral de Salamanca.

Fray Luis de León, (MAS)

Como hemos apuntado en las *Generalidades* de esta Segunda Parte, la lírica de este período sigue fundamentalmente dos tendencias, representadas por las escuelas salmantina y sevillana respectivamente. La primera ofrece como rasgos esenciales la sobriedad de expresión, la naturalidad del estilo y la armonía entre forma y contenido. Su principal exponente es fray Luis de León. La escuela sevillana se distingue por su exuberancia retórica[4], su tono majestuoso y el quebrantamiento del equilibrio clásico entre fondo y forma en favor de esta última. Su máximo representante es Fernando de Herrera.

Fray Luis de León

Es en cierta forma la figura más representativa del espíritu de su época en las letras españolas. Nació en Belmonte de Tajo, Cuenca, en 1527. Su padre fue abogado y consejero real. En 1543 ingresó en el convento agustino de Salamanca y empezó, en la famosa Universidad, estudios de teo-

---

[4] Uso abundante de recursos estilísticos con el propósito de embellecer la expresión. Los autores grecorromanos dieron gran importancia a la retórica, y estudiaron detenidamente sus reglas.

logía. Obtuvo la licenciatura en 1551 y el título de Maestro en 1558. Cursó también el hebreo en la Universidad de Alcalá, fue lector en Soria, y en 1561 ganó por oposición, frente a un candidato de los dominicos, la cátedra de Santo Tomás en la universidad salmantina.

Su espíritu independiente, su vehemencia y sus clases, "llenas de estímulo, personalidad y lucidez"[5], le ganan pronto la simpatía de los alumnos, pero a la vez despiertan envidias y rencores entre sus colegas, que en 1572 lo denuncian a la Inquisición por haberse apartado de la política al uso en materia de textos y traducciones. Es apresado en marzo de ese año y enviado a la cárcel de Valladolid, donde permanecerá hasta diciembre de 1576. Finalmente, previa absolución de todos los cargos, es puesto en libertad y regresa a la Universidad de Salamanca. Según la leyenda, el primer día de clases inició la lección con la frase: "Decíamos ayer . . ."

En 1577 se le asigna una nueva cátedra, gana otras por oposición, y a medida que transcurren los años aumenta su prestigio como profesor, teólogo y hombre de letras. En 1582, nuevos enemigos presentan una denuncia en contra suya al Santo Oficio, pero esta vez el tribunal inquisidor se limita a una encuesta y acepta los razonamientos del acusado. En sus últimos días, cuando su obra ya había recibido el reconocimiento de los escritores y teólogos más importantes de su tiempo, es nombrado Provincial[6] de su orden religiosa.

Fray Luis de León muere en agosto de 1591 en Madrigal de las Altas Torres, provincia de Avila.

De lo dicho hasta aquí resulta evidente que fray Luis no puede considerarse sólo como poeta —y, en efecto, sus traducciones y tratados religiosos en prosa ocupan un lugar mucho más extenso en la totalidad de su actividad literaria que la poesía propiamente dicha. Sin embargo, la perfección y serena belleza de su lírica es tal que el reducido número de poemas llegado hasta nosotros bastan para situarlo entre los grandes clásicos del género.

En la edición de sus poesías que dejó preparada —y que no vio la luz hasta 1631, cuando fue publicada por Francisco de Quevedo—, el autor afirma: "Entre las ocupaciones de mis estudios, en mi mocedad, y casi en mi niñez se me cayeron de entre las manos estas obrecillas . . ."[7]

A pesar de la escasa importancia que fray Luis parece haber dado a sus poemas, un estudio detallado demuestra que su estilo es tan pulido y cuidadoso como el de su prosa, y que, en última instancia, la célebre "naturalidad"

---

[5] Aubrey F. G. Bell, *Luis de León: Un estudio sobre el Renacimiento español*, Barcelona.
[6] Superior general de los conventos de una provincia.
[7] Las hice casi sin percatarme de que las estaba haciendo . . .

Fernando Niño de Guevara, prelado español del siglo XVI, en un retrato de El Greco. El papel a los pies del cardenal lleva la firma del pintor en griego. (The Metropolitan Museum of Art, Obsequio de la Sra. H. O. Havemeyer, 1929. The H. O. Havemeyer Collection)

que se le atribuye está muy lejos de ser espontánea: más bien se diría, como apunta Alborg[8], que es resultado de una intensa búsqueda de claridad y concisión en la fórmula poética, de un innato anhelo de equilibrio entre expresión y contenido.

[8] Juan Luis Alborg, *Historia de la literatura española*, Madrid.

Veamos como ejemplo de lo dicho un fragmento de su conocida oda "Vida retirada":

¡Qué descansada vida
la del que huye el mundanal ruïdo,
y sigue la escondida
senda por donde han ido
los pocos sabios que en el mundo han sido!

Que no le enturbia el pecho[9]
de los soberbios grandes el estado,
ni del dorado techo
se admira, fabricado
del sabio moro, en jaspes sustentado[10].

No cura si la fama[11]
canta con voz su nombre pregonera,
ni cura se encarama[12]
la lengua lisonjera
lo que condena la verdad sincera.

. . . .

Del monte en la ladera,
por mi mano plantado tengo un huerto
que con la primavera,
de bella flor cubierto,
ya muestra en esperanza el fruto cierto.

Y como codiciosa
de ver y acrecentar su hermosura,
desde la cumbre airosa
una fontana[13] pura
hasta llegar corriendo se apresura;

y luego, sosegada,
el paso entre los árboles torciendo,
el suelo de pasada
de verdura vistiendo,
y con diversas flores va esparciendo.

. . . .

A mí una pobrecilla
mesa, de amable paz bien abastada[14],
me baste; y la vajilla

[9] No le provoca envidia.
[10] No le deslumbra la magnificiencia —ya por aquel entonces legendaria— de la arquitectura árabe.
[11] Le tiene sin cuidado la fama . . .
[12] Ensalza (fig.).
[13] fuente.
[14] abastecida.

de fino oro labrada
sea de quien la mar no teme airada[15].

Y mientras miserable-
mente se están los otros abrasando
con sed insaciable
del no durable mando[16],
tendido yo a la sombra esté cantando.

A la sombra tendido,
de yedra y lauro coronado,
puesto el atento oído
al son dulce, acordado[17],
del plectro[18] sabiamente meneado.

Como en el resto de su obra poética, fray Luis utiliza aquí preferentemente la lira. Y al igual que en sus restantes creaciones líricas, sabe combinar
las formas clásicas con elementos cristianos y con una insólita profundidad
de sentimientos. Muchos autores consideran esta oda como una imitación del
"Beatus ille" de Horacio; sin embargo, es evidente que en la obra de fray
Luis el desarrollo del tema horaciano adquiere características propias, que
le confieren un valor intrínseco e independiente de su fuente.

La "Oda a Francisco Salinas"[19], compuesta hacia 1575, constituye otro
de los momentos cumbres de la poesía de su tiempo:

El aire se serena
y viste de hermosura y luz no usada,
Salinas, cuando suena
la música extremada
por vuestra sabia mano gobernada.

A cuyo son divino
mi alma, que en olvido está sumida,
torna a cobrar el tino,
y memoria perdida
de su origen primera esclarecida[20].

Y como se conoce,
en suerte y pensamientos se mejora;
el oro desconoce
que el vulgo ciego adora,
la belleza caduca engañadora.

---

[15] De los navegantes, que ya comenzaban a traer inmensos tesoros del Nuevo Mundo.
[16] El poder terrenal.
[17] Armónico.
[18] Palillo que se usaba para pulsar instrumentos de cuerda; figurativamente, inspiración poética.
[19] Catedrático de música en Salamanca, anteriormente mencionado.
[20] Origen era femenino en esa época.

Traspasa el aire todo
hasta llegar a la más alta esfera[21],
y oye allí otro modo
de no perecedera
música que es la fuente y la primera.

. . . .

¡Oh desmayo dichoso!
¡oh muerte que das vida!, ¡oh dulce olvido!
¡durase en tu reposo
sin ser restituido
jamás a aqueste bajo y vil sentido!

A este bien os llamo,
gloria del apolíneo sacro coro[22],
amigos a quien amo
sobre todo tesoro;
que todo lo visible es triste lloro.

¡Oh!, suene de contino[23],
Salinas, vuestro son en mis oídos,
por quien al bien divino
despiertan los sentidos,
quedando a lo demás adormecidos.

La "Oda a Salinas" representa, de acuerdo con Menéndez y Pelayo[23A], "la expresión más alta y más bella del sistema estético de Platón"[24] según el cual el alma humana es capaz, en contados momentos, de vislumbrar las bellezas eternas que conoció antes de "encarnar" en un cuerpo mortal. Díez-Echarri y Roca Franquesa consideran que "pocas veces el espíritu humano ha subido tan alto en alas de la poesía"[25].

Además de numerosos textos en latín, fray Luis escribió en castellano la *Exposición del Libro de Job*; el *Cantar de los Cantares*, en que traduce y comenta el libro de Salomón; *La perfecta casada*, tratado de consejos cristianos a la mujer que ha contraído o va a contraer matrimonio[26] y, por último, los diálogos teológicos sobre *Los nombres de Cristo*, de prosa insuperable.

En resumen, podemos afirmar que con fray Luis de León comienza una corriente caracterizada por la concisión expresiva y la "naturalidad" en la

---

[21] El paraíso.
[22] El sagrado coro del dios Apolo.
[23] De continuo.
[23A] *Obras Completas*, Edición Nacional, Madrid.
[24] Célebre filósofo griego(¿428-347? A.C.), discipulo de Sócrates y maestro de Aristóteles.
[25] Emiliano Díez-Echarri y José María Roca Franquesa, *Historia general de la literatura española e hispanoamericana*, Madrid.
[26] Fray Luis lo compuso para una sobrina con motivo de sus bodas.

presentación de los motivos o las situaciones. Otros poetas de la escuela salmantina —unidos más bien por coincidencias de estilo que por verdadera conciencia de grupo— continuarán el desarrollo de la lírica castellana por los senderos de fray Luis.

Fernando de Herrera

Nació en Sevilla en 1534, de familia modesta. Cursó estudios de humanidades y eclesiásticos, y aunque nunca pasó de las órdenes menores, logró obtener un beneficio[27] de la parroquia sevillana de San Andrés que le sirvió para satisfacer las necesidades más perentorias de su existencia.

Fernando de Herrera, "el Divino".

Su vida transcurre tranquilamente, sin el bullicio de la Corte ni los aprestos guerreros del poeta que más admiraba, Garcilaso. Gran parte de su biografía la ocupa su pasión, al parecer platónica[28], por la condesa de Gelves, doña Leonor de Milán, esposa de un biznieto del descubridor de América, don Alvaro Colón y Portugal.

---

[27] Cargo con sueldo.
[28] Que no llega a materializarse en relaciones sexuales. Herrera se refiere a su amada con distintos nombres: Luz, Estrella, Sirena, etc.

El conde de Gelves acostumbraba a reunir en su residencia de Sevilla una tertulia selecta, de la que formaban parte Juan de Mal Lara[29] y el propio Herrera. El poeta se enamoró perdidamente de la condesa, e hizo de ella el centro de toda su lírica amorosa.

"El divino Herrera", como le llamaron sus contemporáneos, murió en Sevilla, en 1597.

Fernando de Herrera constituye con Garcilaso y fray Luis de León el "gran trío" de la poesía española en el siglo XVI[30]. El carácter que su obra imprimió a la escuela sevillana perdura en numerosas manifestaciones posteriores, y en cierta forma llega hasta nuestros días.

A diferencia de Salamanca, donde apenas puede hablarse de "escuela" en el sentido estricto de la palabra, el movimiento sevillano presenta desde el principio conciencia de grupo, celebra reuniones literarias regulares en la academia de Mal Lara y cuenta hasta con un verdadero "manifiesto poético" en el prólogo que escribe uno de sus miembros, Francisco de Medina, para un libro de Herrera.

La obra del máximo exponente de este movimiento se caracteriza por el frecuente empleo de figuras retóricas, la brillantez de expresión, el empleo de palabras "cultas" y el uso preferente de la estrofa larga. Uno de los objetivos principales del poeta es crear una "lengua artística" distinta y apartada de la lengua popular. En este sentido, debe considerarse como el primer gran cultivador de la forma en la poesía castellana.

Su obra poética se divide en dos grupos: los poemas de amor y los versos patrióticos. En los primeros, "la suave emoción del enamorado se expresa en forma brillante, que marca un punto medio entre el estilo de Garcilaso y el de Góngora"[31]. Para este género emplea preferentemente el soneto, que lleva a verdaderas cimas de perfección. He aquí uno de los más celebrados, que tituló "Elogios a la amada":

> Rojo sol que con hacha luminosa
> coloras el purpúreo y alto cielo,
> ¿hallaste tal belleza en todo el suelo
> que iguale a mi serena Luz dichosa?
>
> Aura [32] süave, blanda y amorosa,
> que nos halagas con tu fresco vuelo,
> cuando se cubre del dorado velo
> mi Luz, ¿tocaste trenza más hermosa?

[29] Escritor y humanista, fundador de una academia muy frecuentada por hombres de letras y eruditos de Sevilla.
[30] Díez-Echarri y Roca Franquesa, ob. cit.
[31] Valbuena Prat, ob. cit.
[32] Viento suave y apacible.

Vista del puerto de Sevilla en el siglo XVI. Detalle de un cuadro atribuido a Sánchez Coello.

Luna, honor de la noche, ilustre coro
de las errantes lumbres y fijadas[33]
¿consideraste tales dos estrellas?[34]

Sol puro, aura, luna, llamas de oro,
¿oístes vos mis penas nunca usadas?
¿vistes Luz más ingrata a mis querellas?

La magnificencia de las imágenes, el esplendor de la retórica, anuncian ya la escuela gongorina. La enumeración de elementos (sol, aura, luna, estrellas) que sirven de tema a cada estrofa y luego se reúnen en el terceto final, constituye una técnica que emplearán más tarde por igual culteranos y conceptistas.

Quizás, empero, el mayor valor del "divino" Herrera radique en sus poemas patrióticos o heroicos. Para este género empleó estrofas largas, de versos predominantemente endecasílabos. El tono majestuoso de la escuela sevillana se adapta particularmente bien a estos versos destinados a cantar los grandes sucesos de su época o a glosar temas bíblicos. Su canción "Por la victoria de Lepanto" es la más conocida:

Cantemos al Señor, que en la llanura
venció del ancho mar al Trace[35] fiero:
Tú, Dios de las batallas, tú eres diestra,
salud y gloria nuestra.
Tú rompiste las fuerzas y la dura
frente de Faraón, feroz guerrero.
Sus escogidos príncipes cubrieron
los abismos del mar, y descendieron
cual piedra en el profundo, y tu ira luego
los tragó, como arista seca al fuego.

El soberbio tirano, confiado
en el grande aparato de sus naves,
que de los nuestros la cerviz cativa,
y las manos aviva
al ministerio injusto de su estado,
derribó con los brazos suyos graves
los cedros más excelsos de la cima
y el árbol que más yerto se sublima,
bebiendo ajenas aguas, y atrevido
pisando el bando nuestro y defendido.

Temblaron los pequeños confundidos
del impío furor suyo; alzó la frente
contra ti, señor Dios, y con semblante

---

[33] De las estrellas fijas y de las errantes.
[34] Los ojos de la amada.
[35] Turco.

112

y con pecho arrogante,
y los armados brazos extendidos,
movió el airado cuello aquel potente;
cercó su corazón de ardiente saña
contra las dos Hesperias[36], que el mar baña,
porque en ti confiadas le resisten
y de armas de tu fe y amor se visten.
. . . .

Llorad, naves del mar, que es destruida
vuestra vana soberbia y pensamiento.
¿Quién ya tendrá de ti lástima alguna,
tú, que sigues la luna,
Asia adúltera, en vicios sumergida?
¿Quién mostrará un liviano sentimiento?
¿Quién rogará por ti? Que a Dios enciende
tu ira y la arrogancia que te ofende,
y tus viejos delitos y mudanza
han vuelto contra ti a pedir venganza.

Los que vieron tus brazos quebrantados
y de tus pinos ir el mar desnudo,
que sus ondas turbaron y llanura,
viendo tu muerte oscura,
dirán, de tus estragos espantados:
"¿Quién contra la espantosa[37] tanto pudo?
El Señor, que mostró su fuerte mano
por la fe de su príncipe cristiano
y por el nombre santo de su gloria,
a su España concede esta victoria.

"Bendita, Señor, sea tu grandeza;
que después de los daños padecidos,
después de nuestras culpas y castigo,
rompiste al enemigo
de la antigua soberbia la dureza.
Adórente, Señor, tus escogidos,
confiese cuanto cerca el ancho cielo
tu nombre, ¡oh nuestro Dios, nuestro consuelo!,
¡y la cerviz rebelde condenada,
perezca en bravas llamas abrasada!"

Si con fray Luis se inicia la vertiente clásica del *Siglo de Oro*, tomando esta expresión en su sentido estricto de equilibrio o armonía en las relaciones entre la forma y el contenido, con Herrera se anuncia, en cambio, la vertiente barroca, entendida como el predominio de la expresión culta y el brillo ornamental sobre otros aspectos del poema.

[36] Italia y España.
[37] Substantivo elíptico: Asia.

5. LA MISTICA: SANTA TERESA DE JESUS, SAN JUAN DE LA CRUZ

Considerada como expresión literaria de los sentimientos religiosos más profundos, la mística es un fenómeno universal: sus manifestaciones se encuentran prácticamente en todos los credos y en todas las latitudes.

En España, el misticismo deriva de corrientes cristianas medievales surgidas principalmente en la Europa central[1], con influencias, según muchos autores, de pensadores judíos e islámicos peninsulares. Así, la mística del Siglo de Oro se caracteriza esencialmente por considerar el *amor a Dios* como el mejor camino para llegar a El, ya que su divinidad misma lo coloca "muy por encima de todo conocimiento racional humano"[2].

No obstante, este camino está muy lejos de ser directo: comienza por una "etapa purgativa" o ascética, en que el alma se libra de sus vicios por medio

---

[1] Entre sus principales representantes figuran los alemanes Eckhart, Tauler y hasta cierto punto Tomás de Kempis, autor de la célebre *Imitación de Cristo*; el francés San Bernardo y el flamenco Ruysbroeck.

[2] José García López, *Historia de la literatura española*, Barcelona.

La ciudad amurallada de Avila.

de la oración y la mortificación, y sigue una "etapa iluminativa", en que el espíritu recibe los primeros destellos de la divinidad y disfruta pasivamente de la presencia de Dios. Sólo en la tercera y última etapa, la "unitiva", logra el alma entregarse gozosamente a la fusión íntima con su Creador.

A diferencia de corrientes extranjeras del género, el misticismo español, en su búsqueda de una armonía interna y trascendental, funde en sus mejores exponentes la más sublime intimidad espiritual con la más elevada producción literaria de la época.

El período de florecimiento de esta literatura coincide en España con el reinado de Felipe II. Algunos incluyen entre los místicos puros a fray Luis de Granada, considerado por otros más bien como escritor ascético[3], y a fray Luis de León, cuya aportación a la literatura castellana rebasa con mucho el terreno religioso, como hemos visto en el capítulo anterior.

Los principales exponentes del misticismo en las letras españolas son dos religiosos carmelitas: Santa Teresa de Jesús y San Juan de la Cruz. Ambos fueron reformadores de la orden y supieron unir a la actitud contemplativa un fervoroso activismo.

Santa Teresa de Jesús

Teresa de Cepeda y Ahumada nació el 28 de marzo de 1515 en Avila, de familia noble. Desde muy niña sintió inclinación por la vida religiosa y el sacrificio, hasta el punto de escapar en una ocasión de su casa para tratar de llegar a tierras de infieles, sufrir allí el martirio y ganar así el cielo "por la vía rápida".

Durante su adolescencia tuvo gran afición por las novelas de caballerías y las vanidades del mundo, según ella misma confiesa en su autobiografía. A raíz de una grave enfermedad decide llevar a cabo sus antiguos proyectos de profesar, e ingresa, sin autorización paterna, en el convento carmelita de la Encarnación de Avila, en 1534. Después de una prolongada etapa de reflexión, dificultades espirituales y desaliento, escribe su primera obra y funda su primer convento en 1562.

A partir de ese momento, la santa despliega una actividad asombrosa que la lleva a reformar su orden y fundar un total de 17 conventos de carmelitas descalzas. Tal actividad le acarrea sin embargo graves disgustos con las auto-

---

[3] Sus obras más famosas, la *Guía de pecadores* y el *Libro de la oración*, tienen como principal objetivo ayudar al alma a atravesar la "vía purgativa". FRAY LUIS DE GRANADA nació en esa ciudad en 1504. Profesó en la orden dominicana en 1525 y pasó largo tiempo en Portugal. Disfrutó de gran fama como predicador y escribió además la *Introducción al símbolo de la fe*, una extensa apología del cristianismo que contiene algunas de sus páginas más bellas. Murió en Lisboa en 1588.

Santa Teresa de Jesús.

Fachada de la catedral de Toledo.

ridades eclesiásticas e incluso con las civiles; el *Libro de su vida* fue denunciado a la Inquisición; sufrió persecuciones y en una época fue confinada a la ciudad de Toledo.

Este largo período de luchas contra la autoridad establecida no intimida a sor Teresa, que continúa sus austeras reformas y su campaña en favor de una religiosidad más pura e íntima. Sus enemigos logran llevarla ante el Tribunal del Santo Oficio en Sevilla, pero allí es exonerada de toda culpa. Finalmente, en 1580, se toma la decisión de crear una provincia aparte en la orden para los carmelitas reformados.

Cuarenta años después de su muerte, ocurrida en Alba de Tormes en 1582, fue canonizada con el nombre de Santa Teresa de Jesús.

La literatura teresiana se caracteriza esencialmente por la sencillez del tono, la naturalidad del lenguaje y la ausencia de todo artificio literario. Según sus propias palabras, escribía generalmente a pedido de otras personas —casi siempre sus confesores. Sus obras rebosan de declaraciones acerca de su presunta incapacidad de redactar adecuadamente: "Escriban los letrados que han estudiado", exclama en una ocasión, "que yo soy una tonta y no sabré lo que digo, (y) pondré un vocablo por otro, con (lo) que haré daño". O también: "Algunas veces tomo el papel, como una boba, que ni sé qué decir ni cómo empezar".

A pesar de las incorrecciones gramaticales que efectivamente pueden encontrarse en sus textos, la obra de Santa Teresa cautiva por su ardiente espontaneidad, por la plasticidad de sus imágenes y, sobre todo, por la profundidad de los sentimientos religiosos que impregna su producción.

Entre sus obras más conocidas figuran el *Libro de las fundaciones*, en que se relata la creación de los diversos monasterios reformados; *Camino de perfección*, que compila una serie de consejos para las religiosas, y su obra capital, el *Libro de las moradas* o *Castillo interior*, en que resume en forma alegórica sus experiencias místicas.

Más leída que estas obras es la autobiografía espiritual de Santa Teresa, es decir, el ya mencionado *Libro de su vida*. Como selección hemos escogido un fragmento del capítulo XXXVI, en que la autora nos relata la fundación de su primer convento:

Prosigue en la materia comenzada, y dice como se acabo de concluir, y se fundo este monesterio del glorioso San Josef, y las grandes contradiciones y persecuciones, que, despues de tomar habito las religiosas, hubo y los grandes trabajos y tentaciones que ella paso, y como de todo la saco el Señor con vitoria, y en gloria y alabanza suya

Partida ya de aquella ciudad[4], venía muy contenta por el camino, determinándome a pasar todo lo que el Señor fuese servido, muy con toda voluntad. La noche mesma que llegué a esta tierra, llegó nuestro despacho para el monesterio, y Breve de Roma, que yo me espanté, y se espantaron los que sabían la priesa que me había dado el Señor, a la venida, cuando supieron la gran necesidad que había de ello, y a la coyuntura que el Señor me traía; porque hallé aquí el obispo, y al santo fray Pedro de Alcántara, y a otro caballero muy siervo de Dios, en cuya casa este santo hombre posaba, que era persona adonde los siervos de Dios hallaban espaldas y cabida[5]. Entramos a dos acabaron con el obispo admitiese el monesterio[6]: que no fue poco, por ser pobre, sino que era tan amigo de personas, que vía ansí[7] determinadas a servir al Señor, que luego se aficionó a favorecerle; y al probarlo este santo viejo[8], y poner mucho con unos y con otros, en que nos ayudasen, fue el que lo hizo todo. Si no viniera esta coyuntura, como ya he dicho, no puedo entender cómo pudiera hacerse, porque estuvo muy poco aquí este santo hombre (que no creo fueron ocho días, y esos muy enfermo) y desde ha muy poco le llevó el Señor consigo. Parece que le había aguardado su Majestad hasta acabar este negocio, que había muchos días, no sé si más de dos años que andaba muy malo.

Todo se hizo debajo de gran secreto, porque a no ser ansí, no sé si pudiera hacer nada, sigún el pueblo estaba mal con ello, como se pareció después. Ordenó el Señor que estuviese malo un cuñado mío, y su mujer no aquí, y en tanta necesidad, que me dieron licencia para estar con él, y con esta ocasión no se entendió nada, aunque en algunas personas no dejaba de sospecharse algo, mas aun no le creían. Fue cosa para espantar, y que no estuvo más malo de lo que fue menester para el negocio, y, en siendo menester tuviese salud para que yo me desocupase y él dejase desembarazada la casa, se la dió luego el Señor, que él estaba maravillado. Pasé harto trabajo en procurar con unos y con otros que se admitiese, y con el enfermo, y con oficiales, para que se acabase la casa a mucha priesa, para que tuviese forma de monesterio; que faltaba mucho de acabarse; y mi compañera no estaba aquí, que nos pareció era mijor estar ausente, para más disimular, y yo vía que iba todo en la brevedad por muchas causas; y la una era, porque cada hora temía me habían de mandar ir. Fueron tantas las cosas de trabajos que tuve, que me hizo pensar si era esta la cruz; aunque todavía me parecía era poco para la gran cruz, que yo había entendido de el Señor, había de pasar.

Pues todo concertado, fue el Señor servido, que día de san Bartolomé tomaron hábito algunas, y se puso el Santísimo Sacramento; con toda la autoridad y fuerza quedó hecho nuestro monesterio del gloriosísimo padre nuestro san Josef, año de mil y quinientos y sesenta y dos. Estuve yo a

---

[4] Toledo.

[5] Don Francisco de Salcedo.

[6] Entre los dos, es decir don Francisco de Salcedo y San Pedro de Alcántara, lograron que el obispo, don Alvaro de Mendoza, accediese a la fundación del monasterio.

[7] Así.

[8] San Pedro de Alcántara.

Incensario de siglo XVI. (Cortesía The Hispanic Society of America)

darles el hábito, y otras dos monjas de nuestra casa mesma, que acertaron a estar fuera. Como en ésta, que se hizo el monesterio, era la que estaba mi cuñado (que como he dicho, la había él comprado para disimular mijor el negocio) con licencia estaba yo en ella, y no hacía cosa que no fuese con parecer de letrados, para no ir un punto contra obediencia, y como vían ser muy provechoso para toda la Orden, por muchas causas, que aunque iba con secreto y guardándome no lo supiesen mis perlados[9], me decían lo podía hacer, porque por muy poca inperfeción que me dijeran era, mil monesterios me parece dejara, cuanti más uno. Esto es cierto, porque aunque lo deseara, por apartarme más de todo, y llevar mi profesión y llamamiento con más perfección y encerramiento, de tal manera lo deseaba que cuando entendiera era más servicio del Señor dejarlo todo, lo hiciera como lo hice la otra vez, con todo sosiego y paz. Pues fue para mí como estar en una gloria, ver poner el Santísimo Sacramento, y que se remediaron cuatro huérfanas pobres, porque no se tomaban con dote, y grandes siervas de Dios; que esto se pretendió al principio, que entrasen personas, que con su ejemplo fuesen fundamento, para que se pudiese el intento que llevábamos de mucha perfeción y oración efectuar, y hecha una obra, que tenía entendido era para el servicio de el Señor, y honra del hábito de su gloriosa Madre, que estas eran mis ansias. Y también me dio gran consuelo de haber hecho lo que tanto el Señor me había mandado, y otra ilesia más, en este lugar, de mi padre glorioso san Josef, que no la había. No porque a mí me pareciese había hecho en ello nada, que nunca me lo parecía ni parece, siempre entiendo lo hacía el Señor; y lo que era de mi parte, iba con tantas inperfeciones, que antes veo había que me culpar, que no me agradecer: más érame gran regalo ver que hubiese su Majestad tomádome por instrumento, siendo tan ruin, para tan grande obra; ansí que estuve con tan gran contento, que estaba como fuera de mí con gran oración.

Acabado todo, sería como desde a tres u cuatro horas, me revolvió el demonio una batalla espiritual, como ahora diré. Púsome delante, si había sido mal hecho lo que había hecho, si iba contra obediencia en haberlo procurado, sin que me lo mandase el provincial, que bien me parecía a

---

[9] Prelados.

mí le había de ser algún disgusto, a causa de sujetarle al ordinario, por no se lo haber primero dicho; aunque como él no le había querido admitir, y yo no la mudaba, también me parecía no se le daría nada por otra parte; y si habían de tener contento las que aquí estaban con tanta estructura, si les había de faltar de comer, si había sido disbarate[10], que quién me metía en esto, pues yo tenía monesterio. Todo lo que el Señor me había mandado, y los muchos pareceres y oraciones, que había más de dos años que casi no cesaban, todo tan quitado de mi memoria, como si nunca hubiera sido: sólo de mi parecer me acordaba, y todas las virtudes y la fe estaban en mí entonces suspendidas, sin tener yo fuerza para que ninguna obrase, ni me defendiese de tantos golpes. También me ponía el demonio, que cómo me quería encerrar en casa tan estrecha, y con tantas enfermedades, que cómo había de poder sufrir tanta penitencia, y dejaba casa tan grande y deleitosa, y adonde tan contenta siempre había estado, y tantas amigas; que quizá las de acá no serían a mi gusto, que me había obligado a mucho, que quizá estaría desesperada, y que por ventura había pretendido esto el demonio para quitarme la paz y quietud, y que ansí no podría tener oración, estando desasosegada, y perdería el alma. Cosas de esta hechura juntas me ponía delante, que no era en mi mano pensar en otra cosa; y con esto una aflición y escuridad y tinieblas en el alma, que yo no lo sé encarecer. De que vi ansí, fuime a ver el Santísimo Sacramento, aunque encomendarme a El no podía: paréceme estaba con una congoja, como quien está en agonía de muerte. Tratarlo con nadie no había de osar, porque aun confesor no tenía señalado.

¡Oh válame Dios, y qué vida esta tan miserable! No hay contento siguro, ni cosa sin mudanza. Había tan poquito, que no me parece trocara mi contento con ninguno de la tierra, y la mesma causa de él me atormentaba ahora de tal suerte, que no sabía qué hacer de mí. ¡Oh si mirásemos con advertencia las cosas de nuestra vida, cada uno vería por espiriencia en lo poco que se ha de tener contento, ni descontento de ella! Es cierto, que me parece que fue uno de los recios ratos que he pasado en mi vida: parece que adivinaba el espíritu lo mucho que estaba por pesar, aunque no llegó a ser tanto como esto durara. Mas no dejó el Señor padecer a su pobre sierva, porque nunca en las tribulaciones me dejó de socorrer; y ansí fue en ésta, que me dio un poco de luz para ver que era demonio, y para que pudiese entender la verdad, y que todo era quererme espantar con mentiras: y ansí comencé a acordarme de mis grandes determinaciones de servir al Señor, y deseos de padecer por El, y pensé que si había de cumplirlos, que no había de andar a procurar descanso, y que si tuviese trabajos, que eso era el merecer, y si descontento como lo tomase por servir a Dios, me serviría de purgatorio: que ¿de qué temía? que pues deseaba trabajos, que buenos eran éstos, que en la mayor contradición estaba la ganancia, que por qué me había de faltar ánimo para servir a quien tanto debía. Con estas y otras consideraciones, haciéndome gran fuerza, prometí delante del Santísimo Sacramento, de hacer todo lo que pudiese para tener licencia de venirme a esta casa, y en pudiéndolo hacer con buena conciencia, prometer clausura. En haciendo esto, en un instante huyó el demonio, y me dejó sosegada y contenta, y lo quedé y lo he estado siem-

---

[10] Disparate.

pre, y todo lo que en esta casa se guarda de encerramiento, penitencia y lo demás, se me hace en estremo suave y poco. El contento es tan grandísimo, que pienso yo algunas veces, ¿qué pudiera escoger en la tierra que fuera más sabroso? No sé si es esto parte para tener mucha más salud que nunca, o querer el Señor, por ser menester y razón que haga lo que todas, darme este consuelo, que pueda hacerlo, aunque con trabajo: mas de el poder se espantan todas las personas que saben mis enfermedades. Bendito sea El que todo lo da y en cuyo poder se puede.

Quedé bien cansada de tal contienda, y riéndome de el demonio, que vi claro ser él. Creo lo primitió[11] el Señor, porque yo nunca supe qué cosa era el descontento de ser monja, ni un momento, en veinte y ocho años y más, que ha lo soy, para que entendiese la merced grande, que en esto me había hecho y de el tormento que me había librado; y también para que si alguna viese lo estaba, no me espantase, y me apiadase de ella, y la supiese consolar. Pues pasado esto, queriendo después de comer descansar un poco (porque en toda la noche no había casi sosegado, ni en otras algunas dejado de tener trabajo y cuidado, y todos los días bien cansada), como se había sabido en mi monesterio y en la ciudad lo que estaba hecho, había en él mucho alboroto, por las causas que ya he dicho, que parecía llevaban algún color. Luego la perlada me envió a mandar, que a la hora me fuese allá. Yo en viendo su mandamiento, dejo mis monjas harto penadas, y voyme luego. Bien vi que se me habían de ofrecer hartos trabajos, mas como ya quedaba hecho, muy poco se me daba. Hice oración, suplicando al Señor me favoreciese, y a mi padre San Josef que me trajese a su casa, y ofrecíle lo que había de pasar; y muy contenta se ofreciese algo en que yo padeciese por El y le pudiese servir, me fui, con tener creído luego me habían de echar en la cárcel: mas, a mi parecer, me diera mucho contento por no hablar a nadie, y descansar un poco en soledad, de lo que yo estaba bien necesitada, porque me traía molida tanto andar con gente. Como llegué y di mi discuento a la perlada, aplacóse algo, y todas enviaron al provincial, y quedóse la causa para delante de él; y venido, fui a juicio, con harto gran contento de ver que padecía algo por el Señor, porque contra su Majestad, ni la Orden, no hallaba haber ofendido nada en este caso, antes procuraba aumentarla con todas mis fuerzas, y muriera de buena gana por ello, que todo mi deseo era que se cumpliese con toda perfeción. Acordéme del juicio de Cristo, y vi cuán no nada era aquél. Hice mi culpa, como muy culpada, y ansí lo parecía a quien no sabía todas las causas. Después de haberme hecho una grande represensión, aunque no con tanto rigor como merecía el delito, y lo que muchos decían al provincial, yo no quisiera disculparme, porque iba determinada a ello; antes pedí me perdonase y castigase, y no estuviese desabrido conmigo.

En algunas cosas bien vía yo me condenaban sin culpa, porque me decían lo había hecho porque me tuviesen en algo, y por ser nombrada, y otra semejante; mas en otras claro entendía, que decían la verdad, en que era yo más ruin que otras, y que pues no había guardado la mucha religión que se llevaba en aquella casa, cómo pensaba guardarla en otra con más rigor, que escandalizaba el pueblo y levantaba cosas nuevas. Todo no

---

[11] Permitió.

me hacía ningún alboroto ni pena, aunque yo mostraba tenerla, porque no pareciese tenía en poco lo que me decían. En fin, me mandó delante de las monjas diese discuento y húbelo de hacer: como yo tenía quietud en mí y me ayudada el Señor, di mi discuento de manera, que no halló el provincial, ni las que allí estaban, por qué me condenar; y después a solas le hablé más claro, y quedó muy satisfecho, y prometiéndome, si fuese adelante, en sosegándose la ciudad, de darme licencia que me fuese a él, porque el alboroto de toda la ciudad era tan grande, como ahora diré.

Desde a dos o tres días, juntáronse algunos de los regidores y corregidor, y de el cabildo, y todos juntos dijeron, que en ninguna manera se había de consentir; que venía conocido daño a la república, y que habían de quitar el Santísimo Sacramento, y que en ninguna manera sufrirían pasase adelante. Hicieron juntar todas las órdenes, para que digan su parecer, de cada una dos letrados. Unos callaban, otros condenaban, en fin concluyeron, que luego se deshiciese. Sólo un presentado de la Orden de Santo Domingo (aunque era contrario, no del monesterio, sino de que fuese pobre) dijo, que no era cosa, que ansí se había de deshacer: que se mirase bien, que tiempo había para ello, que este era el caso del obispo, o cosas de esta arte, que hizo mucho provecho; porque, según la furia, fue dicha no lo poner luego por obra. Era en fin, que había de ser, que era el Señor servido de ello, y pedían todos poco contra su voluntad: daban sus razones y llevaban buen celo, y ansí sin ofender a Dios hacíanme padecer, y a todas las personas que lo favorecían, que eran algunas, y pasaron mucha persecución. Era tanto el alboroto del pueblo, que no se hablaba en otra cosa, y todos condenarme e ir al provincial y a mi monesterio. Yo ninguna pena tenía de cuanto decían de mí, mas que si no lo dijeran, sino temor si se había de deshacer: esto me daba gran pena y ver que perdían crédito las personas que me ayudaban, y el mucho trabajo que pasaban, que de lo que decían de mí, antes me parece me holgaba: y, si tuviera alguna fee, ninguna alteración tuviera, sino que faltar algo en una virtud, basta a adormecerlas todas: y ansí estuve muy apenada los dos días que hubo estas juntas, que digo, en el pueblo, y estando bien fatigada, me dijo el Señor: *¿No sabes que soy poderoso?, ¿de qué temes?* y me aseguró que no se desharía: con esto quedé muy consolada. Enviaron al Consejo Real con su información, vino provisión para que se diese relación de cómo se había hecho.

Hele aquí comenzado un gran pleito, porque de la ciudad fueron a la corte, y hubieron de ir de parte del monesterio, y no había dinero, ni yo sabía qué hacer: proveyólo el Señor, que nunca mi padre provincial me dejase de entender, en ello; porque es tan amigo de toda virtud, que aunque no ayudaba, no quería ser contra ello: no me dio licencia, hasta ver en lo que paraba, para venir acá. Estas siervas de Dios estaban solas, y hacían más con sus oraciones, que con cuanto yo andaba negociando, aunque fue menester harta diligencia, Algunas veces parecía que todo faltaba, en especial un día antes que viniese el provincial, que me mandó la priora no tratase en nada y era dejarse todo. Yo me fui a Dios y díjele: —Señor, esta casa no es mía, por Vos se ha hecho; ahora, que no hay nadie que negocie, hágalo vuestra Majestad. Quedaba tan descansada y tan sin pena, como si tuviera a todo el mundo que negociara por mí, y luego tenía por siguro el negocio.

Un muy siervo de Dios, sacerdote, que siempre me había ayudado, amigo de toda perfeción, fue a la corte a entender en el negocio, y trabajaba mucho; y el caballero santo[12], de quien he hecho mención, hacía en este caso muy mucho, y de todas maneras lo favorecía. Pasó hartos trabajos y persecución, y siempre en todo le tenía por padre, y aun ahora le tengo: y en los que nos ayudaban ponía el Señor tanto hervor, que cada uno lo tomaba por cosa tan propia suya, como si en ello les fuera la vida y la honra, y no les iba más de ser cosa en que a ellos les parecía se servía el Señor. Pareció claro ayudar su Majestad al maestro que he dicho, clérigo, que también era de los que mucho me ayudaban, a quien el obispo puso de su parte en una junta grande que se hizo, y él estaba solo contra todos, y en fin los aplacó con decirles ciertos medios, que fue harto para que se entretuviese: mas ninguno bastaba para que luego no tornasen a poner la vida, como dicen, en deshacerle. Este siervo de Dios, que digo, fue quien dio los hábitos y puso el Santísimo Sacramento, y se vio en harto persecución. Duró esta batería casi medio año, que decir los grandes trabajos, que se pasaron, por menudo, sería largo.

La intensidad expresiva y el delicioso candor de páginas como las precedentes han contribuido a mantener la popularidad de Santa Teresa a través de los siglos, y a hacerla lectura favorita aun de aquellos que no comparten ni sus motivaciones ni sus objetivos religiosos.

Muchas de las poesías teresianas que han llegado hasta nosotros son *glosas*[13] de cantares folklóricos. En ellas, el entusiasmo religioso y la sencillez de estilo se combinan para crear una atmósfera única de misticismo popular, como la que domina su glosa al "Vivo sin vivir en mí":

> *Vivo sin vivir en mí,*
> *y tan alta vida espero,*
> *que muero, porque no muero.*
>
> Aquesta[14] divina unión
> del amor con que yo vivo,
> hace a Dios ser mi cautivo,
> y libre mi corazón:
> mas causa en mí tal pasión
> ver a Dios mi prisionero,
> *que muero porque no muero.*
>
> ¡Ay, qué larga es esta vida,
> que duros estos destierros,
> esta cárcel y estos hierros
> en que el alma está metida!
> Sólo esperar la salida

[12] Salcedo.

[13] Variaciones sobre un tema poético en que cada estrofa termina con un verso de la composición original.

[14] Esta.

me causa un dolor tan fiero
que muero porque no muero.

. . . .

Lloraré mi muerte ya[15],
y lamentaré mi vida,
en tanto que detenida
por mis pecados está.
¡Oh, mi Dios, cuándo será
cuando diga yo de vero
que muero porque no muero!

En general, la crítica considera la poesía de Santa Teresa inferior a su prosa, particularmente en lo que atañe a su calidad expresiva. Su profundo lirismo popular, empero, y la sinceridad de las emociones cristianas que la anima, hacen de ella a nuestro juicio uno de los grandes ejemplos de poesía religiosa castellana.

Así como en su vida Santa Teresa logró aunar la acción a la contemplación, de igual modo resalta en su obra su capacidad de armonizar lo humano y lo divino, lo cotidiano y lo eterno, en una síntesis única e inconfundible.

San Juan de la Cruz

Nació el 24 de junio de 1542 en Fontiveros, provincia de Avila, con el nombre de Juan de Yepes y Alvarez. Su familia, aunque noble, había quedado reducida a la pobreza. Trabajó un tiempo como enfermero en Medina del Campo; en 1563 tomó el hábito de los carmelitas; de 1564 a 1568 estudió teología en la universidad de Salamanca. Santa Teresa logró asociarle a su obra reformista, y el resultado de ello fue la fundación del primer convento de monjes carmelitas descalzos en Duruelo.

A diferencia de Santa Teresa, la personalidad de San Juan se inclina más bien hacia la vida contemplativa —un rasgo determinante de su obra, como veremos a continuación.

En 1577 es detenido y trasladado al convento de carmelitas calzados de Toledo, por dificultades con los superiores de su orden. A los ocho meses de su confinamiento logra escapar, y funda una nueva serie de conventos reformados. En 1585 es nombrado vicario provincial de Andalucía; en 1588 se traslada a Avila; y cuatro años después muere en Ubeda, provincia de Jaén.

Es canonizado con el nombre de San Juan de la Cruz en 1726.

---

[15] SAN JUAN DE LA CRUZ tiene una glosa similar, cuya estrofa final es prácticamente idéntica a ésta.

San Juan de la Cruz. (MAS)

Como hemos dicho, Santa Teresa y San Juan son las figuras máximas del misticismo español. Sin embargo, apenas pueden concebirse obras más dispares que la de ambos místicos en el marco general de la literatura religiosa: lo que en Santa Teresa es estilo directo, naturalidad y sencillez, se convierte en San Juan en literatura hermética, lenguaje culto, densidad de conceptos.

Como consecuencia casi lógica de tales características, la prosa de San Juan queda subordinada a la poesía: salvo algunas cartas y una compilación de máximas religiosas, sus tratados no son otra cosa que comentarios de sus poemas. Y éstos, a su vez, son reflejo de sus éxtasis, sus transportes místicos, sus "iluminaciones". En pocas ocasiones, la poesía castellana ha combinado cumbres semejantes de belleza con tal profundidad de pensamiento.

Su poema más conocido es sin duda la "Noche oscura del alma", en que ésta canta "la dichosa ventura que tuvo en pasar por la oscura noche de la fe, en desnudez y purgación suya", hasta la unión final con Dios. Veamos primeramente sus estrofas, para intentar después una sucinta exposición de su significado de acuerdo con los propios comentarios del autor:

En una noche oscura,
con ansias en amores inflamada,
¡oh dichosa ventura!
salí sin ser notada,
estando ya mi casa sosegada.

A oscuras y segura,
por la secreta escala disfrazada,
¡oh dichosa ventura!
a oscuras y en celada,
estando ya mi casa sosegada.

En la noche dichosa,
en secreto que nadie me veía,
ni yo miraba cosa,
sin otra luz y guía
sino la que en el corazón ardía.

Aquésta me guiaba,
más cierto que la luz del mediodía,
adonde me esperaba
quien yo bien me sabía,
en parte donde nadie parecía.

¡Oh noche que guiaste!
¡Oh noche amable más que el alborada!
¡Oh noche que juntaste

Amado con amada,
amada en el Amado transformada!

En mi pecho florido,
que entero para él solo se guardaba,
allí quedó dormido,
y yo le regalaba,
y el ventalle de cedros aire daba.

El aire de la almena,
cuando yo sus cabellos esparcía,
con su mano serena
en mi cuello hería,
y todos mis sentidos suspendía.

Quedéme y olvidéme,
el rostro recliné sobre el Amado;
cesó todo y dejéme,
dejando mi cuidado
entre las azucenas olvidado.

La "Noche oscura del alma" es uno de los casos más típicos de poema-metáfora, es decir, de un texto que, de principio a fin, se sirve de una serie de imágenes concretas, "reales", para expresar con ellas conceptos abstractos,

Ilustración del "Cantar de los Cantares". (N.Y. Public Library)

127

difícilmente enunciables de manera directa. El "tema aparente" del poema es la unión de la amada y el amado, en un contexto similar al que puede encontrarse en el "Cantar de los Cantares" de la Biblia. El tono externo es fuertemente erótico; la situación parece dominada por la sensualidad. Y sin embargo, pocos poemas de la literatura castellana reflejan sentimientos religiosos más profundos, de acuerdo con la propia interpretación de su autor[16]:

El alma sale de su casa, es decir, de su *continente* —el cuerpo— en una noche oscura. Con ello alude el poeta a la "noche de los sentidos", esto es, al estado de absoluta renuncia a todo lo terrenal que alcanza el espíritu después de haber pasado por la vía purgativa, a través de la oración y la mortificación. Esta renuncia a los apetitos terrenales permite al alma inflamarse del amor a Dios y salir "sin ser notada" por los enemigos del espíritu: el demonio, el mundo y la carne. La calma espiritual así conseguida se refleja en el último verso: *estando ya mi casa sosegada*.

El alma sale pues "a oscuras y segura", es decir, purgada de todas las ambiciones mundanes, despojada de todas sus imperfecciones, pero a la vez guiada por la mano maestra de Dios.

La segunda estrofa añade el detalle de que el alma sale por una escala secreta, la escala del amor, y lo hace disfrazada, es decir, recubierta de los velos de la fe, la esperanza y la caridad. En su interpretación en prosa, San Juan detalla los diez grados o peldaños que tiene para él la escala del amor, y describe incluso los colores y la textura de los velos que recubren el alma: el blanco sutil de la fe, el verde resistente de la esperanza y la "excelente toga colorada" de la caridad.

El poeta insiste en la dicha que representa para el alma esa salida "a oscuras y en celada", a escondidas, dejando en orden todas las cosas del espíritu.

La estrofa siguiente describe el estado interior del alma cuando es guiada por "la luz que arde en el corazón"— el amor de Dios. Este amor la lleva sin vacilar a donde le espera el Amado, en un lugar solitario.

Siguen exclamaciones de loor a la noche que permitió tal encuentro, y luego un delicado canto de tres estrofas que rivaliza en lirismo y belleza con cualquier poema al amor humano que se haya escrito en español: la plasmación poética de la unión definitiva entre el alma y su Creador.

---

[16] Los párrafos que siguen están basados esencialmente en la *Subida del monte Carmelo* (1578-83) y el tratado *Noche oscura* (1579), ambos en prosa, en que San Juan comenta y explica este poema.

El sugerente misterio de la poesía de San Juan de la Cruz empalma directamente con los mejores momentos del Romancero tradicional y de Garcilaso, y ha de verse continuado más tarde en las corrientes cultas del Barroco. En lo que respecta a la "iluminación" de su poesía, a la fogosidad e intensidad lírica de su *pasión divina,* San Juan de la Cruz ocupa un lugar sin paralelo en la historia de las letras castellanas.

Luisa Roldán, escultora de cámara de Carlos II: "El matrimonio místico de Santa Catalina". Luisa Roldán logró hacerse de nombre después de haber sido asistente de su padre, el escultor sevillano Pedro Roldán.
(The Hispanic Society of America)

El palacio del marqués de Dos Aguas, Valencia.
(Cortesía de la Editorial Hiares)

B. EL BARROCO

1. GENERALIDADES

El fin del siglo XVI marca un momento trascendental en la historia de España: significa la transición del régimen firme y personalista de Felipe II —que muere como hemos visto en 1598—al gobierno de Felipe III, caracterizado por la corrupción administrativa y el favoritismo. No en balde había pronunciado el *Rey Prudente* su famoso vaticinio de que su hijo sería incapaz de regir sus dominios.

Y, en efecto, a la muerte del constructor de El Escorial entra España en uno de los períodos más dolorosos de su historia. Son los años en que el duque de Lerma[1] tiene en sus manos los destinos del reino, la época en que la sociedad española se debate entre el recuerdo de la pasada grandeza y la conciencia de un presente incierto, dominado por la arbitrariedad y la falta de ética en el desempeño de los cargos públicos.

A pesar de los éxitos iniciales de las armas españolas en diversos frentes de batalla, el reinado de Felipe III—que sube al trono apenas cumplidos los veinte años de edad—representa sin duda el comienzo de una etapa de decadencia progresiva del poderío español, que se intensifica durante los reinados de sus sucesores, Felipe IV y Carlos II, *el Hechizado.*

Entre los factores que contribuyeron en mayor medida a esta decadencia, desde el punto de vista de la política interior, figura la expulsión de medio millón de moriscos en 1609. Las dificultades que suscitó este decreto fueron considerables, particularmente en el sur de la península, donde los moriscos desempeñaban tareas agrícolas de incalculable valor.

En el exterior, Felipe III siguió la guerra con los Países Bajos y firmó tratados de paz con Inglaterra y Francia.

---

[1] FRANCISCO DE SANDOVAL Y ROJAS, nacido alrededor de 1550 y muerto en 1625. Gobernó a España desde el primer día del reinado de Felipe III, en septiembre de 1598, hasta octubre de 1618.

Velázquez: Retrato de Juan de Pareja. (The Metropolitan Museum of Art. All rights reserved)

Si bien este nuevo monarca cede gran parte de su poder político al conde-duque de Olivares[2], que liquida virtualmente el resto del antiguo imperio —salvo las posesiones de ultramar— su reinado se caracteriza por un activo mecenazgo[3] de las artes y las letras.

Durante su gobierno se establecen nuevos *corrales*[4], se aumentan los subsidios a los artistas y se atraen a la corte a los pintores más destacados, entre ellos a Diego Velázquez[5].

En 1665, Carlos II sucede a Felipe IV bajo la tutela de su madre, Mariana de Austria.

---

[2] GASPAR DE GUZMAN, nacido en Roma en 1587 y muerto en España en 1645. Fue derrocado en 1643.

[3] Promoción de las artes al estilo del romano Mecenas.

[4] Teatros al aire libre.

[5] DIEGO RODRIGUEZ de SILVA y VELAZQUEZ nació en Sevilla en 1599. Es considerado el pintor clásico español por excelencia. Entre sus lienzos figuran "Las Meninas", "La rendición de Breda", "La fragua de Vulcano" y numerosos retratos de la corte de Felipe IV. Murió en 1660.

Rey enfermizo y carente de voluntad propia, incapaz de resistir las influencias de otros países, se vio obligado a reconocer la independencia de Portugal —separado de la corona española desde 1640— y perdió Luxemburgo en 1684.

Aun cuando se casó dos veces, no tuvo descendencia. Poco antes de morir, en el año 1700, designó como su sucesor a Felipe de Anjou, bisnieto de Luis XIV de Francia.

De la heterogeneidad de las capas sociales, del contraste entre la opulencia de las clases altas con sus presuntos ideales de honor y patria, y la miseria de las clases bajas, apegadas al más elemental materialismo como medio de supervivencia, surgen muchas de las obras maestras del barroco español.

Es esta la época en que la escultura se realza con la aceptación generalizada de la policromía, en que la arquitectura abandona la sobriedad de líneas que caracterizó a El Escorial para lanzarse a una ornamentación cada vez más profusa, en que la música *clásica* sale de las iglesias para dar paso a piezas

Felipe IV, de Velázquez. (The Frick Collection, N.Y.)

Velázquez: Retrato del conde-duque de Olivares.
(The Metropolitan Museum of Art)

profanas y en que la pintura alcanza su máximo desarrollo con las obras maestras de Velásquez, Zurbarán, Ribera, Cano y Murillo[6].

En la literatura en general, la búsqueda de nuevas fórmulas para sorprender e impresionar al lector cansado de las normas tradicionales es la característica determinante del período.

En la poesía en particular, la dualidad observada en la segunda parte del siglo XVI persiste en el XVII con la aparición de otras dos escuelas antagónicas: el *culteranismo*, en cierta forma una prolongación de la tendencia sevillana, y el *conceptismo*, cuyo origen castellano y otras características lo

---

[6] FRANCISCO ZURBARAN nació en Fuente de Carlos (Badajoz), en 1598. Sus lienzos suelen inspirarse en temas religiosos. Es un maestro del claroscuro, técnica que consiste en yuxtaponer colores claros y oscuros para lograr determinados efectos dramáticos. Murió en Madrid hacia 1665. JOSE DE RIBERA nació en Játiva (Valencia) en 1588. En un experto en el empleo dinámico de la línea y el color para dar la idea de movimiento. Murió en Nápoles en 1652. ALONSO CANO cultiva con igual destreza la pintura, la escultura y la arquitectura. Nació en Granada en 1601. Sus pinturas incluyen el "San Jerónimo" del Museo del Prado y "La Visitación" en su ciudad natal. Murió en 1667. BARTOLOME ESTEBAN MURILLO nació en Sevilla en 1617. Es autor de lienzos religiosos y escenas populares de gran realismo. Murió en 1682.

vinculan con la salmantina. El primero pone especial hincapié en la ornamentación verbal y el empleo de las llamadas palabras *cultas*[7]; el segundo se preocupa principalmente por la ingeniosidad y sutileza de los *conceptos*.

El poeta culterano por excelencia es Luis de Góngora; el conceptista más destacado es Francisco de Quevedo. Cada uno de ellos será estudiado con detenimiento en los capítulos que siguen. La novelística adquiere una importancia capital en este período con la renovación del interés por la picaresca, el cultivo continuado del género pastoril y la aparición, por supuesto, del *Ingenioso hidalgo don Quijote de la Mancha*, que representa a la vez una fusión perfecta de las diversas tendencias narrativas de le época y el comienzo de lo que llamaríamos hoy día la *novela moderna*.

De la novela pastoril y de la picaresca nos hemos ocupado ya en la sección precedente. A la obra cervantina dedicamos nuestro próximo capítulo.

El teatro, que como hemos visto tardó más que otros géneros en alcanzar su pleno desarollo, adquiere también en esta época un esplendor insuperable. Los nuevos corrales construidos en Madrid y en otras ciudades estrenan pronto obras de Lope de Vega, Tirso de Molina y Calderón de la Barca, que estudiaremos en detalle más adelante.

También aportan al esplendor del teatro nacional español en esta época dramaturgos como Agustín de Moreto (1618-1669), Juan Ruiz de Alarcón (1585-1639), Guillén de Castro (1569-1631) y muchos otros.

En términos generales, puede decirse que el cenit de la hegemonía política española se alcanza alrededor del año 1580, cuando en los dominios del reino "no se ponía el sol". A partir de entonces, la declinación paulatina e inexorable del imperio permite aún los momentos más esplendorosos de la cultura clásica española, pero al mismo tiempo frustra sus posibilidades de supervivencia.

En el año de 1680, poco antes de su muerte, Calderón de la Barca termina una pieza destinada a una fiesta palaciega del joven monarca Carlos II. Al caer el telón en el acto final de esta obra, *Hado y divisa de Leónidas y Marfisa*, se cierra también el grandioso espectáculo del Siglo de Oro español.

---

[7] Términos que en aquel momento resultasen extraños o rebuscados. Algunos de ellos pertenecen hoy día al léxico corriente.

2. MIGUEL DE CERVANTES

Al máximo exponente de las letras castellanas de todos los tiempos, Miguel de Cervantes Saavedra, le corresponderá ser testigo de la dolorosa transición entre el período de máxima grandeza del trono español y el comienzo de su decadencia.

Cervantes nació en 1547 en Alcalá de Henares, una pequeña población de Castilla la Nueva. Hijo de un médico pobre, y tras una infancia de extremas penurias que le impiden hacerse de una educación sistemática, el joven Cervantes entra al servicio de un cardenal y logra viajar por diversas ciudades de Italia.

Ingresa en el ejército español y, el 7 de octubre de 1571, participa en la famosa batalla de Lepanto, librada por las huestes de Felipe II contra los turcos en las costas de Grecia.

En el curso de las hostilidades —que significaron una derrota crucial para las fuerzas otomanas—, Cervantes recibe una herida que paraliza su mano izquierda, y que le valdrá el sobrenombre de "el manco de Lepanto".

Poco tiempo después participa en la desafortunada campaña de Túnez, en el norte de Africa, y durante su viaje de regreso a la Península, en 1575, cae en poder de piratas argelinos.

El cautiverio en Argel, que duró cinco años y estuvo plagado de toda suerte de infortunios y peligros, fue motivo de fecunda inspiración para el futuro novelista. Finalmente, en octubre de 1580, Cervantes logra su rescate y puede regresar a España.

A partir de este momento se inicia una etapa muy distinta en la biografía del escritor.

Tras las batallas gloriosas, las aventuras y las heroicidades, Cervantes se ve reducido ahora a una vida mediocre, transida de dificultades económicas, en una sociedad cuya decadencia era cada vez más manifiesta.

En 1584 contrae matrimonio en Madrid con Catalina de Salazar y Palacios, joven a la que llevaba dieciocho años. Viaja a Andalucía para ejercer

*Retrato de Cervantes por Juan de Jáuregui
(1600). (MAS)*

La batalla de Lepanto. (National Maritime Museum, Greenwich, Inglaterra)

Rendición de la Armada Invencible. (N.Y. Public Library)

cargos gubernamentales modestos, como proveedor de la "Armada Invencible" y recaudador de impuestos, que le apartan de sus empeños literarios. Por problemas económicos es encarcelado en 1597, y en 1602 sufre de nuevo por deudas los rigores de la prisión.

Y sin embargo, es éste precisamente el período de su vida que habría de ganarle la inmortalidad.

A partir de los últimos años del siglo XVI comienzan a brotar de su pluma las obras que lo llevarían a ocupar el sitial más alto del Parnaso español: sus comedias y entremeses, sus poemas, las *Novelas ejemplares*, y, desde luego, *El ingenioso hidalgo Don Quijote de la Mancha*, creación cimera de la novelística universal.

Cervantes murió en Madrid, en la pobreza más absoluta, el 23 de abril de 1616.

Aunque la producción cervantina abarca como hemos visto diversos géneros, su mayor importancia estriba en la narrativa. Pero antes de estudiar su obra máxima, veamos algunos aspectos del resto de su creación literaria.

Como poeta, Cervantes es una figura discutida, y el propio autor parece estar consciente de ello cuando afirma:

"Yo, que siempre trabajo y me desvelo
por parecer que tengo de poeta
la gracia que no quiso darme el cielo..."

El terceto corresponde al "Viaje del Parnaso[1]", de casi tres mil versos, que es considerada su principal obra poética. El autor describe un viaje imaginario a la residencia de Apolo, donde asiste a una reunión de poetas convocados por el propio dios latino. El viaje da oportunidad a Cervantes para manifestar su juicio crítico sobre los autores más destacados de su época. Alborg dice que esta composición literaria es demasiado prolija en muchos pasajes, pero añade que "el poeta maneja el terceto con soltura, saltan por doquier las punzantes ironías y ofrecen especial interés los datos autobiográficos y las ideas literarias del autor sobre su propia obra y los géneros entonces más discutidos y en boga"[2].

Al comenzar la reunión en el monte de Apolo, todos los poetas encuentran asiento, menos Cervantes que queda de pie, "despechado, colérico y marchito". Al verse en situación tan deslucida, el autor se vuelve al dios y le relaciona sus méritos literarios:

"Yo corté con mi ingenio aquel vestido
con que al mundo la hermosa *Galatea*[3]
salió para librarse del olvido.

Soy por quien la *Confusa*[4] nada fea
pareció en los teatros admirable,
si esto a su fama es justo se le crea.

Yo con estilo en parte razonable
he compuesto *Comedias* que en su tiempo
tuvieron de lo grave y de lo afable.

Yo he dado en *Don Quijote* pasatiempo
al pecho melancólico y mohino
en cualquiera sazón, en todo tiempo.

Yo he abierto en mis *Novelas* un camino
por do[5] la lengua castellana puede
mostrar con propiedad un desatino.

---

[1] Monte en Grecia, morada de las musas según la leyenda.

[2] Ob. cit.

[3] La primera novela del autor, de tema pastoril.

[4] Pieza teatral que no ha llegado hasta nosotros, al menos con ese título. Algunos consideran que podría tratarse de *El laberinto del amor*.

[5] Por donde. Aquí se refiere a sus *Novelas ejemplares*.

Yo soy aquel que en la invención excede
a muchos, y al que falta en esta parte,
es fuerza que su fama falta quede.

Desde mis tiernos años amé el arte
dulce en la agradable poesía,
y en ella procuré siempre agradarte.

Nunca voló la pluma humilde mía
por la región satírica, bajeza
que a infames premios y desgracias guía.

Yo el soneto compuse que así empieza,
por honra principal de mis escritos:
"¡Voto a Dios, que me espanta esta grandeza!"[6]

Yo he compuesto *Romances* infinitos
y el de los Celos es aquel que estimo
entre otros que los tengo por malditos.

Por esto me congojo y me lastimo
de verme solo en pie, sin que se aplique
árbol que me conceda algún arrimo.

. . . .

En general, la prosa de Cervantes ha eclipsado a su poesía en la apreciación de la crítica. Valbuena Prat considera que en verso, con brillantes excepciones, nuestro autor no pasó de ser "un buen aficionado"[7]. Por su parte Menéndez y Pelayo comenta al respecto: "Es verdad que sus versos son muy inferiores a su prosa, y ¿cómo no han de serlo, si su prosa es incomparable?"[8]. El autor de una edición crítica del "Viaje del Parnaso", Francisco Rodríguez Marín, compara las dificultades de Cervantes ante la *forma externa* del verso con la *poesía esencial* que irradia su obra, y llega a la conclusión de que el creador del *Quijote* "fue casi siempre un mediano versificador, pero siempre, y al mismo tiempo, un admirabilísimo poeta".

Como dramaturgo, la labor de Cervantes es mucho más significativa: en conjunto, como indica Alborg, su creación dramática es la más importante del teatro español hasta la aparición de Lope de Vega. Si bien sólo han llegado hasta nosotros dieciocho de sus piezas, ellas son suficientes para ofrecernos un mundo deslumbrante, de gran intensidad dramática y caracteres profundamente humanos, donde palpita el alma de la España de su época.

[6] Alude al soneto "Al túmulo del rey Felipe II en Sevilla".

[7] Ob. cit.

[8] "Cervantes considerado como poeta", en *Estudios y discursos de crítica histórica y literaria*.

Entre sus piezas largas destaca *El cerco de Numancia*, tragedia en cuatro actos considerada generalmente como obra maestra del teatro cervantino. La lista de los escritores que le han tributado calurosos elogios sería interminable: Goethe, los hermanos Schlegel, Shelley, Menéndez y Pelayo y muchos otros críticos de los siglos XIX y XX. Su acción se desarrolla durante el cerco tendido a la ciudad celtíbera de Numancia[9] por las huestes romanas en el año 133 A.C. La pieza carece de figura central: su protagonista es todo el pueblo de la ciudad, que prefiere morir antes que rendirse.

Por la obra desfilan los heroicos habitantes de Numancia, con sus cuitas y su desesperación —pero también con su determinación absoluta a no caer en manos de los sitiadores. En el acto final, los romanos penetran en la ciudad y la encuentran llena de cadáveres— restos de toda una ciudad que ha preferido el suicidio a la dominación extranjera. Sólo un joven queda con vida, y es él quien recibe a los jefes del ejército invasor, hablándoles desde lo alto de una torre:

BARIATO: ¿Dónde venís, o qué buscáis, romanos?
Si en Numancia queréis entrar por suerte,
haréislo sin contraste, a pasos llanos;
pero mi lengua desde aquí os advierte
que yo las llaves mal guardadas tengo
de esta ciudad, de quien triunfó la muerte.

ESCIPION: Por ésas, joven, deseoso vengo;
y más de que tú hagas experiencia
si en este pecho piedad sostengo.

BARIATO: ¡Tarde, cruel, ofreces tu clemencia,
pues no hay con quién usarla: que yo quiero
pasar por el rigor de la sentencia
que con suceso amargo y lastimero
de mis padres y patria querida
causó el último fin terrible y fiero!

QUINTO: Dime: ¿tienes por suerte aborrecida,
ciego de un temerario desvarío,
tu floreciente edad y tierna vida?

ESCIPION: Templa, pequeño joven, templa el brío;
sujeta el valor tuyo, que es pequeño
al mayor de mi honroso poderío;
que desde aquí te doy la fe y empeño
mi palabra, que sólo de ti seas
tú mismo propio el conocido dueño;
y que de ricas joyas y preseas[10]
vivas lo que vivieres abastado,

[9] Véanse las *Generalidades* de la Primera Parte.
[10] Alhajas.

como yo podré darte, y tú deseas,
si a mí te entregas y te das de grado.

BARIATO: Todo el furor de cuantos ya son muertos
en ese pueblo, a polvo reducido;
todo el huir los pactos y conciertos,
ni dar a sujeción jamás oído,
sus iras, sus rencores descubiertos,
está en mi pecho solamente unido.
Yo heredé de Numancia todo el brío;
ved, si pensáis vencerme, es desvarío.
Patria querida, pueblo desdichado,
no temas ni imagines que me admire
de lo que debo ser de ti engendrado,
ni que promesa o miedo me retire,
ora me falte el suelo, el cielo, el hado,
ora a vencerme todo el mundo aspire;
que imposible será que yo no haga
a tu valor la merecida paga.

Que si a esconderme aquí me trajo el miedo
de la cercana y espantosa muerte,
ella me sacará con más denuedo,
con el deseo de seguir tu suerte;
de vil temor pasado como puedo,
será la enmienda ahora osada y fuerte,
y el temor de mi edad, tierna, inocente,
pagaré con morir osadamente.
. . . .

Tened, romanos, sosegad el brío,
y no os canséis en asaltar el muro;
con que fuera mayor el poderío
vuestro, de no vencerme estad seguro.
Pero muéstrese ya el intento mío,
y si ha sido el amor perfecto y puro
que yo tuve a mi patria tan querida,
asegúrelo luego esta caída.

Se la lanza Bariato de la torre, y Escipión elogia su hazaña. La Fama —
personaje alegórico— se une a este panegírico, y con sus palabras concluye
Cervantes una de sus contribuciones más destacadas al acervo dramático
español.

El autor cultivó también con maestría el *entremés*[11], género al cual abrió,
con su riqueza imaginativa y su dominio de la escena, posibilidades hasta
ese momento insospechadas.

Como novelista, Cervantes no es sólo síntesis y cima de toda la narrativa
española de su época, sino además, uno de los ingenios más preclaros de la
literatura universal.

[11] Pieza cómica breve que solía representarse en los entreactos de una obra mayor.

La serie de las *Novelas ejemplares* es ya de por sí una maravillosa muestra de la prosa cervantina. Frecuentemente se ha afirmado que, aunque no hubiese escrito el *Quijote*, sólo por estas doce narraciones cortas Cervantes podría ser considerado como el mejor novelista español. En las más perfectas del grupo, la acción se desarrolla en ambientes típicos de la España de la época, dibujados con trazos de gran precisión, y entre personajes concebidos con honda intuición sicológica. En general, la línea argumental es suave y no está recargada de complicaciones artificiosas; el relato consiste en una sucesión de cuadros vívidos, en que abundan las descripciones de personajes y costumbres; sus temas son tan variados, que en conjunto la serie constituye un magnífico friso[12] de la realidad española del período[13].

Pero la creación máxima del genio cervantino es naturalmente *El ingenioso hidalgo don Quijote de la Mancha*, la novela más popular jamás escrita y el libro más leído de la literatura universal después de la Biblia. Muchas y muy variadas han sido las interpretaciones dadas al *Quijote* en el curso de los siglos: sus contemporáneos lo juzgaron principalmente como un "libro de risas y burlas" con el que Cervantes se proponía parodiar y "exterminar" los relatos de caballerías. Actualmente, sin negar su humor, la crítica tiende a una interpretación más amplia y profunda.

Pero primeramente tratemos de resumir en breves páginas la estructura argumental de la novela.

Un hidalgo manchego, entusiasta lector de las novelas de caballerías, se exalta de tal modo con ellas que se lanza al mundo en busca de aventuras. En su primera salida, el héroe cabalga por la llanura castellana y llega hasta una venta[14], donde es armado caballero[15]. Seguidamente intenta librar a un mozo de ser azotado por su amo, aunque sólo lo consigue de momento, y encuentra después a unos mercaderes de Toledo, a los que exige que proclamen la belleza de su amada, Dulcinea del Toboso[16]. En la reyerta que sigue es apaleado por un mozo de los mercaderes, y vuelve a su pueblo

---

[12] Faja que suele esculpirse o pintarse con diversas escenas en las paredes o más propiamente en el cornisamento de un edificio.

[13] Lo dicho se aplica, como dijimos antes, a las mejores de la serie, como por ejemplo *Rinconete y Cortadillo*, *El coloquio de los perros* y *La gitanilla*. Otras, como *La señora Cornelia*, se desarrollan total o parcialmente fuera de España. Por lo demás, prácticamente cada autor tiene su propia "clasificación de las novelas ejemplares", en cuyos detalles no podemos entrar aquí.

[14] Posada o mesón en los caminos o despoblados.

[15] Investido de la orden de la caballería andante. El ventero realiza esta ceremonia a ruegos de don Quijote, quien lo ha confundido con un caballero.

[16] Aldonza Lorenzo, una moza de la aldea del Toboso, a la que don Quijote idealiza y convierte en su amor platónico.

EL INGENIOSO
HIDALGO DON QVI-
XOTE DE LA MANCHA.

Compuesto por Miguel de Ceruantes
Saauedra.

DIRIGIDO AL DVQVE DE BEIAR,
Marques de Gibraleon, Conde de Barcelona, y Baña-
res, Vizconde de la Puebla de Alcozer, Señor de
las villas de Capilla, Curiel, y
Burgillos.

Año,   1605.

Con priuilegio de Castilla, Aragon, y Portugal.
EN MADRID, Por Iuan de la Cuesta.

Vendese en casa de Francisco de Robles, librero del Rey nro señor.

Frontispicio de la primera edición del Quijote. *(N.Y.*
Public Library)

acompañado por un vecino del lugar, Pedro Alonso. Alarmados por el proceder de don Quijote, el cura y el barbero del pueblo deciden inspeccionar
su biblioteca y eliminar de ella todos los libros que pudiesen agravar su
enajenación. Este capítulo, en que el autor comenta sobre obras y autores por
boca de sus personajes, es uno de los más ilustrativos de las opiniones
literarias de Cervantes. Poco después, don Quijote vuelve a salir en busca
de aventuras, acompañado ya por Sancho Panza como escudero. Después de
cabalgar toda una noche, ocurre la célebre aventura de los molinos de viento,
a la que siguen "otros sucesos dignos de felice recordación":

En esto, descubrieron treinta o cuarenta molinos de viento que hay en
aquel campo, y así como don Quijote los vio, dijo a su escudero:

—La ventura va guiando nuestras cosas mejor, de lo que acertáramos a
desear; porque ves allí, amigo Sancho Panza, dónde se descubren treinta,
o pocos más, desaforados gigantes, con quien pienso hacer batalla y

quitarles a todos las vidas, con cuyos despojos comenzaremos a enrique-
cer; que ésta es buena guerra, y es gran servicio de Dios quitar tan mala
simiente de sobre la faz de la tierra.

—¿Qué gigantes? —dijo Sancho Panza.

—Aquellos que allí ves —respondió su amo— de los brazos largos, que los
suelen tener algunos de casi dos leguas.

—Mire vuestra merced —respondió Sancho— que aquellos que allí se
parecen no son gigantes, sino molinos de viento, y lo que en ellos parecen
brazos son las aspas, que, volteadas del viento, hacen andar la piedra
del molino.

—Bien parece —respondió don Quijote— que no estás cursado en esto
de las aventuras: ellos son gigantes; y si tienes miedo, quítate de ahí, y
ponte en oración en el espacio que yo voy a entrar con ellos en fiera y
desigual batalla.

Y diciendo esto, dio de espuelas a su caballo Rocinante, sin atender a
las voces que su escudero Sancho le daba, advirtiéndole que, sin duda
alguna, eran molinos de viento, y no gigantes, aquellos que iba a acometer. Pero él iba tan puesto en que eran gigantes, que ni oía las voces
de su escudero Sancho, ni echaba de ver, aunque estaba ya bien cerca,
lo que eran; antes iba diciendo en voces altas:

—Non fuyades[17] cobardes y viles criaturas; que un solo caballero es el
que os acomete.

Levantóse en esto un poco de viento, y las grandes aspas comenzaron a
moverse, lo cual visto por don Quijote, dijo:

—Pues aunque mováis más brazos que los del gigante Briareo, me lo
habéis de pagar.

Y diciendo esto, y encomendándose de todo corazón a su señora Dulcinea, pidiéndole que en tal trance le socorriese, bien cubierto de su
rodela, con la lanza en el ristre, arremetió a todo el galope de Rocinante
y embistió con el primer molino que estaba delante; y dándole una
lanzada en el aspa, la volvió el viento con tanta furia, que hizo la lanza
pedazos, llevándose tras sí al caballo y al caballero, que fue rodando
muy maltrecho por el campo. Acudió Sancho Panza a socorrerle, a todo
el correr de su asno, y cuando llegó halló que no se podía menear: tal
fue el golpe que dio con él Rocinante.

—¡Válame Dios! —dijo Sancho—. ¿No le dije yo a vuestra merced que
mirase bien lo que hacía, que no eran sino molinos de viento, y no lo
podía ignorar sino quien llevase otros tales en la cabeza?

—Calla, amigo Sancho —respondió don Quijote—; que las cosas de la
guerra, más que otras, están sujetas a continua mudanza; cuanto más,
que yo pienso, y es así verdad, que aquel sabio Frestón que me robó el
aposento y los libros ha vuelto estos gigantes en molinos por quitarme

[17] No huyáis.

145

Molino de viento. (Oficina Nacional de Turismo Español, N.Y.)

la gloria de su vencimiento: tal es la enemistad que me tiene; mas al cabo al cabo, han de poder poco sus malas artes contra la bondad de mi espada.

—Dios lo haga como puede —respondió Sancho Panza.

Y, ayudándole a levantar, tornó a subir sobre Rocinante, que medio despaldado estaba. Y, hablando en la pasada aventura, siguieron el camino del Puerto Lápice, porque allí decía don Quijote que no era posible dejar de hallarse muchas y diversas aventuras, por ser lugar muy pasajero, sino que iba muy pesaroso, por haberle faltado la lanza; y diciéndoselo a su escudero, le dijo:

—Yo me acuerdo haber leído que un caballero español llamado Diego Pérez de Vargas, habiéndosele en una batalla roto la espada, desgajó de una encina un pesado ramo o tronco, y con él hizo tales cosas aquel día, y machacó[18] tantos moros, que le quedó por sobrenombre Machuca, y así él como sus descendientes se llamaron desde aquel día en adelante Vargas y Machuca. Hete dicho esto porque de la primera encina o roble que se me depare pienso desgajar otro tronco, tal y tan bueno como aquel que me imagino; y pienso hacer con él tales hazañas, que tú te tengas por bien afortunado de haber merecido venir a vellas, y a ser testigo de cosas que apenas podrán ser creídas.

—A la mano de Dios —dijo Sancho—; yo lo creo todo así como vuestra merced lo dice; pero enderécese un poco; que parece que va de medio lado, y debe de ser del molimiento de la caída.

—Así es la verdad —respondió don Quijote—; y si no me quejo del dolor, es porque no es dado a los caballeros andantes quejarse de herida alguna, aunque se les salgan las tripas por ella.

—Si eso es así, no tengo yo que replicar —respondió Sancho—; pero sabe Dios si yo me holgara que vuestra merced se quejara cuando alguna cosa le doliera. De mí sé decir que me he de quejar del más pequeño dolor que tenga, si ya no se entiende también con los escuderos de los caballeros andantes eso del no quejarse.

No se dejó de reír don Quijote de la simplicidad de su escudero; y así, le declaró que podía muy bien quejarse como y cuando quisiese, sin gana o con ella; que hasta entonces no había leído cosa en contrario en la orden de caballería. Díjole Sancho que mirase que era hora de comer. Respondióle su amo que por entonces no le hacía menester; que comiese él cuando se le antojase. Con esta licencia, se acomodó Sancho lo mejor que pudo sobre su jumento, y sacando de las alforjas lo que en ellas había puesto, iba caminando y comiendo detrás de su amo muy de su espacio, y de cuando en cuando empinaba la bota, con tanto gusto, que le pudiera envidiar el más regalado bodegonero de Málaga. Y en tanto que él iba de aquella manera menudeando tragos, no se le acordaba de ninguna promesa que su amo le hubiese hecho, ni tenía por ningún trabajo, sino por mucho descanso, andar buscando las aventuras, por peligrosas que fuesen.

---

[18] Quebrantó a golpes.

En resolución, aquella noche la pasaron entre unos árboles, y del uno dellos[19] desgajó don Quijote un ramo seco que casi le podía servir de lanza, y puso en él el hierro que quitó de la que se le había quebrado. Toda aquella noche no durmió don Quijote, pensando en su señora Dulcinea, por acomodarse a lo que había leído en sus libros, cuando los caballeros pasaban sin dormir muchas noches en las florestas y despoblados, entretenidos con las memorias de sus señoras. No la pasó ansí[20] Sancho Panza; que, como tenía el estómago lleno, y no de agua de chicoria, de un sueño se la llevó toda, y no fueran parte para despertarle, si su amo no lo llamara, los rayos del sol, que le daban en el rostro, ni el canto de las aves, que, muchas y muy regocijadamente, la venida del nuevo día saludaban. Al levantarse dio un tiento a la bota, y hallóla algo más flaca que la noche antes, y afligiósele el corazón, por parecerle que no llevaban camino de remediar tan presto su falta. No quiso desayunarse don Quijote, porque, como está dicho, dio en sustentarse de sabrosas memorias. Tornaron a su comenzado camino del Puerto Lápice, y a obra de las tres del día le descubrieron.

—Aquí —dijo en viéndole don Quijote— podemos, hermano Sancho Panza, meter las manos hasta los codos en esto que llaman aventuras. Mas advierte que, aunque me veas en los mayores peligros del mundo, no has de poner mano a tu espada para defenderme, si ya no vieres que los que me ofenden es canalla y gente baja, que en tal caso bien puedes ayudarme; pero si fueren caballeros, en ninguna manera te es lícito ni concedido por las leyes de caballería que me ayudes, hasta que seas armado caballero.

—Por cierto, señor —respondió Sancho—, que vuestra merced sea muy bien obedecido en esto; y más, que yo de mío me soy pacífico y enemigo de meterme en ruidos ni pendencias; bien es verdad que en lo que tocare a defender mi persona no tendré mucha cuenta con esas leyes, pues las divinas y humanas permiten que cada uno se defienda de quien quisiere agraviarle.

—No digo yo menos —respondió don Quijote—; pero en esto de ayudarme contra caballeros has de tener a raya tus naturales ímpetus.

—Digo que ansí lo haré —respondió Sancho— y que guardaré ese preceto[21] tan bien como el día del domingo.

Estando en estas razones, asomaron por el camino dos frailes de la orden de San Benito, caballeros sobre dos dromedarios; que no eran más pequeñas dos mulas en que venían. Traían sus anteojos de camino y sus quitasoles[22]. Detrás dellos venía un coche, con cuatro o cinco de a caballo que le acompañaban y dos mozos de mulas a pie. Venía en el coche, como después se supo, una señora vizcaína, que iba a Sevilla, donde estaba su

---

[19] De ellos.

[20] Así (a) . . .

[21] Precepto.

[22] Parasoles o sombrillas.

marido, que pasaba a las Indias[23] con un muy honroso cargo. No venían los frailes con ella, aunque iban el mesmo[24] camino; mas apenas los divisó don Quijote, cuando dijo a su escudero:

—O yo me engaño, o ésta ha de ser la más famosa aventura que se haya visto; porque aquellos bultos negros que allí parecen deben de ser, y son, sin duda, algunos encantadores que llevan hurtada alguna princesa en aquel coche, y es menester deshacer este entuerto[25] a todo mi poderío.

—Peor será esto que los molinos de viento —dijo Sancho—. Mire, señor, que aquéllos son frailes de San Benito, y el coche debe de ser de alguna gente pasajera. Mire que digo que mire bien lo que hace, no sea el diablo que le engañe.

—Ya te he dicho, Sancho —respondió don Quijote—, que sabes poco de achaque de aventuras: lo que yo digo es verdad, y ahora lo verás.

Y diciendo esto, se adelantó y se puso en la mitad del camino por donde los frailes venían, y, en llegando tan cerca, que a él le pareció que le podrían oír lo que dijese, en alta voz dijo:

—Gente endiablada y descomunal, dejad luego al punto las altas princesas que en ese coche lleváis forzadas; si no, aparejaos a recebir presta muerte, por justo castigo de vuestras malas obras.

Detuvieron los frailes las riendas, y quedaron admirados, así de la figura de don Quijote como de sus razones, a las cuales respondieron:

—Señor caballero, nosotros no somos endiablados ni descomunales, sino dos religiosos de San Benito que vamos nuestro camino, y no sabemos si en este coche vienen, o no, ningunas forzadas princesas.

—Para conmigo no hay palabras blandas; que ya yo os conozco, fementida canalla —dijo don Quijote.

Y sin esperar más respuesta, picó[26] a Rocinante y, la lanza baja, arremetió contra el primer fraile, con tanta furia y denuedo, que si el fraile no se dejara caer de la mula, él le hiciera venir al suelo mal de su grado, y aun mal ferido[27], si no cayera muerto. El segundo religioso, que vio del modo que trataban a su compañero, puso piernas al castillo de su buena mula, y comenzó a correr por aquella campaña, más ligero que el mesmo viento. Sancho Panza, que vio en el suelo al fraile, apeándose ligeramente de su asno, arremetió a él y le comenzó a quitar los hábitos. Llegaron en esto dos mozos de los frailes y preguntáronle que por qué le desnudaba. Respondióles Sancho que aquello le tocaba a él legítimamente, como despojos de la batalla que su señor don Quijote había ganado. Los mozos, que no sabían de burlas, ni entendían aquello de despojos ni batallas,

---

[23] América.

[24] Mismo.

[25] Agravio.

[26] Espoleó el caballo.

[27] Herido.

viendo que ya don Quijote estaba desviado de allí, hablando con las que en el coche venían, arremetieron con Sancho y dieron con él en el suelo, y, sin dejarle pelo en las barbas, le molieron a coces y le dejaron tendido en el suelo, sin aliento ni sentido; y, sin detenerse un punto, tornó a subir el fraile, todo temeroso y acobardado y sin color en el rostro; y cuando se vio a caballo, picó tras su compañero, que un buen espacio de allí le estaba aguardando, y esperando en qué paraba aquel sobresalto, y sin querer aguardar el fin de todo aquel comenzado suceso, siguieron su camino, haciéndose más cruces que si llevaran al diablo a las espaldas.

. . . .

A estas aventuras suceden otras del mismo carácter, en que ambos protagonistas salen frecuentemente vapuleados y maltrechos. Para recuperarse de sus padecimientos y dolores, don Quijote hace uso de un bálsamo[28] de propiedades presuntamente maravillosas, y descansa en una venta que, como la anterior, ha tomado por un castillo. Al salir de esta venta, Sancho es manteado[29]. Siguen luego la aventura de los rebaños de ovejas, que a don Quijote se le antojan ejércitos en pugna, y otros episodios. Entretanto, el cura y el barbero del pueblo han salido en busca del "Caballero de la triste figura", y con una serie de ardides logran atraerle de nuevo a la venta. Allí, con ayuda de otros personajes, le atan las manos y los pies, le hacen creer que ha sido víctima de un encantamiento[30], y le transportan enjaulado en un carro hasta su casa. De esta forma termina la primera parte de la novela, donde además se encuentran intercaladas la historia de Dorotea, la novela "El curioso impertinente", la "Historia del cautivo" y otras peripecias secundarias.

En la segunda parte, don Quijote realiza sólo una salida. Acompañado de su escudero, el hidalgo se dirige al Toboso, con el objeto de presentarse a su Dulcinea. Sancho le hace creer que la "amada" ha sido encantada, y ha adoptado por ello la figura de una labradora del lugar, que acierta a pasar junto a ellos. Convencido de la realidad de ese sortilegio, don Quijote continúa su camino y encuentra a cada paso peligros y aventuras. Su mala suerte parece disiparse cuando ambos personajes son alojados en casa de unos duques que, conocedores de la enajenación de don Quijote, deciden seguirle la corriente y recibirlo, por pura diversión, con todos los honores de

[28] Medicamento líquido.

[29] Es uno de los episodios más famosos de la obra. Don Quijote se niega a pagar por el alojamiento en la venta, a fin de no contravenir la usanza de la "caballería andante", puesto que, según el propio Quijote afirma, se sabe con certeza que los caballeros "jamás pagaron posada ni otra cosa en venta donde estuviesen, porque se les debe de fuero y de derecho cualquier buen acogimiento que se les hiciere, en pago del insufrible trabajo que padecen . . ." En vista de ello, el ventero trata de cobrarle a Sancho Panza, y al ver que éste también se resiste a pagar, permite de buena gana que un grupo de huéspedes lance a Sancho por los aires, valiéndose de una manta de cama.

[30] Hechizo.

Don Quijote y Sancho Panza como aparecen en una película soviética basada en la obra maestra de Cervantes. (Rose Madell Film Library)

un caballero andante. Si bien los duques disfrutan enormemente de la situación, en ningún momento su broma trasciende los límites de la consideración y el decoro. Incluso, llegan a otorgar a Sancho el gobierno de una de sus villas, a la que llaman la "ínsula Barataria", y allí lo envían con todos los poderes del caso, aunque muchos de sus subordinados están advertidos de que se trata sólo de una diversión de sus señores. El sentido profundamente humano y justiciero de Sancho se descubre en algunos de los "pleitos" que debe resolver en su nuevo cargo. He aquí algunos ejemplos:

A este instante entraron en el juzgado dos hombres, el uno vestido de labrador y el otro de sastre, porque traía unas tijeras en la mano, y el sastre dijo:

151

—Señor gobernador, yo y este hombre labrador venimos ante vuesa merced en razón que este buen hombre llegó a mi tienda ayer (que yo, con perdón de los presentes, soy sastre examinado, que Dios sea bendito), y poniéndome un pedazo de paño en las manos, me preguntó: Señor, ¿habría en esto paño harto para hacerme una caperuza?[31] Yo, tanteando el paño, le respondí que sí; él debióse de imaginar, a lo que yo imagino, e imaginé bien, que sin duda yo le quería hurtar alguna parte del paño, fundándose en su malicia y en la mala opinión de los sastres, y replicóme que mirase si habría para dos; adivinéle el pensamiento, y díjele que sí; y él, caballero en su dañada y primera intención, fue añadiendo caperuzas, y yo añadiendo síes, hasta que llegamos a cinco caperuzas; y ahora en este punto acaba de venir por ellas; yo se las doy, y no me quiere pagar la hechura; antes me pide que le pague o vuelva su paño.

—¿Es todo esto así, hermano? —preguntó Sancho.

—Sí, señor —respondió el hombre—; pero hágale vuesa merced que muestre las cinco caperuzas que me ha hecho.

—De buena gana —respondió el sastre.

Y sacando en continente la mano de debajo del herreruelo[32], mostró en ella cinco caperuzas puestas en las cinco cabezas de los dedos de la mano, y dijo:

—He aquí las cinco caperuzas que este buen hombre me pide, y en Dios y en mi conciencia que no me ha quedado nada del paño, y yo daré la obra a vista de veedores del oficio.

Todos los presentes se rieron de la multitud de las caperuzas y del nuevo pleito. Sancho se puso a considerar un poco, y dijo:

—Paréceme que en este pleito no ha de haber largas dilaciones, sino juzgar luego a juicio de buen varón; y así, yo doy por sentencia que el sastre pierda las hechuras, y el labrador el paño, y las caperuzas se lleven a los presos de la cárcel, y no haya más.

Si la sentencia pasada de la bolsa del ganadero[32A] movió a la admiración a los circunstantes, ésta les provocó a risa; pero, en fin, se hizo lo que mandó el gobernador. Ante el cual se presentaron dos hombres ancianos: el uno traía una cañaheja por báculo, y el sin báculo dijo:

—Señor, a este buen hombre le presté días ha diez escudos de oro en oro, por hacerle placer y buena obra, con condición que me los volviese cuando se los pidiese; pasáronse muchos días sin pedírselos, por no ponerle en mayor necesidad de volvérmelos, que la que él tenía cuando yo se los presté; pero por parecerme que se descuidaba en la paga, se los he pedido una y muchas veces, y no solamente no me los vuelve, pero me los niega y dice que nunca tales diez escudos le presté, y que

[31] Gorro que termina en punta.

[32] Capa corta.

[32A] La sentencia del ganadero se encuentra más adelante. Posiblemente, en una redacción anterior precedía a este episodio.

si se los presté, que ya me los ha vuelto. Yo no tengo testigos ni del prestado, ni de la vuelta, porque no me los ha vuelto; querría que vuesa merced le tomase juramento, y si jurare que me los ha vuelto, yo se los perdono para aquí y para delante de Dios.

—¿Qué decis vos a esto, buen viejo del báculo? —dijo Sancho.

A lo que dijo el viejo:

—Yo, señor, confieso que me los prestó, y baje vuesa merced esa vara; y pues él lo deja en mi juramento, yo juraré cómo se los he vuelto y pagado real y verdaderamente.

Bajó el gobernador la vara, y en tanto, el viejo del báculo dio el báculo al otro viejo, que se le tuviese en tanto que juraba, como si le embarazara mucho, y luego puso la mano en la cruz de la vara, diciendo que era verdad que se le habían prestado aquellos diez escudos que se le pedían; pero que él se los había vuelto de su mano a la suya, y que por no caer en ello se los volvía a pedir por momentos. Viendo lo cual el gran gobernador, preguntó al acreedor qué respondía a lo que decía su contrario, y dijo que sin duda alguna su deudor debía de decir verdad, porque le tenía por hombre de bien y buen cristiano, y que a él se le debía de haber olvidado el cómo y cuándo se los había vuelto, y que desde allí en adelante jamás le pidiría nada. Tornó a tomar su báculo el deudor, y bajando la cabeza, se salió del juzgado; visto lo cual Sancho, y que sin más ni más se iba, y viendo también la paciencia del demandante, inclinó la cabeza sobre el pecho, y poniéndose el índice de la mano derecha sobre las cejas y las narices, estuvo como pensativo un pequeño espacio, y luego alzó la cabeza y mandó que le llamasen al viejo del báculo, que ya se había ido. Trujéronsele, y en viéndole Sancho, le dijo:

—Dadme, buen hombre, ese báculo; que le he menester.

—De muy buena gana —respondió el viejo—: hele aquí, señor.

Y púsosele en la mano. Tomóle Sancho, y dándosele al otro viejo, le dijo:

—Andad con Dios, que ya vais pagado.

—¿Yo, señor? —respondió el viejo—. Pues ¿vale esta cañaheja diez escudos de oro?

—Sí —dijo el gobernador—; o si no, yo soy el mayor porro[33] del mundo. Y ahora se verá si tengo yo caletre[34] para gobernar todo un reino.

Y mandó que allí, delante de todos, se rompiese y abriese la caña. Hízose así, y en el corazón della hallaron diez escudos en oro; quedaron todos admirados, y tuvieron a su gobernador por un nuevo Salomón. Preguntáronle de dónde habia colegido que en aquella cañaheja estaban aquellos diez escudos, y respondió que de haberle visto dar el viejo que juraba, a su contrario, aquel báculo, en tanto que hacía el juramento, y jurar que se los había dado real y verdaderamente, y que en acabando de jurar le

---

[33] Torpe.
[34] Perspicacia.

tornó a pedir el báculo, le vino a la imaginación que dentro del[35] estaba la paga de lo que pedían. De donde se podía colegir que los que gobiernan, aunque sean unos tontos, tal vez los encamina Dios en sus juicios; y más que él había oído contar otro caso como aquél al cura de su lugar, y que él tenía tan gran memoria, que a no olvidársele todo aquello de que quería acordarse, no hubiera tal memoria en toda la ínsula. Finalmente, el un viejo corrido y el otro pagado, se fueron, y los presentes quedaron admirados, y el que escribía las palabras, hechos y movimientos de Sancho no acababa de determinarse si le tendría y pondría por tonto, o por discreto.

Luego, acabado este pleito, entró en el juzgado una mujer asida fuertemente de un hombre vestido de ganadero rico, la cual venía dando grandes voces, diciendo:

—¡Justicia, señor gobernador, justicia, y si no la hallo en la tierra, la iré a buscar al cielo! Señor gobernador de mi ánima, este mal hombre me ha cogido en la mitad dese[36] campo, y se ha aprovechado de mi cuerpo como si fuera trapo lavado, y ¡desdichada de mí! me ha llevado lo que yo tenía guardado más de veinte y tres años ha, defendiéndolo de moros y cristianos, de naturales y extranjeros, y yo, simpre dura como un alcornoque, conservándome entera como la salamanquesa en el fuego, o como la lana entre las zarzas, para que este buen hombre llegase ahora con sus manos limpias a manosearme.

—Aun eso está por averiguar: si tiene limpias o no las manos este galán —dijo Sancho.

Y volviéndose al hombre, le dijo que qué decía y respondía a la querella de aquella mujer. El cual, todo turbado, respondió:

—Señores, yo soy un pobre ganadero de ganado de cerda, y esta mañana salía deste lugar de vender, con perdón sea dicho, cuatro puercos, que me llevaron de alcabalas y socaliñas[37] poco menos de lo que ellos valían: volvíame a mi aldea, topé en el camino a esta buena dueña, y el diablo, que todo lo añasca[38] y todo lo cuece, hizo que yogásemos juntos; paguéle lo soficiente[39]; y ella, mal contenta, asió de mí, y no me ha dejado hasta traerme a este puesto. Dice que la forcé, y miente, para el juramento que hago, o pienso hacer; y esta es toda la verdad, sin faltar meaja[40].

Entonces el gobernador le preguntó si traía consigo algún dinero en plata; él dijo que hasta veinte ducados tenía en el seno, en una bolsa de cuero. Mandó que la sacase y se la entregase, así como estaba, a la querellante: él lo hizo temblando; tomóla la mujer, y haciendo mil zalemas[41] a todos

[35] De él.
[36] De ese.
[37] Tributos y ardides.
[38] Enreda, embrolla.
[39] Suficiente.
[40] Sin faltar un detalle.
[41] Reverencias, cortesías.

y rogando a Dios por la vida y salud del señor gobernador, que así miraba por las huérfanas menesterosas y doncellas, con esto se salió del juzgado, llevando la bolsa asida con entrambas manos; aunque primero miró si era de plata la moneda que llevaba dentro. Apenas salió, cuando Sancho dijo al ganadero, que ya se le saltaban las lágrimas, y los ojos y el corazón se iban tras su bolsa:

—Buen hombre, id tras aquella mujer, y quitadle la bolsa, aunque no quiera, y volved aquí con ella.

Y no lo dijo a tonto ni a sordo; porque luego partió como un rayo y fue a lo que se le mandaba. Todos los presentes estaban suspensos, esperando el fin de aquel pleito, y de allí a poco volvieron el hombre y la mujer, más asidos y aferrados que la vez primera, ella la saya levantada y en el regazo puesta la bolsa, y el hombre pugnando por quitársela; mas no era posible, según la mujer la defendía, la cual daba voces diciendo:

—¡Justicia de Dios y del mundo! Mire vuesa merced, señor gobernador, la poca vergüenza y el poco temor deste desalmado, que en mitad de poblado y en mitad de la calle me ha querido quitar la bolsa que vuesa merced mandó darme.

—Y ¿háosla quitado? —preguntó el gobernador.

—¿Cómo quitar? —respondió la mujer—. Antes me dejara yo quitar la vida que me quiten la bolsa. ¡Bonita es la niña! ¡Otros gatos me han de echar a las barbas; que no este desventurado y asqueroso! ¡Tenazas y martillos, mazos y escoplos no serán bastantes a sacármela de las uñas, ni aun garras de leones: antes el ánima de en mitad en mitad de las carnes!

—Ella tiene razón —dijo el hombre—, y yo me doy por rendido y sin fuerzas, y confieso que las mías no son bastantes para quitársela, y déjola. Entonces el gobernador dijo a la mujer:

—Mostrad, honrada y valiente, esa bolsa.

Ella se la dio luego, y el gobernador se la volvió al hombre, y dijo a la esforzada, y no forzada:

—Hermana mía, si el mismo aliento y valor que habéis mostrado para defender esta bolsa le mostrárades[42], y aun la mitad menos, para defender vuestro cuerpo, las fuerzas de Hércules no os hicieran fuerza. Andad con Dios, y mucho de enhoramala, y no paréis en toda esta ínsula, ni en seis leguas a la redonda, so pena de doscientos azotes. ¡Andad luego digo, churrillera[42A], desvergonzada y embaidora![42B]

Espantóse la mujer, y fuese cabizbaja y mal contenta, y el gobernador dijo al hombre:

—Buen hombre, andad con Dios a vuestro lugar con vuestro dinero, y de aquí adelante, si no lo queréis perder, procurad que no os venga en voluntad de yogar con nadie.

[42] Mostrárais.
[42A] Charlatana.
[42B] Embaucadora.

El hombre le dio las gracias lo peor que supo, y fuese, y los circunstantes quedaron admirados de nuevo de los juicios y sentencias de su nuevo gobernador. Todo lo cual, notado de su coronista[43], fue luego escrito al duque, que con gran deseo lo estaba esperando.

Especialmente dignos de mención en este pasaje de la obra son los prudentes consejos que ofrece don Quijote a Sancho Panza acerca de los deberes y obligaciones del buen gobernante —reflejo sin duda de los pensamientos de Cervantes al respecto.

Sin embargo, abrumado por las dificultades de su cargo, Sancho abandona pronto el gobierno de la "ínsula", y amo y escudero continúan su viaje. Se suceden entonces nuevos episodios, como el encuentro con un grupo de bandoleros catalanes y el de Claudia, vestida de hombre en el bosque[44], hasta que, una vez llegados a Barcelona Sancho y don Quijote, éste es retado por el Caballero de la Blanca Luna —su vecino, el bachiller Sansón Carrasco, que ha sumado sus esfuerzos a los del cura y el barbero para tratar de hacerlo volver a su casa. En la justa, don Quijote cae y queda a merced de su antagonista, quien, de acuerdo con lo previsto, le pide que se retire durante un año a su aldea de la Mancha.

Tras algunas aventuras más, acontecidas durante su viaje de regreso, don Quijote vuelve a su pueblo y muere al poco tiempo, después de haber recobrado la razón.

No obstante, este eje argumental, como hemos dicho al principio, está profusamente mezclado con toda una serie de episodios que dan a la novela una gran variedad estilística, y justifican su clasificación como *obra de síntesis*, donde se encuentran todos los tipos de la producción narrativa previa[45]. Como resultado de ello, es posible hallar en el *Quijote* ejemplos de *novela pastoril*, como en la historia de Marcela y Grisóstomo; de *novela sentimental*, como en las historias de Cardenio, Luscinda y Dorotea; de *novela sicológica*, como en la ya citada del "curioso impertinente"; de *novela picaresca*, como en el episodio de los galeotes[46]; y naturalmente, de la *novela de caballerías*, cuyo espíritu impregna toda la obra.

Muy importante también es el empleo del diálogo. Juan Luis Alborg dice al respecto: "El diálogo es el gran hallazgo de Cervantes, y el *Quijote*

---

[43] Cronista.

[44] Claudia había herido a Vicente por haber oído que éste, después de haberle prometido matrimonio, iba a casarse con otra. Finalmente se descubre que todo es una calumnia, pero Vicente muere y Claudia, desesperada, anuncia su deseo de recluirse en un convento.

[45] Véase el Capítulo 3 de esta Segunda Parte.

[46] Los condenados a galeras (galeotes) son puestos en libertad por don Quijote, pero se vuelven contra su "libertador", y le hacen objeto de numeros desaguisados.

la primera novela del mundo en que adquiere la máxima extensión y todo su valor humano y dialéctico"[47]. Al incorporarse el diálogo como elemento de importancia fundamental en la estructura narrativa, Cervantes abre rutas que llevan directamente ya a la novela moderna.

Como *obra de confluencia* no sólo de estilos, como hemos visto hasta aquí, sino también de culturas y épocas[48], el *Quijote* representa uno de los exponentes más completos de la vida y la civilización de su tiempo.

Sin embargo, la verdadera grandeza de la obra estriba en la poderosa intuición cervantina que supo hacer de esta sátira contra las novelas de caballerías un cuadro magistral, no sólo de la sociedad española, sino, calando mucho más profundamente, *de todo el drama de la vida humana, en su perenne conflicto entre ideal y realidad.* Don Quijote persigue sin descanso el ideal caballeresco, el más puro que le es dado imaginar, y en su lucha incesante en pos de él es derrotado siempre por la realidad más cruda y desoladora. Sancho representa en cambio el espíritu realista, que ve molinos de viento y ventas donde su amo imagina gigantes y castillos, aunque a medida que la obra avanza, la seguridad de Sancho acerca del "terreno que pisa" resulta cada vez menos firme. Así, la novela se desarrolla en una contraposición constante entre ilusión y desencanto, donde muchos críticos han visto un reflejo de la propia vida de Cervantes, de sus luchas y sus desilusiones —con lo cual volvemos, una vez más, a encontrar el elemento humano esencial que inspira toda la obra.

Digamos, finalmente, que si bien es imposible dar una interpretación definitiva al *Quijote,* precisamente por ello constituye este libro una de las cumbres más altas del pensamiento creador universal: sus facetas son tantas, que cada lector puede —y debe— derivar de él sus propias conclusiones.

---

[47] Ob. cit.

[48] La circunstancia de que Cervantes viva en un mundo de transición se refleja a lo largo de toda la obra. Ha experimentado el esplendor de la hegemonía española, y es testigo del comienzo de su decadencia. Conoce la cultura renacentista italiana, así como las tendencias impuestas por la Contrarreforma de Felipe II. Su espíritu crítico todo lo capta, refleja y valora de acuerdo con las posibilidades de un escritor de su época.

Fachada de la catedral barroca de Santiago de Compostela. (Oficina Nacional de Turismo Español, N.Y.)

3. CULTERANISMO Y CONCEPTISMO: LUIS DE GONGORA, FRANCISCO DE QUEVEDO

La definición precisa del término *barroco*[1] entraña dificultades considerables. La palabra original se aplicó a nódulos en las rocas y a las perlas de configuración irregular; más tarde, el nombre se utilizó en arquitectura para indicar el estilo profusamente ornamentado del siglo XVII, y finalmente su significado se amplió para abarcar en él a prácticamente todas las manifestaciones artísticas del período[2].

La preocupación por el efecto, la afición por los detalles ornamentales, el dinamismo de la composición —logrado generalmente a expensas del equilibrio y la serenidad clásicos— y el empleo frecuente de los contrastes son algunas de las características más destacadas del barroco. En términos estrictamente literarios, estas cualidades se reflejan principalmente en las dos escuelas o tendencias más típicas del siglo XVII español: el *culteranismo* y el *conceptismo*.

La primera de estas corrientes, nacida en Andalucía como su predecesora inmediata, la escuela sevillana[3], se caracteriza principalmente por su complejidad formal, lograda a través del empleo de palabras "cultas" y de numerosas figuras retóricas. El conceptismo, en cambio, concede primordial importancia a la complejidad de contenido, conseguida por medio de la utilización de agudezas, juegos de palabra y otras manifestaciones ingeniosas del pensamiento.

Mucho se ha dicho y se ha escrito sobre las relaciones entre culteranismo y conceptismo. Los seguidores de cada una de estas escuelas sostuvieron entre sí acaloradas polémicas sobre la importancia de sus teorías respectivas.

---

[1] Algunos autores aplican a esta época la designación de *período nacional*. Hemos preferido denominarla *período barroco* por la correspondencia de esta designación con las clasificaciones que se emplean en otras literaturas europeas.

[2] Así, es posible hablar de pintura barroca, música barroca, etc., no sólo en España, sino también en muchos otros países.

[3] Véase el Capítulo 4 del Renacimiento.

Sin embargo, miradas desde la perspectiva histórica, es prácticamente imposible trazar una línea divisoria nítida entre ambas tendencias: mientras los conceptistas, de tanto entregarse a los "juegos de magia" de las ideas, caen de lleno dentro de las dimensiones "cultas", así también los culteranos, en su ambición formal, alcanzan niveles de agudeza dignos de cualquiera de sus contrarios[4].

Todo esto podrá apreciarse mucho más claramente al estudiar en detalle las figuras claves de ambos movimientos: el poeta culterano por excelencia, Luis de Góngora, y el más destacado de los escritores conceptistas, Francisco de Quevedo.

Luis de Argote y Góngora

Nació en Córdoba, en 1561, hijo de Francisco de Argote y de doña Leonor de Góngora. Probablemente por razones eufónicas[5], el escritor prefirió anteponer el apellido materno al paterno, y así se le conoce generalmente en los tratados de literatura como don Luis de Góngora.

---

[4] Una prueba de ello la constituye el libro *Agudeza y arte de ingenio*, de uno de los grandes teóricos del conceptismo, BALTASAR GRACIAN (1601-1658). Para explicar las diferentes clases de "conceptos", Gracián utiliza no sólo textos de Quevedo y otros partidarios de su escuela, sino también de Góngora y sus seguidores culteranos.

[5] Relativas a la armonía del sonido.

Velázquez: Luis de Argote y Góngora.
(Museum of Fine Arts, Boston)

Estudió en Salamanca en 1576 y varios de los años siguientes, pero se desconoce si estos estudios le valieron título alguno. Recibió un beneficio de la Catedral de Córdoba, y para aceptarlo hubo de investirse de las órdenes menores[6]. No obstante, se considera que su vocación religiosa en esa época dejaba bastante que desear: en lugar de dedicarse a las ocupaciones propias de su estado, se le veía frecuentemente en "espectáculos profanos", tales como las comedias y las corridas de toros, según una amonestación de su obispo.

Durante los años siguientes recibe las primeras órdenes mayores y viaja por diversos lugares de España, a la vez que cultiva con asiduidad y constancia la poesía. Habiendo logrado el apoyo del duque de Lerma, es nombrado capellán de Felipe III, para lo cual debe ordenarse finalmente de sacerdote, a los 55 años de edad.

Hacia el final de su vida, cuando ya su fama de poeta había trascendido las fronteras de España, comienza a perder la memoria y a sufrir desvanecimientos. Para tratar de recuperarse vuelve a Córdoba, donde muere en mayo de 1627.

La obra literaria de Góngora presenta dos vertientes básicas: las poesías de estilo popular (letrillas[7], romances y otros poemas menores) y la obra culterana, que incluye sus poemas más extensos y ambiciosos.

Esta dualidad de Góngora como poeta simultáneamente claro y difícil, "príncipe de la luz" y "príncipe de las tinieblas", como lo definió un crítico del siglo XVII[8], ha sido una de sus características más comentadas y discutidas. Si bien durante mucho tiempo se habló de dos épocas gongorinas —una primera, de poesía "fácil", y una segunda de poesía hermética— hoy día la crítica está de acuerdo en que ambos tipos de literatura fueron practicados por el escritor a lo largo de casi toda su vida creadora. Además, ni lo fácil como el romance de "Angélica y Medoro", lo es tanto, ni lo difícil resulta tan complicado después de un detenido análisis.

He aquí un ejemplo de letrilla popular, quizás la más conocida de toda la obra gongorina:

> *Aprended, flores, de mí*
> *lo que va de ayer a hoy,*
> *que ayer maravilla fui*
> *y hoy sombra mía aun no soy.*

---

[6] Las primeras de la carrera sacerdotal. Las últimas (subdiácono, diácono y presbítero) son llamadas órdenes mayores.

[7] La letrilla es una composición poética en versos cortos, cuyas estrofas terminan generalmente en un *estribillo*.

[8] Francisco Cascales (1564-1642), autor de las *Cartas filológicas*.

La aurora ayer me dio cuna,
la noche ataúd me dio;
sin luz muriera si no
me la prestara la Luna.
Pues de vosotras ninguna
deja de morir así,

aprended, flores, de mí
lo que va de ayer a hoy,
que ayer maravilla fui
y hoy sombra mía aun no soy.

Consuelo dulce el clavel
es a la brevedad mía,
pues quien me concedió un día,
dos apenas le dio a él.
Efímeras del vergel[9],
yo cárdena, él carmesí,

aprended, flores, de mí
lo que va de ayer a hoy,
que ayer maravilla fui
y hoy sombra mía aun no soy.

Flor es el jazmín, si bella,
no de las más vividoras,
pues vive pocas más horas
que rayos tiene de estrella;
si el ámbar florece, es ella
la flor que contiene en sí.

Aprended, flores, de mí
lo que va de ayer a hoy,
que ayer maravilla fui
y hoy sombra mía aun no soy.

. . . .

Más interesantes desde el punto de vista formal son sus sonetos. Se ha dicho que don Luis comparte con Quevedo y Lope de Vega la cima absoluta en el manejo de esta forma métrica. Sin embargo, "Góngora excede a ambos en el sentido de la construcción, en la perfecta arquitectura, en el torneado acabadísimo de cada una de sus partes; bajo el aspecto de su perfección formal, de su turgencia[10] marmórea, los mejores sonetos de Góngora pueden considerarse como los más perfectos que se han escrito en castellano"[11].

[9] Jardín.
[10] En medicina, dilatación epidérmica; aquí, máxima tensión de los elementos idiomáticos.
[11] Alborg, ob. cit.

Uno de los más célebres es el siguiente:

Mientras por competir con tu cabello,
oro bruñido[12], el Sol relumbra en vano,
mientras con menosprecio en medio el llano
mira tu blanca frente el lirio bello;

mientras a cada labio, por cogello[13]
siguen más ojos que al clavel temprano,
y mientras triunfa con desdén lozano
del luciente cristal tu gentil cuello;

goza cuello, cabello, labio y frente,
antes que lo que fue en tu edad dorada
oro, lirio, clavel, cristal luciente,

no sólo en plata o vïola truncada
se vuelva, más tú y ello juntamente
en tierra, en humo, en polvo, en sombra, en nada.

Sin embargo, cuando se habla de gongorismo se piensa esencialmente en los poemas extensos, en los que el "estilo culto" del autor alcanza su máxima expresión. Si bien los límites de este volumen no permiten un análisis profundo y detallado de cada uno de esos poemas, al menos podemos estudiar

[12] Lustroso.
[13] Cogerlo.

Un bodegón de Zurbarán, pintor barroco español famoso por sus naturalezas muertas. (Colección Güell, Barcelona)

163

las principales características de composición que sirven de común denominador a todos ellos, para luego examinar su aplicación en un ejemplo.

En nuestra opinión, el gongorismo podría definirse como la intensificación máxima del deseo de lograr el *lenguaje poético por excelencia*. En la búsqueda de este lenguaje, Góngora emplea toda una gama de recursos, entre los cuales, por su frecuencia, sobresalen cuatro en particular:

—El empleo de los *cultismos* —rasgo que precisamente da nombre a la escuela—, constituidos por palabras elegantes, derivadas en muchos casos directamente del latín. El poeta ha sido criticado por el uso sistemático de estos términos, que en su época resultaban extraños, pero que actualmente, en su mayoría, han pasado a ser parte del léxico corriente[14].

—El gran número de *metáforas*. El encadenamiento de metáforas ha pasado a ser sinónimo de gongorismo para muchos críticos. Y aunque en algunos casos podría hablarse de un exceso de este tipo de recurso, no es menos cierto que su manejo por parte de Góngora es uno de los aspectos más fascinantes de su arte poética[15].

—El uso —o abuso, según algunos autores— de la *transposición*, es decir, de la alteración del orden normal de las palabras dentro de la oración. Es uno de los rasgos que más dificulta la comprensión de ciertos pasajes de los poemas gongorinos, y ha sido blanco de numerosas invectivas, ya desde el propio siglo XVII[16].

—La profusión de alusiones *mitológicas*. Se trata de un recurso que ya se había usado en la Edad Media como elemento ennoblecedor del lenguaje. Un conocimiento extenso de las mitologías griega y romana es indispensable para penetrar en el mundo poético gongorino.

Estas características pueden apreciarse mejor en los tres grandes poemas del poeta cordobés: el "Panegírico al duque de Lerma", la "Fábula de Polifemo y Galatea" y las "Soledades". Veamos un fragmento del segundo, escrito en 1612.

---

[14] Véase al respecto la célebre "Aguja de navegar cultos" punzante sátira de Quevedo, en la que figuran estrofas como ésta:
> Quien quisiere ser Góngora en un día,
> la jeri — aprenderá — gonza siguiente:
> *fulgores, arrogar, joven, presiente,*
> *candor, construye, métrica, armonía* . . .
Los "cultismos" relacionados aquí por Quevedo son comunes hoy en día.

[15] Así, una cueva es presentada como "formidable bostezo de la tierra", las olas del mar se transforman en "turquesadas cortinas", las aves canoras son "cítaras de pluma", etc.

[16] Lope de Vega se burla del empleo exagerado de esta licencia poética diciendo de un gato que: *en una de fregar cayó caldera, transposición se llama esta figura, / de agua acabada de quitar del fuego* . . .

El asunto de la "Fábula" está tomado de Ovidio. El cíclope[17] Polifemo se enamora de la ninfa[18] Galatea, pero ésta, en lugar de corresponderle, acepta los requiebros amorosos del pastor Acis. Cuando los amantes se entregan finalmente en brazos de Cupido[19], el gigante abandona la cueva que le sirve de albergue y pronuncia su dolorida invocación a la amada:

> "¡Oh bella Galatea, más süave
> que los claveles que tronchó la Aurora
> blanca más que las plumas de aquel ave[20]
> que dulce muere y en las aguas mora[21];
> igual en pompa al pájaro que, grave,
> su manto azul de tantos ojos dora[22]
> cuantas al celestial zafiro[23] estrellas;
> oh tú, que en dos[24] incluyes las más bellas!

> "Deja las ondas, deja el rubio coro
> de las hijas de Tetis[25], y el mar vea,
> cuando niega la luz un carro de oro[26],
> que en dos la restituye Galatea.
> Pisa la arena, que en la arena adoro
> cuantas el blanco pie conchas platea[27],
> cuyo bello contacto puede hacerlas,
> sin concebir rocío, parir perlas.

> "Sorda hija del mar, cuyas orejas
> a mis gemidos son rocas al viento;
> o dormida te hurten a mis quejas
> purpúreos troncos de corales ciento,
> o al disonante número de almejas
> —marino, si agradable no, instrumento[28]—
> coros tejiendo estés, escucha un día
> mi voz, por dulce, cuando no por mía.

> "Pastor soy, mas tan rico de ganados[29],
> que los valles impido más vacíos,

---

[17] Gigante mitológico de un solo ojo.
[18] Deidad de las fuentes y los bosques.
[19] Dios del amor.
[20] Aquella ave.
[21] El cisne.
[22] El pavo real.
[23] El firmamento.
[24] En dos ojos incluyes las estrellas más bellas.
[25] Diosa del agua, madre de las oceanidas o ninfas del mar.
[26] El carro de Apolo, sinónimo del sol: cuando el sol niega su luz, es decir durante la noche, en dos (soles) la restituye Galatea con la luz de sus ojos.
[27] El blanco pie platea con su contacto las conchas y las convierte en madreperlas.
[28] Instrumento marino, si bien desagradable.
[29] Conjunto de bestias mansas.

los cerros desparezco[30] levantados,
y los caudales seco de los ríos;
no los que, de sus ubres desatados
o derribados de los ojos míos,
leche corren y lágrimas[31]; que iguales
en número a mis bienes son mis males ..."

Enfurecido por los celos, Polifemo desgaja un peñasco y lo lanza sobre Acis, pero éste, gracias a los ruegos de la ninfa, en lugar de quedar aplastado se convierte en riachuelo.

La poesía culta gongorina constituye la apoteosis del barroco español. El eminente crítico contemporáneo Dámaso Alonso la ha calificado de "poesía límite", donde alcanzan su máxima intensidad y esplendor las cualidades de la lírica de este período: es prácticamente imposible imaginar obra poética más representativa del segundo Siglo de Oro. El propio Alonso dice al respecto:

"Góngora apura e intensifica los colores hasta el frenesí, sube a los cielos la hipérbole[32], agarra con zarpazo de genio las más hirientes, las más excitadas metáforas, y en fin, imprime en cada estrofa y en cada verso la poderosa huella de su genial intuición, de tal modo que de allí en adelante aquel tema (del Polifemo), de todos manoseado, pasa a ser esencialmente suyo, y el poema, su indiscutible obra maestra, la cima de las imitaciones de la antigüedad que en nuestra literatura se han hecho en los siglos XVI y XVII, y una de las joyas máximas de la poesía europea de tradición renacentista"[33].

La vertiente culta de la creación gongorina, después de ejercer gran influencia en el siglo XVII y parte del XVIII, permaneció preterida y olvidada durante largo tiempo, hasta ser redescubierta en la época contemporánea.

Francisco de Quevedo

Nació en Madrid en 1580. Su padre había sido secretario de la princesa María, hija de Carlos V, y más tarde lo fue de la reina doña Ana de Austria, cuarta esposa de Felipe II. El futuro escritor se educó primeramente con los padres jesuitas; luego estudió lenguas clásicas y modernas en Alcalá de Henares, y finalmente teología en Valladolid.

---

[30] Hago desaparecer los cerros levantados ...

[31] No soy capaz de secar los caudales de leche y lágrimas que corren, unos, de las ubres del ganado, y otros, de mis ojos ... (Nótese la ligera inconsistencia de este último plural, ya que se supone que Polifemo tiene un solo ojo en mitad de la frente).

[32] Figura retórica que consiste en exagerar los términos de una descripción para impresionar al lector.

[33] "Monstruosidad y belleza en el Polifemo de Góngora", en Poesía española. Ensayo de métodos y límites estilísticos.

Francisco de Quevedo. (MAS)

Una vez terminados sus estudios, viajó en 1613 a Sicilia, donde gobernaba su amigo, el duque de Osuna. Cuando éste fue nombrado virrey de Nápoles, poco tiempo después, Quevedo recibió el cargo de Secretario de Hacienda.

Como hombre de confianza del virrey, el escritor realiza una serie de peligrosas misiones diplomáticas en Niza, Venecia y otras ciudades de Europa meridional. Regresa a España y es recibido con honores en la Corte, pero al caer en desgracia el duque de Osuna, es confinado a una de sus propiedades, la Torre de Juan Abad.

En 1621, después de la muerte de Felipe III, Quevedo goza de alguna libertad y logra ganarse la protección del conde duque de Olivares, favorito del nuevo soberano, Felipe IV. Acompaña al rey en distintos viajes por Aragón y Andalucía.

Hacia 1634 contrae matrimonio con doña Esperanza de Aragón, pero la unión es pródiga en disgustos y ha de durar poco tiempo.

Con motivo de unos versos en que se criticaba a Felipe IV, es detenido y enviado a prisión en 1639. Esta vez no recupera su libertad hasta 1643, a la caída del conde duque de Olivares. En esa época está ya muy enfermo y no le satisface el ambiente de Madrid. Se retiró entonces de nuevo a la Torre de Juan Abad, y en busca de médicos y remedios pasó a Villanueva de los Infantes, donde murió en 1645.

Quevedo es tal vez el genio más polifacético y completo de la literatura española: cultivó todos los géneros conocidos en su tiempo, y en todos logró obras de calidad imperecedera.

Su producción poética es copiosa y magistral. Como ya hemos visto, Quevedo es considerado con Lope y Góngora, como la cima de la lírica en el siglo XVII. Inigualable en el manejo de los "conceptos", en la magia de los juegos de palabra y en la brillantez de la adjetivación, este autor sobresale en el tratamiento de los temas amorosos, morales y satíricos. Uno de sus sonetos más conocidos es "Amor constante más allá de la muerte":

> Cerrar podrá mis ojos la postrera
> sombra que me llevare el blanco día,
> y podrá desatar esta alma mía
> hora a su afán ansioso lisonjera;
>
> mas no de esotra[34] parte en la ribera
> dejará la memoria, en donde ardía;
> nadar sabe mi llama la agua fría[35],
> y perder el respeto a ley severa.
>
> Alma a quien todo un dios prisión ha sido,
> venas que humor a tanto fuego han dado,
> médulas que han gloriosamente ardido;
>
> su cuerpo dejarán[36], no su cuidado;
> serán ceniza, mas tendrán sentido;
> polvo serán, mas polvo enamorado.

Como puede verse, la delicadeza de expresión y lo elevado del tono hacen perfectamente comparable este tipo de sonetos a los gongorinos, que tanto criticaron los conceptistas.

Otro importante grupo lo integran las poesías de tema moral o político, en que la seriedad e intención doctrinal del autor revelan su profunda conciencia de la triste realidad española de su tiempo. Uno de los poemas más

---

[34] Esa otra parte: el otro lado de la laguna Estigia, adonde eran llevadas las almas de los muertos.
[35] El agua fría (de la citada laguna).
[36] Al morir.

representativos de este grupo lo constituye la célebre "Epístola satírico-censoria" dirigida al conde duque de Olivares, que empieza así: *"No he de callar, por más que con el dedo, / ya tocando la boca, o ya la frente / silencio avises o amenaces miedo. / ¿No ha de haber un espíritu valiente? / ¿Siempre se ha de sentir lo que se dice? / ¿Nunca se ha de decir lo que se siente? . . ."*

Pero su poesía más típica es quizá la de temas burlescos y satíricos. Tanto en verso como en prosa, Quevedo es uno de los grandes maestros de la sátira. García López dice al respecto: "Todos los recursos del estilo conceptista más extremado —chistes, juegos de palabras, antítesis . . .— hallan su representación en muchas de estas composiciones, en las que la realidad aparece deformada hasta la caricatura, y donde el autor llega a veces a lo francamente procaz. Quevedo aparece aquí como el poeta más audaz del conceptismo"[37].

En este grupo caen sus mordaces burlas al estilo culterano, sus letrillas satíricas y sus poesías específicamente jocosas, como el famoso soneto "A una nariz". Veamos como ejemplo de este tipo un fragmento de su juguete satírico "Poderoso caballero es don Dinero":

Madre, yo al oro me humillo;
él es mi amante y mi amado,
pues de puro enamorado
anda contino[38] amarillo;
que pues, doblón o sencillo,
hace todo cuanto quiero,
poderoso caballero
es don Dinero.

Nace en las Indias honrado,
donde el mundo le acompaña;
viene a morir en España
y es en Génova enterrado.
Y pues quien le trae al lado
es hermoso, aunque sea fiero,
poderoso caballero
es don Dinero.

Son sus padres principales
y es de nobles descendiente,
porque en las venas de Oriente
todas las sangres son reales;
y pues es quien hace iguales
al rico y al pordiosero,
poderoso caballero
es don Dinero.

. . . .

[37] Ob. cit.
[38] Continuamente.

169

Más valen en cualquier tierra
(¡mirad si es harto sagaz!)
sus escudos[39] en la paz
que rodelas[40] en la guerra;
pues al natural destierra
y hace propio al forastero[41],
poderoso caballero
es don Dinero.

En conjunto, los versos quevedianos representan la máxima expresión lírica del conceptismo —pero, además, constituyen también una de las manifestaciones poéticas más completas y profundas del pensamiento español del siglo XVII.

La obra en prosa de Quevedo abarca temas tan diversos como su poesía. Es particularmente importante su prosa satírica, y en esta categoría merece mención especial su colección de narraciones cortas publicada con el título de *Los sueños*.

Considerados como uno de los ejemplos más típicos de prosa barroca, *Los sueños* están constituidos por una serie de visiones grotescas[42] de las que el autor se vale para criticar enérgicamente la realidad española de su época. En el "Sueño del infierno"[43], el escritor realiza un viaje imaginario a las profundidades avernas, que le sirve de pretexto para exponer los vicios y debilidades de representantes de la sociedad, tales como zapateros, boticarios, barberos y muchos otros grupos de condenados que va encontrando a su paso.

De especial interés es su crítica a la figura del hidalgo, cuyos conceptos de honor, valentía y pureza de linaje —tan frecuentemente encontrados en las novelas y obras teatrales del período— son objeto de despiadada sátira.

Dos hombres bien vestidos y calzados aparecen en una de las mansiones infernales dando voces, y el autor se acerca para escuchar lo que dicen. El que habla, un hidalgo, se expresa así:

—Pues si mi padre se decía tal cual, y soy nieto de Esteban tales y cuales[44], y ha habido en mi linaje trece capitanes valerosísimos, y de parte de mi madre, doña Rodriga, desciendo de cinco catedráticos, los más doctos del

---

[39] Escudo tiene a la vez los significados de arma defensiva con que se cubre parte del cuerpo, y de moneda de oro. Aquí se utiliza en un hábil juego de palabras.

[40] Escudo pequeño de defensa.

[41] Extraño, de otro país.

[42] El recurso fue muy utilizado por escritores medievales y renacentistas. En Quevedo, empero, adquiere características muy particulares, típicas del barroco.

[43] También conocido como "Las zahurdas de Plutón".

[44] Sustituye a cualquier nombre o apellido (aquí, presuntamente noble o famoso).

Velázquez: "Los borrachos". (Museo del Prado)

mundo, ¿cómo me puedo haber condenado? Y tengo mi ejecutoria[45] y soy libre de todo, y no debo pagar pecho[46].

—Pues pagad espalda —dijo un diablo, y diole luego cuatro palos en ellas[47], que le derribó de la cuesta; y luego le dijo:

—Acabaos de desengañar que el que desciende del Cid, de Bernardo y de Godofredo, y no es como ellos, sino vicioso como vos, ese tal más destruye el linaje que lo hereda. Toda sangre, hidalguillo, es colorada; señalaos en las costumbres, y entonces creeré que descendéis del docto cuando lo fuereis o procurareis serlo; y si no, vuestra nobleza será mentira breve en cuanto durare la vida... y el que en el mundo es virtuoso, ése es el hidalgo; y la virtud es la ejecutoria que acá respetamos, pues aunque uno descienda de hombres viles y bajos, como él[48] con divinas costumbres se haga digno de imitación, se hace noble a sí y hace linaje para otros. Reímonos acá de ver lo que ultrajáis a los villanos[49], moros y judíos, como si en éstos no cupieran las virtudes que vosotros despreciáis. Tres cosas son las que os hacen ridículos a los hombres: la primera, la nobleza; la segunda, la honra; y la tercera, la valentía. Pues es cierto que os contentáis con que hayan tenido vuestros padres virtud y nobleza para

---

[45] Título de nobleza.
[46] Tributo que se pagaba al señor por los bienes poseídos.
[47] Las espaldas.
[48] Siempre que él...
[49] Uno que vive en una villa o aldea.

171

decir que las tenéis vosotros, siendo inútil parto del mundo. Acierta a tener muchas letras el hijo del labrador; es arzobispo el villano que se aplicó a honestos estudios; y el caballero que desciende de César, y gasta, como él[50], en guerras y victorias, el tiempo y vida en juegos y rameras, dice que fue mal dada la mitra a quien no desciende de buenos padres, como si hubieran ellos de gobernar el cargo que les dan, quieren (¡ved qué ciegos!) que les valga a ellos, viciosos, la virtud ajena de trescientos mil años, ya casi olvidada, y no quieren que el pobre se honre con la propia.

Carcomióse[51] el hidalgo de oír estas cosas, y el caballero que estaba a su lado se afligía, pegando los abanillos[52] del cuello y volviendo las cuchilladas[53] de las calzas.

—¿Pues qué diré de la honra? Que más tiranías hace en el mundo y más daños, y (es) la que más gustos estorba. Muere de hambre un caballero pobre, no tiene con qué vestirse, ándase roto y remendado, o da en ladrón; y no lo pide[54], porque dice que tiene honra; ni quiere servir, porque dice que es deshonra. Todo cuanto se busca y afana dicen los hombres que es por sustentar honra. ¡Oh, lo que gasta la honra! Y llegando a ver lo que es la honra, no es nada. Por la honra no come el que tiene gana donde le sabría bien. Por la honra se muere la viuda entre dos paredes. Por la honra, sin saber qué es hombre ni qué es gusto, se pasa la doncella treinta años casada consigo misma. Por la honra la casada se quita a su deseo cuanto pide. Por la honra pasan los hombres el mar. Por la honra mata un hombre a otro. Por la honra gastan todos más de lo que tienen. Y es la honra, según esto, una necedad del cuerpo y alma, pues al uno quita los gustos y al otro el descanso...

—Desvaneceos, pues, bien, mortales —dije yo entre mí—; ¡y cómo se echa de ver que esto es el infierno, donde por atormentar a los hombres con amarguras les dicen las verdades!

Tornó en esto (el diablo) a proseguir, y dijo:

—La valentía. ¿Hay cosa tan digna de burla? Pues no habiendo ninguna en el mundo sino la caridad (con que se vence la fiereza de otros y la de sí mismo) y la de los mártires, todo el mundo es de valientes[55], siendo verdad que todo cuanto hacen los hombres, cuanto han hecho tantos capitanes valerosos como ha habido en la guerra, no lo han hecho por valentía, sino de miedo; pues el que pelea en su tierra por defenderla, pelea de miedo de mayor mal, que es ser cautivo y verse muerto; y el que sale a conquistar a los que están en sus casas, a veces lo hace de miedo de que el otro le acometa; y los que no llevan este intento van vencidos de codicia...

---

[50] En lugar de gastar—o por mejor decir emplear—su tiempo en guerras y victorias, como hizo César, lo dedica a juegos y rameras...

[51] Se preocupó grandemente.

[52] Adornos del cuello.

[53] Aberturas para resaltar el forro de otro color.

[54] No pide lo que necesita para vestirse.

[55] Todo el mundo se hace pasar por valiente.

Apenas cabe imaginar censura más acre y enérgica de los valores que, en su tiempo, constituían prácticamente el fundamento mismo de la sociedad española —y apenas es posible concebir tampoco un lenguaje más deslumbrante, poderoso y certero para servir de vehículo a tal censura.

Es justamente esa capacidad de fundir la importancia del contenido y la agudeza de sus observaciones, con la brillantez de su expresión formal lo que confiere a Quevedo su posición excepcional entre los principales literatos españoles de todos los tiempos[55A].

En resumen, podemos llegar a la conclusión de que culteranismo y conceptismo son dos vertientes literarias de proyección exteriormente opuesta, pero unidas en su punto de partida por una línea común: el anhelo de originalidad, el deseo de enfrentar al lector con un desafío a sus facultades de comprensión. Menéndez y Pelayo ha resumido así las relaciones entre ambas escuelas: "Oscuridad, arcanidad, es principio que aparece como fundamental en la teoría del culteranismo y del conceptismo, estilos al fin y al cabo hermanos"[56].

Si bien las principales corrientes literarias del período son las dos señaladas, es preciso mencionar, antes de concluir este capítulo, la existencia de otras escuelas coetáneas como la *sevillana* (distinta de la estudiada en el siglo anterior) y la *aragonesa*, cuyos seguidores evitaban por igual los excesos retóricos y las acrobacias conceptuales. Francisco de Rioja (1583-1659) y Rodrigo Caro (1573-1647) son dos exponentes de la primera; Lupercio Leonardo de Argensola (1559-1613) y su hermano Bartolomé Leonardo (1562-1631), de la segunda.

Por último, cabe señalar aquí que la copiosa producción poética de Lope de Vega ocupa una posición especial, ecléctica si se quiere, al combinar elementos culteranos, conceptistas y populares en una fusión muy acorde con su personalidad, como veremos en el capítulo siguiente.

[55A] Otra de las obras capitales de Quevedo es la *Historia del buscón*, novela picaresca que mencionamos brevemente en el Capítulo 3 del Renacimiento. Aconsejamos al lector un examen cuidadoso de su texto, teniendo en cuenta lo dicho hasta aquí acerca de su autor.

[56] "Oscuridad, dificultad entre culteranos y conceptistas", en *Castilla. La tradición. El idioma. Obras Completas*, Madrid.

4. EL TEATRO: LOPE DE VEGA, TIRSO DE MOLINA, CALDERON DE LA BARCA

Como ya hemos visto[1], el teatro nace en España al calor de la liturgia: las primeras representaciones se realizan en las iglesias y están basadas en temas religiosos. Con el correr de los años, el teatro abandona el interior de los templos para escenificarse al aire libre, a la vez que surgen las primeras piezas de asuntos profanos.

Con el alborear del Renacimiento, el teatro cobra gran vitalidad en la mayor parte de la Península. A fines del siglo XV y principios del XVI aparecen ya figuras de relieve como Juan del Encina, Lucas Fernández y Gómez Manrique, a las que se suman más tarde Torres Naharro, Gil Vicente y finalmente Lope de Rueda, cuyos *pasos* adquirieron pronto gran celebridad[2].

Sin embargo, no habría de ser hasta el siglo XVII, con la ingente labor creadora de Lope de Vega, Tirso de Molina y sus contemporáneos, que alcanzaría su pleno desarrollo la dramaturgia castellana.

En esta época coexisten en el país tres tipos de teatro: el *cortesano*, auspiciado por la nobleza; el *religioso*, derivado del drama litúrgico medieval; y el teatro de los *corrales*[3], de carácter eminentemente popular. En este triple plano desarrollarán sus actividades los más importantes dramaturgos españoles.

---

[1] *Generalidades*, Primera Parte.

[2] BARTOLOME DE TORRES NAHARRO nació probablemente en el segundo tercio del siglo XV y murió hacia 1524. Es quizá el primer teórico del teatro castellano con su proemio a *La propalladia* (1517). Emplea generalmente cinco actos y procura un desenlace feliz de acuerdo con los moldes clásicos. El portugués GIL VICENTE nació hacia 1465 y murió alrededor de 1536. Gran parte de su obra está escrita en castellano. Sobresalen en ella las tragicomedias *Don Duardos* y *Amadís de Gaula*. LOPE DE RUEDA nació a comienzos del XVI y murió en 1565. Viaja con un grupo teatral por numerosas ciudades españolas y en 1554 hace una representación para Felipe II. Sus comedias cortas o *pasos* son elogiadas por Cervantes, quien al parecer se inspiró en ellas para sus entremeses. El propio Cervantes aporta sus comedias y su tragedia *El cerco de Numancia*, ya mencionada.

[3] Este último tipo de teatro, para el que se escribieron la mayor parte de las obras del siglo XVII, estaba situado generalmente en el interior de una cuadra y su disposición,

Lope de Vega. (MAS)

Lope de Vega

Nace en Madrid en 1562. Desde temprana edad muestra inclinación tanto por las aventuras como por las letras. Escapa a Segovia cuando tiene apenas doce años; escribe su primera comedia, *El verdadero amante,* a los trece. Aún muy joven, ingresa en la Universidad de Alcalá de Henares, donde comienza a dar pruebas de sus facultades literarias con traducciones de poemas latinos. En 1580 estudia en la Universidad de Salamanca. Muy pronto se siente atraído por el mundo del teatro, y conoce a la célebre actriz Elena Osorio, con la que sostiene relaciones amorosas durante varios años.

---

según la obra citada de García López, era la siguiente: "El escenario no tenía telón de boca, y las decoraciones eran tan rudimentarias que los actores tenían que aludir constantemente al lugar donde se hallaban; el público ocupaba diversas localidades: a) los balcones que daban al patio (aposentos alquilados por los nobles); b) los bancos situados ante el escenario; c) el espacio (central) desde donde los ruidosos 'mosqueteros' contemplaban de pie la representación; y d) la 'cazuela', local reservado a las mujeres".

Al descubrir estos amores, la familia Osorio manifiesta una enérgica oposición, a la que Lope responde con violentos escritos. A causa de ellos, el joven literato es procesado a los veintiséis años y desterrado de Madrid.

Recién expulsado de la capital, Lope vuelve a ella para raptar a la que había de ser su primera esposa: Isabel, hija del pintor Diego de Urbina. A los pocos días de la boda, el 29 de mayo de 1588, zarpa rumbo a Inglaterra como voluntario en la *Armada Invencible*. Al regresar de esta infortunada aventura, se establece con su esposa en Valencia. En 1590 acompaña al duque de Alba como secretario personal a Toledo y Alba de Tormes. Cinco años después muere su primera esposa, y ya en 1596 se ve involucrado en un nuevo proceso por concubinato con la actriz Micaela de Luján, que le dio siete hijos.

En 1598 contrae matrimonio con Juana de Guardo, hija de un rico comerciante. En 1610 se establece de nuevo en Madrid, donde mueren su hijo Carlos Félix y su segunda esposa (1613). En esta época sostiene amores con Jerónima de Burgos, quien aparece en sus obras con el nombre de Gerarda.

A pesar de sus numerosas aventuras galantes, se ordena de sacerdote en 1614, lo que no le impide continuar cultivando sus pasiones. En 1616 conoce a Marta de Nevares, que se convierte en el gran amor de su vida, y que aparece con el nombre de Amarilis en sus poemas de la época. Son pasiones torturadas por el remordimiento, que le hacen escribir: "¡Mal haya amor que se quiere oponer al cielo!" Sin embargo, vive con Marta largos años y la cuida amorosamente, primero en su ceguera y luego en la locura que se apodera de ella y la lleva finalmente a la tumba en 1632. El "fénix de los ingenios" muere pocos años después, el 27 de agosto de 1635.

Lope Félix de Vega Carpio es el escritor más fecundo de las letras españolas y quizás de toda la literatura occidental. A su facilidad de creación se une un don especial para infundir a sus personajes un calor humano prácticamente inigualable. Y su diestro manejo de la prosa y el verso le permiten cultivar todos los géneros literarios de su época, a excepción de la novela picaresca[4]. Su inagotable producción llevó a Cervantes a llamarlo "monstruo de la naturaleza".

En cuanto a su obra dramática —principal objeto de nuestro estudio en este capítulo— Lope es considerado el gran creador del teatro nacional español[5]. Escribió todo tipo de comedias, entre las que se destacan las pas-

---

[4] Hemos estudiado su novela pastoril *La Arcadia*. Sus poemas líricos —particularmente sus romances, villancicos y canciones de amor— lo colocan a la altura de GONGORA y QUEVEDO. Su importancia como dramaturgo, empero, sobrepasa a todas las demás manifestaciones de su genio.

[5] Muchos países han tenido dramaturgos ilustres, pero pocos disponen de un verdadero teatro nacional: en la antigüedad sólo los griegos lograron una forma dramática

Comedor de la casa de Lope de Vega en Madrid. (Ministerio de Información y Turismo)

específica empleada por un grupo de escritores de alcance universal; en la edad moderna, Inglaterra obtuvo un acervo similar durante el período isabelino, y Francia durante el período clásico.

toriles, históricas, de "capa y espada" y las que tratan sobre el abuso del poder, y los consiguientes conflictos entre el pueblo, los nobles y el rey.

Estas últimas son las preferidas del autor, y entre ellas figuran varias de sus obras más logradas, como *El mejor alcalde, el rey; Peribáñez; y Fuenteovejuna.*

Una de sus creaciones lírico-dramáticas más bellas y cuidadas es *El caballero de Olmedo,* pieza basada según muchos en un hecho real: los trágicos amores de don Alonso y doña Inés.

El caballero de Olmedo

En el acto primero, Alonso se enamora locamente de Inés al verla en la feria de Medina.

> ALONSO: Amor, no te llame amor
> el que no te corresponde,
> pues que no hay materia adonde
> no imprima forma el favor[6].
> Naturaleza, en rigor,[7]
> conservó tantas edades
> correspondiendo amistades,
> que no hay animal perfeto[8]
> si no asiste a su conceto[9]
> la unión de dos voluntades.
> De los espíritus vivos
> de unos ojos procedió
> este amor que me encendió
> con fuegos tan excesivos.
> No me miraron altivos[10],
> antes, con dulce mudanza,
> me dieron tal confianza,
> que, con poca diferencia,
> pensando correspondencia,
> engendra amor esperanza.
> Ojos, si ha quedado en vos
> de la vista el mismo efeto,
> amor vivirá perfeto,
> pues fue engendrado de dos;
> pero si tú, ciego dios,
> diversas flechas tomaste[11],

[6] El amor existe sólo si es correspondido.
[7] En verdad; en el sentido estricto de la palabra.
[8] Perfecto.
[9] Concepto, en este caso *concepción*, generación.
[10] Orgullosos.
[11] Referencia al dios griego Cupido.

no te alabes que alcanzaste
la victoria; que perdiste
si de mí solo naciste,
pues imperfecto quedaste.

(*Salen Tello, criado, y Fabia*)

FABIA: ¿A mí, forastero?[12]
TELLO: A ti.
FABIA: Debe de pensar que yo
                 soy perro de muestra.
TELLO: No.
FABIA: ¿Tiene algún achaque?
TELLO: Sí.
FABIA: ¿Qué enfermedad tiene?
TELLO: Amor.
FABIA: Amor ¿de quién?
TELLO: Allí está,
                 y él, Fabia, te informará
                 de lo que quiere mejor.
FABIA: Dios guarde tal gentileza.
ALONSO: Tello, ¿es la madre? [14]
TELLO: La propia.
ALONSO: ¡O Fabia, o retrato, o copia
                 de cuanto naturaleza
                 puso en ingenio mortal!
                 ¡O peregrino doctor
                 y, para enfermos de amor,
                 Hipócrates[15] celestial!
                 Dame a besar esa mano,
                 honor de las tocas,[16] gloria
                 del monjil.[17]
FABIA: La nueva historia
                 de tu amor cubriera en vano
                 vergüenza o respeto mío,
                 que ya en tus caricias[18] veo
                 tu enfermedad.
ALONSO: Un deseo
                 es dueño de mi albedrío[19].

---

[12] Extranjero.
[13] Dolencia, enfermedad.
[14] Se llamaba así, por cortesía, a las ancianas.
[15] El más famoso médico de la antigüedad.
[16] Especie de velo que se usaba en la cabeza.
[17] Hábito de monja.
[18] En sentido figurado; lisonjas y halagos.
[19] Voluntad.

FABIA: El pulso de los amantes
es el rostro. Aojado[20] estás.
¿Qué has visto?

ALONSO: Un ángel.

FABIA: ¿Qué más?

ALONSO: Dos imposibles, bastantes,
Fabia, a quitarme el sentido:
que es dejarla de querer
y que ella me quiera.

FABIA: Ayer
te vi en la feria perdido
tras una cierta doncella
que en forma de labradora
encubría el ser señora,
no el ser tan hermosa y bella;
que pienso que doña Inés
es de Medina la flor.

ALONSO: Acertaste con mi amor.
Esa labradora es
fuego que me abrasa y arde.

FABIA: Alto has picado.

ALONSO: Es deseo
de su honor.

FABIA: Así lo creo.

ALONSO: Escucha, así Dios te guarde.
Por la tarde salió Inés
a la feria de Medina,
tan hermosa que la gente
pensaba que amanecía:
rizado el cabello en lazos,
que quiso encubrir la liga[21],
porque mal caerán las almas
si ven las redes tendidas;
los ojos, a lo valiente,
iban perdonando vidas,
aunque dicen los que deja
que es dichoso a quien la quita;
las manos haciendo tretas[22],
que, como juego de esgrima.
tiene tanta gracia en ellas
que señala las heridas;
las valonas[23] esquinadas
en manos de nieve viva,
que muñecas de papel[24]

[20] Que le han hecho "mal de ojo".
[21] En sentido figurado; substancia que se usa para cazar pájaros.
[22] Artificio, engaño.
[23] Cuello grande que cubría los hombros, el pecho y la espalda.
[24] *Muñecas de papel*: refiriéndose a las manos blancas.

se han de poner en esquinas[25]
con la caja de la boca
allegaba[26] infantería,
porque, sin ser capitán,
hizo gente por la villa[27];
los corales y las perlas
dejó Inés, porque sabía
que las llevaban mejores
los dientes y las mejillas;
sobre un manteo[28] francés,
una verdemar basquiña,[29]
porque tenga en otra lengua
de su secreto la cifra;
no pensaron las chinelas[30]
llevar de cuantos la miran
los ojos en los listones[31],
las almas en las virillas[32].
No se vio florido almendro
como toda parecía,
que del olor natural
son las mejores pastillas[33].
Invisible, fue con ella
el amor, muerto de risa
de ver, como pescador,
los simples peces que pican.
Unos le prometen sartas[34]
y otros arracadas[35] ricas,
pero en oídos de áspid
no hay arracadas que sirvan;
cual a su garganta hermosa
el collar de perlas finas,
pero como toda es perla,
poco las perlas estima.
Yo, haciendo lengua los ojos,
solamente le ofrecía
a cada cabello un alma,
a cada paso una vida.

[25] Los ángulos de la valona.

[26] Congregaba.

[27] *Hizo . . . . villa:* conquistó adeptos.

[28] Prenda de vestir parecida a una falda.

[29] Especie de sobrefalda.

[30] Zapatillas.

[31] Cintas de color.

[32] Adornos del calzado.

[33] Especie de incienso que se quemaba para perfumar las habitaciones y las ropas.

[34] Hileras, en general de perlas.

[35] Pendientes.

*Ana de Austria, hija de Felipe III
y madre de Luis XIV de Francia.*

*Portada de la relación que el capitán
Pedro Fernández de Quir presentó al
rey Felipe III (1598-1621) después de
descubrir "la cuarta parte del mundo"
y de haberle dado por nombre
Australia en honor de la Casa de
Austria, dinastía reinante en España.*

RELACION DE VN
memorial que ha prefentado a fu Ma
geftad el Capitan Pedro Fernandez
de Quir, fobre la poblacion y defcu-
brimiento de la quarta parte del mun
do, Auftrialia incognita, fu gran rique
za y fertilidad: defcubierta por el
mifmo Capitan.

Con licencia del Confejo Real de Pamplona, Impreffa
por Carlos de Labayen. Año 1610.

Mirándome sin hablarme,
parece que me decía:
"No os vais[36] don Alonso, a Olmedo;
quedaos agora en Medina",
Creí mi esperanza, Fabia;
salió esta mañana a misa,
ya con galas de señora,
no labradora fingida.
Si has oído que el marfil
del unicornio santigua
las aguas[37], así el cristal
de un dedo puso en la pila.
Llegó mi amor basilisco[38]
y salió del agua misma
templado el venero ardiente
que procedió de su vista.
Miró a su hermana y entrambas
se encontraron en la risa,
acompañando mi amor
su hermosura y mi porfía.
En una capilla entraron.
Yo, que siguiéndolas iba,
entré imaginando bodas:
¡tanto quien ama imagina!
Vime sentenciado a muerte,
porque el amor me decía:
"Mañana mueres, pues hoy
te meten en la capilla".
En ella estuve turbado;
ya el guante se me caía,
ya el rosario, que los ojos
a Inés iban y venían.
No me pagó mal; sospecho
que bien conoció que había
amor y nobleza en mí;
que quien no piensa no mira;
y mirar sin pensar, Fabia,
es de ignorantes e implica
contradicción que en un ángel
faltase ciencia divina.
Con este engaño, en efecto,
le dije a mi amor que escriba
este papel; que si quieres
ser dichosa y atrevida
hasta ponerle en sus manos

---

[36] Vayáis.
[37] Se creía que el cuerno del unicornio purificaba las aguas.
[38] Animal mitológico que mata con la mirada.

para que mi fe consiga
esperanzas de casarme,
—tan en esto amor me inclina—,
el premio será un esclavo
con una cadena rica,
ecomienda de esas tocas,
de mal casadas envidia.

FABIA: Yo te he escuchado.

ALONSO: Y ¿qué sientes?

FABIA: Que a gran peligro te pones.

TELLO: Excusa, Fabia, razones,
si no es que por dicha intentes,
como diestro cirujano,
hacer la herida mortal.

FABIA: Tello, con industria igual
pondré el papel en su mano,
aunque me cueste la vida,
sin interés, porque entiendas
que donde hay tan altas prendas
sola yo fuera atrevida.
Muestra el papel, que primero
le tengo de aderezar.

ALONSO: ¿Con qué te podré pagar
la vida, el alma que espero,
Fabia, de esas santas manos?

TELLO: ¿Santas?

ALONSO: ¿Pues no, si han de hacer
milagros?

TELLO: De Lucifer.

FABIA: Todos los medios humanos
tengo de intentar por ti;
porque el darme esa cadena
no es cosa que me da pena;
mas confiada nací.

TELLO: ¿Qué te dice el memorial?

ALONSO: Ven, Fabia, ven, madre honrada,
porque sepas mi posada.

FABIA: Tello.

TELLO: Fabia.

FABIA: No hables mal,
que tengo cierta morena
de extremado talle y cara.

TELLO: Contigo me contentara
si me dieras la cadena.

Don Alonso consigue que doña Inés le conceda una cita. Al acudir a ella, se encuentra con don Rodrigo, pretendiente de doña Inés, y sostiene una riña en que hace huir finalmente a su rival. Sin embargo, don Rodrigo se presenta al día siguiente en casa de doña Inés y la pide en matrimonio.

*José de Ribera: "La Sagrada Familia con Santa Ana y
Santa Catalina de Alejandría". (The Metropolitan
Museum of Art, Samuel D. Lee Fund, 1934)*

Ante la satisfacción de su padre, don Pedro, por tales nupcias, Inés hace
creer a todos que siente vocación religiosa. Al finalizar el segundo acto llega
a Medina el rey don Juan, y en su honor se organizan innumerables festejos.

```
DON PEDRO:                    Inés mía,
              ¿agora por recoger?
              ¿Cómo no te has acostado?
    INES: Rezando, señor, he estado
              por lo que dijiste ayer,
              rogando a Dios que me incline
              a lo que fuere mejor.
DON PEDRO: Cuando para ti mi amor
              imposibles imagine,
              no pudiera hallar un hombre
              como don Rodrigo, Inés.
    INES: Ansí dicen todos que es
              de su buena fama el nombre;
              y, habiéndome de casar,
              ninguno en Medina hubiera
              ni en Castilla que pudiera
              sus méritos igualar.
DON PEDRO: ¿Cómo habiendo de casarte?
    INES: Señor, hasta ser forzoso
              decir que ya tengo esposo,
              no he querido disgustarte.
```

185

DON PEDRO: ¿Esposo? ¿Qué novedad
     es ésta, Inés?
INES: Para ti
    será novedad, que en mí
    siempre fue mi voluntad.
    Y ya que estoy declarada,
    hazme mañana cortar
    un hábito, para dar
    fin a esta gala excusada;
    que así quiero andar, señor,
    mientras me enseñan latín.
    Leonor te queda; que al fin
    te dará nietos Leonor.
    Y por mi madre te ruego
    que en esto no me repliques,
    sino que medios apliques
    a mi elección y sosiego.
    Haz buscar una mujer
    de buena y santa opinión
    que me dé alguna lición
    de lo que tengo de ser
    y un maestro de cantar,
    que de latín sea también.
DON PEDRO: ¿Eres tú quien habla o quién?
INES: Esto es hacer, no es hablar.
DON PEDRO: Por una parte, mi pecho
    se enternece de escucharte,
    Inés, y por otra parte,
    de duro mármol le has hecho.
    En tu verde edad mi vida
    esperaba sucesión;
    pero si esto es vocación,
    no quiera Dios que lo impida.
    Haz tu gusto, aunque tu celo
    en esto no intenta el mío;
    que ya sé que el albedrío
    no presta obediencia al cielo.
    Pero porque suele ser
    nuestro pensamiento humano
    tal vez inconstante y vano,
    y en condición de mujer,
    que es fácil de persuadir,
    tan poca firmeza alcanza,
    que hay de mujer a mudanza
    lo que de hacer a decir,
    mudar las galas no es justo,
    pues no pueden estorbar
    a leer latín o cantar,
    ni a cuanto fuere tu gusto.
    Viste alegre y cortesana,
    que no quiero que Medina,

si hoy te admirare divina,
mañana te burle humana.
Yo haré buscar la mujer
y quien te enseñe latín,
pues a mejor padre, en fin,
es más justo obedecer.
Y con esto a Dios te queda,
que para no darte enojos
van a esconderse mis ojos
adonde llorarte pueda.

(Vase y salgan don Alonso y Tello.)

INES: Pésame de haberte dado
disgusto.

ALONSO: A mí no me pesa,
por el que me ha dado el ver
que nuestra muerte conciertas.
¡Ay, Inés! ¿Adónde hallaste
en tal desdicha, en tal pena,
tan breve remedio?

INES: Amor
en los peligros enseña
una luz por donde el alma
posibles remedios vea.

ALONSO: Este, ¿es remedio posible?

INES: Como yo agora le tenga
para que este don Rodrigo
no llegue al fin que desea.
Bien sabes que breves males
la dilación los remedia;
que no dejan esperanza
si no hay segunda sentencia.

TELLO: Dice bien, señor, que en tanto
que doña Inés cante y lea,
podéis dar orden los dos
para que os valga la iglesia.
Sin esto, desconfiado
don Rodrigo, no hará fuerza
a don Pedro en la palabra,
pues no tendrá por ofensa
que le deje doña Inés
por quien dice que le deja.
También es linda ocasión
para que yo vaya y venga
con libertad a esta casa.

ALONSO: ¿Libertad? ¿De qué manera?

TELLO: Pues ha de leer latín,
¿no será fácil que pueda
ser yo quien venga a enseñarla?
Y verás con qué destreza
la enseño a leer tus cartas.

187

El Greco: "El caballero de la mano en el pecho".
(Museo del Prado)

ALONSO: ¡Qué bien mi remedio piensas!
TELLO: Y aun pienso que podrá Fabia
       servirte en forma de dueña,
       siendo la santa mujer
       que con su falsa apariencia
       venga a enseñarla.
INES: Bien dices;
       Fabia será mi maestra
       de virtudes y costumbres.
TELLO: ¡Y qué tales serán ellas!
ALONSO: Mi bien, yo temo que el día,
       que es amor dulce materia
       para no sentir las horas
       que por los amantes vuelan,
       nos halle tan descuidados
       que al salir de aquí me vean,
       o que sea fuerza quedarme,
       ¡ay Dios, qué dichosa fuerza!
       Medina a la Cruz de Mayo[39]
       hace sus mayores fiestas;
       yo tengo que prevenir,
       que, como sabes, se acercan;

[39] Festividad religiosa que se celebra el 3 de mayo.

que fueran de que en la plaza
quiero que galán me veas,
de Valladolid me escriben
que el rey don Juan viene a verlas;
que en los montes de Toledo
le pide que se entretenga
el condestable[40] estos días,
porque en ellos convalezca,
y de camino, señora,
que honre esta villa le ruega;
y así es razón que le sirva
la nobleza desta tierra.
Guárdete el cielo, mi bien.
INES: Espera, que a abrir la puerta
es forzoso que yo vaya.
ALONSO: ¡Ay luz! ¡ay aurora necia,
de todo amante envidiosa!
TELLO: Ya no aguardeis que amanezca.
ALONSO: ¿Cómo?
TELLO: Porque es de día.
ALONSO: Bien dices, si a Inés me muestras;
pero ¿cómo puede ser,
Tello, cuando el sol se acuesta?
TELLO: Tú vas despacio, él aprisa;
apostaré que te quedas.

Durante una de las fiestas de toros don Alonso salva la vida a su rival don Rodrigo. Pero éste, en lugar de sentir por ello agradecimiento, decide dar muerte a don Alonso en una emboscada tendida entre Medina y Olmedo con la ayuda de don Fernando.

FERNANDO: ¡Que sucediese a los ojos
del rey y que viese Inés
que aquel su galán dichoso
hiciese el toro pedazos
por libraros!
RODRIGO: Estoy loco.
No hay hombre tan desdichado,
Fernando, de polo a polo.
¡Qué de afrentas, qué de penas,
qué de agravios, qué de enojos,
qué de injurias, qué de celos,
qué de agüeros, qué de asombros!
Alcé los ojos a ver
a Inés, por ver si piadoso
mostraba el semblante entonces,
que, aunque ingrato, necio adoro,

---

[40] ALVARO DE LUNA (1390-1453), favorito del rey Juan II.

189

y veo que no pudiera
mirar Nerón riguroso
desde la torre tarpeya
de Roma el incendio como
desde el balcón me miraba;
y que luego, en vergonzoso
clavel de púrpura fina
bañado el jazmín del rostro,
a don Alonso miraba
y que por los labios rojos
pagaba en perlas el gusto
de ver que a sus pies me postro,
de la fortuna arrojado,
y de la suya envidioso.
Mas, ¡vive Dios que la risa,
primero que la de Apolo
alegre el oriente y bañe
el aire de átomos de oro,[41]
se le ha de trocar en llanto,
si hallo al hidalguillo loco
entre Medina y Olmedo!

FERNANDO: El sabrá ponerse en cobro.
RODRIGO: Mal conocéis a los celos.
FERNANDO: ¿Quién sabe que no son monstruos?
Mas lo que ha de importar mucho
no se ha de pensar tan poco.

         (Vanse.)

A pesar de una serie de fatídicos presentimientos, don Alonso emprende el camino, donde le esperan ocultos don Rodrigo, su aliado don Fernando, y sus criados Mendo y Laín:

RODRIGO: Hoy tendrán fin mis celos y su vida.
FERNANDO: Finalmente, ¿venís determinado?
RODRIGO: No habrá consejo que su muerte impida,
después que la palabra me han quebrado.
Ya se entendió devoción fingida,
ya supe que era Tello, su criado,
quien la enseñaba aquel latín que ha sido
en cartas de romance traducido.
¡Qué honrada dueña recibió en su casa
don Pedro en Fabia! ¡Oh mísera doncella!
Disculpo tu inocencia, si te abrasa
fuego infernal de los hechizos della.
No sabe, aunque es discreta[42], lo que pasa,
y así el honor de entrambos atropella.
¡Cuántas casas de nobles caballeros
han infamado hechizos y terceros!

[41] *Apolo . . . oro:* se refiere al amanecer, ya que Apolo se asociaba con el sol y el día.
[42] Lista, inteligente.

	Fabia, que puede trasponer un monte;
	Fabia, que puede detener un río,
	y en los negros ministros de Aqueronte[43]
	tiene, como vasallos, señorío;
	Fabia, que deste mar, deste horizonte,
	al abrasado clima, al Norte frío
	puede llevar un hombre por el aire,
	le da liciones[44]. ¿Hay mayor donaire?
FERNANDO	Por la misma razón yo no tratara
	de más venganza.
RODRIGO:	¡Vive Dios, Fernando,
	que fuera de los dos bajeza clara!
FERNANDO:	No la hay mayor que despreciar amando.
RODRIGO:	Si vos podéis, yo no.
MENDO:	Señor, repara
	en que vienen los ecos avisando
	de que a caballo alguna gente viene.
RODRIGO:	Si viene acompañado, miedo tiene.
FERNANDO:	No lo creas, que es mozo temerario.
RODRIGO:	Todo hombre con silencio esté escondido.
	Tú, Mendo, el arcabuz, si es necesario,
	tendrás detrás de un árbol prevenido.
FERNANDO:	¡Qué inconstante es el bien, qué loco y vario!
	Hoy a vista de un Rey salió lucido,
	admirado de todos a la plaza,
	y ¡ya tan fiera muerte le amenaza!

(*Escóndense y salga* DON ALONSO)

ALONSO:	Lo que jamás he tenido,
	que es algún recelo o miedo,
	llevo caminando a Olmedo.
	Pero tristezas han sido.
	Del agua el manso rüido
	y el ligero movimiento
	destas ramas con el viento,
	mi tristeza aumenta más.
	Yo camino, y vuelve atrás
	mi confuso pensamiento.
	De mis padres el amor
	y la obediencia me lleva,
	aunque ésta es pequeña prueba
	del alma de mi valor.
	Conozco que fué rigor
	el dejar tan presto a Inés . . .
	¡Qué obscuridad! Todo es
	horror, hasta que el aurora[45]

---

[43] Río de los infiernos que nadie podía atravesar dos veces.

[44] Lecciones.

[45] La aurora, en español moderno.

en las alfombras de Flora
ponga los dorados pies.
    Allí cantan. ¿Quién será?
Mas será algún labrador
que camina a su labor.
Lejos parece que está;
pero acercándose va,
y no es rústico el acento,
Pues ¡cómo! Lleva instrumento;
sino sonoro y süave.
¡Qué mal la música sabe,
si está triste el pensamiento!

LA VOZ: *Que de noche le mataron*
al caballero,
la gala de Medina,
la flor de Olmedo.

ALONSO: ¡Cielos! ¿Qué estoy escuchando?
Si es que avisos vuestros son,
ya que estoy en la ocasión,
¿de qué me estáis informando?
    Volver atrás, ¿cómo puedo?
Invención de Fabia es,
que quiere, a ruego de Inés,
hacer que no vaya a Olmedo.

LA VOZ: *Sombras le avisaron*
que no saliese,
y le aconsejaron
que no se fuese
al caballero
la gala de Medina
la flor de Olmedo.

    (Sale un labrador)

ALONSO: ¡Hola, buen hombre, el que canta!
LABRADOR: ¿Quién me llama?
ALONSO: Un hombre soy
que va perdido.
LABRADOR: Ya voy.
Veisme aquí.
ALONSO: Todo me espanta. (*Aparte.*)
¿Dónde vas?
LABRADOR: A mi labor.
ALONSO: ¿Quién esa canción te ha dado,
que tristemente has cantado?
LABRADOR: Allá en Medina, señor.
ALONSO: A mí me suelen llamar
el Caballero de Olmedo,
y yo estoy vivo.
LABRADOR: No puedo
deciros deste cantar

	más historia ni ocasión,
	de que a una Fabia la oí.
	Si os importa, yo cumplí
	con deciros la canción.
	Volved atrás; no paséis
	deste arroyo.
ALONSO:	En mi nobleza,
	fuera ese temor bajeza.
LABRADOR:	Muy necio valor tenéis.
	Volved, volved a Medina.
ALONSO:	Ven tú conmigo.
LABRADOR:	No puedo. (*Vase.*)
ALONSO:	¡Qué de sombras finge el miedo!
	¡Qué de engaños imagina!
	Oye, escucha. ¿Dónde fué,
	que apenas sus pasos siento?
	¡Ah, labrador! Oye, aguarda.
	"Aguarda", responde el eco.
	¡Muerto yo! Pero es canción
	que por algún hombre hicieron
	de Olmedo, y los de Medina
	en este camino han muerto.
	A la mitad dél estoy:
	¿qué han de decir si me vuelvo?
	Gente viene... No me pesa;
	si allá van, iré con ellos.

Para desdicha del protagonista, los que vienen no son otros que don
Rodrigo, don Fernando y los suyos. Los criados de don Rodrigo hieren de
muerte al caballero de Olmedo, y Tello lo encuentra agonizante poco tiempo
después. Pero el crimen no ha de quedar impune: Tello se presenta ante el
rey para pedir justicia, y los asesinos son finalmente condenados a muerte.

TELLO:	¡Dejadme entrar!
REY:	¿Quién da voces?
CONDESTABLE:	Con la guarda un escudero
	que quiere hablarte.
REY:	Dejadle.
CONDESTABLE:	Viene llorando y pidiendo
	justicia.
REY:	Hacerla es mi oficio;
	eso significa el cetro.
TELLO:	Invictísimo don Juan,
	que del castellano reino,
	a pesar de tanta envidia[46],
	gozas el dichoso imperio;
	con un caballero anciano

[46] Alusión a las luchas políticas del reinado de Juan II.

193

vine a Medina, pidiendo
justicia de dos traidores.
Pero el doloroso exceso
en tus puertas le ha dejado,
si no desmayado, muerto.
Con esto, yo que le sirvo
rompí con atrevimiento
tus guardas y tus oídos.
Oye, pues te puso el cielo
la vara de su justicia
en tu libre entendimiento
para castigar los malos
y para premiar los buenos.
La noche de aquellas fiestas
que a la Cruz de Mayo hicieron
caballeros de Medina,
para que fuese tan cierto
que donde hay cruz hay pasión,
por dar a sus padres viejos
contento de verle libre
de los toros, menos fieros
que fueron sus enemigos,
partió de Medina a Olmedo
don Alonso, mi señor,
aquel ilustre mancebo
que mereció tu alabanza,
que es raro encarecimiento.
Quedéme en Medina yo,
como a mi cargo estuvieron
los jaeces y caballos,
para tener cuenta dellos.
Ya la destocada noche
de los dos polos en medio
daba a la traición espada,
mano al hurto, pies al miedo,
cuando partí de Medina;
y, al pasar un arroyuelo,
puente y señal del camino,
veo seis hombres corriendo
hacia Medina, turbados
y, aunque juntos, descompuestos.
La luna, que salió tarde,
menguado el rostro sangriento,
me dio a conocer los dos;
que tal vez alumbra el cielo
con las hachas de sus luces
el más escuro silencio
para que vean los hombres
de las maldades los dueños,
porque a los ojos divinos
no hubiese humanos secretos.

Paso adelante ¡ay de mí!
y envuelto en su sangre veo
a don Alonso espirando.
Aquí, gran señor, no puedo
ni hacer resistencia al llanto
ni decir el sentimiento.
En el caballo le puse,
tan animoso que creo
que pensaban sus contrarios
que no le dejaban muerto.
A Olmedo llegó con vida
cuanto fue bastante, ¡ay cielo!
para oir la bendición
de dos miserables viejos,
que enjugaban las heridas
con lágrimas y con besos.
Cubrió de luto su casa
y su patria, cuyo entierro
será el del Fénix[47] señor,
después de muerto viviendo
en las lenguas de la fama,
a quien conocen respeto
la mudanza de los hombres
y los olvidos del tiempo.

REY: ¡Extraño caso!

INES: ¡Ay de mí!

PEDRO: Guarda lágrimas y estremos,
Inés, para nuestra casa.[48]

INES: Lo que de burlas te dije,
señor, de veras te ruego.
Y a vos, generoso rey,
destos viles caballeros
os pido justicia.

REY: Dime,
pues pudiste conocerlos,
quién son esos dos traidores,
dónde están, que ¡vive el cielo
de no me partir de aquí
hasta que los deje presos!

TELLO: Presentes están, señor:
don Rodrigo es el primero
y don Fernando el segundo.

CONDESTABLE: El delito es manifiesto;
su turbación lo confiesa.

RODRIGO: Señor, escucha.

---

[47] Alusión a que su fama renacerá después de su muerte, como el ave Fénix que renace de sus propias cenizas.

[48] Falta un verso después de éste.

REY: Prendedlos,
             y en un teatro, mañana,
             cortad sus infames cuellos.
             Fin de la trágica historia
             del caballero de Olmedo.

A diferencia de algunas obras lopescas que transparentan la rapidez con que fueron escritas, *El caballero de Olmedo* es una pieza perfectamente acabada, que aúna magistralmente lo lírico y lo emotivo, y cuyos bien dibujados personajes se mueven en un paisaje dramático de extraordinaria belleza.

En total, el teatro de Lope incluye, según confesión propia, unas 1,500 comedias, de las cuales han llegado hasta nosotros alrededor de medio

Escenografía del bosque para El caballero de Olmedo.
(Theatre Collection, The New York Public Library at
Lincoln Center, Astor, Lennox and Tilden Foundations)

millar. Escribió también innumerables autos sacramentales, entremeses y otras piezas menores. Es famosa su afirmación, refiriéndose a sus comedias, de que

> más de ciento, en horas veinticuatro,
> pasaron de las musas al teatro.

Aparte del grado de exactitud de estas declaraciones, el gran mérito de Lope estriba en haber logrado sintetizar los elementos dramáticos dispares e inconexos de los períodos anteriores en una obra de imponentes dimensiones, que marca definitivamente los derroteros del teatro clásico español. Sus preceptos son expuestos detalladamente en un tratado en verso publicado en 1609 con el título de *Arte nuevo de hacer comedias*. Según ellos, las comedias se dividirán en tres jornadas o actos, y sus personajes tratarán de imitar las acciones de los seres humanos de acuerdo a su condición social:

> El lacayo no trate cosas altas
> ni diga los conceptos que hemos visto
> en algunas comedias extranjeras . . .

Reserva los pensamientos elevados para los personajes de mayor rango, e indica cómo debe desarrollarse la intriga:

> En el acto primero ponga el caso,
> en el segundo enlace los sucesos,
> de suerte que hasta medio del tercero
> apenas juzgue nadie en lo que para.

En todo momento mantiene presente el gusto por lo natural y novedoso, cualidades que prefiere a la "perfección formal":

> Dame una nueva fábula, que tenga
> más invención, aunque carezca de arte[49];
> que tengo gusto de español en esto,
> y como me lo dé lo verosímil
> nunca reparo tanto en los preceptos,
> antes me cansa su vigor, y he visto
> que los que miran en guardar el arte
> nunca del natural alcanzan parte.

Su profesado desdén por los preceptos no le impide formular toda una serie de nuevas reglas para la redacción de las comedias, que incluyen hasta indicaciones sobre el tipo de estrofa conveniente a cada tema tratado:

> Acomode los versos con prudencia
> a los sujetos de que va tratando:
> las décimas son buenas para quejas,
> el soneto está bien en los que aguardan,
> las relaciones piden los romances;
> aunque en octavas lucen por extremo,

---

[49] Se refiere esencialmente a las tres reglas o unidades clásicas de lugar, acción y tiempo.

"El milagro de las aguas". Este cuadro de Bartolomé Esteban Murillo (1617-1682) refleja el profundo sentimiento religioso de la época. (Hermandad de la Santa Caridad, Sevilla)

son los tercetos para cosas graves,
y para las de amor, las redondillas[50].

El texto señala además qué tipo de personajes deben figurar en una comedia histórica, de costumbres, de capa y espada, etc. La unidad espiritual se logra a través del sentimiento del honor, la lealtad al rey y la fe religiosa. Con escasas modificaciones, estas fórmulas se constituyen en los cánones teatrales por excelencia del Siglo de Oro.

La fama y el éxito acompañaron a Lope durante toda su vida de escritor; su obra ha sido fuente inagotable de inspiración no sólo para sus contemporáneos, sino también para incontables dramaturgos españoles y extranjeros de siglos posteriores.

El valor intrínseco de sus piezas, consideradas individualmente, es bastante desigual. Muchas de sus comedias han sido calificadas de meros ejercicios teatrales, sin profundidad de pensamiento ni personajes de gran estatura dramática. Sin embargo, en su conjunto, la obra de Lope forma un inmenso mural escénico en que quedan plasmados con caracteres indelebles los rasgos más auténticos del espíritu español. En ello residen su inmortalidad y su gloria.

---

[50] **Octavas:** estrofas de ocho versos de igual número de sílabas. **Tercetos:** estrofas de tres versos endecasílabos, que riman el primero con el tercero, y el segundo, que queda libre, con el primero y el tercero de la estrofa siguiente (tercetos encadenados). Los hemos visto en el "Viaje del Parnaso" de Cervantes. **Redondillas:** estrofas de cuatro versos octosílabos que riman el primero con el cuarto y el segundo con el tercero.

Tirso de Molina

Son escasos los datos biográficos disponibles acerca de este autor, cuyo verdadero nombre era Gabriel Téllez. La mayoría de la crítica considera que nació en Madrid, hacia 1584[51], que ingresó aún muy joven en el seminario de los padres de la Merced y que profesó en 1601.

Tirso de Molina. (MAS)

Se sabe además que estudió en la Universidad de Alcalá, y que de 1613 a 1614 vivió en Toledo, donde entabló amistad con Lope de Vega. Pasa algunos años en La Española (isla que ocupan actualmente la República Dominicana y Haití) por asuntos vinculados con su Orden. Regresa a España en 1618, participa en un certamen poético convocado a raíz de la canonización de San Isidro, y en 1632 se traslada a Cataluña, donde es nombrado cronista de la Orden. Entre 1637 y 1639 redacta su *Historia general de la Orden de la Merced*, que permanece aún inédita. En 1645 fue designado superior del convento de Soria, donde murió en 1648.

Tirso es uno de los "tres grandes" del teatro clásico español. Escribió más de 300 comedias, de las cuales se conservan sólo unas 50. Fue un gran

---

[51] Doña Blanca de los Ríos, gran entusiasta de la obra tirsiana, lo considera hijo natural del duque de Osuna y hermano del Virrey de Nápoles. Su tesis, empero, ha suscitado graves reparos.

admirador de Lope, y esa admiración se refleja en su propia labor teatral, en la que aplica con gran éxito las fórmulas lopescas.

Sus obras gustan, su popularidad crece, y la sonrisa de la Fortuna comienza a despertar pronto la envidia de sus contemporáneos, quienes critican acerbamente el hecho de que un fraile mercedario "ande todo el tiempo rodeado de cómicas y actores". Tirso responde con agudas sátiras y continúa escribiendo con dedicación. Entre sus obras de esta época figuran *La peña de Francia*, *El melancólico*, *El vergonzoso en palacio* y *La dama del olivar*. A su regreso de América se publican *Los cigarrales de Toledo*, libro misceláneo en que por vez primera se hace una defensa racional y metódica del nuevo arte dramático, sobre todo en lo que respecta al rompimiento de las unidades tradicionales de acción, tiempo y lugar. Al año siguiente y en vista de las repetidas denuncias de sus enemigos, las autoridades le obligan a suspender durante algún tiempo su producción teatral.

El burlador de Sevilla

El 1630 es impreso *El burlador de Sevilla y convidado de piedra*, donde sube por primera vez a escena uno de los personajes más célebres de la literatura española: don Juan Tenorio.

El protagonista es la encarnación del individuo enamoradizo, del "seductor impenitente", que perece y se condena como castigo a su desenfrenada búsqueda de los placeres de la carne. En siglos posteriores —como hemos de ver— la figura del don Juan ha sido tratada e interpretada de modos muy diferentes, no sólo en España, sino también en otros países europeos[52]. Para el pensamiento del siglo XVII, la vida disoluta del don Juan de Tirso no podía tener otro fin que el eterno fuego del infierno.

El comienzo del drama es una escena de seducción, en que don Juan se hace pasar por el duque Octavio para hacer suya a la duquesa Isabela:

ISABELA: Duque Octavio, por aquí
podrás salir más seguro.
DON JUAN: Duquesa, de nuevo os juro
de cumplir el dulce sí.
ISABELA: ¿Mis glorias serán verdades,
promesas y ofrecimientos,
regalos y cumplimientos,
voluntades y amistades?
DON JUAN: Sí, mi bien.
ISABELA: Quiero sacar
una luz.
DON JUAN: ¿Pues para qué?

---

[52] El don Juan pasó a la literatura del resto del continente con Corneille, Molière, Vitiers,

ISABELA:	Para que el alma dé fe
	del bien que llego a gozar.
DON JUAN:	Mataréte la luz yo.
ISABELA:	¡Ah, cielo! ¿Quién eres, hombre?
DON JUAN:	¿Quién soy? Un hombre sin nombre.
ISABELA:	¿Que no eres el duque?

DON JUAN:	No.
ISABELA:	¡Ah, de palacio!
DON JUAN:	Detente:
	dame, duquesa, la mano.
ISABELA:	No me detengas, villano.
	¡Ah, del rey! ¡Soldados, gente!⁵³

(Sale el REY DE NAPOLES *con una vela en un candelero)*

REY:	¿Qué es esto?
ISABELA:	*(Aparte)* ¡El rey! ¡Ay, triste!
REY:	¿Quién eres?
DON JUAN:	¿Quién ha de ser?
	Un hombre y una mujer.
REY:	*(Aparte)* Esto en prudencia consiste.
	¡Ah, de mi guarda! Prendé
	a este hombre.
ISABELA:	¡Ay, perdido honor!

(Salen DON PEDRO TENORIO, *embajador de España,* y GUARDA)

DON PEDRO:	¡En tu cuarto, gran señor,
	voces! ¿Quién la causa fue?
REY:	Don Pedro Tenorio, a vos
	esta prisión os encargo.
	siendo corto, andad vos largo⁵⁴.
	Mirad quién son estos dos.
	Y con secreto ha de ser,
	que algún mal suceso creo,
	porque si yo aquí lo veo
	no me queda más que ver⁵⁵. *(Vase)*
DON PEDRO:	Prendedle.
DON JUAN:	¿Quién ha de osar?
	Bien puedo perder la vida;
	mas ha de ir tan bien vendida,
	que a alguno le ha de pesar.
DON PEDRO:	¡Matadle!
DON JUAN:	¿Quién os engaña?
	Resuelto en morir estoy,
	porque caballero soy
	del embajador de España.

⁵³ Pide auxilio sin imaginar que, efectivamente, el rey en persona pudiese escucharla.

⁵⁴Estando limitado por la responsabilidad de la monarquía, haced vos lo que no quiero hacer yo.

⁵⁵ Insiste en la necesidad de no registrar oficialmente lo que está ocurriendo.

Antonio Moro: Presunto retrato del Duque de Alba.
(The Hispanic Society of America)

                Llegue, que solo ha de ser
                quien me rinda.
DON PEDRO: Apartad;
                a ese cuarto os retirad
                todos con esa mujer.   *(Vanse)*
DON JUAN: Aunque tengo esfuerzo, tío,
                no le tengo para vos.
DON PEDRO: ¡Di quién eres!
DON JUAN: Ya lo digo:
                tu sobrino.
DON PEDRO: *(Aparte)*   ¡Ay, corazón,
                que temo alguna traición!
                ¿Qué es lo que has hecho, enemigo?
                 ¿Cómo estás de aquesta suerte?
                Dime presto lo que ha sido.
                ¡Desobediente, atrevido!...
                Estoy por darte la muerte.
                 Acaba.
DON JUAN: Tío y señor,
                mozo soy, y mozo fuiste;
                y pues que de amor supiste,
                tenga disculpa mi amor.
                 Y, pues a decir me obligas
                la verdad, oye y diréla:
                yo engañé y gocé a Isabela
                la duquesa...
DON PEDRO: No prosigas,
                tente. ¿Cómo la engañaste?

	Habla quedo y cierra el labio.
DON JUAN:	Fingí ser el duque Octavio ...
DON PEDRO:	¡No digas más, calla, baste ... !

[*Ap.*] Perdido soy si el rey sabe
este caso. ¿Qué he de hacer?
Industria me ha de valer
en un negocio tan grave.

    Di, vil: ¿no bastó emprender
con ira y con fuerza extraña
tan gran traición en España
con otra noble mujer,
    sino en Nápoles también
y en el palacio real,
con mujer tan principal?
¡Castíguete el cielo, amén!
    Tu padre desde Castilla
a Nápoles te envió,
y en sus márgenes te dio
tierra la espumosa orilla
    del mar de Italia, atendiendo
que el haberte recebido
pagaras agradecido,
¡y estás su honor ofendiendo,
    y en tal principal mujer!
Pero en aquesta[56] ocasión
nos daña la dilación;
mira qué quieres hacer.

DON JUAN:	No quiero daros disculpa,

que la habré de dar siniestra[57].
Mi sangre es, señor, la vuestra;
sacadla, y pague la culpa.
    A esos pies estoy rendido,
y ésta es mi espada, señor.

DON PEDRO:	Alzate y muestra valor,

que esa humildad me ha vencido.
    ¿Atreveráste a bajar
por ese balcón?

DON JUAN:	Sí atrevo[58],

que alas en tu favor llevo.

DON PEDRO:	Pues yo te quiero ayudar.

    Vete a Sicilia o Milán,
donde vivas encubierto.

DON JUAN:	Luego me iré.
DON PEDRO:	¿Cierto?
DON JUAN:	Cierto.
DON PEDRO:	Mis cartas te avisarán

    en qué para este suceso
triste, que causado has.

[56] Esta.
[57] Mala.
[58] Nótese la omisión del pronombre **me**.

```
DON JUAN:    [Ap.] Para mí alegre, dirás.—
             Que tuve culpa, confieso.
DON PEDRO:     Esa mocedad te engaña.
             Baja, pues, ese balcón.
DON JUAN:    [Ap.] Con tan justa pretensión
             gozoso me parto a España.
```

A partir de este momento, la intensidad dramática de la acción se hace cada vez mayor. Las conquistas amorosas se suceden unas a otras casi sin pausa alguna: frecuentemente, no hay otro enlace entre ellas que la figura del Tenorio, cuya personalidad domina todo un mundo de frágiles personajes que danzan en torno suyo una ronda frenética y fatal.

Después de la duquesa don Juan conquista a la pescadora Tisbea y más tarde, ya en Sevilla, cae en sus redes doña Ana de Ulloa, la enamorada del marqués de Mota. Para poseer a doña Ana, el Tenorio emplea un subterfugio muy similar al del primer acto: se hace pasar por el marqués. Cuando la víctima descubre el engaño es ya demasiado tarde; de todos modos, doña Ana clama venganza, y a sus gritos acude su padre don Gonzalo:

```
DON GONZALO:    La voz es
                de doña Ana la que siento.
DOÑA ANA:     (Dentro) ¿No hay quien mate a este traidor,
                homicida de mi honor?
DON GONZALO:  ¿Hay tan grande atrevimiento?
                Muerto honor, dijo, ¡ay de mí!
                y es su lengua tan liviana
                que aquí sirve de campana.
DOÑA ANA:     Matadle.

(Salen DON JUAN y CATALINON, con las espadas desnudas)

DON JUAN:              ¿Quién está aquí?
DON GONZALO:  La barbacana⁵⁹ caída
                de la torre de mi honor
                echaste en tierra, traidor,
                donde era alcaide la vida.
DON JUAN:       Déjame pasar.
DON GONZALO:              ¿Pasar?
                Por la punta de esta espada.
DON JUAN:     Morirás.
DON GONZALO:              No importa nada.
DON JUAN:     Mira que te he de matar.
DON GONZALO:    ¡Muere, traidor!

DON JUAN:         De esta suerte
                muero.
```

⁵⁹ Edificación defensiva, último bastión.

CATALINON:	Si escapo de aquesta,
	no más burlas, no más fiesta.
DON GONZALO:	¡Ay, que me has dado la muerte!
DON JUAN:	Tú la vida me quitaste.
DON GONZALO:	¿De qué la vida servía?
DON JUAN:	Huyamos.

(*Vanse* DON JUAN *y* CATALINON)

DON GONZALO:	La sangre fría
	con el furor aumentaste.
	Muerto soy; no hay bien que aguarde.
	Seguiráte mi furor;
	que es traidor, y el que es traidor
	es traidor porque es cobarde.

Poco después don Juan burla a Aminta, una joven campesina, y, al pasar un día casualmente por el cementerio de Sevilla, lee el epitafio grabado en la tumba del comendador don Gonzalo:

"Aquí aguarda del Señor
el más leal caballero,
la venganza de un traidor".

En son de burla, don Juan se enfrenta a la estatua del comendador que corona el monumento, y le invita a cenar en su posada, donde "el desafío haremos, si la venganza os agrada".

En la escena cumbre de la obra, don Juan prepara una cena a la cual, para sorpresa de todos, acude el "convidado de piedra".

(*Toma* DON JUAN *la vela y llega a la puerta. Sale al encuentro* DON GONZALO, *en la forma que estaba en el sepulcro, y* DON JUAN *se retira atrás turbado, empuñando la espada, y en la otra la vela, y* DON GONZALO *hacia él, con pasos menudos, y al compás* DON JUAN, *retirándose hasta estar en medio del teatro.*)

DON JUAN:	¿Quién va?
D. GONZALO:	Yo soy.
DON JUAN:	¿Quién sois vos?
D. GONZALO:	Soy el caballero honrado
	que a cenar has convidado.
DON JUAN:	Cena habrá para los dos,
	y si vienen más contigo,
	para todos cena habrá.
	Ya puesta la mesa está.
	Siéntate.
CATALINON:	¡Dios sea conmigo!
	¡San Panuncio, San Antón!
	Pues ¿los muertos comen, di?
	Por señas dice que sí.

DON JUAN:	Siéntate, Catalinón.
CATALINON:	No, señor, yo lo recibo por cenado.
DON JUAN:	Es desconcierto: ¡qué temor tienes a un muerto! ¿Qué hicieras estando vivo? Necio y villano temor.
CATALINON:	Cena con tu convidado, que yo, señor, ya he cenado.
DON JUAN:	¿He de enojarme?
CATALINON:	Señor, ¡vive Dios que huelo mal!
DON JUAN:	Llega, que aguardando estoy.
CATALINON:	Yo pienso que muerto soy, y está muerto mi arrabal.

(Tiemblan los CRIADOS)

DON JUAN:	Y vosotros, ¿qué decís? ¿Qué hacéis? ¡Necio temblar!
CATALINON:	Nunca quisiera cenar con gente de otro país. ¿Yo, señor, con *convidado* *de piedra?*
DON JUAN:	¡Necio temer! Si es piedra, ¿qué te ha de hacer?
CATALINON:	Dejarme descalabrado.
DON JUAN:	Háblale con cortesía.
CATALINON:	¿Está bueno? ¿Es buena tierra la otra vida? ¿Es llano o sierra? ¿Prémiase allá la poesía?
CRIADO 1°:	A todo dice que sí, con la cabeza.
CATALINON:	¿Hay allá muchas tabernas? Sí habrá, si Noé reside allí.
DON JUAN:	¡Hola! dadnos de beber.
CATALINON:	Señor muerto, ¿allá se bebe con nieve? *(Baja la cabeza.)* Así, que hay nieve: buen país.
DON JUAN:	Si oír cantar queréis, cantarán. *(Baja la cabeza.)*
CRIADO 2°:	Sí, dijo.
DON JUAN:	Cantad.
CATALINON:	Tiene el seor muerto buen gusto.
CRIADO 1°:	Es noble, por cierto, y amigo de regocijo.

(Cantan dentro:)
Si de mi amor aguardáis,
señora, de aquesta suerte

Don Giovanni *(Don Juan), ópera de Wolfgang Amadeus Mozart (1756-1791), una de las numerosas versiones de la obra de Tirso de Molina.*
(Louis Mélançon, Metropolitan Opera)

	el galardón en la muerte,
	¡qué largo me lo fiáis!
CATALINON:	O es sin duda veraniego
	el seor muerto, o debe ser
	hombre de poco comer.
	Temblando al plato me llego.

    Poco beben por allá;   *(Bebe.)*
yo beberé por los dos.
Brindis de piedra ¡por Dios!
Menos temor tengo ya.
(Cantan:)
    Si ese plazo me convida
para que gozaros pueda,
pues larga vida me queda,
dejad que pase la vida.
    Si de mi amor aguardáis,
señora, de aquesta suerte
el galardón en la muerte,
¡qué largo me lo fiáis!

CATALINON:	¿Con cuál de tantas mujeres
	como has burlado, señor,
	hablan?
DON JUAN:	De todas me río,
	amigo, en esa ocasión.
	En Nápoles a Isabela...
CATALINON:	Esa, señor, ya no es hoy
	burlada, porque se casa
	contigo, como es razón.
	Burlaste a la pescadora
	que del mar te redimió,
	pagándole el hospedaje
	en moneda de rigor[60].
	Burlaste a doña Ana...
DON JUAN:	Calla,
	que hay parte aquí que lastó[61]
	por ella, y vengarse aguarda.
CATALINON:	Hombre es de mucho valor,
	que él es piedra, tú eres carne:
	no es buena resolución.

(Hace señas que se quite la mesa, y queden solos)

DON JUAN:	¡Hola! quitad esa mesa,
	que hace señas que los dos
	nos quedemos, y se vayan
	los demás.
CATALINON:	¡Malo, por Dios!
	No te quedes, porque hay muerto
	que mata de un mojicón
	a un gigante.
DON JUAN:	Salíos todos.
	¡A ser yo Catalinón...!
	Vete, que viene.

(Vanse, y quedan los dos solos, y hace señas que cierre la puerta)

DON JUAN:	La puerta
	ya está cerrada. Ya estoy
	aguardando. Di, ¿qué quieres,
	sombra o fantasma o visión?
	Si andas en pena o si aguardas
	alguna satisfacción
	para tu remedio, dilo,
	que mi palabra te doy
	de hacer lo que me ordenares.
	¿Estás gozando de Dios?
	¿Dite la muerte en pecado?
	Habla, que suspenso estoy

(Habla paso, como cosa del otro mundo)

[60] Cruelmente.
[61] **Lastar:** sufrir por otro.

El burlador de Sevilla: *Don Juan y el comendador se
enfrentan en este lienzo de Goya. (MAS)*

DON GONZALO: ¿Cumplirásme una palabra
                 como caballero?
DON JUAN: Honor
                 tengo, y las palabras cumplo,
                 porque caballero soy.
DON GONZALO: Dame esa mano, no temas.
DON JUAN: ¿Eso dices? ¿Yo temor?
                 Si fueras el mismo infierno
                 la mano te diera yo.   *(Dale la mano.)*
DON GONZALO: Bajo esta palabra y mano,
                 mañana a las diez estoy
                 para cenar aguardando.
                 ¿Irás?
DON JUAN: Empresa mayor
                 entendí que me pedías.
                 Mañana tu huésped soy.
                 ¿Dónde he de ir?

DON GONZALO:	A mi capilla.
DON JUAN:	¿Iré solo?
DON GONZALO:	No, los dos;
	y cúmpleme la palabra
	como la he cumplido yo.
DON JUAN:	Digo que la cumpliré;
	que soy Tenorio.
DON GONZALO:	Yo soy
	Ulloa.
DON JUAN:	Yo iré sin falta.
DON GONZALO:	Y yo lo creo. Adiós. *(Va a la puerta.)*
DON JUAN:	Aguarda, iréte alumbrando.
DON GONZALO:	No alumbres, que en gracia estoy.

(Vase muy poco a poco, mirando a DON JUAN, y DON JUAN a él, hasta que desaparece y queda DON JUAN con pavor)

DON JUAN:

¡Válgame Dios! Todo el cuerpo
se ha bañado de un sudor,
y dentro de las entrañas
se me hiela el corazón.
Cuando me tomó la mano,
de suerte me la apretó,
que un infierno parecía:
jamás vide tal calor.
Un aliento respiraba,
organizando la voz[62],
tan frío, que parecía
infernal respiración.
Pero todas son ideas
que da la imaginación:
el temor, y temer muertos,
es más villano temor;
que si un cuerpo noble, vivo,
con potencias y razón
y con alma, no se teme,
¿quién cuerpos muertos temió?
Mañana iré a la capilla
donde convidado soy,
por que se admire y espante
Sevilla de mi valor.   *(Vase.)*

La noche siguiente don Juan Tenorio acude a la capilla mortuoria acompañado de su criado Catalinón:

VOCES LEJANAS:

Adviertan los que de Dios
juzgan los castigos grandes,
que no hay plazo que no llegue
ni deuda que no se pague.

---

[62] El hablar.

CATALINON:	¡Malo es esto, vive Cristo!
	Que he entendido este romance,
	y que con nosotros habla.
DON JUAN:	Un hielo el pecho me abrasa.

A pesar de los temores, se sientan todos a cenar a la mesa preparada por el comendador:

CATALINON:	¿De qué es este guisadillo?
DON GONZALO:	De uñas.
CATALINON:	De uñas de sastre[63]
DON JUAN:	Ya he cenado; haz que levanten la mesa.
DON GONZALO:	Dame esa mano; no temas, la mano dame.
DON JUAN:	¿Eso dices? ¿Yo, temor? ¡Que me abraso! ¡No me abrases con tu fuego!
DON GONZALO:	Este es poco para el fuego que buscaste. Las maravillas de Dios son, don Juan, investigables[64], y así quiere que tus culpas a manos de un muerto pagues, y si pagas de esta suerte, ésta es justicia de Dios: "quien tal hace, que tal pague".
DON JUAN:	¡Que me abraso, no me aprietes! Con la daga he de matarte. Mas ¡ay! que me canso en vano de tirar golpes al aire. A tu hija no ofendí, que vio mis engaños antes.
DON GONZALO:	No importa, que ya pusiste tu intento.
DON JUAN:	Deja que llame quien me confiese y absuelva.
DON GONZALO:	No hay lugar; ya acuerdas tarde.
DON JUAN:	¡Que me quemo! ¡Que me abraso! ¡Muerto soy! (Cae muerto.)
CATALINON:	No hay quien se escape, que aquí tengo de morir también por acompañarte.
DON GONZALO:	Esta es justicia de Dios: «quien tal hace que tal pague».

---

[63] Referencia a la rapacidad de los sastres, pues el verbo guisar puede significar también robar.

[64] En realidad quiere decir que *no* se pueden investigar.

*(Húndese el sepulcro con DON JUAN y DON GONZALO, con mucho
ruido, y sale CATALINON arrastrando)*

CATALINON: ¡Válgame Dios! ¿Qué es aquesto?
Toda la capilla se arde,
y con el muerto he quedado
para que le vele y guarde.
Arrastrando como pueda
iré a avisar a su padre.
¡San Jorge, San *Agnus Dei,*
sacadme en paz a la calle!

Don Juan es consumido por el fuego, breve vislumbre de las llamas eternas
a que ha sido condenada su alma.

En *El burlador de Sevilla,* Tirso confiere su forma definitiva al personaje
de don Juan, prefigurado en alguna de sus obras anteriores y en leyendas
regionales. El carácter fascinante, complejo y contradictorio del Tenorio es
comparable en su universalidad a las mayores creaciones del genio literario
de todos los tiempos. Tirso, supremo conocedor de las fibras del alma, da a
su don Juan todo el valor de un símbolo heroico de rebeldía contra el orden
establecido, a la vez que lo dota de cualidades específicamente humanas.
La obra está concebida en función del personaje principal; el argumento
carece de tramas secundarias; su desarrollo semeja el torrente de la vida
misma, en que los hechos se suceden con rapidez, y los momentos esenciales
brillan intensamente, mientras que los detalles se disuelven y desaparecen.
Su tema esencial es en definitiva la acción de la justicia divina, que a través
del elemento sobrenatural se encarga de castigar al pecador, proyectando
así, de una manera tan afín al barroco, la actuación humana sobre el plano
eterno.

Tirso da forma original no sólo al don Juan, sino también a *Los amantes
de Teruel,* a los personajes de *La ventura con el nombre,* y *Los celos con
celos se curan* y a tantos otros que habrían de ser tomados como modelos por
diversos autores nacionales y extranjeros.

Curiosamente, a pesar de que el personaje más importante de la obra de
Tirso es el don Juan —seductor, burlador de mujeres— por otro lado, uno de
los aspectos más destacados de su teatro es su llamado "feminismo". Muchas
de las heroínas de Tirso son mujeres que se resisten a adoptar una actitud
pasiva frente a la agresión masculina, que tratan de afirmar su espíritu de
independencia actuando por sí solas para vengar su honra mancillada o
tratando de ridiculizar los intentos de seducción de los fogosos caballeros,
y que, en general, se muestran descontentas con la posición subordinada que
la sociedad de entonces les asignaba.

A diferencia de Lope de Vega, cuyos caracteres están "siempre subor-

Zurbarán: "San Serapio". (Cortesía de Wadsworth Atheneum, Conn.)

dinados a la intriga y al raudal de la dicción poética"[65], Tirso dibuja con mano maestra sus protagonistas, dotados generalmente de gran complejidad sicológica y de palpitante vitalidad.

Y si bien pudiera decirse que sus obras carecen de las implicaciones filosóficas y de la fuerza simbólica de las piezas calderonianas, así como del aliento decididamente popular que anima la mayoría de las comedias de Lope, constituyen en cambio el teatro más equilibrado, ecléctico y por ello quizá más representativo del Siglo de Oro español.

Calderón de la Barca

Nace en Madrid, el 17 de enero del año 1600. Comienza sus estudios en esa ciudad, y los continúa en las universidades de Alcalá de Henares y Salamanca. A la edad de 20 años regresa a Madrid, obtiene premios en varios concursos poéticos, su nombre comienza a conocerse, y tres años después presencia el estreno de su primera pieza teatral: *Amor, honor y poder.*

[65] Menéndez y Pelayo, *Teatro de Lope de Vega.*

Tras una serie de viajes por Italia y Flandes regresa a España, donde se ve involucrado en un escándalo al perseguir hasta el interior de un convento de Trinitarias a Pedro de Villegas, agresor de su hermano. El incidente hizo recordar a muchos cierta acusación por homicidio formulada contra Calderón y sus hermanos algunos años antes, que se resolvió, según algunas crónicas, mediante un arreglo con el padre de la víctima.

En 1635, el palacio real del Buen Retiro, cerca de la puerta de Alcalá, queda inaugurado con una comedia de Calderón. En 1637, el escritor es nombrado Caballero de la Orden de Santiago. Con los años aumenta su prestigio en la Corte, donde Felipe IV le otorga numerosos honores y condecoraciones.

En 1651 abraza el sacerdocio. En 1653, el favor del monarca le gana un cargo de capellán adscrito a la catedral de Toledo. Diez años más tarde se establece definitivamente en Madrid y puede dedicarse por entero a organizar fastuosas fiestas dramáticas para la realeza.

Sobre el final de su vida se tienen escasos datos biográficos. Se sabe que tuvo un hijo natural algunos años antes de su ordenación sacerdotal, pero se desconoce todo detalle acerca de la madre. Murió en Madrid, el 25 de mayo de 1681.

La dramaturgia de don Pedro Calderón de la Barca representa una de las más altas cumbres del teatro español. En sus creaciones más barrocas, conceptistas y filosóficas, surge como el polo opuesto a Lope, aún cuando cultiva también la comedia que hoy llamaríamos "de costumbres".

A este tipo pertenecen entre otras *El alcalde de Zalamea*, sobre un personaje que ya había sido llevado a escena por Lope, y *La niña Gómez Arias*, sobre el tema de la doncella burlada y vendida como esclava, que había sido dramatizado previamente por Vélez de Guevara. Pero aún en estas recreaciones el genio calderoniano insufla a los personajes una vida dramática más intensa, y los coloca en ámbitos donde predominan el contraste, el "claroscuro", la conmoción.

Durante la época de mayor actividad creadora, escribe comedias de capa y espada, tan del gusto de la Corte, como *La dama duende;* dramas de celos, como *A secreto agravio, secreta venganza,* y su drama filosófico por excelencia, *La vida es sueño.* En esta última, su obra más conocida, Calderón plasma su concepción del "hombre interior", que vive volcado hacia dentro, tratando desesperadamente de conocerse a sí mismo.

La vida es sueño

El príncipe Segismundo de Polonia, personaje central de *La vida es sueño*, ha sido encerrado en una torre por su padre el rey, para impedir el

"Defensa de Cádiz frente a los ingleses", lienzo de Zurbarán para el palacio del Buen Retiro. (Museo del Prado)

"Reconquista de Bahía", de Juan Bautista Maino, comisionado especialmente para el palacio del Buen Retiro. (Museo del Prado)

Retrato de Calderón de la Barca, en la iglesia de San Pedro de los Naturales, Madrid. (MAS)

cumplimiento de horóscopos que pronosticaban grandes males si el joven llegaba a reinar.

En el primer acto, Clarín y su ama Rosaura —vestida de hombre para escapar a crueles perseguidores— se enfrentan en su fuga a una torre extraña, a todas luces encantada.

He aquí su reacción ante el desconcertante edificio:

> ROSAURA: ...Huyamos los rigores
> de esta encantada torre.
> CLARIN: Yo aún no tengo
> ánimo para huir, cuando a eso vengo.
> ROSAURA: ¿No es breve luz aquella
> caduca exhalación, pálida estrella
> que, en trémulos desmayos,
> pulsando ardores y latiendo rayos,
> hace más tenebrosa
> la obscura habitación con luz dudosa?

Sí, pues a sus reflejos
puedo, determinar, aunque de lejos,
una prisión obscura,
que es de un vivo cadáver sepultura;
y porque más que asombre,
en el traje de fiera yace un hombre
de cadenas cargado,
y sólo de una luz acompañado.
Pues que huir no podemos,
desde aquí sus desdichas escuchemos:
sepamos lo que dice.

(Abrense las hojas de la puerta, y descúbrese a SEGISMUNDO *con una cadena y vestido de pieles. Hay luz en la torre.)*

SEGISMUNDO: ¡Ay mísero de mí! ¡Ay, infelice!
Apurar[66], cielos, pretendo,
ya que me tratáis así,
qué delito cometí
contra vosotros naciendo;
aunque si nací, ya entiendo
qué delito he cometido:
bastante causa ha tenido
vuestra justicia y rigor,
pues el delito mayor
del hombre es haber nacido.
Sólo quisiera saber,
para apurar mis desvelos[67]
(dejando a una parte, cielos,
el delito de nacer),
¿qué más os pude ofender,
para castigarme más?
¿No nacieron los demás?
Pues si los demás nacieron,
¿qué privilegios tuvieron
que yo no gocé jamás?
Nace el ave, y con las galas
que le dan belleza suma,
apenas es flor de pluma
o ramillete con alas[68],
cuando las etéreas salas[69]
corta con velocidad,
negándose a la piedad
del nido que deja en calma:

[66] Aclarar.
[67] Terminar con mi inquietud.
[68] (Fig.) Pájaro.
[69] (Fig.) El espacio del aire.

"El chico de las manzanas", de Pedro Núñez de Villavicencio. El arte de la época refleja el interés por las emociones y los instintos naturales. (Museo de Budapest)

¿y teniendo yo más alma,
tengo menos libertad?
Nace el bruto, y con la piel
que dibujan manchas bellas,
apenas signo es de estrellas
gracias al docto pincel,
cuando atrevido y crüel
la humana necesidad
le enseña a tener crueldad,
monstruo de su laberinto[70]:
¿y yo, con mejor instinto,
tengo menos libertad?
Nace el pez, que no respira,
aborto de ovas y lamas[71],
y apenas bajel[72] de escamas
sobre las ondas se mira,

[70] Referencia al Minotauro de la mitología griega. Considera que la necesidad obliga al animal salvaje a ser cruel.
[71] **Ovas,** huevas. **Lamas** (fig.), membrana plateada que recubre las huevas.
[72] Nave.

cuando a todas partes gira,
midiendo la inmensidad
de tanta capacidad
como le da el centro frío:
¿y yo, con más albedrío,
tengo menos libertad?
Nace el arroyo, culebra
que entre flores se desata,
y apenas, sierpe de plata
entre las flores se quiebra,
cuando músico celebra
de las flores la piedad
que le da la majestad
del campo abierto a su huida:
¿y teniendo yo más vida,
tengo menos libertad?
En llegando a esta pasión,
un volcán, un Etna hecho,
quisiera arrancar del pecho
pedazos del corazón:
¿qué ley, justicia o razón
negar a los hombres sabe
privilegio tan süave,
excepción tan principal,
que Dios le ha dado a un cristal,
a un pez, a un bruto y a un ave?

ROSAURA: Temor y piedad en mí
sus razones han causado.

SEGISMUNDO: ¿Quién mis voces ha escuchado?
¿Es Clotaldo?

CLARIN: (aparte a su ama)   Di que sí

ROSAURA: No es sino un triste —¡ay de mí!—
que en estas bóvedas frías
oyó tus melancolías.

SEGISMUNDO: Pues muerte aquí te daré,
por que no sepas que sé   (Asela.)
que sabes flaquezas mías.
    Sólo porque me has oído,
entre mis membrudos[73] brazos
te tengo que hacer pedazos.

CLARIN: Yo soy sordo, y no he podido
escucharte.

ROSAURA: Si has nacido
humano, baste el postrarme
a tus pies, para librarme.

SEGISMUNDO: Tu voz pudo enternecerme,
tu presencia suspenderme
y tu respeto turbarme.
    ¿Quién eres? Que aunque yo aquí

---

[73] Fornidos, robustos.

Flota de Indias bajando por el río Guadalquivir para la América.
(Cortesía de Fonópolis 1978, Madrid)

tan poco del mundo sé,
que cuna y sepulcro fue
esta torre para mí;
y aunque desde que nací
—si esto es nacer—sólo advierto
este rústico desierto
donde miserable vivo,
siendo un esqueleto vivo,
siendo un animado muerto;
 y aunque nunca vi ni hablé,
sino a un hombre solamente
que aquí mis desdichas siente,
por quien las noticias sé
de cielo y tierra; y aunque
aquí, por que más te asombres
y monstruo humano me nombres,
entre asombros y quimeras,
soy un hombre de las fieras,
y una fiera de los hombres.
 Y aunque en desdichas tan graves
la política he estudiado,
de los brutos enseñado,
advertido de las aves,
y de los astros süaves
los círculos he medido:
tú sólo, tú has suspendido
la pasión a mis enojos,
la suspensión a mis ojos,
la admiración a mi oído.
 Con cada vez que te veo
nueva admiración me das,
y cuando te miro más,
aun más mirarte deseo.
Ojos hidrópicos[74] creo
que mis ojos deben ser;
pues cuando es muerte el beber
beben más, y de esta suerte,
viendo que el ver les da muerte
se están muriendo por ver.
 Pero, véate yo, y muera;
que no sé, rendido ya,
si el verte muerte me da,
el no verte qué me diera.
Fuera más que muerte fiera,
ira, rabia y dolor fuerte;
fuera vida; desta suerte
su rigor he ponderado,
pues dar vida a un desdichado
es dar a un dichoso muerte.

[74] (Fig.) sedientos con exceso.

ROSAURA:
>Con asombro de mirarte,
>con admiración de oirte,
>ni sé qué pueda decirte,
>ni qué pueda preguntarte:
>sólo diré que a esta parte
>hoy el cielo me ha guiado
>para haberme consolado,
>si consuelo puede ser
>del que es desdichado, ver
>otro que es más desdichado.
>Cuentan de un sabio, que un día
>tan pobre y mísero estaba,
>que sólo se sustentaba
>de unas yerbas que cogía.
>¿Habrá otro —entre sí decía—
>más pobre y triste que yo?
>Y cuando el rostro volvió,
>halló la respuesta, viendo
>que iba otro sabio cogiendo
>las hojas que el arrojó.
>Quejoso de la fortuna
>yo en este mundo vivía,
>y cuando entre mí decía:
>¿habrá otra persona alguna
>de suerte más importuna?
>piadoso me has respondido;
>pues volviendo en mi sentido
>hallo que las penas mías
>para hacerlas tú alegrías
>las hubieras recogido.
>Y por si acaso, mis penas
>pueden en algo aliviarte,
>óyelas atento, y toma
>las que dellas me sobraren.
>Yo soy...

Los soldados interrumpen este diálogo entre Rosaura y Segismundo, y ambos protagonistas son separados por el 'destino' en las escenas subsiguientes.

Temiendo haber sido injusto con su hijo, el rey Basilio pone a prueba la veracidad de los terribles vaticinios formulados al nacer Segismundo, y lo hace trasladar a palacio bajo los efectos de un soporífico.

Tal como se había pronosticado, el príncipe —cuya crianza, alejada de casi todo contacto humano, lo había convertido en mitad hombre y mitad fiera— da muestras de una naturaleza díscola y salvaje, incapaz de hacer frente a las necesidades del reino.

Ante tal estado de cosas, el rey ordena que Segismundo sea narcotizado nuevamente, y devuelto a prisión.

Cuando el príncipe despierta de nuevo en su torre, cree que todo lo ocurrido no es más que un sueño. Pero su conciencia también ha despertado.

"Sueño del caballero", de Antonio de Pereda, ilustra la actitud prevaleciente en la época de ver todas las grandezas de este mundo como sueños pasajeros. (Academia de San Fernando, Madrid)

(El rey Basilio escucha parte de la escena, oculto entre bastidores.)

SEGISMUNDO:	¿Soy yo por ventura? ¿Soy el que preso y aherrojado[75] llego a verme en tal estado? ¿No sois mi sepulcro vos, torre? Sí. ¡Válgame Dios, qué de cosas he soñado!
CLOTALDO[76] *(ap.):*	A mí me toca llegar a hacer la deshecha ahora.— ¿Es ya de dispertar hora?
SEGISMUNDO:	Sí, hora es ya de dispertar.
CLOTALDO:	¿Todo el día te has de estar durmiendo? ¿Desde que yo al águila que voló con tardo vuelo seguí, y te quedaste tú aquí, nunca has dispertado?
SEGISMUNDO:	No, ni aun agora he dispertado; que según, Clotaldo, entiendo, todavía estoy durmiendo: y no estoy muy engañado; porque si ha sido soñado,

---

[75] Encadenado.
[76] Guardián y mentor de Segismundo.

lo que vi palpable y cierto,
lo que veo será incierto;
y no es mucho que rendido,
pues veo estando dormido,
que sueño estando dispierto.

CLOTALDO: Lo que soñaste me di.
SEGISMUNDO: Supuesto que sueño fué,
no diré lo que soñé.
Lo que vi, Clotaldo, sí.
Yo disperté, yo me vi
(¡qué crueldad tan lisonjera!)
en un lecho que pudiera,
con matices y colores,
ser el catre de las flores
que tejió la Primavera.
Allí mil nobles rendidos
a mis pies nombre me dieron
de su príncipe y sirvieron
galas, joyas y vestidos.
La calma de mis sentidos
tú trocaste en alegría,
diciendo la dicha mía,
que aunque estoy de esta manera,
príncipe de Polonia era.

CLOTALDO: Buenas albricias tendría.
SEGISMUNDO: No muy buenas: por traidor,
con pecho atrevido y fuerte
dos veces te daba muerte.

CLOTALDO: ¿Para mí tanto rigor?
SEGISMUNDO: De todos era señor,
y de todos me vengaba;
sólo a una mujer amaba . . .
Que fue verdad, creo yo,
en que todo se acabó,
y esto sólo no se acaba. *(Vase el rey.)*

CLOTALDO *(ap.):* (Enternecido se ha ido
el rey de haberlo escuchado.)
Como habíamos hablado,
de aquella águila, dormido,
tu sueño imperios han sido,
mas en sueño fuera bien
honrar entonces a quien
te crió en tantos empeños,
Segismundo: que aun en sueños,
no se pierde el hacer bien. *(Vase.)*

ESCENA XIX

SEGISMUNDO: Es verdad; pues reprimamos
esta fiera condición,
esta furia, esta ambición,
por si alguna vez soñamos:

y sí haremos, pues estamos
en mundo tan singular,
que el vivir sólo es soñar;
y la experiencia me enseña
que el hombre que vive, sueña
lo que es, hasta despertar.
    Sueña el rey que es rey y vive
con este engaño mandando,
disponiendo y gobernando;
y este aplauso que recibe
prestado, en el viento escribe,
y en cenizas le convierte
la muerte, ¡desdicha fuerte!:
¿que hay quien intente reinar
viendo que ha de despertar
en el sueño de la muerte?
    Sueña el rico en su riqueza,
sueña el pobre que padece
su miseria y su pobreza;
sueña el que a medrar empieza,
sueña el que afana y pretende,
sueña el que agravia y ofende,
y en el mundo, en conclusión,
todos sueñan lo qué son,
aunque ninguno lo entiende.
    Yo sueño que estoy aquí,
destas[77] presiones cargado,
y soñé que en otro estado
más lisonjero me ví.
¿Qué es la vida? un frenesí;
¿Qué es la vida? una ilusión,
una sombra, una ficción,
y el mayor bien es pequeño;
que toda la vida es sueño,
y los sueños, sueños son.

El rey decide nombrar como su sucesor a un duque extranjero, pero el pueblo, que entretanto ha recibido noticia de la existencia de un príncipe heredero, se subleva contra tal decisión y pone en libertad a Segismundo. Este se enfrenta a su padre, lo vence y se hace cargo del reino. Contrariamente a todos los vaticinios, empero, Segismundo gobierna con generosidad, prudencia y justicia.

La vida es sueño es la obra clave de la dramaturgia calderoniana. Como se deduce de lo expuesto, su tema principal es una clara convicción filosófica de su tiempo: la fugacidad de los bienes terrenales. A ella, Calderón añade una categórica reafirmación del *libre albedrío* del ser humano ante el fatalismo astrológico tan común en su época: Segismundo se apodera del reino tal como estaba predestinado, pero obtiene su mayor victoria venciendo sus

[77] De estas.

Escenografía para La fiera, el rayo y la piedra, *de Calderón. (MAS)*

propias inclinaciones hacia el mal —y de paso, a las estrellas— al convencerse de que la vida humana es "solamente una ilusión".

Calderón representa en el teatro nacional la culminación del espíritu barroco. Su dominio de la técnica es absoluto; las intrigas se entrelazan con admirable efectividad; su lenguaje es una extraordinaria combinación de riqueza formal y profundidad de contenido; la dinámica del argumento sigue un plan estratégico que cumple fielmente las intenciones del autor. En términos generales, puede decirse que su tema esencial es la eterna y despiadada lucha entre el entendimiento y las pasiones, entre la conciencia y el corazón. Esta lucha, en sus obras, se resuelve siempre en favor de la razón.

El autor cultivó todos los géneros teatrales de la España de su tiempo, pero además introdujo la ópera y perfeccionó la zarzuela con comedias musicales como *El laurel de Apolo* y *La púrpura rosa.* Por otra parte, llevó el auto sacramental a su máxima expresión y confirió al género sus características definitivas. Es particularmente famoso *El gran teatro del mundo,* representación de la vida como obra dramática en que los hombres desempeñan los papeles que les asigna Dios.

La figura de Calderón de la Barca cayó en el olvido durante el siglo XVIII, y correspondió a la generación romántica el honor de redescubrirla. De su importancia literaria diría el gran poeta alemán Johann Wolfgang Goethe[78]: "Calderón es infinitamente grande por su técnica y por su efecto teatral. En él se encuentra la concepción perfecta del teatro. Sus piezas responden a todas las exigencias de la escena. No hay un solo elemento de sus obras que no haya sido calculado con vistas al efecto que ha de producir. Calderón ha sido el más inteligente de todos los genios".

[78] Nació en Francfort del Meno en 1749. Es el máximo exponente de la literatura alemana y una de las grandes figuras de las letras universales. Murió en 1832.

Palacio y jardines de La Granja (Segovia), de inspiración francesa.
(Ministerio de Información y Turismo)

228

III

EL NEOCLASICISMO

Siglo XVIII

1. GENERALIDADES

Con la llegada del siglo XVIII, la dinastía francesa de los Borbones reemplaza a la casa de Austria en el trono español.

El último monarca Habsburgo, Carlos II, no tuvo hijos. Poco antes de morir, él mismo designó como su sucesor a su sobrino Felipe de Anjou. Felipe era segundo nieto del "Rey Sol", Luis XIV de Francia, y de María Teresa de Austria, hija de Felipe IV y, por tanto, hermana de Carlos II[1].

Así termina en el año 1700 el reinado de los Austrias, una dinastía que, si bien llevó al país a su máximo poderío —especialmente con sus primeros monarcas— es también responsable de haber iniciado el proceso de la decadencia española.

El nuevo rey, que adoptó el nombre de Felipe V, llegó a España procedente de Versalles a fines de enero de 1701. El 18 de febrero se instaló en el palacio del Buen Retiro de Madrid, y comenzó su gestión de gobierno en aquel nuevo país que, sin conocerle, le ofrecía vivos testimonios de afecto[2].

No obstante, la Casa de Austria, indignada al verse desposeída de la corona española, concierta alianzas con Holanda e Inglaterra para impedir la consolidación de la dinastía borbónica en España. El resultado de tales alianzas es la llamada *guerra de sucesión*, que ensangrienta los campos de batalla de Europa, pone en peligro la integridad de España y significa la pérdida de Gibraltar (1704) a manos de los ingleses, y los territorios en Italia.

En los años que siguen, el afrancesamiento de la política y las costumbres españolas es cada vez más evidente. El embajador de la corte de Versalles es durante largo tiempo el "poder detrás del trono" de la corte de Madrid.

[1] Luis XIV estaba además relacionado con la corona española, pues su madre era Ana de Austria, hija de Felipe III.

[2] Véase al respecto *España bajo los Borbones*, de Pío Zabala y Lera, Editorial Labor, Barcelona, 1955.

Francisco de Goya: Pepito Costa y Bonells
(The Metropolitan Museum of Art, donación de la
condesa Bismarck, 1961)

La famosa frase del marqués de Castel, embajador de Carlos II en París, al efecto de que con la elevación de Felipe V al trono de España habían desaparecido los Pirineos, barrera entre Francia y España, parece confirmarse en los años iniciales de la dinastía borbónica.

Sin embargo, paulatinamente los reyes de España logran reafirmar su identidad frente a Francia, e incluso en múltiples ocasiones se enfrentan decididamente a sus familiares de Versalles.

Hacia mediados del siglo XVIII sube al trono Carlos III, que procura defender los intereses de su corona mediante nuevas alianzas y la aplicación de reformas administrativas en España y sus colonias.

Desde el punto de vista económico, la política de Carlos III significó un progreso extraordinario para el país. Se cultivaron sierras baldías en la Península, se repartieron terrenos yermos con libertad de cultivo, se protegió a los arrendatarios y se ampliaron las tierras de regadío.

El desarrollo económico resultó en un sorprendente crecimiento demográfico. De los 5,5 millones de habitantes a que había quedado reducida la población española en las décadas precedentes, el total se duplicó a 10,5 millones durante el reinado de este monarca.

Grabado de influencia francesa que representa la visita de Carlos IV y María Luisa a Barcelona en 1802. Este tipo de grabado se llama aleluya y fue probablemente el antecesor de la tira cómica. Conmemora acontecimientos reales y festivales. (Cortèsía de The Hispanic Society of America)

Las mejoras administrativas y sociales fueron también notables. Se reglamentó el servicio militar, se dictaron ordenanzas para el mantenimiento del orden público y se reprimieron la ociosidad y la mendicidad.

La labor de Carlos III en el campo cultural se podrá apreciar sin duda en las páginas siguientes.

El 14 de diciembre de 1788 muere Carlos III en Madrid, y le sucede en el trono el príncipe Carlos Antonio, de 40 años de edad, que adopta el nombre de Carlos IV.

Su reinado se caracterizó en parte por la guerra desatada contra Francia después de la revolución francesa y la ejecución de Luis XVI, el 21 de enero de 1793.

El conflicto no logró devolver el trono francés —abolido por los republicanos— a la dinastía borbónica, pero sí creó numerosas dificultades económicas y políticas a los Borbones de España.

Carlos IV abdicó en favor de su hijo Fernando VII en marzo de 1808, en medio de la conmoción suscitada por la entrada de los ejércitos napoleónicos en España.

Pero la historia de las guerras napoleónicas pertenecen ya de lleno al siglo XIX.

Desde el punto de vista de la historia artística y literaria del país, la nota más saliente del siglo XVIII es la incorporación de las teorías del clasicismo francés[3] a la estética española. Tales teorías, agrupadas por Nicolás Boileau[4] en su *Arte poética*, incluían los siguientes preceptos:
—Predominio de la *razón* sobre el sentimiento, y de lo *intelectivo* sobre lo imaginativo.
—Subordinación de la libertad individual del artista a la *norma general*.
—Propósito de dar a cada obra *alcance universal*, así como una *finalidad provechosa* desde el punto de vista didáctico o moral.
La fuerza creadora que había animado a los grandes genios del Siglo de Oro deja paso ahora a un espíritu dedicado con más empeño a la crítica y a la erudición que a la literatura propiamente dicha.

No obstante, el siglo XVIII tiene especial importancia en tanto que época de difusión y sistematización de los estudios literarios. Es en este período

---

[3] La época de Corneille (1606-1684), Racine (1639-1699), Molière (1622-1673), etc. Es decir, el siglo XVII.
[4] Poeta y retórico francés (1636-1711).

"Fusilamientos en la Moncloa", de Goya. (Museo del Prado)

Defensores de Zaragoza durante la invasión napoleónica.
(N.Y. Public Library)

*Hombre de Salamanca. Grabado francés del
siglo XVIII. (N.Y. Public Library)*

cuando se echan los cimientos de lo que ha de constituir, andando el tiempo, la estructura cultural de la España moderna[5].

Entre las personalidades literarias más destacadas del siglo neoclásico figuran Benito Jerónimo Feijoo (1676-1764), que en su *Teatro crítico universal* emprende una útil divulgación de las ideas científicas de la época, desconocidas en la España de entonces; Ignacio Luzán (1702-1754), cuya *Poética*, aparecida en 1737, contiene muchos de los postulados básicos del nuevo movimiento; José Cadalso (1741-1782), quien en sus *Cartas marruecas* inicia la crítica de la realidad española (en una línea que anticipa el espíritu de la generación de 1898); Gaspar Melchor de Jovellanos (1744-1811), que descuella como poeta, dramaturgo y ensayista; los fabulistas Iriarte y Samaniego y los dramaturgos García de la Huerta y Leandro Fernández de Moratín, que estudiaremos en detalle más adelante.

Juan Meléndez Valdés (1754-1817) es considerado como el poeta más puro de su época, y Manuel José Quintana (1772-1859) como el gran maestro de la poesía patriótica y humanitaria.

[5] Se crean sociedades culturales privadas, surgen las academias oficiales al estilo francés, como la Real Academia de la Lengua (1713), la Real Academia de la Historia (1738), y se funda la Biblioteca Nacional (1712).

Durante la primera parte del siglo XVIII continúan escribiéndose obras de estilo barroco, pero la decadencia del género es tal que sus resultados quedan reducidos a una especie de caricatura extravagante de los textos que les servían de inspiración.

Por otra parte, algunos autores del siglo, como don Ramón de la Cruz, cultivaron una tendencia popular que no se rindió a los cánones de la preceptiva neoclásica.

En general, la producción literaria del siglo XVIII dista mucho del nivel alcanzado en el período precedente. Finalmente, el afrancesamiento de la literatura española desemboca en un rotundo fracaso, analizado así por García López:

"Es cierto que el espíritu normativo del neoclasicismo impidió que España continuase por los derroteros de un barroquismo degenerado, pero hay que reconocer que, al eliminar fantasías absurdas, *suprimió también el desarrollo de la inspiración imaginativa*. Por otra parte, la base intelectual o racional del arte neoclásico... *dificultó considerablemente la expresión libre y sincera de los sentimientos individuales*, dando por resultado una literatura correcta e impecable, pero prosaica y sin vida".

Por tratarse, además, de un arte fundamentalmente aristocrático, que pocas veces logró resonancia en el ambiente popular de España, el neoclasicismo jamás perdió su carácter de movimiento extranjero, importado y opuesto a los gustos del país.

Así, en las décadas finales del XVIII, comienzan a definirse los caracteres de una nueva corriente dirigida contra la preceptiva neoclásica. Esa corriente rebelde, conocida con el nombre de *prerromanticismo*, desembocará en la *revolución romántica* del siglo XIX.

Monedas españolas de la época de Carlos III.
(The American Numismatic Society)

2. LA FABULA: IRIARTE Y SAMANIEGO

Como hemos visto en el capítulo precedente, la influencia francesa es decisiva en el desarrollo de las letras castellanas durante gran parte del siglo XVIII. Por tanto, no resulta extraño que uno de los géneros más cultivados de esta época haya sido precisamente la *fábula* al estilo de La Fontaine[1] y otros clásicos franceses.

En España, la tradición de la fábula o apólogo[2] de intención didáctico-moral se remonta al siglo XII, cuando aparecen en latín las primeras obras

---

[1] JEAN DE LA FONTAINE nació en 1621 en Château-Thierry. Publicó varios volúmenes de fábulas, así como cuentos en verso de gran aceptación. Murió en París en 1695.

[2] La fábula, como dijimos ya, es una composición literaria de ficción alegórica y propósitos moralizadores. Surge en las literaturas orientales; pasa a Grecia, donde la cultiva con gran éxito Esopo (siglo V a. C.), a Roma, donde logran gran celebridad las fábulas de Fedro (30 a. C.-44 d. C.) y más tarde al resto de Europa.

Fuente de Hércules en los Jardines de la Isla, Aranjuez.

del género, y se continúa en los siglos siguientes en lengua romance. Sin embargo, durante el Siglo de Oro, el género desaparece casi por completo como entidad independiente, y se practica sólo de manera esporádica y ocasional, generalmente en la forma de relatos diseminados en el texto de obras más extensas.

Bajo el influjo de la literatura francesa, empero, la fábula resurge en las letras españolas de fines del siglo XVIII, y cobra vida propia en la producción de dos autores del período: Tomás de Iriarte y Félix María de Samaniego.

Tomás de Iriarte

Nació en Tenerife, Islas Canarias, en 1750. Su familia, de larga tradición humanista, reconoció en el nuevo vástago una disposición extraordinaria hacia la literatura, y lo envió a Madrid al cumplir los catorce años. Allí concluyó sus estudios, y obtuvo el cargo de traductor en la Secretaría de Estado. En 1776 fue nombrado Archivero del Consejo Supremo de la Guerra.

Tomás de Iriarte. (MAS)

En términos generales, Tomás de Iriarte llevó la vida típica de los escritores de su tiempo: frecuentó la célebre tertulia[3] de la fonda de San Sebastián, cultivó la amistad de poetas, ensayistas y dramaturgos, y se vio involucrado en multitud de polémicas literarias. Murió en Madrid en 1791.

La obra de Iriarte puede considerarse como una de las más representativas de su época. Tradujo el *Arte poética* de Horacio, escribió comedias en verso y en prosa, compuso un poema didáctico, "La música", y publicó además poemas líricos de gran corrección formal, aunque de escasa inspiración.

Su popularidad, sin embargo, se deriva de sus *Fábulas literarias*, publicadas en 1782. En ellas, el autor hace gala de su excelente técnica poética empleando gran variedad de formas métricas e inusitadas combinaciones de ritmos y estrofas. Muchas de sus fábulas son hoy parte de la tradición popular española.

Como su título indica, la idea central de este fabulario no es presentar una serie de doctrinas de carácter ético o didáctico, sino ilustrar cuestiones esencialmente literarias. Con ello, las fábulas de Iriarte constituyen un ameno tratado de preceptiva en verso, donde el lector, al mismo tiempo que disfruta de la viveza y el encanto del lenguaje, puede calar profundamente en las teorías literarias del neoclasicismo español.

He aquí un ejemplo de la colección, en que el autor ilustra, con su habitual gracejo y aparente sencillez, la premisa neoclásica por excelencia: "Sin reglas del arte, el que en algo acierta, acierta por casualidad". Es una de sus fábulas más conocidas y se titula "El burro flautista":

> Esta fabulilla,
> salga bien o mal,
> me ha ocurrido ahora
> por casualidad.
>
> Cerca de unos prados
> que hay en mi lugar,
> pasaba un borrico
> por casualidad.
>
> Una flauta en ellos
> halló, que un zagal
> se dejó olvidada
> por casualidad.

---

[3] En su sentido más amplio, reunión para distraerse y conversar. En la vida literaria del XVIII, la tertulia constituye una verdadera institución, como centro de intercambio de opiniones y escenario de acaloradas y a veces violentas discusiones.

Acercóse a olerla
el dicho animal,
y dio un resoplido
por casualidad.

En la flauta el aire
se hubo de colar,
y sonó la flauta
por casualidad.

"¡Oh—dijo el borrico—,
qué bien sé tocar!
¡Y dirán que es mala
la música asnal!"

Sin reglas del arte,
borriquitos hay
que una vez aciertan
por casualidad.

A pesar de dejarse influir en muchas ocasiones por teorías foráneas, Iriarte proclama en otra de sus fábulas, "El té y la salvia", la reafirmación de los valores nacionales frente al afán extranjerizante de muchos de sus contemporáneos:

El Té, viniendo del imperio chino,
se encontró con la Salvia en el camino.
Ella le dijo: "¿Adónde vas, compadre?
—A Europa voy, comadre,
donde sé que me compran a buen precio.
—Yo (respondió la Salvia) voy a China,
que allá con sumo aprecio
me reciben por gusto y medicina.
En Europa me tratan de salvaje,
y jamás he podido hacer fortuna.
—Anda con Dios. No perderás el viaje,
pues no hay nación alguna
que a todo lo extranjero
no dé con gusto aplausos y dinero".
La Salvia me perdone,
que al comercio su máxima se opone.
Si hablase del comercio literario,
yo no defendería lo contrario;
porque en él para algunos es un vicio
lo que es en general un beneficio;
y español que tal vez recitaría
quinientos versos de Boileau y el Taso,
puede ser que no sepa todavía
en qué lengua los hizo Garcilaso.

Félix María de Samaniego. (MAS)

Félix María de Samaniego

Nació en La Guardia, Alava, en 1745. Descendiente de una ilustre familia vasca, fue enviado a estudiar derecho a Valladolid. Algún tiempo después se trasladó a Francia, donde estuvo en contacto con el mundo intelectual de los enciclopedistas, y con la cultura francesa en general. Fue también allí donde adquirió una especial predilección por las obras de La Fontaine, que habría de reflejar más tarde en sus mejores fábulas.

A su regreso participó activamente en la vida cultural de España. Fue miembro de la Sociedad Vascongada de Amigos del País, fundada por su tío, el conde de Peñaflorida. Se vio involucrado en numerosas polémicas, y en 1781, a instancias del propio conde, publicó sus famosas *Fábulas morales*. Murió en su ciudad natal, en agosto de 1801.

A diferencia de las *Fábulas literarias* de Iriarte, escritas con anhelo de originalidad y preocupación estilística, las de Samaniego son concebidas como "obra de circunstancias y de aplicación inmediata"[4], lo que no impide que alcancen momentos de una belleza rústica y peculiar. En cuanto a sus modelos, el propio autor indica que se inspiró en las obras de Esopo, Fedro y La Fontaine.

El propósito didáctico-moral de la obra de Samaniego se refleja particularmente en la fábula "El ratón de la corte y el del campo":

> Un ratón cortesano
> convidó con un modo muy urbano
> a un ratón campesino.
> Diole gordo tocino,
> queso fresco de Holanda,
> y una despensa llena de vianda
> era su alojamiento,
> pues no pudiera haber un aposento
> tan magníficamente preparado,
> aunque fuese en *Ratópolis* buscado
> con el mayor esmero,
> para alojar a *Roepan Primero.*
> Sus sentidos allí se recreaban;
> las paredes y techos adornaban.
> Entre mil ratoncescas golosinas,
> salchichones, perniles y cecinas.
> Saltaban de placer, ¡oh qué embeleso!
> de pernil en pernil, de queso en queso.
> En esta situación tan lisonjera
> llega la despensera.
> Oyen el ruido, corren, se agazapan,
> pierden el tino, mas al fin se escapan
> atropelladamente
> por cierto pasadizo abierto a diente.
> "¡Esto tenemos! dijo el campesino:
> reniego yo del queso, del tocino
> y de quien busca gustos
> entre los sobresaltos y los sustos".
> *Volvióse a su campaña en el instante*
> *y estimó mucho más de allí adelante,*
> *sin zozobra, temor ni pesadumbres,*
> *su casita de tierra y sus legumbres.*

Otra de las fábulas más conocidas de esta colección es "El cuervo y el zorro" —ejemplo también muy ilustrativo del sentido pedagógico que anima la obra de Samaniego. Como es frecuente en este género, la moraleja final resume la intención de todo el poema:

[4] Ernesto Jarreño, prólogo a las *Fábulas* de Samaniego, Editorial Castalia.

En la rama de un árbol,
bien ufano y contento,
con un queso en el pico,
estaba el señor Cuervo.
Del olor atraído
un zorro muy maestro,
le dijo estas palabras,
o poco más o menos:
"Tenga usted buenos días,
señor Cuervo, mi dueño;
vaya que estáis donoso,
mono, lindo en extremo;
yo no gasto lisonjas,
y digo lo que siento;
que si a tu bella traza
corresponde el gorjeo,
juro a la diosa Ceres,
siendo testigo el cielo,
que tú serás el Fenix
de sus vastos imperios".
Al oír un discurso
tan dulce y halagüeño,
de vanidad llevado,
quiso cantar el cuervo.
Abrió su negro pico,
dejó caer el queso;
el muy astuto zorro,
después de haberle preso,
le dijo: "Señor bobo,
pues sin otro alimento,
quedáis con alabanzas
tan hinchado y repleto,
digerid las lisonjas
mientras yo como el queso".
Quien oye aduladores,
nunca espere otro premio.

Al igual que las de Iriarte, las fábulas de Samaniego lograron un inmenso éxito que se prolongó hasta bien entrado el siglo XIX. La colección, que agrupa 137 apólogos, se ha reimpreso en incontables ediciones.

Las comparaciones entre las *Fábulas literarias* y las *Fábulas morales* es tópico obligado de todo estudio de ambas obras, por más ociosa que tal tarea resulte en definitiva para la comprensión e interpretación de cada una de ellas. Un contemporáneo de ambos autores, Manuel Quintana[5], formuló el siguiente juicio: "Iriarte cuenta bien, pero Samaniego pinta; el uno es ingenioso y discreto, y el otro gracioso y natural". Hoy día las obras de ambos parecen caer poco a poco en el olvido.

---

[5] Véase el capítulo anterior.

3. EL TEATRO NEOCLASICO: GARCIA DE LA HUERTA, FERNANDEZ DE MORATIN

La discusión acerca de las reglas teatrales domina todo el panorama del neoclasicismo español. En un país donde el arte escénico había alcanzado un desarrollo extraordinario por caminos nacionales, populares o barrocos según el caso, pero en todo momento propios, la imposición de una preceptiva literaria extranjera tenía por fuerza que provocar enconadas polémicas.

Estas controversias giraron particularmente en torno a las llamadas tres unidades que estructuran una obra teatral "clásica", como hemos visto antes: la unidad de *tiempo* —la acción debía abarcar sólo 24 horas— la unidad de *lugar* —la pieza debía desarrollarse en un escenario único— y la unidad de *acción* —el argumento de la obra no debía perderse en digresiones o peripecias secundarias—.

No podemos detallar aquí todas las discusiones que provocaron en España las rígidas reglas de la escuela teatral francesa. Baste decir quizá que el genio creador castellano fue prácticamente sofocado por tales limitaciones, y que no sería hasta la segunda mitad del siglo XVIII, con Vicente García de la Huerta, y sobre todo con Leandro Fernández de Moratín, que la dramaturgia española daría nuevamente frutos dignos de sus antecesores del Siglo de Oro.

Vicente García de la Huerta

Nació en Zafra, Badajoz, en 1734. Realizó estudios universitarios en Salamanca, y disfrutó después, en Madrid, de la protección del duque de Alba. Fue miembro de la Academia Española. En 1767 fue desterrado a Orán por haber hecho circular unas coplas contra el conde de Aranda. En 1777 pudo regresar a Madrid, donde murió diez años más tarde.

Debe su fama a haber escrito la más celebrada tragedia neoclásica del siglo XVIII, *Raquel*. La pieza está basada en un tema de hondas raíces españolas: la judía Raquel, amante de Alfonso VIII, dispone a su antojo de la Corte toledana y una sublevación popular pide el destierro de la hebrea. El rey accede a emitir una orden de exilio, pero Raquel recupera su influencia

Retrato de la actriz Pepita Huerta en el papel
de Raquel. (MAS)

sobre el monarca y la orden es revocada. Entonces, los nobles castellanos asaltan el Alcázar[1] aprovechando la ausencia del rey, y dan muerte a la bella y audaz favorita.

"Puede afirmarse que la *Raquel* es la única tragedia del siglo XVIII español que alcanzó un rotundo triunfo, debido sin duda a la sustancia nacional y romántica de que se halla toda impregnada. Sus defectos . . . dimanan del respeto de la poética al uso, sobre todo en su ley de las 'unidades'. La de lugar provoca a lo largo de la obra una extraña mezcolanza de cristianos y judíos que entran y salen atropelladamente, ya que en la misma sala se prepara la conjuración, celebran sus entrevistas Alfonso y Raquel y se consuma el asesinato de la judía; la de tiempo obliga a precipitar los cambios psicológicos de los personajes, que por lo rápido resultan inverosímiles"[2].

[1] Fortaleza; palacio real.
[2] Díez-Echarri y Roca Franquesa, ob. cit.

244

El lenguaje, en cambio sobresale por su gran fuerza expresiva; los versos son fluidos, y las ideas constituyen una reafirmación de los valores nacionales, con sentido patriótico, ante la intervención de una "extranjera" en las cuestiones del reino de Castilla. Es de notar que, mucho más que la observación de las tres unidades clásicas, fueron estos elementos propios los que determinaron en definitiva el éxito de *Raquel*, así como su posición descollante entre las tragedias más o menos afrancesadas de la época.

Leandro Fernández de Moratín

Nació en Madrid en 1760. Su padre, Nicolás Fernández de Moratín, fue poeta y autor de tragedias de estilo clásico. El contacto con los poetas y dramaturgos que visitaban a su padre despertó pronto en el joven un profundo interés por las letras. A los 19 años de edad obtuvo un accésit de la Academia Española por su poema "La toma de Granada". Desempeñó durante largo tiempo el oficio de joyero, hasta que Jovellanos le consiguió el puesto de secretario del conde de Cabarrús, y gracias a ello viajó por Europa y dispuso de más tiempo para la literatura. Fue expulsado de Madrid por Fernando VII y residió algún tiempo en Barcelona. Murió en París en 1828.

Leandro Fernández de Moratín. (MAS)

Moratín escribió numerosas odas, epístolas y poemas satíricos; fueron sin embargo sus cinco comedias las que le ganaron la inmortalidad, hasta el punto de ser considerado hoy día como el dramaturgo más importante del período neoclásico.

Su pieza más popular es sin duda *El sí de las niñas,* una exquisita comedia de salón con el siguiente argumento:

La joven y bella Francisca, educada en un convento, es destinada por su madre, doña Irene, a contraer matrimonio con el anciano don Diego. No obstante haber aceptado, a insistencias de su madre, el matrimonio con don Diego, Paquita sigue suspirando por el amor de un joven que ha conocido algún tiempo atrás, don Carlos. En su desesperación, y sin atinar a encontrar una solución por sí misma, Paquita escribe a don Carlos para contarle su situación y pedirle ayuda. El joven emprende inmediatamente, desde Zaragoza, el viaje a Madrid, pero se detiene a pasar la noche en una posada de Alcalá de Henares —donde, por pura coincidencia, se halla hospedado también el grupo de doña Francisca, doña Irene y don Diego en viaje del convento a la capital. Pronto, en la sala de paso de la posada, se encuentran Paquita y don Carlos:

Alcalá de Henares: fachada de la universidad.

DON CARLOS: ¡Paquita!... ¡Vida mía!... Ya estoy aquí... ¿Cómo va, hermosa, cómo va?

DOÑA FRANCISCA: Bien venido.

DON CARLOS: ¿Cómo tan triste?... ¿No merece mi llegada más alegría?

DOÑA FRANCISCA: Es verdad; pero acaban de sucederme cosas que me tienen fuera de mí... Sabe usted... Sí, bien lo sabe usted... Después de escrita aquella carta, fueron por mí... Mañana, a Madrid... Ahí está mi madre.

DON CARLOS: ¿En dónde?

DOÑA FRANCISCA: Ahí, en ese cuarto. (*Señalando al cuarto de doña Irene.*)

DON CARLOS: ¿Sola?

DOÑA FRANCISCA: No, señor.

DON CARLOS: Estará en compañía del prometido esposo. (*Se acerca al cuarto de doña Irene, se detiene y vuelve.*) Mejor... Pero ¿no hay nadie más con ella?

DOÑA FRANCISCA: Nadie más, solos están... ¿Qué piensa usted hacer?

DON CARLOS: Si me dejase llevar de mi pasión y de lo que esos me inspiran, una temeridad... Pero tiempo hay... El también será hombre de honor, y no es justo insultarle porque quiere bien a una mujer tan digna de ser querida... Yo no conozco a su madre de usted ni... Vamos, ahora nada se puede hacer... Su decoro de usted merece la primera atención.

DOÑA FRANCISCA: Es mucho el empeño que tiene en que me case con él.

DON CARLOS: No importa.

DOÑA FRANCISCA: Quiere que esta boda se celebre así que lleguemos a Madrid.

DON CARLOS: ¿Cuál?... No. Eso, no.

DOÑA FRANCISCA: Los dos están de acuerdo, y dicen...

DON CARLOS: Bien... Dirán... Pero no puede ser.

DOÑA FRANCISCA: Mi madre no me habla continuamente de otra materia. Me amenaza, me ha llenado de temor... El insta por su parte, me ofrece tantas cosas, me...

DON CARLOS: Y usted ¿qué esperanza le da?... ¿Ha prometido quererle mucho?

DOÑA FRANCISCA: ¡Ingrato!... Pues ¿no sabe usted que...? ¡Ingrato!

DON CARLOS: Sí, no lo ignoro, Paquita... Yo he sido el primer amor.

DOÑA FRANCISCA: Y el último.

DON CARLOS: Y antes perderé la vida que renunciar al lugar que tengo en ese corazón... Todo él es mío... ¿Digo bien? (*Asiéndola de las manos.*)

DOÑA FRANCISCA: Pues ¿de quién ha de ser?

DON CARLOS: ¡Hermosa! ¡Qué dulce esperanza me anima!... Una sola palabra de esa boca me asegura... Para todo me da valor... En fin, ya estoy aquí... ¿Usted me llama para que la defienda, la libere, la cumpla una obligación mil y mil veces prometida? Pues a eso mismo vengo yo... Si ustedes se van a Madrid mañana, yo voy también. Su madre de usted sabrá quién soy... Allí puedo contar con el favor de un anciano respetable y virtuoso, a quien más que tío debo llamar amigo y padre. No tiene otro deudo más inmediato ni más querido que yo: es hombre muy rico, y si los dones de la fortuna tuviesen para usted algún atractivo, esta circunstancia añadiría felicidades a nuestra unión.

Personajes de El sí de las niñas: *Don Carlos da un beso a la joven Paquita (arriba); la madre charla con el viejo don Diego (abajo), en esta representación de la Compañía de Teatro Repertorio Español, Nueva York. (Fotos de Bert Andrews)*

Doña Francisca: ¿Y qué vale para mí toda la riqueza del mundo?

Don Carlos: Ya lo sé. La ambición no puede agitar a un alma tan inocente.

Doña Francisca: Querer y ser querida . . . Ni apetezco más ni conozco mayor fortuna.

Don Carlos: Ni hay otra . . . Pero usted debe serenarse y esperar que la suerte mude nuestra aflicción presente en durables dichas.

Doña Francisca: ¿Y qué se ha de hacer para que a mi pobre madre no le cueste una pesadumbre? . . . ¡Me quiere tanto! . . . Si acabo de decirla que no la disgustaré ni me apartaré de su lado jamás, que siempre seré obediente y buena . . . ¡Y me abraza con tanta ternura! Quedó tan consolada con lo poco que acerté a decirla . . . Yo no sé, no sé qué camino ha de hallar usted para salir de estos ahogos.

Don Carlos: Yo le buscaré . . . ¿No tiene usted confianza en mí?

Doña Francisca: Pues ¿no he de tenerla? ¿Piensa usted que estuviera yo viva si esa esperanza no me animase? Sola y desconocida de todo el mundo, ¿qué había yo de hacer? Si usted no hubiese venido, mis melancolías me hubieran muerto sin tener a quién volver los ojos ni poder comunicar a nadie la causa de ellas . . . Pero usted ha sabido proceder como caballero y amante y acaba de darme con su venida la prueba mayor de lo mucho que me quiere. *(Se enternece y llora.)*

Don Carlos: ¡Qué llanto! ¡Cómo persuade! . . . Sí, Paquita, yo solo basto para defenderla a usted de cuantos quieran oprimirla. A un amante favorecido, ¿quién puede oponérsele? Nada hay que temer.

Doña Francisca: ¿Es posible?

Don Carlos: Nada . . . Amor ha unido nuestras almas con estrechos nudos, y sólo la muerte bastará a dividirlas.

Sin embargo, don Carlos ve frustrados sus buenos propósitos al descubrir que el pretendiente oficial de doña Francisca no es otro que su propio tío y protector. Con ello queda enlazado el nudo[3] de la pieza: en el conflicto entre su amor por Paquita y su respeto por don Diego, resulta victorioso este último sentimiento y don Carlos decide olvidar a la joven para siempre. No obstante, don Diego descubre accidentalmente lo que pasa y, si bien al principio reacciona con natural cólera, pronto decide que la mejor solución es permitir el matrimonio de ambos jóvenes. En la escena final, don Diego cuenta a la madre de Paquita las verdaderas cuitas amorosas de la novia. Doña Irene llama a su hija y a su criada Rita; en presencia de ambas, don Diego lee un papel de don Carlos en que éste revela la pasión que siente. Al ver así en serio peligro sus esperanzas de que su hija contraiga un "buen matrimonio", doña Irene se vuelve hacia Paquita con furia incontenible:

Doña Irene: ¿Conque hay eso?

Doña Francisca: ¡Triste de mí!

Doña Irene: ¿Conque es verdad lo que decía el señor, grandísima picarona? Te has de acordar de mí. *(Se encamina hacia doña Francisca, muy colérica y en ademán de maltratarla. Rita y don Diego la estorban.)*

---

[3] Parte de una obra en que alcanza su complicación máxima el curso de la acción. Va precedida normalmente de la *exposición* y seguida del *desenlace*. Recuérdese lo visto al estudiar a Lope de Vega.

Doña Francisca: ¡Madre!... ¡Perdón!

Doña Irene: No, señor; que la he de matar.

Don Diego: ¿Qué locura es ésta?

Doña Irene: He de matarla.

(Sale don Carlos del cuarto precipitadamente; coge de un brazo a doña Francisca, se la lleva hacia el fondo del teatro y se pone delante de ella para defenderla. Doña Irene se asusta y se retira)

Don Carlos: Eso no. Delante de mí nadie ha de ofenderla.

Doña Francisca: ¡Carlos!

Don Carlos: *(A don Diego.)* Disimule usted mi atrevimiento... He visto que la insultaban, y no me he sabido contener.

Doña Irene: ¿Qué es lo que me sucede? ¡Dios mío! ¿Quién es usted? ... ¿Qué acciones son éstas?... ¿Qué escándalo?

Don Diego: Aquí no hay escándalos. Ese es de quien su hija de usted está enamorada. Separarlos y matarlos viene a ser lo mismo... Carlos... No importa... Abraza a tu mujer. *(Se abrazan don Carlos y doña Francisca, y después se arrodillan a los pies de don Diego.)*

Doña Irene: ¿Conque su sobrino de usted?

Don Diego: Sí, señora; mi sobrino, que con sus palmadas, y su música, y su papel me ha dado la noche más triste que he tenido en mi vida... ¿Qué es esto, hijos míos, qué es esto?

Doña Francisca: ¿Conque usted nos perdona y nos hace felices?

Don Diego: Sí, prendas de mi alma... Sí. *(Los hace levantar con expresión de ternura.)*

Doña Irene: ¿Y es posible que usted se determine a hacer un sacrificio?

Don Diego: Yo pude separarlos para siempre y gozar tranquilamente la posesión de esta niña amable; pero mi conciencia no lo sufre... ¡Carlos!... ¡Paquita!... ¡Qué dolorosa impresión me deja en el alma el esfuerzo que acabo de hacer!... Porque, al fin, soy hombre miserable y débil.

Don Carlos: *(Besándole las manos.)* Si nuestro amor, si nuestro agradecimiento pueden bastar a consolar a usted en tanta pérdida...

Doña Irene: ¡Conque el bueno de don Carlos! Vaya que...

Don Diego: El y su hija de usted estaban locos de amor, mientras que usted y las tías fundaban castillos en el aire y me llenaban la cabeza de ilusiones, que han desaparecido como un sueño... Esto resulta del abuso de autoridad, de la opresión que la juventud padece, y éstas son las seguridades que dan los padres y los tutores, y esto es lo que se debe fiar en EL SÍ DE LAS NIÑAS... Por una casualidad he sabido a tiempo el error en que estaba. ¡Ay de aquellos que lo saben tarde!

Doña Irene: En fin, Dios los haga buenos, y que por muchos años se gocen... Venga usted acá, señor; venga usted, que quiero abrazarle. *(Abrazando a don Carlos. Doña Francisca se arrodilla y besa la mano a la madre.)* Hija, Francisquita. ¡Vaya! Buena elección has tenido... Cierto que es un mozo muy galán... Morenillo, pero tiene un mirar de ojos muy hechicero.

Rita: Sí, dígaselo usted, que no lo ha reparado la niña... Señorita, un millón de besos. *(Se besan doña Francisca y Rita.)*

Doña Francisca: Pero ¿ves qué alegría tan grande?... ¡Y tú, como me quieres tanto! Siempre, siempre serás mi amiga.

Don Diego: Paquita hermosa *(Abraza a doña Francisca)*, recibe los primeros abrazos de tu nuevo padre . . . No temo ya la soledad terrible que amenazaba a mi vejez . . . Vosotros (*Asiendo de las manos a doña Francisca y a don Carlos*) seréis la delicia de mi corazón; y el primer fruto de vuestro amor . . . sí, hijos, aquél . . . , no hay remedio, aquél es para mí. Y cuando le acaricie en mis brazos podré decir; a mí me debe su existencia este niño inocente; si sus padres viven, si son felices, yo he sido la causa.

DON CARLOS: ¡Bendita sea tanta bondad!

DON DIEGO: Hijos, bendita sea la de Dios.

El sí de las niñas es una comedia típicamente neoclásica, en que el autor observa rigurosamente las tres unidades y cumple con el principio de hacer llegar al espectador un mensaje provechoso —en este caso, que la generosidad y la razón pueden imponerse y triunfar sobre las fuerzas ciegas del sentimiento desmedido, la ambición de riquezas y la tradición.

En otras piezas, como en la célebre *Comedia nueva o el café*, Moratín censura con agudo sentido crítico muchos de los defectos y exageraciones de los dramaturgos de su época.

Por su dominio de la técnica escénica, el calor humano de sus personajes, y el hábil manejo del diálogo —aparte de la vigencia, que llega casi hasta nuestros días, de su sátira de costumbres— Moratín es sin duda la máxima figura del teatro español en el siglo neoclásico.

Bailarina sevillana y turistas. (Cortesía de Fonópolis 1978, Madrid)

IV

EL ROMANTICISMO Y EL REALISMO

Siglo XIX

1. GENERALIDADES

La transición del siglo XVIII al XIX está dominada en Europa por la figura de Napoleón Bonaparte[1], que en 1804 se corona emperador de Francia. Entre sus múltiples designios europeos figura la incorporación de España a sus dominios, y con ese fin atrae a territorio francés al rey Fernando VII, a quien confina poco después al castillo de Carlos Mauricio de Talleyrand[2].

Durante su cautiverio en Francia, Fernando VII abdica a la corona española, y otro tanto hace su padre, Carlos IV, que también se hallaba en poder de Napoleón. El 6 de junio de 1808, el emperador francés resuelve proclamar rey de las Españas y de las Indias[3] a su hermano José Bonaparte.

El pueblo español, empero, se subleva ante el *rey intruso* y presenta firme resistencia a las huestes invasoras de Francia. Las batallas se suceden unas a otras, hasta que finalmente Napoleón reconoce su derrota en España y permite a Fernando VII volver a su país.

El 22 de marzo de 1814, el monarca regresa a territorio español.

A partir de entonces, Fernando VII oscila entre una política pretendidamente liberal y sus profundos deseos de volver al absolutismo.

Los altibajos de su política en tal sentido crean graves dificultades al desarrollo intelectual y económico del país.

[1] Nació en Ajaccio, Córcega, en 1769. Gran militar y estratega, obtuvo triunfos resonantes en los principales campos de batalla del continente. Experimentó sus primeros reveses ante las sublevaciones populares españolas y sufrió una grave derrota en la campaña de Rusia (1812). Murió desterrado en la isla de Santa Elena en 1821.
[2] Noble y estadista francés (1754-1838), sirvió a numerosos regímenes durante su larga carrera diplomática.
[3] Posesiones de ultramar.

Los campaneros voladores de Sevilla.
(Cortesía de Fonópolis 1978, Madrid)

Al final de su reinado, Fernando VII promulgó una pragmática por la cual derogaba la ley sálica[4], instaurada en España por los Borbones, y designó como heredera de la corona a su hija Isabel.

Su muerte, en 1833, dio lugar a las famosas *guerras carlistas* entre los partidarios de Isabel y los defensores de don Carlos, hermano del difunto monarca.

Entre tanto, las guerras de emancipación de las colonias españolas en América reducían aún más el poderío de la corona.

Desde el punto de vista político y económico, el siglo XIX constituye para España la continuación de una decadencia gradual e inexorable.

[4] Una ley que sólo reconocía como herederos de la corona a los miembros del sexo masculino de la dinastía reinante. Fernando VII no tuvo hijos varones.

*Vida cotidiana del siglo XIX: vista de una calle de
Oviedo. (N.Y. Public Library)*

Es cierto que el descubrimiento de América había colocado a la península en una posición privilegiada de *puente entre dos mundos* con relación al resto de Europa. Pero también es cierto que ese mismo factor, con el éxodo de población y el afán de aventuras y riquezas fáciles que trajo consigo, contribuyó con el tiempo a la decadencia española.

Sus resultados fueron, entre otros, el desmantelamiento de muchas estructuras sociales básicas del país; el descuido de la agricultura y de otras actividades productivas consideradas como "indignas", y toda una serie de problemas de administración interna que no pudieron solucionarse a largo plazo. Con la revolución de 1868, conocida por el nombre de *la gloriosa*, es destronada la casa de Borbón.

Tras un breve período de monarquía constitucional bajo Amadeo de Saboya, se proclama en 1873 una república de duración aún más efímera.

Finalmente, en 1874, el general Arsenio Martínez Campos se subleva en Sagunto y proclama la segunda restauración de los Borbones.

En 1898, la guerra con los Estados Unidos de Norteamérica conduce a la pérdida de Cuba, Puerto Rico y Filipinas.

Del *imperio donde no se ponía el sol* no queda más que un país empobrecido y exhausto.

La conciencia de este hecho suscita en las esferas intelectuales del país una enérgica reacción de autocrítica y diagnóstico de los "males de España". Es así como surge la llamada *generación del 98*, cuyos efectos en la literatura española pertenecen ya de lleno al siglo XX.

Desde el punto de vista artístico y literario, el primer movimiento específico del siglo XIX es el *romanticismo*.

El movimiento romántico nace en Alemania e Inglaterra alrededor del año 1800 y se consolida durante la lucha contra los ejércitos de Napoleón. Es la época de las grandes sinfonías de Beethoven y Schubert[5], de los nuevos triunfos pictóricos de Goya y Delacroix[6], de la revalorización del gótico y del renovado interés por todos los aspectos de la vida medieval.

En sus inicios, el romanticismo es un movimiento esencialmente anglo-germánico, aunque desde el principio sus simpatías e inspiración se orientan hacia los temas y motivos populares y tradicionales españoles[7]. El nuevo movimiento sostiene en Francia un combate denodado contra los preceptistas clásicos y no es hasta 1830, con el estreno de *Hernani*, de Victor Hugo[8], que

[5] LUDWIG VAN BEETHOVEN nació en Bonn en 1770. Sus sonatas, conciertos y sinfonías lo sitúan entre los grandes compositores de todos los tiempos. Murió completamente sordo en 1827. FRANZ SCHUBERT nació en Lichtenthal, Austria, en 1797. Compuso más de 600 canciones (Lieder), de profunda emotividad y exquisita belleza, así como ocho sinfonías, 21 sonatas y otras piezas. Murió en 1828.

[6] FRANCISCO DE GOYA Y LUCIENTES nació en Fuendetodos, Zaragoza, en 1746. Fue pintor de la Corte, genial retratista y autor de cuadros sobre temas de la Guerra de Independencia ("Lucha en la Puerta del Sol", "Fusilamientos en la Moncloa"), así como de numerosos lienzos y grabados de motivos populares. Son particularmente famosas sus "Majas". Murió en 1828. EUGENE DELACROIX nació en Saint-Maurice, Francia, en 1798. Se le considera como el jefe de la escuela romántica francesa; su pintura descuella por la brillantez de su colorido y sus osadas innovaciones formales. Murió en 1863.

[7] El *neomedievalismo* de los primeros románticos ingleses y alemanes manifiesta un gran interés por las canciones de gesta y los romances. Ese interés se extiende pronto a los dramas del Siglo de Oro español, "redescubiertos" en Alemania por los hermanos Schlegel, y finalmente a todo el país como tal (Cf. Lord Byron, en su canto primero del *Childe Harold:* "Oh, lovely Spain! renown'd, romantic land . . .").

[8] VICTOR HUGO es la figura literaria más importante del romanticismo francés. Nació en Besançón, en 1802. Al comienzo de su carrera cultivó la poesía clásica, pero pronto se constituyó en ardiente defensor del romanticismo (Prefacio de *Cromwell*). Publicó numerosas novelas *(Nuestra Señora de París, Los miserables)*, poemas, dramas y muchas otras obras de diversos géneros. Murió en 1885.

Dos aspectos de la obra de Goya: "El quitasol" (arriba) y "Dos viejos comiendo sopa" (abajo), ambos cuadros en el Museo del Prado, Madrid.

puede hablarse de una victoria definitiva de los románticos en ese país. En Italia, el paladín del romanticismo es Alessandro Manzoni (1775-1873), cuya obra principal, *I promessi sposi*, traducida al castellano con el título de *Los novios*, se publica en 1827.

En España, las teorías románticas comienzan a difundirse ya desde 1810, pero son objeto de enérgicas críticas por parte de la última generación neoclásica. Finalmente, después de una serie de dificultades que estudiaremos más adelante, la nueva orientación se consolida en el país con el estreno de *Don Alvaro o la fuerza del sino*, del Duque de Rivas[9], en 1835.

El florecimiento del romanticismo se extiende en España desde principios de los años treinta a mediados de la década siguiente. Durante ese tiempo se estrenan *La conjuración de Venecia*, de Francisco Martínez de la Rosa, *El trovador*, de Antonio García Gutiérrez, *Los amantes de Teruel*, de Juan Eugenio Hartzenbusch y muchas otras piezas de la nueva tendencia. Al principio de esa década, además, se publica gran parte de la producción periodística y literaria de Mariano José de Larra, una de las figuras románticas por excelencia de las letras españolas —aunque tal vez más por su vida apasionada y tormentosa, por su actitud frente a la realidad, que por su obra misma[10].

En general, el romanticismo español da sus mejores frutos en la poesía y el teatro. Y aunque el movimiento no produce en España figuras de la talla de los grandes románticos franceses, ingleses o alemanes, ni puede compararse con los resultados artísticos del Siglo de Oro, "representa un verdadero resurgimiento en nuestra historia literaria, después de la decadencia iniciada a raíz de la descomposición del barroco y continuada en el neoclásico"[11].

A partir de 1850, el movimiento romántico entra en decadencia, y, sin embargo, es precisamente en la segunda mitad del siglo cuando florece el genio creador de Gustavo Adolfo Bécquer, ese "romántico tardío" cuya lírica descuella con creces por encima de todos los poetas de su generación.

Al estudio de su obra dedicamos uno de los próximos capítulos.

---

[9] Véase el Capítulo 4 de esta sección para más detalles acerca de esta obra y de las mencionadas en el párrafo siguiente.

[10] MARIANO JOSE DE LARRA nació en Madrid, en 1809. Estudia en Valladolid y Valencia; en 1835 realiza diversos viajes por Europa. Desde muy joven obtiene grandes triunfos como periodista, principalmente con artículos político-sociales en que critica a fondo la España de su época. A los 27 años, después de un matrimonio desdichado y al parecer por un fracaso amoroso, se suicida de un disparo en la sien. Su obra incluye, además de los artículos mencionados, reseñas literarias, poesías, el drama *Macías* y la novela *El doncel de don Enrique el Doliente*.

[11] J. García López, ob. cit.

Monumento a los amantes de Teruel. (MAS)

También en esta época publica sus mejores creaciones la insigne poeta gallega Rosalía de Castro[12].

A medida que nos aproximamos al siglo XX, la literatura europea se aparta cada vez más del ideal romántico para adoptar la tendencia *realista* —un intento de reproducir la vida "tal y como es", en reacción contra el intenso subjetivismo de los románticos. Llevado a sus extremos, el *realismo* desemboca en el *naturalismo*[13].

En España, la nueva escuela encuentra un terreno bien abonado: ya desde la época medieval, como hemos visto, el componente realista había desempeñado un papel primordial en la literatura castellana. Las novelas de

---

[12] Nació en 1837. Escribió varios libros de poemas en gallego (*Ruinas, Follas novas*), y también en castellano (*En las orillas del Sar*). Murió en 1885.

[13] Su representante más famoso en Francia fue Emile Zola (1840-1902). En España, como veremos más adelante, se cuenta entre los naturalistas a Emilia Pardo Bazán (1852-1921).

Toreo popular en las calles de las fiestas de San Fernando.
(Cortesía de Fonópolis 1978, Madrid)

Benito Pérez Galdós y de José María de Pereda[14] son excelentes ejemplos de la narrativa realista del siglo XIX.

La fase inicial del nuevo movimiento es el *costumbrismo*, que tiene su auge a mediados del XIX. Aunque toda la literatura española abunda en descripciones de costumbres y en notas de color local, este movimiento hace de los usos regionales y del lenguaje popular su centro creativo.

Fernán Caballero, seudónimo de Cecilia Böhl de Faber, es uno de los máximos exponentes del costumbrismo español, que estudiaremos con otras figuras de su generación en el capítulo final de esta sección.

Como hemos apuntado antes, la transición al siglo XX implica una toma de conciencia—dolorosa en sus mejores representantes literarios—acerca de los problemas más apremiantes de España.

[14] Véase el capítulo 5 de esta sección.

2. EL ROMANTICISMO: RIVAS, ESPRONCEDA, ZORRILLA

Como hemos visto en las *Generalidades* de esta sección, el primer movimiento artístico de importancia en el siglo XIX fue el romanticismo, que en realidad rebasó las fronteras literarias, plásticas y musicales, para reflejarse también en la filosofía y la política. La rebelión romántica abarca toda una concepción del mundo, toda una actitud de enfrentamiento a la realidad, que habría de dejar huellas indelebles en la mayoría de las actividades humanas de este período histórico y de otros posteriores[1].

En España, el romanticismo se manifiesta desde 1807 en la actitud de rebeldía, primeramente contra los franceses y luego contra el absolutismo feroz de Fernando VII[2]. A partir de 1833, tras la muerte del monarca y el regreso de numerosos emigrados políticos, la nueva tendencia aparece pujante en la literatura. Se estrenan comedias románticas, se publican obras de esta clase, se fundan centros literarios afines y se da cabida a los artículos del movimiento en periódicos y revistas.

Las raíces del florecimiento romántico en España se encuentran principalmente:

1) En la influencia procedente de Francia, Inglaterra y Alemania[3].
2) En el deseo de reforma derivado de las revoluciones norteamericana y francesa.

[1] Empleamos aquí el término *romanticismo* en su sentido más estricto, como manifestación del espíritu europeo a comienzos del siglo XIX. A nuestro juicio sólo a partir de entonces se puede hablar de romanticismo como tal, y juzgar sus efectos sobre sus contemporáneos o sobre las generaciones sucesivas.

[2] Al invadir a España las tropas francesas, Fernando hizo dejación de sus derechos a la Corona. Concluida la Guerra de Independencia, volvió como rey e impuso de nuevo en el país la monarquía absoluta. Una revolución inspirada por Rafael del Riego le obliga a restablecer la monarquía constitucional en 1820, pero tres años después, con la ayuda de tropas francesas, es instaurado una vez más el absolutismo. La última década de su reinado se caracteriza por la severa represión desatada contra sus opositores liberales. Murió en 1833.

[3] Principalmente a través de las obras de Chateaubriand, Hugo, Lord Byron, Sir Walter Scott, los hermanos Schlegel y otros.

3) En las tendencias enciclopedistas[4] del siglo XVIII, que confieren al movimiento su individualismo, su posición crítica y sus ideas liberales.

4) En la generación pre-romántica, anteriormente mencionada, que había despertado ya el entusiasmo por la *Edad Media* cristiana y caballeresca, por el *sentimiento* contrapuesto a la frialdad de la literatura neoclásica, y por el *paisaje natural* en contraste con los escenarios ficticios de muchas obras anteriores.

5) Y, finalmente, en la idiosincrasia misma del pueblo español, donde se dan espontáneamente muchos de los rasgos esenciales de la nueva tendencia.

Durante este período, los géneros más cultivados son la poesía, el teatro y la narración corta, generalmente en la forma de leyenda, ya que la novela —al contrario de lo que ocurría en el resto de Europa— no tuvo gran auge en la España romántica. Siguiendo la corriente del momento, los temas preferidos de inspiración son los históricos y legendarios, sobre todo los relacionados con el pasado medieval.

La batalla decisiva para el romanticismo se libró sobre las tablas del escenario. Y no es extraño que así fuera, puesto que los cánones más estrictos del neoclasicismo, como hemos visto, se aplicaban precisamente a las creaciones dramáticas. La ruptura final con las célebres unidades clásicas se impone en la escena española con los estrenos sucesivos de *La conjuración de Venecia*, de Francisco Martínez de la Rosa[5], en 1834; *Don Alvaro o la fuerza del sino*, del duque de Rivas, en 1835; y *El trovador*, de Antonio García Gutiérrez[6], en 1836.

Tras el abandono definitivo de la preceptiva clásica francesa, las letras castellanas experimentan su primer resurgimiento desde el Siglo de Oro — una vuelta a sus valores esenciales, que, combinados con una recuperación del poder creativo, dan como resultado uno de los períodos más vitales del siglo XIX español.

Angel de Saavedra, duque de Rivas

Nace en Córdoba en 1791. Se educa en Madrid, y apenas cumplidos los

---

[4] Es decir las teorías del grupo de estudiosos que se reunieron en torno a Denis Diderot y Jean le Rond d'Alembert para editar en Francia la *Enciclopedia o diccionario razonado de las ciencias, artes y oficios* (1750-1780).

[5] Escritor y político nacido en Granada en 1787. Su primera obra de corte romántico, *Aben Humeya*, se estrenó en 1830 en Francia, donde su autor se hallaba exiliado. *La conjuración*, si bien no tan "revolucionaria" como *Don Alvaro*, prepara el camino para el decisivo impacto de éste. Martínez de la Rosa murió en 1862.

[6] Dramaturgo nacido en Cádiz en 1813. Su drama por excelencia, *El trovador*, fue una de las piezas románticas de mayor éxito en las carteleras españolas y sirvió de inspiración a Giuseppe Verdi para su ópera *Il trovatore*. García Gutiérrez murió en Madrid en 1884.

Autorretrato del duque de Rivas y su familia. (MAS)

16 años se incorpora a la guardia real. Toma parte activa en la guerra contra los franceses; terminada esta guerra y restaurada la monarquía borbónica pasa el tiempo entre Sevilla y Córdoba. Elegido diputado a Cortes en 1821, se destaca de tal forma por sus ideas liberales que al recuperar Fernando VII su poder absoluto es condenado a muerte. No obstante, logra escapar en 1823, primero a Londres, después a Italia y finalmente a la isla de Malta. Allí recibió la influencia del diplomático inglés John Hookham, quien le sugirió la lectura de Shakespeare, Lord Byron y Sir Walter Scott, y le hizo cálidos elogios de las gestas medievales españolas.

Llega a París en 1830, a tiempo para presenciar el triunfo del romanticismo en las letras francesas. Tres años más tarde, una amnistía decretada por el gobierno español en favor de los perseguidos políticos le permite volver a su patria. Pocos meses después muere sin dejar hijos su hermano mayor, Juan Remigio, y Angel hereda de él tanto el título de duque de Rivas como una cuantiosa fortuna.

A partir de entonces, los honores y distinciones de que es objeto se suceden casi sin interrupción. En el año de 1834 es designado secretario del recién inaugurado Parlamento; en 1836 ocupa el cargo de ministro de Gobernación. Tras una breve expatriación en Portugal por motivos políticos, ocupa una senaduría en Córdoba. Algún tiempo después es nombrado ministro plenipotenciario en Nápoles, y a ese cargo siguen en los años siguientes los de embajador en París, presidente del Consejo de Estado y otros. Murió en Madrid el 22 de junio de 1865, a los 74 años de edad.

El duque de Rivas es considerado como el primer gran romántico de la literatura española. Su obra extensa y variada se inicia bajo el influjo de los neoclásicos, pero hacia 1825 comienzan a predominar en ella las características del nuevo movimiento.

Su principal aportación a la rebelión romántica fue sin duda *Don Alvaro o la fuerza del sino*[7], drama donde se dan ya prácticamente todos los elementos que habrían de considerarse más tarde como típicos del romanticismo en el teatro. Su complicada trama puede resumirse así:

Don Alvaro, de origen dudoso, se enamora de doña Leonor, hija del marqués de Calatrava. El padre de la joven se opone a esos amores, y los enamorados deciden fugarse. Al tratar de hacerlo, empero, son sorprendidos. Don Alvaro provoca sin proponérselo, la muerte del propio marqués, y en la refriega que sigue resulta herido por los criados de éste. Cuando se restablece pregunta por doña Leonor y le dicen que ha muerto. Decide entonces marcharse a las guerras de Italia con el deseo de morir en el frente de batalla.

Sin embargo, el destino —el verdadero protagonista de esta pieza— ha dispuesto las cosas de otro modo. Los hijos del marqués de Calatrava buscan a don Alvaro para vengar la muerte de su padre, y el primero de ellos, don Carlos, lo encuentra en los campos de batalla de Italia. A pesar de las protestas de inocencia de don Alvaro, don Carlos insiste en batirse con él —y muere en el duelo. Aquél decide entonces consagrarse a la penitencia en un convento franciscano cerca de Córdoba. Pero hasta allí llega, impulsado por su sed de venganza, el segundo hijo del marqués, don Alfonso. Veamos la escena en que éste entra a la celda del penitente, para retarlo a duelo:

> Don Alfonso:
> ¿Me conocéis?
> Don Alvaro:
> No, señor.
> Don Alfonso:
> ¿No veis en mis ademanes

---

[7] Esta obra también sirvió de inspiración a Verdi para su ópera *La forza del destino* (1862).

264

rasgo alguno que os recuerde
de otro tiempo y de otros males?
¿No palpita vuestro pecho,
no se hiela vuestra sangre,
no se anonada y confunde
vuestro corazón cobarde
con mi presencia? . . . O, por dicha,
¿es tan sincero, es tan grande,
tal vuestro arrepentimiento,
que ya no se acuerda el padre
Rafael de aquel indiano
don Alvaro, del constante
azote de una familia
que tanto en el mundo vale?
¿Tembláis y bajáis los ojos?
Alzadlos, pues, y miradme.
        (*Descubriéndose el rostro y mostrándoselo.*)
Don Alvaro:
    ¡Oh Dios, qué veo! ¡Dios mío!,
    ¿pueden mis ojos burlarme?
    ¡Del marqués de Calatrava
    viendo estoy la viva imagen!
Don Alfonso:
    Basta, que está dicho todo.
    De mi hermano y de mi padre
    me está pidiendo venganza
    en altas voces la sangre.
    Cinco años ha que recorro
    con dilatados viajes
    el mundo para buscaros,
    y, aunque ha sido todo en balde,
    el Cielo (que nunca impunes
    deja las atrocidades
    de un monstruo, de un asesino,
    de un seductor, de un infame),
    por un imprevisto acaso,
    quiso por fin indicarme
    el asilo donde a salvo
    de mi furor os juzgaste.
    Fuera el mataros inerme
    indigno de mi linaje.
    Fuiste valiente, robusto
    aun estáis para un combate;
    armas no tenéis, lo veo;
    yo dos espadas iguales
    traigo conmigo, son éstas:
        (*Se desemboza y saca dos espadas.*)
    elegid la que os agrade.
Don Alvaro: (*Con gran calma, pero sin orgullo.*)
    Entiendo, joven, entiendo;
    sin que escucharos me pasme,

porque he vivido en el mundo
y apurado sus afanes.
De los vanos pensamientos
que en este punto en vos arden
también el juguete he sido;
¡quiera el Señor perdonarme!
Víctima de mis pasiones,
conozco todo el alcance
de su influjo, y compadezco
al mortal a quien combaten.
Mas ya sus borrascas miro
como el náufrago que sale
por un milagro a la orilla
y jamás torna a embarcarse.
Este sayal que me viste,
esta celda miserable,
este yermo, adonde acaso
Dios por vuestro bien os trae,
desengaños os presentan
para calmaros bastantes;
y más os responden mudos
que pueden labios mortales.
Aquí de mis muchas culpas,
que son, ¡ay de mí!, harto grandes,
pido a Dios misericordia;
que la consiga dejadme.

DON ALFONSO:
    ¿Dejaros? . . . ¿Quién? . . . ¿Yo dejaros
sin ver vuestra sangre impura
vertida por esta espada
que arde en mis manos desnuda?
Pues esta celda, el desierto,
ese sayo, esa capucha,
ni a un vil hipócrita guardan
ni a un cobarde infame escudan.

DON ALVARO: *(Furioso)*
    ¿Qué decís . . . ? ¡Ah! . . .
                        (Reportándose.)
                        ¡No. Dios mío!
En la garganta se anuda
mi lengua . . . ¡Señor! . . . Esfuerzo
me dé vuestra santa ayuda.
                        (Repuesto.)
Los insultos y amenazas
que vuestros labios pronuncian
no tienen para conmigo
poder ni fuerza ninguna.
Antes, como caballero,
supe vengar las injurias·

hoy, humilde religioso,
darles perdón y disculpa.
Pues veis cuál es ya mi estado,
y, si sois sagaz, la lucha
que conmigo estoy sufriendo,
templad vuestra saña injusta.
Respetad este vestido,
compadeced mis angustias
y perdonad, generoso,
ofensas que están en duda.

(Con gran emoción.)

¡Sí, hermano, hermano!

DON ALFONSO:

          ¿Qué nombre
osáis pronunciar . . . ?

DON ALVARO:

          ¡Ah! . . .

DON ALFONSO:

          Una
sola hermana me dejasteis
perdida y sin honra . . . ¡Oh furia!

DON ALVARO:
¡Mi Leonor! ¡Ah! No sin honra,
un religioso os lo jura.
Leonor, ¡ay!, la que absorbía
toda mi existencia junta . . .

(En delirio.)

La que en mi pecho, por siempre . . .
por siempre, sí, sí, que aún dura . . .
una pasión . . . Y qué, ¿vive?
¿Sabéis vos noticias suyas? . . .
Decid que me ama y matadme,
decidme . . . ¡Oh Dios! . . .

(Aterrado.)

          ¿Me rehúsa
vuestra gracia sus auxilios?
¿De nuevo el triunfo asegura
el infierno y se desploma
mi alma en su sima profunda?
¡Misericordia! . . . Y vos, hombre
o ilusión. ¿Sois por ventura
un tentador que renueva
mis criminales angustias
para perderme? . . . ¡Dios mío!

DON ALFONSO: *(Resuelto.)*
De estas dos espadas una
tomad, don Alvaro, luego;
tomad, que en vano procura
vuestra infame cobardía
darle treguas a mi furia.
Tomad . . .

DON ALVARO: (*Retirándose.*)

      No; que aún fortaleza
para resistir la lucha
de las mundanas pasiones
me da Dios con bondad suma.
¡Ah!, si mis remordimientos,
mis lágrimas, mis confusas
palabras no son bastante
para aplacaros; si escucha
mi arrepentimiento humilde
sin caridad vuestra furia,

                  (*Arrodíllase.*)

prosternado a vuestras plantas
vedme cual persona alguna
jamás me vio . . .

DON ALFONSO: (*Con desprecio.*)

      Un caballero
no hace tal infamia nunca.
Que sois bien claro publica
vuestra actitud y la inmunda
mancha que hay en vuestro escudo.

DON ALVARO: (*Levantándose con furor.*)

¿Mancha? . . . Y ¿cuál, cuál?

DON ALFONSO:

      ¿Os asusta?

DON ALVARO:

Mi escudo es como el sol, limpio;
como el sol.

DON ALFONSO:

      ¿Y no lo anubla
ningún cuartel de mulato?
¿De sangre mezclada, impura . . . ?[8]

DON ALVARO: (*Fuera de sí.*)

¡Vos mentís, mentís, infame!
Venga el acero; mi furia

      (*Toca el pomo de una de las espadas.*)

os arrancará la lengua
que mi clara estirpe insulta.
Vamos.

DON ALFONSO:

      Vamos.

DON ALVARO: (*Reportándose.*)

      No . . . ; no triunfe
tampoco con esta industria
de mi constancia el infierno.
Retiraos, señor.

DON ALFONSO: (*Furioso.*)

      ¿Te burlas

---

[8] Más adelante en la obra se revela que don Alvaro no es mulato, sino un mestizo, hijo de un virrey de Lima y la última heredera del linaje de los incas.

de mí, inicuo? Pues cobarde
combatir conmigo excusas,
no excusarás mi venganza.
Me basta la afrenta tuya:
toma.
        (*Le da una bofetada.*)
DON ALVARO: (*Furioso y recobrando toda su energía.*)
        ¿Qué hiciste?...¡Insensato!
Ya tu sentencia es segura;
hora es de muerte, de muerte.
¡El infierno me confunda!

Don Alfonso y don Alvaro se baten frente a una gruta donde desde hace varios años cumple penitencia un desconocido. Como era de esperarse, don Alvaro vence a don Alfonso en el duelo, y éste, al verse herido de muerte, pide confesión. Don Alvaro se considera indigno de suministrar a su víctima los Santos Sacramentos y llama al ermitaño. Para su gran sorpresa, ambos hombres descubren entonces que el penitente no es otro que la propia doña Leonor. Pero Alfonso, con un último esfuerzo, saca un puñal y da muerte a su hermana por creerla "causa de tantos desastres", "deshonra" de su familia.

En ese momento entra en escena la comunidad religiosa, que descubre con espanto lo ocurrido. Ante los ojos atónitos de los frailes, don Alvaro anuncia desde un risco, entre convulsiones: "Yo soy un enviado del infierno, soy el demonio exterminador . . ." Y exclama luego, desde lo más alto del monte: "Infierno, abre tu boca y trágame. Húndase el cielo, perezca la raza humana, exterminio, destrucción . . ." Con esas palabras, se precipita al abismo delante de la comunidad aterrada, que implora misericordia.

El *Don Alvaro* es, como puede verse, una obra excesivamente dramática para nuestro gusto actual. Su valor en la literatura española deriva más bien del impacto que tuvo sobre extensos sectores del público y de la crítica: el romanticismo teatral sobre el que tanto se había teorizado hasta ese momento, era de pronto un hecho concreto, materializado en un escenario de Madrid, al alcance de todos. Es por tanto más significativa por su carácter de innovación que por sus cualidades estéticas. En ella se rompen todas las reglas clásicas: se mezclan escenas cómicas y trágicas, de ambiente popular y aristocrático, en prosa y en verso, etc., y se hace caso omiso, por supuesto, de las unidades de tiempo, lugar y acción. Su éxito, no obstante, fue pasajero, y, como hemos dicho, sirvió más para indicar posibilidades y abrir caminos al teatro español que para cimentar la gloria literaria de su autor.

En el dominio de la poesía, el duque de Rivas rompe lanzas también en favor del romanticismo con su publicación de "El moro expósito" (1834), un extenso poema narrativo basado en la leyenda medieval de los infantes de

Lara[9]. Se han señalado a esta obra muchos defectos, particularmente anacronismo, pero Menéndez Pidal ve en ella una vuelta a la tradición del Romancero[10].

He aquí un pasaje típico del poema:

Ya el movimiento universal del circo
y el alto aplauso popular anuncian,
con el son de atabales[11] y de trompas,
del conde insigne la presencia augusta.
Entra gallardo, pues, Fernán González[12]
y alto sillón bajo el dosel ocupa;
a su diestra, un asiento el arzobispo
con sus pontificales vestiduras.
Colócanse detrás los ricos-hombres,
los prelados y alcaides, y circundan
en torno al balconaje caballeros,
cuyos arneses fúlgidos[13] deslumbran
con los rayos del sol, y en cuyos cascos
el viento agita matizadas plumas.

Del frente opuesto en medio se levanta
ancho tablado en forma de tribuna,
con paños negros adornado, donde,
el rostro ciego, la color difunta[14]
circundado de todos sus parientes,
y vestido de luto, la profunda
compasión llama del concurso inmenso,
y la atención más reverente y muda,
Gonzalo Gustios, el señor de Lara
que ahogado el pecho en mortal angustia,
aunque seguro del cercano triunfo,
teme nuevos rigores de Fortuna.

· · · · · · · · · · ·

"El moro expósito" es una obra de estilo a veces elegante y a veces llano, según se reconoce en el propio prólogo. Quizás su inusitada extensión (doce largos cantos) haya contribuido a los altibajos de su nivel poético. No obs-

---

[9] Los infantes de Lara o de Salas, son traicionados por enemigos cristianos y tras defenderse bravamente reciben la muerte. Su angustiado padre, Gonzalo Gustios, en poder de los moros, nada puede hacer, pero la venganza la ejecuta al fin el moro Mudarra, medio hermano de las víctimas. Los infantes son protagonistas de un cantar de gesta reconstruido a partir de versiones en prosa.

[10] *La leyenda de los infantes de Lara*, Madrid, 1934.

[11] Especie de tamborcillo.

[12] Uno de los héroes más famosos de la Reconquista, protagonista del cantar de gesta que lleva su nombre.

[13] Resplandecientes.

[14] Cadavérica.

tante, sus elementos románticos la hacen merecedora de especial atención, al igual que el *Don Alvaro*.

Más compatibles con el gusto actual son sin duda las leyendas y sobre todo los romances históricos del autor. Con particular agrado se leen aún "Un castellano leal" o "El cuento de un veterano". Instamos al estudiante a determinar, en una investigación personal, el alcance de estas obras del duque de Rivas en el afianzamiento definitivo del romanticismo español.

José de Espronceda

Nació cerca de Villafranca, Badajoz, en 1808. Estudió en Madrid con buenos maestros, pero su participación en una sociedad secreta, "Los Numantinos" hizo que le condenaran a reclusión en un convento cerca de Guadalajara. Las persecuciones continúan bajo Fernando VII, y Espronceda huye a Gibraltar y de allí a Lisboa. Viaja seguidamente a Inglaterra, y después a Bélgica y Francia. Durante la revolución francesa de 1830 lucha en las barricadas de París, y tras una breve incursión en España retorna a Francia. Se establece de nuevo en París, y allí encuentra que el gran amor de su vida, Teresa

José de Espronceda. (MAS)

Vista de Gibraltar desde Algeciras. (Oficina Nacional de Turismo Español, N.Y.)

Mancha, ha contraído matrimonio con un comerciante para salir de su pobreza. Espronceda rapta a Teresa y, tras la amnistía de 1833, vuelve con ella a Madrid. Poco después, empero, Teresa lo abandona y el poeta se lanza a una búsqueda desesperada que no cesa hasta que logra encontrarla en Valladolid. Sin embargo, su felicidad sería sólo transitoria: al cabo de algún tiempo, Teresa desaparece definitivamente, para morir en 1839, a los veintisiete años de edad.

Tras su regreso a España, después de una misión diplomática en La Haya, Holanda, Espronceda participa activamente en la vida política del país. A la vez que escribe y publica sus obras, actúa en los círculos literario-sociales y se involucra en conspiraciones y levantamientos. La muerte le sorprendió mientras preparaba su matrimonio con Bernarda de Beruete, en mayo de 1842.

Tanto por su vida como por su obra, José de Espronceda suele considerarse como ejemplo característico del temperamento romántico. La muerte de Teresa, el gran amor de su vida, dio como resultado literario una conmovedora elegía, que aparece como canto segundo del poema llamado "El diablo mundo". He aquí un fragmento:

> ¿Por qué volvéis a la memoria mía
> tristes recuerdos del placer perdido,
> a aumentar la ansiedad y la agonía

de este desierto corazón herido?
¡Ay! que de aquellas horas de alegría
le quedó al corazón sólo un gemido,
y el llanto que al dolor los ojos niegan
lágrimas son de hiel que el alma anegan.

¿Dónde volaron, ¡ay!, aquellas horas
de juventud, de amor y de ventura,
regaladas de músicas sonoras,
adornadas de luz y de hermosura?
Imágenes de oro bullidoras,
sus alas de carmín y nieve pura,
al sol de mi esperanza desplegando,
pasaban, ¡ay!, a mi alredor cantando.

. . . .
¿Quién pensara jamás, Teresa mía,
que fuera eterno manantial de llanto,
tanto inocente amor, tanta alegría,
tantas delicias y delirio tanto?
¿Quién pensara jamás llegase un día
en que perdido el celestial encanto
y caída la venda de los ojos,
cuanto diera placer causara enojos?

Aún parece Teresa que te veo
aérea como dorada mariposa,
ensueño delicioso del deseo,
sobre tallo gentil temprana rosa,
del amor venturoso devaneo,
angélica, purísima y dichosa,
y oigo tu voz dulcísima, y respiro
tu aliento perfumado en tu suspiro.

Y aún miro aquellos ojos que robaron
a los cielos su azul, y las rosadas
tintas sobre la nieve, que envidiaron
las de mayo serenas alboradas:
y aquellas horas dulces que pasaron
tan breves, ¡ay!, como después lloradas,
horas de confianza y de delicias,
de abandono, y de amor, y de caricias.

. . . .
¡Pobre Teresa! ¡Al recordarte siento
un pesar tan intenso! ¡Embarga impío
mi quebrantada voz mi sentimiento,
y suspira tu nombre el labio mío!
Para allí su carrera el pensamiento,
hiela mi corazón punzante frío,
ante mis ojos la funesta losa,
donde, vil polvo, tu beldad reposa.

273

Y tú feliz, que hallaste en la muerte
sombra a que descansar en tu camino,
cuando llegabas, mísera, a perderte
y era llorar tu único destino,
cuando en tu frente la implacable suerte
grababa de los réprobos el sino.
¡Feliz! la muerte te arrancó del suelo,
y otra vez, ángel, te volviste al cielo . . .

El "Canto a Teresa" es uno de los altos exponentes de la lírica romántica española. Con la belleza formal de los endecasílabos de sus octavas, el "Canto" constituye un testimonio sincero y apasionado de ternura, desengaño y dolor por la pérdida de lo que fue durante muchos años centro emotivo de la vida del poeta. "El diablo mundo"— el extenso poema de que, como hemos dicho antes, forma parte el "Canto"— quedó en cambio inconcluso, y deja más bien una impresión de desarmonía y falta de revisión.

De naturaleza bien distinta es la "Canción del pirata", un verdadero himno a la libertad y a la aventura entonado en versos de gran musicalidad. La composición sirve de excelente ejemplo de *polimetría*[15], una de las características más acusadas de la poesía del romanticismo:

Con diez cañones por banda,
viento en popa, a toda vela,
no corta el mar, sino vuela
un velero bergantín;
bajel pirata que llaman
por su bravura el *Temido*,
en todo mar conocido
del uno al otro confín.

La luna en el mar ríela,
en la lona gime el viento,
y alza en blanco movimiento
olas de plata y azul;
y ve el capitán pirata,
cantando alegre en la popa,
Asia a un lado; al otro, Europa,
y allá a su frente, Estambul.

—Navega, velero mío,
  sin temor,
que ni enemigo navío,
ni tormenta, ni bonanza,
tu rumbo a torcer alcanza,
ni a sujetar tu valor.

---

[15] Variedad de metros.

Veinte presas
hemos hecho
a despecho
del inglés,
Y han rendido
sus pendones
cien naciones
a mis pies.

Que es mi barco mi tesoro,
que es mi Dios la libertad;
mi ley, la fuerza y el viento;
mi única patria, la mar.

Allá muevan feroz guerra
        ciegos reyes
por un palmo más de tierra,
que yo tengo aquí por mío
cuanto abarca el mar bravío,
a quien nadie impuso leyes.

        Y no hay playa,
        sea cualquiera,
        ni bandera
        de esplendor
        que no sienta
        mi derecho,
        y dé pecho
        a mi valor.

Que es mi barco mi tesoro . . .

A la voz de "¡Barco viene!"
        es de ver
como vira y se previene
a todo trapo a escapar:
que yo soy el rey del mar
y mi furia es de temer.

        En las presas
        yo divido
        lo cogido
        por igual:
        sólo quiero
        por riqueza
        la belleza
        sin rival.

Que es mi barco mi tesoro . . .

¡Sentenciado estoy a muerte . . . !

Yo me río:
no me abandone la suerte,
y al mismo que me condena,
colgaré de alguna entena,
quizá en su propio navío.

Y si caigo
¿qué es la vida?
Por perdida
ya la di,
cuando el yugo
del esclavo,
como un bravo
sacudí.

Que es mi barco mi tesoro . . .

Tanto en éste como en otros poemas de Espronceda puede determinarse la influencia de Lord Byron[16], a quien el joven autor español admiraba sobremanera. No obstante, la intensa personalidad de Espronceda imparte un sello propio a sus obras, que rebasan con creces los límites de la mera imitación.

De particular interés es el poema "El estudiante de Salamanca", considerado por muchos como la obra cumbre de este autor, que trata el tema del don Juan con gran riqueza imaginativa.

La producción poética de José de Espronceda es una de las más características del romanticismo español, y probablemente habría sido también la de mayor peso en su generación de no haber muerto el poeta a los 34 años de edad.

José Zorrilla

Nació en Valladolid, en febrero de 1817. Estudió en Madrid, Toledo y Valladolid. En 1836 abandona la casa paterna para volver a Madrid y dedicarse enteramente a la literatura. Tres años después contrae matrimonio con una viuda mucho mayor que él, Matilde O'Reilly. En 1846 viaja por Francia, donde entabla amistad con Víctor Hugo, Georges Sand[17] y otras figuras del romanticismo. En 1855 se traslada a México, y allí dirige el Teatro Nacional. Once años más tarde regresa a España, donde se le hace objeto de un recibimiento triunfal. En 1869 contrae segundas nupcias, y finalmente, en 1889, es

---

[16] Cf. "The Corsair".

[17] Seudónimo de Aurore Dupin (1804-1876). Novelista de los conflictos amorosos y las luchas sociales del siglo XIX francés. Proclama en sus obras el derecho de la mujer a decidir libremente su vida sentimental. Son célebres sus amores con el poeta y dramaturgo Alfred de Musset, y con el compositor polaco Frédéric Chopin.

José Zorrilla. (MAS)

Portal del Museo de San Gregorio, Valladolid.
(Oficina Nacional de Turismo Español, N.Y.)

coronado como poeta nacional en la Alhambra de Granada. Murió en Madrid, en 1893.

Zorrilla es uno de los autores más prolíficos y populares de la generación romántica. Dio forma definitiva a la leyenda histórica, como se puede apreciar en colecciones como *Los cantos del trovador* (1840) y su poema "Granada" (1852). Su obra más famosa, empero, es el drama *Don Juan Tenorio*, afortunada versión del inagotable tema del "burlador de Sevilla".

El drama se desarrolla en la época de Carlos V. Al abrirse el telón aparece una hostería de Sevilla, donde don Juan Tenorio aguarda a don Luis Mejía para decidir quién es el ganador de una apuesta concertada exactamente un año antes. Según escuchamos de labios de los propios protagonistas, la apuesta fue por haber dicho don Luis que en toda España no habría nadie capaz de desafueros similares a los suyos. A ello don Juan replicó que podía superar con creces todos los desmanes perpetrados por aquél. Al cabo del año, pues, ambos se reúnen y dan a conocer sus respectivos "catálogos de fechorías". He aquí parte de las relacionadas por don Juan:

> DON JUAN: Por dondequiera que fui,
> la razón atropellé,
> la virtud escarnecí,
> a la justicia burlé
> y a las mujeres vendí.
> Yo a las cabañas bajé,
> yo a los palacios subí,
> yo los claustros escalé,
> y en todas partes dejé
> memoria amarga de mí.
> Ni reconocí sagrado,
> ni hubo razón ni lugar
> por mi audacia respetado;
> ni en distinguir me he parado
> al clérigo del seglar.
> A quien quise provoqué,
> con quien quiso me batí,
> y nunca consideré
> que pudo matarme a mí
> aquel a quien yo maté.
> A esto don Juan se arrojó,
> y escrito en este papel
> está cuanto consiguió;
> y lo que él aquí escribió,
> mantenido está por él.

Después de haber comparado las aventuras respectivas, resulta vencedor don Juan Tenorio. Sin embargo, don Luis comenta que, en la relación de su contrincante, falta aún la fechoría mayor: haber hecho suya a una novicia[18]

[18] Aspirante a monja.

"que esté para profesar".[19]. Don Juan acepta el nuevo reto de don Luis, y aun lo complica voluntariamente:

DON JUAN: ¡Bah! Pues os complaceré
doblemente, porque os digo
que a la novicia uniré
la dama de algún amigo
que para casarse esté.
DON LUIS: ¡Pardiez, que sois atrevido!
DON JUAN: Yo os lo apuesto si queréis.
DON LUIS: Digo que acepto el partido.
Para darlo por perdido,
¿queréis veinte días?
DON JUAN: Seis.
DON LUIS: ¡Por Dios que sois hombre extraño!
¿Cuántos días empleáis
en cada mujer que amáis?
DON JUAN: Partid los días del año
entre las que ahí encontráis:
uno para enamorarlas,
otro para conseguirlas,
otro para abandonarlas,
dos para sustituirlas,
y una hora para olvidarlas.
Pero la verdad a hablaros,
pedir más no se me antoja
porque pues vais a casaros,
mañana pienso quitaros
a doña Ana de Pantoja.

Mientras esta escena se desarrolla en un ángulo de la Hostería del Laurel, en otro se encuentran don Diego, padre de don Juan, y don Gonzalo, padre de la joven que se le destinaba como prometida al Tenorio: doña Inés. Ambos habían entrado de incógnito al lugar, a fin de que el Comendador don Gonzalo conociese a don Juan y diese su consentimiento al matrimonio. Horrorizado ante el relato de estas fechorías, el Comendador rompe el compromiso de su hija con don Juan y decide internarla en un convento.

Pero ni esta acción ni las amargas recriminaciones de su padre, logran detener a don Juan, quien para burlar a don Luis y satisfacer a la vez su propia pasión amorosa, penetra astutamente en casa de doña Ana de Pantoja, y la hace suya. Seguidamente, rapta a doña Inés del convento y logra llevarla a su quinta de Sevilla, junto al Guadalquivir[20]:

DON JUAN: ¡Ah! ¿No es cierto, ángel de amor,
que en esta apartada orilla

---

[19] Que esté a punto de pronunciar sus votos monásticos.
[20] Río de Andalucía.

Un antiguo rincón de Sevilla.

más pura la luna brilla
y se respira mejor?

Esta aura que vaga llena
de los sencillos olores
de las campesinas flores
que brota esa orilla amena;
esa agua limpia y serena
que atraviesa sin temor
la barca del pescador
que espera cantando el día,
¿no es cierto, paloma mía,
que están respirando amor?

Esa armonía que el viento
recoge entre esos millares
de floridos olivares,
que agita con manso aliento;
ese dulcísimo acento
con que trina el ruiseñor,
de sus copas morador,
llamando al cercano día,
¿no es verdad, gacela mía,
que están respirando amor?

Y estas palabras que están
filtrando insensiblemente
tu corazón, ya pendiente
de los labios de don Juan,
y cuyas ideas van
inflamando en su interior
un fuego germinador
no encendido todavía,
¿no es verdad, estrella mía,
que están respirando amor?

Doña Inés se deja arrastrar por el torrente de frases seductoras, y se entrega a don Juan. Un poco más tarde, llegan al lugar don Luis y el Comendador, a vengar el honor ultrajado de doña Ana y doña Inés respectivamente. Después de una violenta discusión, don Juan les da muerte a ambos y tiene que huir a Italia para escapar del castigo.

A su regreso, cinco años después, visita el cementerio de Sevilla, donde reposan sus víctimas —entre ellas doña Inés, que entretanto ha muerto de dolor.

En los dos últimos actos, el desarrollo de la trama sigue en líneas generales las fuentes legendarias: don Juan invita a la estatua del Comendador a cenar, el espíritu de éste acepta, y a su vez lo convida a cenar con él en el cementerio. Don Juan acude a la cita, y cuando al final el Comendador va a arrastrar su alma al infierno, interviene el espíritu de doña Inés. El Tenorio, por amor a ella, da muestras de arrepentimiento y se salva.

Es notable la vitalidad que Zorrilla logró impartir a los personajes de esta obra. Los contrastes de caracteres, que dibujó con maestría —don Juan, representación del desenfreno y la pasión, y doña Inés, símbolo de la delicadeza femenina— continúan ejerciendo su mágica fascinación.

El tema del don Juan alcanza en la obra de Zorrilla su máxima efectividad dramática. La circunstancia de que el personaje central logre salvar su alma por el amor —un rasgo que no se encuentra en las versiones anteriores del tema— es consecuencia directa de la visión romántica de la vida.

Prueba incontestable de la popularidad y permanencia del Tenorio de Zorrilla, es el hecho de que se represente todavía en casi todas las capitales del mundo hispánico durante los primeros días de noviembre cada año[21].

Como hemos visto, el romanticismo surge tardíamente en España, y su duración es breve. No obstante, a pesar de que su alcance inmediato en la literatura de su época es en cierta medida limitado, su actitud de rebeldía y

---

[21] Tradicionalmente, el *Tenorio* se representa durante las festividades católicas de Todos los Santos (1 de noviembre) y sobre todo de los Fieles Difuntos (2 de noviembre).

su reafirmación de los valores nacionales sobrepasan en cambio con creces las fronteras cronológicas de su generación y se reflejan en numerosos movimientos literarios y aun políticos de su siglo y del nuestro.

En ese sentido, el postulado básico del romanticismo fue quizá el formulado por Larra en un artículo de enero de 1836: "Libertad en literatura, como en las artes, como en la industria, como en el comercio, como en la conciencia. He aquí la divisa de la época, he aquí la medida con que mediremos".

3. GUSTAVO ADOLFO BECQUER

Con su actitud rebelde, exaltada, y su preocupación por el lenguaje altisonante, la generación romántica careció de un poeta verdaderamente lírico.
Esa falta sería subsanada en la generación siguiente, con la aparición de
Gustavo Adolfo Bécquer, considerado por muchos como el gran poeta "íntimo" del siglo XIX español.

Gustavo Adolfo Domínguez Bastida[1] nace en Sevilla en 1836, y queda

[1] Bécquer era el apellido de su abuela paterna.

Retrato de Gustavo Adolfo Bécquer pintado por su hermano Valeriano. (MAS)

huérfano de padre y madre a temprana edad. A los 18 años se dirige a Madrid en busca de gloria en las letras, pero apenas consigue un modesto empleo de escribiente, y en sus ratos libres alterna el dibujo con la creación literaria. En este período contrae la tuberculosis, que en definitiva lo llevará prematuramente al sepulcro. En 1858 conoce a Julia Espín, mujer de gran belleza y posición social superior. Bécquer se enamora de ella desesperadamente, pero no se atreve a declarar sus sentimientos. En 1860, entabla relaciones con la hija de su médico, Casta Esteban, con la que contrae matrimonio al año siguiente. Vive por temporadas en Soria, Sevilla, Toledo y el monasterio de Veruela, siempre en busca de un clima favorable para su salud. En 1868, cuando el matrimonio tiene ya tres hijos, las dificultades entre el poeta y su esposa culminan en una separación. En septiembre de 1870 muere su hermano Valeriano, y el 22 de diciembre fallece Gustavo Adolfo, a los 34 años de edad.

Como se infiere de lo anterior, Bécquer tuvo una vida llena de dificultades y de amargura. Además, nunca saboreó la gloria de sus esfuerzos literarios, pues la mayor parte de su obra fue publicada póstumamente. Sus sufrimientos le hicieron retraído y tímido, pero toda la gama de emociones vitales, en grado muchas veces insuperable, aparece contenida en sus famosas *Rimas*.

Bécquer ha sido considerado por muchos críticos como el gran precursor de la poesía española moderna. Angel del Río[2] señala que Bécquer "descubre casi al mismo tiempo que Poe y los primeros simbolistas la relación entre poesía y música"[3]. Para Juan Ramón Jiménez, Bécquer es "gótico y moro más que ningún poeta español", y Dámaso Alonso, conmovido por su lirismo, afirma que "el gran regalo del autor de las *Rimas* . . . consiste en el descubrimiento de esta nueva manera que con sólo un roce de ala despierta un acorde en lo más entrañado del corazón . . ."[4].

Uno de sus poemas más conocidos es la "Rima LIII":

> Volverán las oscuras golondrinas
> en tu balcón sus nidos a colgar,
> y otra vez con el ala en sus cristales,
> jugando llamarán;
>
> pero aquellas que el vuelo refrenaban
> tu hermosura y mi dicha al contemplar;
> aquellas que aprendieron nuestros nombres,
> ésas . . . , ¡no volverán!

---

[2] Véase el Capítulo 3 (nota 3) de la Primera Parte.
[3] *Historia de la literatura española*, ob. cit.
[4] Véanse los Capítulos 4 y 6 de la Cuarta Parte.

Volverán las tupidas madreselvas
de tu jardín las tapias a escalar,
y otra vez a la tarde, aún más hermosas,
sus flores abrirán;

Pero aquellas cuajadas de rocío,
cuyas gotas mirábamos temblar
y caer, como lágrimas del día ...,
ésas ..., ¡no volverán!

Volverán del amor en tus oídos
las palabras ardientes a sonar;
tu corazón, de su profundo sueño
tal vez despertará;

pero mudo y absorto y de rodillas
como se adora a Dios ante su altar,
como yo te he querido ..., desengáñate,
¡así no te querrán!

Musicalidad y nostalgia, aparente sencillez formal y profunda fuerza expresiva son algunas de las características más notables de esta rima. La intuición poética de Bécquer supo plasmar los más humanos sentimientos en un lenguaje etéreo, inefable, que semeja a un tiempo "suspiros y risas, colores y notas".

Uno de los temas centrales de la poesía becqueriana es la eterna búsqueda del verdadero amor, que el poeta sólo vislumbra en lontananza[5], como un "vano fantasma de niebla y luz", más allá de toda posible materialización. Por ello, esa búsqueda no tiene término; por ello, el camino que conduce al espíritu del poeta está marcado por *las huellas de unos pies ensangrentados / sobre la roca dura / los despojos de un alma hecha jirones / en las zarzas agudas ..."*

Y esa vía dolorosa atraviesa el *"más sombrío y triste de los páramos"* para terminar en un valle *"de eternas nieves y de eternas, / melancólicas brumas"*:

En donde esté una piedra solitaria
sin inscripción alguna,
donde habite el olvido,
allí estará mi tumba.

La importancia esencial que el poeta concede a la belleza, en este caso a la belleza física, se refleja en los versos siguientes, dedicados a Julia Espín —la primera fuente de inspiración de sus *Rimas:*

---

[5] En la lejanía.

¿A qué me lo decís? Lo sé: es mudable,
es altanera y vana y caprichosa;
antes que el sentimiento de su alma
brotará el agua de la estéril roca.

Sé que en su corazón, nido de sierpes,
no hay una fibra que al amor responda;
que es una estatua inanimada; pero . . .

¡Es tan hermosa!

Sin embargo, la belleza femenina no es su única fuente de inspiración: todas las maravillas de la Creación son abarcadas en la obra becqueriana bajo el concepto de *poesía* —es decir, de belleza palpable y objetiva:

No digáis que agotado su tesoro,
de asuntos falta, enmudeció la lira.
Podrá no haber poetas, pero siempre
habrá poesía.

Mientras las ondas de la luz al beso
palpiten encendidas;
mientras el sol las desgarradas nubes
de fuego y oro vista;

mientras el aire en su regazo lleve
perfumes y armonías;
mientras haya en el mundo primavera,
¡habrá poesía!

Mientras se sienta que se ríe el alma
sin que los labios rían;
mientras se llore, sin que el llanto acuda
a nublar la pupila;

mientras el corazón y la cabeza
batallando prosigan;
mientras haya esperanzas y recuerdos,
¡habrá poesía!

Mientras haya unos ojos que reflejen
los ojos que los miran;
mientras responda el labio suspirando
al labio que suspira;

mientras sentirse puedan en un beso
dos almas confundidas;
mientras exista una mujer hermosa,
¡habrá poesía!

Se ha dicho frecuentemente que la técnica poética de Bécquer es muy simple, y que rehúye las estrofas difíciles o los versos sonoros y rotundos,

Eugenio Hermoso: "La rosa". (Museo de Arte Moderno, Madrid)

tan de moda en su época. Sin embargo, un estudio detenido del verso becqueriano revela que el poeta "deseó conseguir esa impresión de sencillez y espontaneidad . . . a base de un esfuerzo y un dominio del lenguaje y de la métrica muy superior al que los primeros estudios sobre Bécquer le atribuían"[6].

He aquí una de sus rimas a nuestro parecer más logradas, donde la sobriedad de medios puramente técnicos[7] se compensa con una gran intensidad de sentimientos y con un lenguaje de alto calibre estético:

Apoyando mi frente calurosa
en el frío cristal de la ventana,
en el silencio de la oscura noche,
de su balcón los ojos no apartaba.

En medio de la sombra misteriosa
su vidriera lucía iluminada,
dejando que mi vista penetrase
en el puro santuario de su estancia.

Pálido como el mármol el semblante,
la blonda cabellera destrenzada,
acariciando sus sedosas ondas
sus hombros de alabastro y su garganta,
mis ojos la veían, y mis ojos,
al verla tan hermosa, se turbaban.

Mirábase al espejo; dulcemente
sonreía a su bella imagen lánguida,
y sus mudas lisonjas al espejo
con un beso dulcísimo pagaba . . .

Mas la luz se apagó; la visión pura
desvanecióse como sombra vana,
y dormido quedé, dándome celos
el cristal que su boca acariciara.

Bécquer allana los caminos poéticos de España para la llegada de los simbolistas y los impresionistas, y se constituye así en uno de los más inmediatos precursores del movimiento conocido como modernismo[8].

La prosa de Bécquer, menos popular quizá que su poesía, comparte con ésta los rasgos esenciales de colorido formal y romántica intensidad emotiva. Sus *Leyendas*, que acompañan frecuentemente a las *Rimas* en las ediciones contemporáneas, nos revelan un mundo de atormentada fantasía expresado en un lenguaje que merece, más que ningún otro de su época, el calificativo

---

[6] José García Nieto, *Spanish Literary Masterpieces*, Regents Publishing Co., N. Y.
[7] Relativos a la técnica poética.
[8] José García Nieto, ob. cit.

de prosa poética. Una de sus leyendas más representativas es la titulada "Los ojos verdes"—la historia de un joven perdidamente enamorado de una figura de mujer, más semejante a un espíritu que a un ser humano.

Después de encontrarse con esa aparición vaga y fantástica repetidas veces, a la orilla de una fuente, el joven Fernando, desoyendo los consejos de los vecinos del lugar, trata de arrancar a la desconocida de ojos verdes el secreto de su identidad:

—¿Quién eres tú? ¿Cuál es tu patria? ¿En dónde habitas? Yo vengo un día y otro en tu busca, y ni veo el corcel que te trae a estos lugares ni a los servidores que conducen tu litera. Rompe de una vez el misterioso velo en que te envuelves como en una noche profunda. Yo te amo y, noble o villana, seré tuyo, tuyo siempre . . .

El sol había traspuesto la cumbre del monte; las sombras bajaban a grandes pasos por su falda; la brisa gemía entre los álamos de la fuente, y la niebla, elevándose poco a poco de la superficie del lago, comenzaba a envolver las rocas de su margen.

Sobre una de estas rocas, sobra una que parecía próxima a desplomarse en el fondo de las aguas, en cuya superficie se retrataba, temblando, el primogénito[9] de Almenar, de rodillas a los pies de su misteriosa amante, procuraba en vano arrancarle el secreto de su existencia.

[9] Hijo mayor.

Martín Rico y Ortega: "Paisaje". (Cortesía The Hispanic Society of America)

Ella era hermosa, hermosa y pálida como una estatua de alabastro. Uno de sus rizos caía sobre sus hombros, deslizándose entre los pliegues del velo como un rayo de sol que atraviesa las nubes, y en el cerco de sus pestañas rubias brillaban sus pupilas, como dos esmeraldas sujetas en una joya de oro.

Cuando el joven acabó de hablarle, sus labios se movieron como para pronunciar algunas palabras; pero sólo exhalaron un suspiro, un suspiro débil, doliente, como el de la ligera onda que empuja una brisa al morir entre los juncos.

—¡No me respondes! —exclamó Fernando al ver burlada su esperanza—. ¿Querrás que dé crédito a lo que de ti me han dicho? ¡Oh!, no . . . Háblame; yo quiero saber si me amas; yo quiero saber si puedo amarte, si eres una mujer . . .

—O un demonio . . . ¿Y si lo fuese?

El joven vaciló un instante; un sudor frío corrió por sus miembros; sus pupilas se dilataron al fijarse con más intensidad en las de aquella mujer, y fascinado por su brillo fosfórico, demente casi, exclamó en un arrebato de amor:

—Si lo fueses . . . , te amaría . . . , te amaría como te amo ahora, como es mi destino amarte, hasta más allá de esta vida, si hay algo más allá de ella.

—Fernando —dijo la hermosa entonces con una voz semejante a una música—, yo te amo más aun que tú me amas; yo, que desciendo hasta un mortal siendo un espíritu puro. No soy una mujer como las que existen en la Tierra; soy una mujer digna de ti, que eres superior a los demás hombres. Yo vivo en el fondo de estas aguas, incorpórea como ellas, fugaz y transparente; hablo con sus rumores y ondulo con sus pliegues. Yo no castigo al que osa turbar la fuente donde moro; antes le premio con mi amor, como a un mortal superior a las supersticiones del vulgo, como a un amante capaz de comprender mi cariño extraño y misterioso.

Mientras ella hablaba así, el joven, absorto en la contemplación de su fantástica hermosura, atraído como por una fuerza desconocida, se aproximaba más y más al borde de la roca. La mujer de los ojos verdes prosiguió así:

—¿Ves, ves el límpido fondo de ese lago? ¿Ves esas plantas de largas y verdes hojas que se agitan en su fondo? . . . Ellas nos darán un lecho de esmeraldas y corales . . . , y yo . . . , yo te daré una felicidad sin nombre, esa felicidad que has soñado en tus horas de delirio, y que no puede ofrecerte nadie . . . Ven; la niebla del lago flota sobre nuestras frentes como un pabellón de lino . . . ; las ondas nos llaman con sus voces incomprensibles; el viento empieza entre los álamos sus himnos de amor; ven . . . ; ven . . .

La noche empezaba a extender sus sombras; la luna rielaba en la superficie del lago; la niebla se arremolinaba al soplo del aire, y los ojos verdes brillaban en la oscuridad como los fuegos fatuos que corren sobre el haz de las aguas infectas . . . "Ven . . . , ven . . ." Estas palabras zumbaban en los oídos de Fernando como un conjuro. "Ven . . ." Y la mujer misteriosa lo llamaba al borde del abismo, donde estaba suspendida, y parecía ofrecerle un beso . . . , un beso . . .

Fernando dio un paso hacia ella . . . , otro . . . , y sintió unos brazos delgados y flexibles que se liaban a su cuello, y una sensación fría en sus labios ardorosos, un beso de nieve . . . , y vaciló . . . , y perdió pie, y cayó al agua con un rumor sordo y lúgubre.

Las aguas saltaron en chispas de luz y se cerraron sobre su cuerpo, y sus círculos de plata fueron ensanchándose, ensanchándose, hasta expirar en las orillas.

Gustavo Adolfo Bécquer es una de las figuras literarias más destacadas del siglo XIX español. Y el número cada vez mayor de sus lectores y de los estudiosos de su obra es rotunda prueba de la profundidad y vigencia de su mensaje poético.

4. LA TRANSICION AL SIGLO XX: POESIA Y TEATRO

Como se infiere de lo dicho hasta aquí, el componente realista es una de las constantes de la literatura española: se manifiesta en la épica, se continúa en las creaciones del mester de clerecía, se afianza al alborear el Renacimiento con *La Celestina*, es parte esencial de la picaresca y del teatro del Siglo de Oro, y ni siquiera desaparece del todo durante el neoclasicismo y el romanticismo[1].

La segunda parte del siglo XIX, empero, representa la apoteosis del realismo español —en parte como reacción ante los excesos del subjetivismo romántico, y en parte también como reflejo de las tendencias realistas prevalecientes en otras literaturas europeas[2].

En este capítulo estudiaremos las manifestaciones poéticas y teatrales del realismo, y en el próximo su expresión más completa: la literatura narrativa.

La poesía

El realismo en la poesía, forzoso es confesarlo, no dio resultados muy brillantes —tal vez como consecuencia de la contraposición inevitable entre el apego de la escuela a las minucias de la vida cotidiana, y la necesidad esencial del poema de "levantar vuelo" hacia regiones más elevadas y propias.

No obstante, la generación realista produjo dos poetas de gran popularidad: don Ramón de Campoamor y Gaspar Núñez de Arce.

El primero nació en Navia, Asturias, en 1817, de una familia acomodada. Siguió primero cursos de medicina en Madrid, pero pronto dejó estos estudios por los de derecho, y más tarde se dedicó definitivamente a las letras.

---

[1] Sirvan de ejemplo para fundamentar esta última afirmación los sainetes de don Ramón de la Cruz en pleno período neoclásico, y los cuadros de costumbres de Mesonero Romanos (1803-1882) en el apogeo del romanticismo.

[2] Es la época en que ejercen su mayor influencia las obras de Balzac (1799-1850) y Flaubert (1821-1880) en Francia; Dickens (1812-1870) y Thackeray (1811-1863) en Inglaterra; Dostoievsky (1821-1881) y Tolstoi (1828-1910) en Rusia, etc.

Ramón de Campoamor. (MAS)

Además, participó en política y llegó a ser gobernador de la provincia de Alicante. Fue conservador y amigo de la familia real, y en el curso de su larga vida sostuvo numerosas polémicas políticas y literarias. Murió en Madrid, en 1901.

Como escritor, Campoamor se inició dentro de los cánones románticos, pero pronto derivó hacia el realismo, que habría de proporcionarle sus mayores éxitos.

Si bien practicó los más diversos géneros literarios, hoy día se le recuerda principalmente por su obra poética, sobre todo por sus *Doloras* (1846), *Humoradas* (1886) y *Pequeños poemas* (1873-1892).

El mismo definió así estos tres tipos de poesía: "¿Qué es *humorada*? Un rasgo intencionado. ¿Y *dolora*? Una humorada convertida en drama. ¿Y *pequeño poema*? Una dolora amplificada".

Las humoradas son breves, abarcan temas amorosos, satíricos y morales, y frecuentemente aparecen en forma de *pareados*[3]. He aquí algunos ejemplos:

---

[3] Dos versos unidos y aconsonantados.

Con tal que yo lo crea,
¿Qué importa que lo cierto no lo sea?

En guerra y en amor es lo primero
el dinero, el dinero y el dinero.

Todo en amor es triste;
mas triste y todo, es lo mejor que existe.

La dolora es una composición más extensa, una especie de viñeta dibujada con fuertes trazos y basada en experiencias y caracteres de la vida cotidiana. Muchas de ellas encierran una lección práctica para el lector —una especie de moraleja, menos evidente, empero, que en el caso de los fabulistas.

Una de las doloras más famosas es la titulada "¡Quién supiera escribir!":

I

—Escribidme una carta, señor Cura.
 —Ya sé para quién es.
—¿Sabéis quién es, porque una noche oscura
 nos visteis juntos? —Pues.

—Perdonad; mas . . . —No extraño ese tropiezo.
 La noche . . . la ocasión . . .
Dadme pluma y papel. Gracias. Empiezo.
 Mi querido Ramón:
—¿Querido? . . . Pero, en fin, ya lo habéis puesto . . .
 —Si no queréis . . . —¡Sí, sí!
—¡Qué triste estoy! ¿No es eso? —Por supuesto.
 —*¡Qué triste estoy sin ti!*

Una congoja, al empezar, me viene . . .
 —¿Cómo sabéis mi mal?
—Para un viejo, una niña siempre tiene
 el pecho de cristal.

¿Qué es sin ti el mundo? Un valle de amargura,
 ¿y contigo? Un edén.
—Haced la letra clara, señor Cura;
 que lo entienda eso bien.

—*El beso aquel que de marchar a punto*
 te di . . . —¿Cómo sabéis? . . .
—Cuando se va y se viene y se está junto,
 siempre . . . no os afrentéis.

Y si volver tu afecto no procura,
 tanto me harás sufrir . . .
—¿Sufrir y nada más? No, señor Cura,
 ¡que me voy a morir!

—¿Morir? ¿Sabéis que es ofender al cielo? . . .
—Pues sí señor ¡morir!

—Yo no pongo *morir*. —¡Qué hombre de hielo!
¡Quién supiera escribir!

II

¡Señor Rector, señor Rector! En vano
me queréis complacer,
si no encarnan los signos de la mano
todo el ser de mi ser.

Escribidle, por Dios, que el alma mía
ya en mí no quiere estar,
que la pena no me ahoga cada día . . .
porque puedo llorar.

Que mis labios, las rosas de su aliento,
no se saben abrir;
que olvidan de la risa el movimiento
a fuerza de sentir.

Que mis ojos, que él tiene por tan bellos,
cargados con mi afán,
como no tienen quien se mire en ellos,
cerrados siempre están.

Que es, de cuantos tormentos he sufrido,
la ausencia el más atroz;
que es un perpetuo sueño de mi oído
el eco de su voz . . .

Que siendo por su causa, el alma mía
¡goza tanto en sufrir! . . .
Dios mío, ¡cuántas cosas le diría
si supiera escribir! . . .

III

EPILOGO

—Pues señor, ¡bravo amor! Copio y concluyo:
A don Ramón . . . En fin,
que es inútil saber para esto, arguyo,
ni el griego ni el latín.

El *pequeño poema* es de carácter narrativo, ofrece mayor profusión de detalles y presenta un desarrollo más completo. La anécdota, las descripciones y el carácter de los personajes cobran aquí importancia similar a la que tendrían en un cuento realista. El más conocido de la serie es "El tren

Monumento a Campoamor en Madrid.

expreso", que narra la historia del amor a primera vista de un poeta por una pasajera desconocida del expreso de París a Madrid. Tras intercambiarse sus respectivas historias de desengaños amorosos, la joven y el poeta se dan cita para un año después, en la misma estación de la frontera donde ella debía bajar del tren.

El poeta acude a la cita, pero al llegar a la estación, en lugar de hallar a su amada, encuentra a una anciana que había acompañado a la joven en su viaje anterior, y que le entrega llorosa una carta. El texto de esta misiva, escrita por la joven poco antes de morir, es uno de los pasajes más leídos de la literatura española:

> "Mi carta, que es feliz, pues va a buscaros,
> cuenta os dará de la memoria mía.
> Aquel fantasma soy que, por gustaros,
> juró estar viva a vuestro lado un día.
>
> Cuando lleve esta carta a vuestro oído
> el eco de mi amor y mis dolores,
> el cuerpo en que mi espíritu ha vivido
> ya durmiendo estará bajo unas flores.

¡Por no dar fin a la ventura mía
la escribo larga . . . , casi interminable! . . .
¡Mi agonía es la bárbara agonía
del que quiere evitar lo inevitable! . . .

Hundiéndose, al morir, sobre mi frente
el palacio ideal de mi quimera,
de todo mi pasado, solamente
esta pena que os doy borrar quisiera.

Me rebelo a morir, pero es preciso . . .
¡El triste vive, y el dichoso muere! . . .
¡Cuando quise morir, Dios no lo quiso;
hoy que quiero vivir, Dios no lo quiere!

Mas tal vez allá arriba nos veremos,
después de esta existencia pasajera,
cuando los dos, como en el tren, lleguemos
de nuestra vida a la estación postrera.

¡Ya me siento morir! . . . ¡El cielo os guarde!
Cuidad, siempre que nazca o muera el día,
de mirar el lucero de la tarde,
esa estrella que siempre ha sido mía.

Pues yo desde ella os estaré mirando,
y como el bien con la virtud se labra,
para verme mejor, yo haré rezando
que Dios de par en par el cielo os abra.

¡Nunca olvidéis a esta infeliz amante
que os cita, cuando os deja, para el cielo!
¡Si es verdad que me amasteis un instante,
llorad, porque eso sirve de consuelo! . . .

¡Oh Padre de las almas pecadoras,
conceded el perdón al alma mía!
¡Amé mucho, Señor, y muchas horas;
mas sufrí por más tiempo todavía!

¡Adiós, adiós! ¡Como hablo delirando,
no sé decir lo que deciros quiero!
¡Yo sólo sé de mí que estoy llorando,
que sufro, que os amaba . . . y que me muero!"

El poema termina con una emotiva descripción del dolor del joven enamorado, a quien "sin alma, y como inútil mercancía" devuelve hasta París
el tren expreso.

La poesía de Ramón de Campoamor está en muchas ocasiones más cerca
de la prosa —y aun de la prosa pedestre— que de cualquier otro género. Sin

297

Gaspar Núñez de Arce. (MAS)

embargo, la ingeniosidad de algunos pasajes y las fuertes raíces que su obra ha echado en el público de habla hispana justifican su estudio como uno de los autores más representativos de la poesía de fines del siglo XIX.

Campoamor comparte los laureles poéticos de su época con Núñez de Arce, el cantor por excelencia de los temas políticos, filosóficos y sociales.

Gaspar Núñez de Arce nació en Valladolid en 1834. Estudió en Madrid, participó activamente en la vida política y fue cronista del diario *La Iberia* durante la campaña de Africa (1859-60)[4]. A partir de 1868 ocupó cargos cada vez más importantes, como gobernador civil de Barcelona, diputado y ministro de Ultramar. Fue nombrado académico de la Lengua en 1874. Murió en Madrid en 1903.

Su poesía se acerca a la oratoria: se ha dicho que muchos de sus poemas son más bien arengas en verso. La forma es cuidada —mucho más que la de Campoamor— y hay ardor y sinceridad en la expresión de sus sentimientos patrióticos. Son particularmente famosos sus *Gritos del combate* (1875), en que se fustigan a la vez el abandono oficial y el entusiasmo desbordado de la muchedumbre en el período siguiente a la caída de los Borbones:

[4] España y otras potencias europeas se disputaban territorios en el Norte de Africa, donde el gobierno de Madrid logró más tarde establecer un protectorado (Marruecos Español).

¡Ah! No es extraño que sin luz ni guía
los humanos instintos se desborden
con el rugido del volcán que estalla,
y en medio del tumulto y la anarquía,
como corcel indómito, el desorden
no respete ni látigo ni valla.

¿Quién podría detenerle en su carrera?
¿Quién templar los impulsos de la fiera
y loca multitud enardecida,
que principia a dudar y ya no espera
hallar en otra luminosa esfera
bálsamo a los dolores de esta vida?

Como Cristo en la cúspide del monte,
rotas ya sus mortales ligaduras,
mira doquier con ojos espantados
por toda la extensión del horizonte
dilatarse a sus pies vastas llanuras,
ricas ciudades, fértiles collados.

Y excitando su afán calenturiento
tanta grandeza y tanto poderío,
de la codicia el persuasivo acento
grítale audaz:—¡El cielo está vacío!
¿A quién temer? —Y ronca y sin aliento
la muchedumbre grita: —¡Todo es mío!

Para Núñez de Arce, la poesía es esencialmente, como dice Menéndez Pelayo, un "elemento educador y civilizador de los pueblos". No es extraño pues, que, en su obra, los aspectos puramente líricos y melódicos del verso queden en segundo plano con respecto a los retóricos y conceptuales.

Además de sus *Gritos del combate* son muy conocidos sus poemas *Raimundo Lulio* (1875), basado en la figura de este ilustre teólogo y filósofo medieval; *La selva oscura* (1879), de carácter alegórico e inspiración dantesca; y finalmente poemas de tipo realista, derivados de la observación directa de la vida cotidiana, como *La pesca* (1884), que narra la lucha contra las tempestades y los contados momentos de alegría de los pescadores del Cantábrico.

En general, puede decirse que durante el período de transición al siglo XX, la lírica logra desembarazarse de muchos excesos románticos y adquiere mayor sencillez y naturalidad. Sin embargo, el realismo y la poesía política descuidan muchos aspectos formales, lo que da como resultado un nuevo desequilibrio. En definitiva, los diferentes "ismos" de esta época van a confluir en dos grandes corrientes que dominarán el paisaje poético a la entrada del siglo XX: el *modernismo* y la *poesía del 98*.

El teatro

Al igual que en la lírica, la generación realista se propone eliminar en el teatro lo que considera como desenfrenos románticos: el tono grandilocuente, los cataclismos sentimentales[5], los temas alejados —ya en el tiempo, ya en el espacio— de la vida cotidiana. Para ello, los dramaturgos de esta época recogen en sus obras los ecos de las nuevas concepciones teatrales del continente, como son:

— La presentación de conflictos humanos con aspiraciones generales de verosimilitud, en un ambiente fácilmente reconocible y a nivel familiar o social.
— La cuidadosa estructuración sicológica de los personajes, particularmente de los protagonistas, que se revela gradualmente a medida que avanza la obra.

---

[5] Como los de *Don Alvaro, Don Juan*, etc.

— La sustitución del elemento misterioso o sobrenatural por las vicisitudes de la vida diaria.

— El abandono gradual del verso.

Los dramaturgos realistas más destacados —por razones bien distintas— son López de Ayala, Tamayo y Baus y José Echegaray.

Adelardo López de Ayala nació en Guadalcanal, Sevilla, en 1828. En 1849 se estableció en Madrid, donde alcanzó gran prestigio tanto en política como en literatura. Se destacó como crítico y poeta, pero la posteridad lo recuerda esencialmente por su obra dramática. Desempeñó diversos ministerios y hacia el final de su vida fue presidente del Congreso. En 1870 hizo su ingreso en la Academia de la Lengua. Murió en Madrid en 1879.

López de Ayala es uno de los primeros y principales cultivadores de la "alta comedia": una especie de retrato dramático de la sociedad, dibujado con pinceladas finas, frecuentemente satíricas, e intención moralizadora. Si bien la primera época de López de Ayala pertenece aún, estrictamente hablando, al romanticismo, la transición al teatro realista es la que habría de ganarle su mayor renombre literario.

Entre sus obras más famosas de este segundo período figuran: *El tejado de vidrio* (1857), cuyo protagonista, el típico seductor sin escrúpulos, termina perdiendo su propia honra con la infidelidad de su mujer; *El nuevo don Juan* (1863), una variante del tema del "burlador de Sevilla"; en que no es el eterno conquistador de corazones femeninos quien triunfa, sino el esposo de la protagonista, y *Consuelo* (1878), la historia de una novia codiciosa que deja a su prometido para casarse por dinero y sufre finalmente su castigo al ser abandonada tanto por su antiguo novio como por su esposo.

En general, el teatro de López de Ayala se caracteriza por su corrección formal, sus situaciones verosímiles y su preocupación moralizadora. Sus personajes son "criaturas de carne y hueso"; sus argumentos se desarrollan de modo lógico y natural; su dramaturgia combina sensibilidad e intelecto para reflejar en forma meticulosa las realidades humanas de la época.

Manuel Tamayo y Baus nació en Madrid en 1829. Desde su infancia estuvo íntimamente ligado al teatro, puesto que sus padres fueron actores, y a la edad de 20 años contrajo matrimonio con Emilia Márquez, sobrina de un conocido actor trágico. Aprovechando esa familiaridad con la farándula, Tamayo se inicia muy pronto como dramaturgo: ya a los 11 años traduce una obra francesa que es representada por sus padres. En el transcurso de su vida logra considerables éxitos como escritor, y ocupa además una serie de cargos públicos de mayor o menor importancia, desde jefe del Cuerpo de Archiveros hasta director de la Biblioteca Nacional y secretario de la Academia de la Lengua. Murió en Madrid en 1898.

Vista del Paseo del Prado, Madrid, en el siglo XIX. (N.Y. Public Library)

En sus primeras obras, de corte aún romántico, Tamayo y Baus muestra más preocupación por la acción en sí que por la presentación de sus personajes. Más adelante, comienza a prestar mayor atención a lo que hoy llamaríamos las facetas sicológicas del drama.

A su época de plenitud corresponden entre otras piezas *Locura de amor* (1855), sobre el tema de doña Juana la Loca[6], *La bola de nieve* (1856), de costumbres modernas, y, por supuesto, su obra maestra, *Un drama nuevo* (1867).

En esta última, Tamayo y Baus aprovecha al máximo sus recursos técnicos para crear una atmósfera de tensión progresiva que culmina en un desenlace de gran efecto teatral. La obra constituye un drama doble: uno a nivel de la vida real de tres actores, y otro a nivel de la obra que éstos representan. En el tercer acto, ambos dramas convergen y desembocan en un final único, de gran impacto emocional.

[6] Hija de los Reyes Católicos y esposa de Felipe el Hermoso.

La Real Academia de la Lengua, Madrid.

La joven Alicia se ha casado por agradecimiento con un actor de avanzada edad, Yorick, mientras sostiene relaciones con otro actor joven, Edmundo, protegido a su vez también de Yorick. Los tres pertenecen a la compañía de Shakespeare —quien también aparece en el drama, como personaje secundario.

Al distribuirse los papeles de un drama nuevo de Shakespeare, Yorick, que hasta el momento ha interpretado sólo personajes cómicos, pide al insigne dramaturgo que le conceda un papel serio: el del protagonista, el conde Octavio, un marido engañado por su esposa. Tras alguna vacilación, Shakespeare accede a los deseos del actor, y en la representación Yorick asume el personaje del esposo, mientras que Alicia interpreta a Beatriz, la esposa infiel, y Edmundo a su joven amante, Manfredo.

El drama real lo provoca el primer actor Walton, el trágico por excelencia de la compañía. Resentido porque le han dado a Yorick un personaje que debería haberle correspondido a él, Walton revela al cómico los amores secretos de Alicia y Edmundo.

En vista de las sospechas de Yorick, Edmundo escribe a Alicia un papel en que le propone fugarse juntos. Walton encuentra el mensaje y, en el transcurso del tercer acto, lo entrega a Yorick como si fuera la carta prevista en la obra shakesperiana. Así las piezas van ocupando su lugar unas tras otras, y el desenlace del "drama nuevo" de Shakespeare coincide con el desenlace del drama de Tamayo y Baus. Veamos la escena final, en que intervienen Beatriz, Manfredo y el Conde, es decir, Alicia, Edmundo y Yorick, respectivamente.

> BEATRIZ (*Alicia*):
> ¡Deja, por compasión, deja que muera!
> MANFREDO (*Edmundo*):
> ¡Tú no puedes morir mientras yo viva!
> (*Con fuego, dejándose llevar de su amor.*)
> EL CONDE (*Yorick*):
> ¿Conque, ya a defenderla decidido,
> conmigo reñirás?
> (*Acercándose mucho a él, y con hablar precipitado.*)
> MANFREDO (*Edmundo*):
> ¡Sí!
> EL CONDE (*Yorick*):
> ¿Cómo fuerte?
> ¿quién eres y quién soy dando al olvido?
> MANFREDO (*Edmundo*):
> ¡Sí!
> EL CONDE (*Yorick*):
> ¿Y en la lid procurarás mi muerte?
> MANFREDO (*Edmundo*):
> ¡Sí, por Dios!
> EL CONDE (*Yorick*):
> ¡Ay! ¡que el Cielo me debía
> tras de tanto dolor tanta alegría!
> BEATRIZ (*Alicia*):
> ¡Repara!...
> MANFREDO (*Edmundo*):
> ¡En nada! (*Rechazándola.*)
> BEATRIZ (*Alicia*):
> ¡Advierte!...
> MANFREDO (*Edmundo*):
> Ese hombre es tu enemigo. (*Fuera de sí.*)
> BEATRIZ (*Alicia*):
> ¡Dios eterno!
> EL CONDE (*Yorick*):
> ¡Soltemos, pues, la rienda a nuestra saña!
> MANFREDO (*Edmundo*):
> ¡El crimen pide crímenes! ¡Infierno,
> digna es de ti la hazaña!
> (*Yorick y Edmundo riñen encarnizadamente.*)
> BEATRIZ (*Alicia*):
> ¡Tente! (*Sujetando a Edmundo.*)

MANFREDO (*Edmundo*):
¡Déjame!
BEATRIZ (*Alicia*):
¡Tente!
EL CONDE (*Yorick*):
Por culpa tuya perderá su brío.
BEATRIZ (*Alicia*):
Oídme vos entonces: ¡sed clemente!
(*Pasando al lado de Yorick, y sujetándole.*)
EL CONDE (*Yorick*):
¿Le ayudas contra mí?
BEATRIZ (*Alicia*):
¡Destino impío,
dame que al fin mi corazón reviente!
(*Separándose horrorizada del Conde.*)
MANFREDO (*Edmundo*):
¡Cielos!
(*Sintiéndose herido, suelta la espada,
y cae al suelo desplomado.*)
EL CONDE (*Yorick*):
¡Mira!
(*A Alicia, señalando a Edmundo con la espada.*)
BEATRIZ (*Alicia*):
¡Jesús!
MANFREDO (*Edmundo*):
¡Perdón, Dios mío!
(*Expira. Alicia corre adonde está Edmundo; inclínase hacia él, y, después
de tocarle, da un grito y se levanta despavorida.*)

ALICIA: ¡Sangre!... ¡Edmundo!... ¡Sangre!... ¡Le ha matado!...
¡Favor!...
YORICK: ¡Calla!
ALICIA: ¡Shakespeare!... ¡Shakespeare! (*A voz en grito, corriendo por
la escena.*) ¡Le ha matado!... ¡Favor!... ¡Socorro!...
YORICK: (*Siguiéndola.*) ¡Calla!
SHAKESPEARE: (*Saliendo por la izquierda.*) ¿Qué has hecho? (*Acércase
a Edmundo, y le mira y le toca. El Autor, el Traspunte y todos los actores
y empleados del teatro salen también por diversos lados; con expresión
de asombro van hacia donde está Edmundo; al verle dan un grito de
horror, y todos se apiñan en torno suyo, cuáles inclinándose, cuáles
permaneciendo de pie.*)
ALICIA: Matadme ahora a mí.
YORICK: (*Sujetándola y poniéndole una mano en la boca.*) ¡Calla!
(*Shakespeare sale de entre los que rodean a Edmundo y se adelanta hacia
el proscenio.*)
ALICIA: ¡Edmundo! ¡Edmundo! (*Con brusca sacudida logra desasirse
de Yorick; corre luego hacia Edmundo y cae junto a él. Yorick la sigue y
estos tres personajes quedan ocultos a la vista del público por los que
rodean el cadáver.*)
SHAKESPEARE: Señores, ya lo veis. (*Dirigiéndose al público y hablando
como falto de aliento y muy conmovido.*) No puede terminarse el drama
que se estaba representando. Yorick, ofuscada su razón por el entusiasmo,

ha herido realmente al actor que hacía el papel de Manfredo. Ni es ésta la única desgracia que el Cielo nos envía. También ha dejado de existir el famoso cómico Walton. Acaban de encontrarle en la calle con el pecho atravesado de una estocada. Tenía en la diestra un acero. Su enemigo ha debido matarle riñendo cara a cara con él. Rogad por los muertos. ¡Ay, rogad también por los matadores! . . .

Un drama nuevo ha sido considerado por muchos como una de las piezas mejor estructuradas y teatralmente más efectivas del realismo español.

En conjunto, la obra de Tamayo y Baus denota la perfección técnica y la abundancia de recursos de quien combina un singular talento dramatúrgico con un conocimiento directo y profundo de los aspectos interpretativos del teatro.

José Echegaray nació en Madrid de familia vasca, en 1832. Estudió ingeniería, economía y matemáticas. Fue profesor de esta última ciencia en Madrid, de 1854 a 1868, y seguidamente Ministro de Finanzas. Por problemas políticos se vio obligado a trasladarse a París en 1873. Diez años más tarde ingresó en la Academia de la Lengua. En 1904 recibió el Premio Nobel de literatura, conjuntamente con el poeta Frédéric Mistral[7]. Murió en Madrid en 1916.

[7] Nació en 1830 en Provenza. Sus poemas más célebres son "Mireya" y "Calendal". Murió en 1914.

José Echegaray.

306

A pesar de que Echegaray contribuyó con su producción a revivir la popularidad del teatro de la época, sus obras se consideran hoy anacrónicas y sobrecargadas de sentimentalismo; sus personajes, falsos y superficiales.

Echegaray disfrutó de la fama y la adulación del público a quien sus obras entusiasmaban grandemente. Se le reconoce su hábil concepción escénica y su efectiva manipulación de los mecanismos emocionales en el contexto dramático.

En total escribió más de 60 piezas basadas en leyendas trágicas, episodios de capa y espada o conflictos de conciencia.

Una de las más conocidas es *El gran Galeoto,* estrenada en 1881. Se trata de la historia de don Julián y su esposa Teodora, en cuya casa vive un joven huérfano, Ernesto, protegido de aquél. El hecho de que Ernesto y Teodora sean de la misma edad da motivo a murmuraciones de los vecinos, que poco a poco comienzan a pesar sobre el ánimo de don Julián. Diversas circunstancias llegan a convencer a éste de que las murmuraciones son fundadas, no obstante lo cual se bate en duelo con un calumniador —y perece en el incidente.

A la muerte de don Julián, un hermano suyo, don Severo, echa a Teodora de la casa. Esta cae entonces desmayada en brazos de Ernesto. De este modo se hacen realidad los rumores, hasta entonces falsos, de los vecinos, quienes a la larga han servido de intermediarios en la unión definitiva de los jóvenes.

El principio de la obra, escrito en prosa, anticipa las líneas generales de la acción dramática, así como el objetivo que anima al autor, personificado en cierta forma aquí por el personaje de Ernesto:

DON JULIAN: *(Asomándose a la puerta, pero sin entrar):* Hola, Ernesto.
ERNESTO: ¡Don Julián!
DON JULIAN: ¿Trabajando aún? . . . ¿Estorbo?
ERNESTO: *(Levantándose):* ¡Estorbar! ¡Por Dios, don Julián! . . . Entre usted, entre usted. ¿Y Teodora? *(D. Julián entra.)*
DON JULIAN: Del Teatro Real venimos. Subió ella con mis hermanos al tercero, a ver no sé qué compras de Mercedes, y yo me encaminaba hacia mi cuarto, cuando vi luz en el tuyo, y me asomé a darte las buenas noches.
ERNESTO: ¿Mucha gente?
DON JULIAN: Mucha, como siempre; y todos los amigos me preguntaron por ti. Extrañaban que no hubieses ido.
ERNESTO: ¡Oh! . . . ¡Qué interés!
DON JULIAN: El que tú te mereces, y aún es poco. Y tú, ¿has aprovechado estas tres horas de soledad y de inspiración?
ERNESTO: De soledad, sí; de inspiración, no. No vino a mí, aunque rendido y enamorado la llamaba.
DON JULIAN: ¿Faltó a la cita?

ERNESTO:	Y no por vez primera. Pero si nada hice de provecho, hice, en cambio, un provechoso descubrimiento.
DON JULIAN:	¿Cuál?
ERNESTO:	Este: que soy un pobre diablo.
DON JULIAN:	¡Diablo! Pues me parece descubrimiento famoso.
ERNESTO:	Ni más, ni menos.
DON JULIAN:	¿Y por qué tal enojo contigo mismo? ¿No sale acaso el drama que me anunciaste el otro día?
ERNESTO:	¡Qué ha de salir! Quien se sale de quicio soy yo.
DON JULIAN:	¿Y en qué consiste ese desaire que juntos hacen la inspiración y el drama a mi buen Ernesto?
ERNESTO:	Consiste en que, al imaginarlo, yo creí que la idea del drama era fecunda, y al darle forma, y al vestirla con el ropaje propio de la escena, resulta una cosa extraña, difícil, antidramática, imposible.
DON JULIAN:	Pero ¿en qué consiste lo imposible del caso? Vamos, dime algo, que ya voy entrando en curiosidad. (Sentándose en el sofá.)
ERNESTO:	Figúrese usted que el principal personaje, el que crea el drama, el que lo desarrolla, el que lo anima, el que provoca la catástrofe, el que la devora y la goza, no puede salir a escena.
DON JULIAN:	¿Tan feo es? ¿Tan repugnante o tan malo?
ERNESTO:	No es eso. Feo, como cualquiera: como usted o como yo. Malo, tampoco: ni malo ni bueno. Repugnante, no en verdad: no soy tan escéptico, ni tan misántropo, ni tan desengañado de la vida estoy, que tal cosa afirme o tal injusticia cometa.
DON JULIAN:	¡Virgen Santísima, y qué cosas dices! ¿Es drama mitológico por ventura y aparecen titanes?
ERNESTO:	Titanes son, pero a la moderna.
DON JULIAN:	¿En suma?
ERNESTO:	En suma: ese personaje es . . . ¡"Todo el mundo", que es una buena suma!
DON JULIAN:	"¡Todo el mundo!" Pues tienes razón: todo el mundo no cabe en el teatro; he ahí una verdad indiscutible y muchas veces demostrada.
ERNESTO:	Pues ya ve usted cómo yo estaba en lo cierto.
DON JULIAN:	No completamente. "Todo el mundo" puede condensarse en unos cuantos tipos o caracteres. Yo no entiendo de esas materias; pero tengo oído que esto han hecho los maestros más de una vez.
ERNESTO:	Sí, pero en mi caso, es decir, en mi drama, no puede hacerse.
DON JULIAN:	¿Por qué?
ERNESTO:	Mire usted: cada individuo de esa masa total, cada cabeza de ese monstruo de cien mil cabezas, de ese titán del siglo que yo llamo "todo el mundo", toma parte en mi drama un instante brevísimo, pronuncia una palabra no más, dirige una sola mirada; quizá toda su acción en la fábula es una sonrisa; aparece un punto y luego se aleja: obra

	sin pasión, sin saña, sin maldad, indiferente y distraído; por distracción muchas veces.
DON JULIAN:	¿Y qué?
ERNESTO:	Que de esas palabras sueltas, de esas miradas fugaces, de esas sonrisas indiferentes, de todas esas pequeñas murmuraciones y de todas esas pequeñísimas maldades; de todos esos que pudiéramos llamar rayos insignificantes de luz dramática, condensados en un foco y en una familia, resulta el incendio y la explosión, la lucha y las víctimas. Si yo represento la totalidad de las gentes por unos cuantos tipos o personajes simbólicos, tengo que poner en cada uno lo que realmente está disperso en muchos, y resulta falseado el pensamiento ... y resulta, además, el peligro de que se crea que yo trato de pintar una sociedad infame, corrompida y cruel, cuando yo sólo pretendo demostrar que ni aun las acciones más insignificantes son insignificantes ni perdidas para el bien o para el mal, porque sumadas por misteriosas influencias de la vida moderna pueden llegar a producir inmensos efectos ...

Don Julián se muestra escéptico acerca de las posibilidades de un drama basado en semejantes premisas, pero, al quedar solo, Ernesto decide continuar adelante con sus ideas:

ERNESTO:	Diga lo que quiera don Julián, yo no abandono mi empresa. Fuera insigne cobardía. No, no retrocedo ... ; adelante. (*Se levanta y se pasea agitadamente. Después se acerca al balcón.*) Noche, protégeme, que en tu negrura, mejor que en el manto azul del día, se dibujan los contornos luminosos de la inspiración. Alzad vuestros techos, casas mil de la heroica villa, que, por un poeta en necesidad suma, no habéis de hacer menos que por aquel diablillo cojuelo[8] que traviesamente os descaperuzó. Vea yo entrar en vuestras salas y gabinetes damas y caballeros buscando, tras las agitadas horas de públicos placeres, el nocturno descanso ... Y como de rayos dispersos de luz por diáfano cristal recogidos se hacen grandes focos, y como de líneas cruzadas de sombra se hacen las tinieblas, y de granos de tierra los montes, y de gotas de agua los mares, así yo, de vuestras frases perdidas, de vuestras vagas sonrisas, de vuestras miradas curiosas, de esas mil trivialidades que en çafés, teatros, reuniones y espectáculos dejáis dispersas, y que ahora flotan en el aire, forjé también mi drama, y sea el modesto cristal de mi inteligencia lente que traiga al foco luces y sombras,

[8] Se refiere a *El diablo cojuelo*, de Luis Vélez de Guevara (véase el Capítulo 3 de la Segunda Parte, nota 21). En esta obra, el diablillo cojo a que alude el título hace ver a un estudiante lo que ocurre en el interior de multitud de viviendas españolas, levantando sus techos por medio de sus poderes sobrenaturales.

para que en él broten el incendio dramático y la trágica explosión de la catástrofe. Brote mi drama, que hasta título tiene, porque allá, bajo la luz del quinqué[9], veo la obra inmortal del inmortal poeta florentino[10], y dióme en italiano lo que en buen español fuera buena imprudencia y mala osadía escribir en un libro y pronunciar en la escena. Francesca y Paolo, ¡válganme vuestros amores! *(Sentándose a la mesa y preparándose a escribir.)* ¡Al drama!... ¡El drama empieza! Primera hoja: ya no está en blanco... ya tiene título. *(Escribiendo.)* El gran Galeoto.

El resto de la pieza, en verso, desarrolla esta idea siguiendo las líneas del argumento resumido al principio de nuestra exposición, con abundancia de choques pasionales y "golpes de efecto".

Como tantos otros autores de la época, Echegaray comienza su actividad literaria bajo el influjo del romanticismo. Pero a diferencia del resto de sus colegas, quienes abandonan gradualmente esa tendencia para adoptar definitivamente el realismo, Echegaray continúa explotando durante la mayor parte de su obra el desenfreno pasional, las situaciones extremas, el lenguaje altisonante y el efecto teatral, lo que le ha valido el calificativo de *neo-romántico*.

Otras obras de gran éxito en su tiempo fueron *O locura o santidad* (1877), *Mariana* (1892), *El hijo de don Juan* (1892), *Mancha que limpia* (1895) y *El loco Dios* (1900).

El teatro de Echegaray, ejemplo clásico de *melodrama*[11], fue desplazado de los escenarios españoles por las nuevas concepciones dramáticas del siglo XX. Los escritores del 98 y generaciones posteriores hicieron de Echegaray blanco de las más acerbas y violentas críticas. Algunos hasta llegaron a organizar protestas cuando se le concedió el Premio Nobel. Hoy día sus obras han caído completamente en el olvido.

---

[9] Lámpara con depósito de combustible y pantalla de cristal.

[10] Alude a Dante Alighieri, quien, en un episodio de *La Divina Comedia* cuenta cómo los, jóvenes Paolo y Francesca leen una narración de los amores de Lanzarote y la reina Ginebra. En el poema, sirve de intermediario entre ambos personajes la figura de Galeoto. Excitados por la lectura, Paolo y Francesca se besan.

[11] Inicialmente, el término se aplicó a las piezas que iban acompañadas de música. A partir del siglo XIX, comenzaron a designarse así las obras de carácter excesivamente sentimental y personajes caricaturescos.

5. LA NARRATIVA REALISTA

La novela, poco cultivada durante la primera parte del XIX, alcanza nueva preeminencia al imponerse el realismo en la literatura de la segunda mitad del siglo.

Estrechamente relacionada con los cuadros de costumbres[1], la novela realista va evolucionando paulatinamente bajo la influencia de los modelos ingleses y franceses para buscar de nuevo inspiración en lo propiamente hispánico, como el realismo de la picaresca y del Quijote.

Cecilia Böhl de Faber, más conocida, como ya hemos dicho, por el seudónimo de Fernán Caballero, es la iniciadora de este movimiento. Hija de un conocido hispanista alemán radicado en Cádiz y de una dama de esa ciudad, Cecilia nació en Morges, Suiza en 1796. Su niñez transcurrió en Cádiz, rodeada del mismo ambiente que más tarde incorporaría a su obra. Cursó estudios en Alemania, y a su regreso comenzó a interesarse por la literatura popular y el folklore español.

Su primera obra, sin embargo, se hizo esperar bastante, pues no es hasta 1849 cuando ve la luz *La Gaviota*, publicada en forma de novela por entregas en el periódico madrileño *El Heraldo*.

En esta obra, la autora narra los amores de un joven médico alemán, Fritz Stein, con una aldeana inculta pero de voz maravillosa, a la que llaman la Gaviota. El capítulo VIII, que hemos escogido como selección, describe el encuentro de Fritz con Marisalada, verdadero nombre de la aldeana.

---

[1] Viñetas literarias que se limitan a describir el modo de vida de una época.

Fernán Caballero. (MAS)

La gaviota

Al día siguiente caminaba la tía María hacia la habitación de la enferma, en compañía de Stein y de Momo, escudero pedestre de su abuela, la cual iba montada en la formal "Golondrina"[2], que, siempre servicial, mansa y dócil, caminaba derecha, con la cabeza caída y las orejas gachas, sin hacer un solo movimiento espontáneo, excepto si se encontraba con un cardo, su homónimo, al alcance de su hocico.

Llegados que fueron, se sorprendió Stein de hallar en medio de aquella uniforme comarca, de tan grave y seca naturaleza, un lugar frondoso y ameno que era como un oasis en el desierto.

Abríase paso la mar por entre dos altas rocas para formar una pequeña ensenada circular, en forma de herradura, que estaba rodeada de finísima arena, y parecía un plato de cristal puesto sobre una mesa dorada. Algunas rocas se asomaban tímidamente entre la arena, como para brindar asiento y descanso en aquella tranquila orilla. A una de estas rocas estaba amarrada la barca del pescador, balanceándose al empuje de la marea cual impaciente corcel que han sujetado.

[2] Nombre de la burra de la tía María.

Sobre el peñasco del frente descollaba el fuerte de San Cristóbal, coronado por las copas de higueras silvestres, como lo está un viejo druida[3] por hojas de encina.

A pocos pasos de allí descubrió Stein un objeto que le sorprendió mucho. Era una especie de jardín subterráneo, de los que llaman en Andalucía *navazos*. Fórmanse éstos excavando la tierra hasta cierta profundidad y cultivando el fondo con esmero. Un cañaveral de espeso y fresco follaje circundaba aquel enterrado huerto, dando consistencia a los planos perpendiculares que le rodeaban con su fibrosa raigambre y preservándolo con sus copiosos y elevados tallos contra las irrupciones de la arena. En aquella hondura, no obstante la proximidad de la mar, la tierra produce, sin necesidad de riego, abundantes y bien sazonadas[4] legumbres; porque el agua del mar, filtrándose por espesas capas de arena, se despoja de su acritud y llega a las plantas adaptable para su alimentación. Las sandías de los navazos, en particular, son exquisitas, y algunas de ellas de tales dimensiones que bastan dos para la carga de una caballería mayor.

—¡Vaya si está hermoso el navazo del tío Pedro! —dijo la tía María—. No parece sino que lo riega con agua bendita. El pobrecito siempre está trabajando, pero bien le luce. Apuesto a que coge hogaño[5] tomates como naranjas y sandías como ruedas de molino.

—Mejores han de ser —repuso Momo— los que acá cojamos en el cojumbral de la orilla del río.

Un *cojumbral* es el plantío de melones, maíz y legumbre sembrado en un terreno húmedo, que el dueño del cortijo suele ceder gratuitamente a las gentes del campo pobres, que cultivándolo lo benefician.

—A mí no me hacen gracia los cojumbrales —contestó la abuela, meneando la cabeza.

—Pues, ¿acaso no sabe usted, señora —replicó Momo—, lo que dice el refrán: "un cojumbral da dos mil reales, una capa, un cochino gordo y un chiquillo más a su dueño?"

—Se te olvidó la cola —repuso la tía María—, que es "un año de tercianas"[6], las cuales se tragan las otras ganancias, menos la del hijo.

El pescador había construido la cabaña con los despojos de su barca, que el mar había arrojado a la playa. Había apoyado el techo en la peña, y cobijaba éste una especie de graderío natural que formaba la roca, lo que hacía que la habitación tuviese tres pisos. El primero se componía de una pieza alta, bastante grande para servir de sala, cocina, gallinero y establo de invierno para la burra.

El segundo, al cual se subía por unos escalones abiertos a pico en la roca, se componía de dos cuartitos. En el de la izquierda, sombrío y pegado a la peña, dormía el tío Pedro; el de la derecha era el de su hija, que gozaba del privilegio exclusivo de una ventanita que había servido en el barco y que daba vista a la ensenada. El tercer piso, al que conducía el pasadizo

---

[3] Sacerdote de los antiguos galos.

[4] De buen sabor.

[5] En este año.

[6] Calenturas intermitentes.

que separaba los cuartitos del padre y de su hija, lo formaba un oscuro y ahogado desván. El techo, que, como hemos dicho, se apoyaba en la roca, era horizontal y hecho de enea[7], cuya primera capa, podrida por las lluvias, producía una selva de hierbas y florecillas, de manera que cuando en otoño, con las aguas, resucitaba allí la Naturaleza de los rigores del verano, la choza parecía techada con un pensil[8].

Cuando los recién venidos entraron en la cabaña, encontraron al pescador triste y abatido, sentado a la lumbre, enfrente de su hija, que, con el cabello desordenado y colgando a ambos lados de su pálido rostro, encogida y tiritando, envolvía sus descarnados miembros en un toquillón[9] de bayeta parda. No parecía tener arriba de trece años. La enferma fijó sus grandes y ariscos ojos negros en las personas que entraban, con una expresión poco benévola, volviendo en seguida acurrucarse en el rincón del hogar.

—Tío Pedro —dijo la tía María—, usted se olvida de sus amigos, pero ellos no se olvidan de usted. ¿Me querrá usted decir para qué le dio el Señor la boca? ¿No hubiera usted podido venir a decirme que la niña estaba mala? Si antes me lo hubiese usted dicho, antes hubiese yo venido aquí con el señor, que es un médico de los pocos y que en un dos por tres se la va a usted a poner buena.

Pedro Santaló se levantó bruscamente, se adelantó hacia Stein, quiso hablarle; pero de tal suerte estaba conmovido, que no pudo articular palabra y se cubrió el rostro con las manos.

Era un hombre de edad, de aspecto tosco y formas colosales. Su rostro, tostado por el sol, estaba coronado por una espesa y bronca cabellera cana; su pecho, rojo como el de los indios del Ohío, estaba cubierto de vello.

—Vamos, tío Pedro —siguió la tía María, cuyas lágrimas corrían hilo a hilo por sus mejillas, al ver el desconsuelo del pobre padre—; ¡un hombre como usted, tamaño como un templo, con un aquel que parece que se va a comer los niños crudos, se amilana así sin razón! ¡Vaya! ¡Ya veo que es usted todo fachada!

—¡Tía María! —respondió en voz apagada el pescador—, ¡con ésta serán cinco hijos enterrados!

—¡Señor! ¿Y por qué se ha de descorazonar usted de esta manera? Acuérdese usted del santo de su nombre, que se hundió en la mar cuando le faltó la fe que le sostenía. Le digo a usted que con el favor de Dios don Federico curará a la niña en un decir Jesús.

El tío Pedro movió tristemente la cabeza.

—¡Qué cabezones[10] son estos catalanes! —dijo la tía María con viveza. Y pasando por delante del pescador se acercó a la enferma y añadió:

—Vamos, Marisalada; vamos, levántate, hija.

---

[7] Planta que crece en terrenos pantanosos.
[8] Jardín.
[9] Gran pañuelo de lana.
[10] Testarudos, porfiados.

Marisalada no se movió.

—Vamos, criatura —repitió la buena mujer—; verás cómo te va a curar como por ensalmo.

Diciendo estas palabras, cogió por un brazo a la niña, procurando levantarla.

—¡No me da la gana! —dijo la enferma, desprendiéndose de la mano que la retenía con una fuerte sacudida.

—Tan suavita es la hija como el padre; quien lo hereda, no lo hurta —murmuró Momo, que se había asomado a la puerta.

—Como está mala, está mal templada[11] —dijo su padre, tratando de disculparla.

Marisalada tuvo un golpe de tos. El pescador se retorcía las manos de angustia.

—Un resfriado —dijo la tía María—; vamos, que eso no es cosa del otro jueves. Pero también, tío Pedro de mis pecados, ¿quién consiente en que esa niña, con el frío que hace, ande descalza de pies y piernas por esas rocas y esos ventisqueros?

—¡Quería...! —respondió el tío Pedro.

—¿Y por qué no se le dan alimentos sanos, buenos caldos, leche, huevos? Y no lo que come, que no son más que mariscos.

—¡No quiere! —respondió con desaliento el padre.

—Morir de mal mandada[12] —opinó Momo, que se había apoyado cruzado de brazos en el quicio de la puerta.

—¿Quieres meterte la lengua en la faltriquera?[13] —le dijo impaciente su abuela, y volviéndose a Stein—: Don Federico, procure usted examinarla sin que tenga que moverse, pues no lo hará aunque la maten.

Stein empezó por preguntar al padre algunos pormenores sobre la enfermedad de su hija; acercándose después a la paciente, que estaba amodorrada, observó que sus pulmones se hallaban oprimidos en la estrecha cavidad que ocupaban, y estaban irritados de resultas de la opresión. El caso era grave. Tenía una gran debilidad por la falta de alimentos, tos honda y seca y calentura continua; en fin, estaba en camino de la consunción[14].

—¿Y todavía le da por cantar? —preguntó la anciana durante el examen.

—Cantará crucificada como los *murciélagos* —dijo Momo, sacando la cabeza fuera de la puerta para que el viento se llevase sus suaves palabras y no las oyese su abuela.

—Lo primero que hay que hacer —dijo Stein— es impedir que esta niña se exponga a la intemperie.

—¿Lo estás oyendo? —dijo a la niña su angustiado padre.

—Es preciso —continuó Stein— que gaste calzado y ropa de abrigo.

—¡Si no quiere! —exclamó el pescador, levantándose precipitadamente y abriendo un arca de cedro, de la que sacó cantidad de prendas de vestir—.

[11] De mal humor.
[12] Mal educada.
[13] Bolsillo.
[14] Extenuación.

Nada le falta; cuanto tengo y puedo juntar es para ella. María, hija, ¿te pondrás estas ropas? ¡Hazlo, por Dios, Mariquilla, ya ves que lo manda el médico!

La muchacha, que se había despabilado[15] con el ruido que había hecho su padre, lanzó una mirada díscola[16] a Stein, diciendo con voz áspera:

—¿Quién me gobierna a mí?

—No me dieran a mí más trabajo que ése y una vara de acebuche[17] murmuró Momo.

—Es preciso —prosiguió Stein— alimentarla bien y que tome caldos sustanciosos.

La tía María hizo un gesto expresivo de aprobación.

—Debe nutrirse con leche, pollos, huevos frescos y cosas análogas.

—¡Cuando yo le decía a usted —prorrumpió la abuelita, encarándose con el tío Pedro— que el señor es el mejor médico del mundo entero!

—Cuidado que no cante —advirtió Stein.

—¡Que no vuelva yo a oírla! —exclamó con dolor el pobre tío Pedro.

—¡Pues mira qué desgracia! —contestó la tía María—. Deje usted que se ponga buena, y entonces podrá cantar de día y de noche como un reloj de cucú. Pero estoy pensando que lo mejor será que yo me la lleve a mi casa, porque aquí no hay quien la cuide ni quien haga un buen puchero como lo sé yo hacer.

—Lo sé por experiencia —dijo Stein sonriéndose—, y puedo asegurar que el caldo hecho por manos de mi buena enfermera se le puede presentar a un rey.

La tía María se esponjó[18] tan satisfecha.

—Conque, tío Pedro, no hay más que hablar; me la llevo.

—¡Quedarme sin ella! ¡No, no puede ser!

—¡Tío Pedro, tío Pedro, no es ésa la manera de querer a los hijos —replicó la tía María—; el amar a los hijos es anteponer a todo lo que a ellos conviene.

—Pues bien está —repuso el pescador levantándose de repente—; llévesela usted: en sus manos la pongo, al cuidado de ese señor la entrego, y al amparo de Dios la encomiendo.

Diciendo esto, salió precipitadamente de la casa, como si temiese volverse atrás de su determinación; y fue a aparejar su burra.

—Don Federico —preguntó la tía María, cuando quedaron solos con la niña, que permanecía aletargada—: ¿no es verdad que la pondrá usted buena con la ayuda de Dios?

—Así lo espero —contestó Stein—; ¡no puedo expresar a usted cuánto me interesa ese pobre padre!

La tía María hizo un lío de la ropa que el pescador había sacado, y éste volvió trayendo del diestro la bestia. Entre todos colocaron encima a la enferma, la que, siguiendo amodorrada con la calentura, no opuso resistencia. Antes que la tía María se subiese en "Golondrina", que parecía bastante satisfecha de volverse en compañía de "Urca" (que tal era *la*

---

[15] Despertado.

[16] Aviesa, indócil.

[17] Olivo silvestre.

[18] Se hinchó de satisfacción.

gracia[19] de la burra del tío Pedro), éste llamó aparte a la tía María, y le dijo dándole unas monedas de oro:

—Esto pude escapar de mi naufragio; tómelo usted, déselo al médico: que cuanto yo tengo es para quien salve la vida de mi hija.

—Guarde usted su dinero —respondió la tía María—, y sepa que el doctor ha venido aquí, en primer lugar, por Dios, y en segundo . . . por mí —la tía María dijo estas últimas palabras con un ligero tinte de fatuidad.

Con esto, se pusieron en camino.

—No ha de parar usted, madre abuela —dijo Momo, que caminaba detrás de "Golondrina"—, hasta llenar de gentes el convento, tan grande como es. Y qué, ¿no es bastante buena la choza para la princesa Gaviota?

—Momo —respondió su abuela—, métete en tus calzones: ¿estás?

—Pero, ¿qué tiene usted que ver, ni qué le toca[20] esa gaviota montaraz, para que asina[21] la tome a su cargo, señora?

—Momo, dice el refrán: "¿Quién es tu hermana?: La vecina más cercana"; y otro añade: "Al hijo del vecino, quitarle el moco y meterlo en casa", y la sentencia reza: "Al prójimo como a ti mismo".

Otro hay que dice: "Al prójimo contra una esquina" —repuso Momo—. ¡Pero nada! Usted se ha encalabrinado en ganarle la palmeta a San Juan de Dios.

—No serás tú el ángel que me ayude —dijo con tristeza a tía María.

Dolores recibió a la enferma con los brazos abiertos, celebrando como muy acertada la determinación de su suegra.

Pedro Santaló, que había llevado a su hija, antes de volverse, llamó aparte a la caritativa enfermera, y poniéndole las monedas de oro en la mano, le dijo:

—Esto es para costear la asistencia, y para que nada le falte. En cuanto a la caridad de usted, tía María, Dios será el premio.

La buena anciana vaciló un instante, tomó el dinero, y dijo:

—Bien está; nada le faltará; vaya usted descuidado, tío Pedro, que su hija queda en buenas manos.

El pobre padre salió aceleradamente, y no se detuvo hasta llegar a la playa. Allí se paró, volvió la cara hacia el convento, y se echó a llorar amargamente.

Entretanto, la tía María decía a Momo:

—Menéate, ve al lugar, y tráeme un jamón de en casa del Serrano, que me hará el favor de dártelo añejo, en sabiendo que es para un efermo; tráete una libra de azúcar, y una cuarta de almendras.

—¡Eche usted y no se derrame![22] —exclamó Momo—; y eso, ¿piensa usted que me lo den fiado o por mi buena cara?

—Aquí tienes con qué pagar —repuso la abuela, poniéndole en la mano una moneda de oro de cuatro duros.

---

[19] Nombre.

[20] Importa.

[21] Así.

[22] ¡*Eche Ud. y no se derrame*!: expresión con que se reprende la falta de economía, equivalente a "echar la casa por la ventana".

—¡Oro! —exclamó estupefacto Momo, que por primera vez en su vida veía ese metal acuñado—. ¿De dónde demonios ha sacado usted esa moneda?

—¿Qué te importa? —repuso la tía María—; no te metas en camisa de once varas[23]. Corre, vuela, ¿estás de vuelta?

—¡Pues sólo faltaba —repuso Momo— el que le sirviese yo de criado a esa pilla de playa, a esa condenada gaviota! No voy, ni por los catalanes.

—Muchacho, ponte en camino, y *liberal*[24].

—Que no voy ni hecho trizas —recalcó Momo.

—José —dijo la tía María al ver salir al pastor—, ¿vas al lugar?

—Sí señora; ¿qué me tiene usted que mandar?

Hízole la buena mujer sus encargos, y añadió:

—Ese Momo, ese mal alma, no quiere ir y yo no se lo quiero decir a su padre que le haría ir de cabeza, porque llevaría una soba[25] tal, que no le había de quedar en su cuerpo hueso sano.

—Sí, sí, esmérese usted en cuidar a esa cuerva, que le sacará los ojos —dijo Momo—. ¡Ya verá el pago que le da, y si no... al tiempo!

Como es de esperarse, la niña se recupera y se convierte en una belleza, de la que el doctor se enamora.

Fritz se casa con Marisalada y comienza a enseñarle canto. Poco después el matrimonio se traslada a Sevilla, donde la joven termina su educación musical y efectúa su presentación con gran éxito. El triunfo que obtiene en la Opera de Madrid termina por consagrarla como una de las grandes divas del momento. Pero el éxito tiene un efecto negativo en la Gaviota, que, mimada del público, quiere gustarlo todo: se lanza de lleno a la vida intensa de la capital e inicia una aventura amorosa con el torero de moda. Su marido, al enterarse, la abandona y va a morir a Cuba.

La obra termina de acuerdo con la moral cristiana. El destino se encarga de castigar a la culpable, que primero pierde la voz y luego presencia la muerte trágica de su amante. Marisalada termina sus días miserablemente... casada con el barbero de la aldea donde nació.

La Gaviota fue la sensación literaria del año. Los críticos la recibieron con cálidos elogios en que destacaban la autenticidad de los personajes y la naturalidad de las descripciones. Hoy día, no obstante, las obras de esta autora conservan apenas valor antológico. Son particularmente molestas las largas reflexiones morales y las amonestaciones que rompen frecuentemente el hilo de la acción. Como indica Valera[3]: "Fernán Caballero ve las cosas de España a través de un prisma de sentimentalismo germánico que las desfigura o las trastrueca, y predica demasiado..."

Cecilia Böhl de Faber continúa escribiendo hasta una edad muy avanzada y muere a los 81 años de edad, en abril de 1877.

[23] *Meterse en camisas de once varas:* inmiscuirse en lo que no le incumbe.

[24] Pronto, de prisa.

[25] Paliza.

[26] Véase el comentario acerca de Juan Valera en este capítulo.

María Barrientos, cantante española de ópera. Escultura de Mariano Belliure y Gil. (Cortesía de The Hispanic Society of America)

La nueva tendencia se reafirma en las obras de Pedro Antonio de Alarcón (1833-1891) y Juan Valera (1824-1905).

Pedro Antonio de Alarcón

Oriundo de Guadix, Granada, Alarcón cursó estudios en el seminario de esa villa y también en la Universidad de Granada. Pronto se dedicó al periodismo, en Guadix, Granada y Madrid, pero a causa de sus artículos se creó numerosos enemigos. Trató de abrirse paso también en el teatro y presentó en Madrid *El hijo pródigo*, mas la obra no fue bien recibida por los críticos.

Sus crónicas de viajes, novelas, cuentos y narraciones en general tuvieron mejor suerte. La descripción de la región de las Alpujarras, próxima a Granada gustó mucho. Idéntica acogida favorable lograron sus dos obras más famosas, *El sombrero de tres picos* (1874) y *El capitán veneno* (1881).

Alarcón dejó una obra literaria bastante considerable aunque de valor desigual. En cambio, el atractivo de su obra maestra *El sombrero de tres picos* no ha disminuido jamás, pues su estilo fluido y gracioso, lleno de salero andaluz y humor satírico, tiene toda la vivacidad y el sabor de un relato oral[27].

Juan Valera

Juan Valera nació en Cabra, provincia de Córdoba, en 1824. Sus padres fueron el general de marina don José de Valera y Viaña y doña Dolores Alcalá Galiano, marquesa de la Paniega.

Al terminar sus estudios de derecho en 1846, Valera se traslada a Madrid para dedicarse a las letras. Poco después viaja a Nápoles, donde su familia le había obtenido el cargo de agregado a la embajada española, regida por su tío el duque de Rivas. Con esta posición se inicia en la carrera diplomática, que le daría la oportunidad de viajar a diversos países de Europa y América, y además, le permitiría sentar las bases de sus extensos estudios de las literaturas occidentales y perfeccionar su dominio de las lenguas europeas.

Su carrera literaria se desarrolla paralelamente con sus labores diplomáticas. Hombre culto y refinado, su obra lo sería también. Polifacético, cultiva diversos géneros literarios con acierto: la poesía, el ensayo y, sobre todo, la crítica literaria y la prosa narrativa.

Su obra de ficción tiene un comienzo más bien tardío. No es hasta 1874 cuando aparece *Pepita Jiménez*, la primera y más conocida de sus novelas.

Algunos críticos le atribuyen un antecendente familiar, pero parece tratarse más bien de un producto de la fértil imaginación del novelista. El mismo nos dice que escribió esta novela sin caer hasta el fin que era novela. Añade que su fantasía se había exaltado con la lectura de libros devotos y que quiso entonces recoger "como un ramillete", todo lo más precioso o lo que más precioso le parecía de "aquellas flores místicas y ascéticas".

Valera empleó en parte de *Pepita Jiménez* la forma epistolar, que dominaba a la perfección. La trama va desarrollándose a través de las cartas que un joven seminarista, Luis de Vargas, le escribe a su tío, deán de una catedral. En ellas se puede apreciar cómo el ideal místico de Luis se va debilitando a medida que germina su pasión por una joven viuda, bella y simpática.

Veamos un fragmento de la primera parte y otro de la segunda.

[27] Trata de la mujer de un molinero que resiste los avances amorosos del corregidor, figura grotesca de capa y sombrero de tres picos.

Joaquín Sorolla: Retrato de la esposa del pintor.
(The Metropolitan Museum of Art, Wolfe Fund, 1909)

Pepita Jiménez
I.   Cartas de mi sobrino.

Me voy cansando de mi residencia en este lugar, y cada día siento más deseo de volverme con usted y de recibir las órdenes[28]; pero mi padre quiere acompañarme, quiere estar presente en esa gran solemnidad y exige de mí que permanezca aquí con él dos meses por lo menos. Está tan afable, tan cariñoso conmigo, que sería imposible no darle gusto en todo. Permaneceré, pues, aquí el tiempo que él quiera. Para complacerle me violento[29] y procuro aparentar que me gustan las diversiones de aquí, las jiras campestres y hasta la caza, a todo lo cual le acompaño. Procuro mostrarme más alegre y bullicioso de lo que naturalmente soy. Como en el pueblo, medio de burla, medio en son de elogio, me llaman el *Santo*, yo, por modestia, trato de disimular estas apariencias de santidad, o de suavizarlas y humanarlas[30], con la virtud de la eutrapelia[31], ostentando una alegría

[28] Sacramento por el cual son instituidos los sacerdotes.

[29] Hace contra su gusto.

[30] Hacerlas más humanos.

[31] Virtud que modera el exceso.

321

serena y decente, la cual nunca estuvo reñida ni con la santidad ni con los santos. Confieso, con todo, que las bromas y fiestas de aquí, que los chistes groseros y el regocijo estruendoso me cansan. No quisiera incurrir en murmuración ni ser maldiciente[32], aunque sea con todo sigilo[33] y de mí para usted; pero a menudo me doy a pensar que tal vez sería más difícil empresa el moralizar y evangelizar un poco a estas gentes, y más lógica y meritoria que irse a la India, a la Persia o a la China, dejándose atrás a tanto compatriota, si no perdido, algo pervertido. ¡Quién sabe! Dicen algunos que las ideas modernas, que el materialismo y la incredulidad tienen la culpa de todo; pero si la tienen, pero si obran tan malos efectos ha de ser de un modo extraño, mágico, diabólico, y no por medios naturales, pues es lo cierto que nadie lee aquí libro alguno, ni bueno ni malo, por donde no tino[34] a comprender cómo pueden pervertirse con las malas doctrinas que privan[35] ahora. ¿Estarán en el aire las malas doctrinas, a modo de miasmas[36] de una epidemia? Acaso (y siento tener este mal pensamiento, que a usted sólo declaro), acaso tenga la culpa el mismo clero. ¿Está en España a la altura de su misión? ¿Va a enseñar y a moralizar en los pueblos? ¿En todos sus individuos es capaz de esto? ¿Hay verdadera vocación en los que se consagran a la vida religiosa y la cura de almas, o es sólo un modo de vivir como otro cualquiera, con la diferencia de que hoy no se dedican a él sino los más menesterosos[37], los más sin esperanzas y sin medios, por lo mismo que esta "carrera" ofrece menos porvenir que cualquier otra? Sea como sea, la escasez de sacerdotes instruidos y virtuosos excita más en mí el deseo de ser sacerdote. No quisiera yo que el amor propio me engañase; reconozco todos mis defectos; pero siento en mí una verdadera vocación, y muchos de ellos podrán enmendarse con el auxilio divino.

Hace tres días tuvimos el convite, de que hablé a usted, en casa de Pepita Jiménez. Como esta mujer vive tan retirada, no la conocí hasta el día del convite; me pareció, en efecto, tan bonita como dice la fama, y advertí que tiene con mi padre una afabilidad tan grande, que le da alguna esperanza, al menos miradas las cosas someramente[39], de que al cabo ceda y acepte su mano.

Como es posible que sea mi madrastra, la he mirado con detención y me parece una mujer singular, cuyas condiciones morales no atino a determinar con certidumbre. Hay en ella un sosiego, una paz exterior, que puede prevenir de frialdad de espíritu y de corazón, de estar muy sobre sí[40] y de calcularlo todo, sintiendo poco o nada, y pudiera provenir también de otras prendas que hubiera en su alma: de la tranquilidad de su conciencia, de la pureza de sus aspiraciones y del pensamiento de cumplir

---

[32] Que habla mal de algo o alguien.

[33] Secreto.

[34] Acierto.

[35] Que tienen general aceptación.

[36] Efluvios o emanaciones malignas.

[37] Necesitados.

[38] Muchos de sus defectos.

[39] Brevemente.

[40] *Muy sobre sí:* muy dueño de sí.

en esta vida con los deberes que la sociedad impone, fijando la mente como término en esperanzas más altas. Ello es lo cierto que, o bien porque en esta mujer todo es cálculo, sin elevarse su mente a superiores esferas, o bien porque enlaza la prosa del vivir y la poesía de sus ensueños en una perfecta armonía, no hay en ella nada que desentone del cuadro general en que está colocada, y, sin embargo, posee una distinción natural que la levanta y separa de cuanto la rodea. No afecta vestir traje aldeano, ni se viste tampoco según la moda de las ciudades; mezcla ambos estilos en su vestir, de modo que parece una señora, pero una señora de lugar. Disimula mucho, a lo que presumo, el cuidado que tiene de su persona; no se advierten en ella ni cosméticos ni afeites[41], pero la blancura de sus manos, las uñas tan bien cuidadas y acicaladas[42], y todo el aseo y pulcritud con que está vestida denotan que cuida de estas cosas más de lo que pudiera creerse en una persona que vive en un pueblo y que, además, dicen que desdeña las vanidades del mundo y sólo piensa en las cosas del Cielo.

Tiene la casa limpísima y todo en un orden perfecto. Los muebles no son artísticos ni elegantes, pero tampoco se advierte en ellos nada de presuntuoso y de mal gusto. Para poetizar su estancia, tanto en el patio como en las salas y galerías hay multitud de flores y plantas. No hay, en verdad, ninguna planta rara ni ninguna flor exótica; pero sus plantas y sus flores, de lo más común que hay por aquí, están cuidadas con extraordinario mimo[43].

Varios canarios en jaulas doradas animan con sus trinos toda la casa. Se conoce que el dueño de ellas necesita seres vivos en quien poner algún cariño; y, a más de algunas criadas, que se diría que ha elegido con empeño, pues no puede ser mera casualidad el que sean todas bonitas, tiene, como las viejas solteronas, varios animales que le hacen compañía: un loro, una perrita de lana muy lavada y dos o tres gatos, tan mansos y sociables, que se le ponen a uno encima.

En un extremo de la sala principal hay algo como oratorio, donde resplandece un Niño Jesús de talla[44], blanco y rubio, con ojos azules y bastante guapo. Su vestido es de raso blanco, con manto azul lleno de estrellitas de oro, y todo él está cubierto de dijes[45] y de joyas. El altarito en que está el Niño Jesús se ve adornado de flores, y alrededor, macetas de brusco y laureola[46], y en el altar mismo, que tiene gradas y escaloncitos, mucha cera[47] ardiendo.

Al ver todo esto no sé qué pensar; pero más a menudo me inclino a creer que la viuda se ama a sí misma sobre todo, y que para recreo y para efusión de este amor tiene los gatos, los canarios, las flores y al propio

[41] Aderezos.
[42] Arregladas.
[43] Cariño.
[44] De madera tallada.
[45] Alhajas pequeñas.
[46] Plantas de adorno.
[47] Velas.

Niño Jesús, que en el fondo de su alma tal vez no esté muy por encima de los canarios y de los gatos.

No se puede negar que la Pepita Jiménez es discreta; ninguna broma tonta, ninguna pregunta impertinente sobre mi vocación y sobre las órdenes que voy a recibir dentro de poco, han salido de sus labios. Habló conmigo de las cosas del lugar, de la labranza, de la última cosecha de vino y de aceite y del modo de mejorar la elaboración del vino; todo ello con modestia y naturalidad, sin mostrar deseo de pasar por muy entendida.

Mi padre estuvo finísimo; parecía remozado[48], y sus extremos cuidadosos hacia la dama de sus pensamientos eran recibidos, si no con amor, con gratitud.

Asistieron al convite el médico, el escribano y el señor vicario, gran amigo de la casa y padre espiritual de Pepita.

El señor vicario debe de tener un alto concepto de ella, porque varias veces me habló aparte de su caridad, de las muchas limosnas que hacía, de lo compasiva y buena que era para todo el mundo; en suma: me dijo que era una santa.

Oído el señor vicario, y fiándome en su juicio, yo no puedo menos de desear que mi padre se case con Pepita. Como mi padre no es a propósito para hacer vida penitente, éste sería el único modo de que cambiase de vida, tan agitada y tempestuosa hasta aquí, y de que viniese a parar a un término, si no ejemplar, ordenado y pacífico.

Cuando nos retiramos de casa de Pepita Jiménez y volvimos a la nuestra, mi padre me habló resueltamente de su proyecto; me dijo que él había sido un gran calavera[49], que había llevado una vida muy mala y que no veía el medio de enmendarse, a pesar de sus años, si aquella mujer, que era su salvación, no le quería y se casaba con él. Dando ya por supuesto que iba a quererle y a casarse, mi padre me habló de intereses; me dijo que era muy rico y que me dejaría mejorado, aunque tuviese varios hijos más. Yo le respondí que para los planes y fines de mi vida necesitaba harto poco dinero, y que mi mayor contento sería verle dichoso con mujer e hijos, olvidado de sus antiguos devaneos. Me habló luego mi padre de sus esperanzas amorosas, con un candor y con una vivacidad tales, que se diría que yo era el padre y el viejo, y él, un chico de mi edad o más joven. Para ponderarme el mérito de la novia y la dificultad del triunfo, me refirió las condiciones y excelencias de los quince o veinte novios que Pepita había tenido, y que todos habían llevado calabazas[50]. En cuanto a él, según me explicó, hasta cierto punto las había llevado también; pero se lisonjeaba de que no fuesen definitivas, porque Pepita le distinguía tanto y le mostraba tan gran afecto, que si aquello no era amor, pudiera fácilmente convertise en amor con el largo trato y con la persistente adoración que él le consagraba. Además, la causa del desvío de Pepita tenía

[48] Rejuvenecido.
[49] Hombre de poco juicio y asiento.
[50] Llevar (o dar) calabazas: ser rechazado (o rechazar) en amores.

para mi padre un no sé qué de fantástico y de sofístico[51] que, al cabo, debía desvanecerse. Pepita no quería retirarse a un convento, ni se inclinaba a la vida penitente; a pesar de su recogimiento y de su devoción religiosa, harto se dejaba ver que se complacía en agradar. El aseo y el esmero de su persona poco tenían de cenobítico[52]. "La culpa de los desvíos de Pepita —decía mi padre— es, sin duda, su orgullo; orgullo, en gran parte, fundado; ella es, naturalmente, elegante, distinguida; es un ser superior por la voluntad y por la inteligencia, por más que con modestia lo disimule. ¿Cómo, pues, ha de entregar su corazón a los palurdos[53] que le han pretendido hasta ahora? Ella imagina que su alma está llena de un místico amor de Dios, y que sólo con Dios se satisface, porque no ha salido a su paso todavía un mortal bastante discreto y agradable que le haga olvidar hasta a su niño Jesús. Aunque sea inmodestia —añadía mi padre— yo me lisonjeo de ser ese mortal dichoso".

Tales son, querido tío, las preocupaciones y ocupaciones de mi padre en este pueblo, y las cosas tan extrañas para mí y tan ajenas a mis propósitos y pensamientos de que me habla con frecuencia, y sobre las cuales quiere que dé mi voto[54].

No parece sino que la excesiva indulgencia de usted para conmigo ha hecho cundir aquí mi fama de hombre de consejo; paso por un pozo de ciencia; todos me refieren sus cuitas[55] y me piden que les muestre el camino que deben seguir. Hasta el bueno del señor vicario, aun exponiéndose a revelar algo como secretos de confesión, ha venido ya a consultarme sobre varios casos de conciencia que se le han presentado en el confesonario.

Mucho me ha llamado la atención uno de estos casos, que me ha sido referido por el vicario, como todos, con profundo misterio y sin decirme el nombre de la persona interesada.

Cuenta el señor vicario que una hija suya de confesión tiene grandes escrúpulos porque se siente llevada, con irresistible impulso, hacia la vida solitaria y contemplativa; pero teme, a veces, que este fervor de devoción no venga acompañado de una verdadera humildad, sino que, en parte, lo promueva y excite el mismo demonio del orgullo.

Amar a Dios sobre todas las cosas, buscarle en el centro del alma, donde está; purificarse de todas las pasiones y afecciones terrenales para unirse a El, son, ciertamente, anhelos piadosos y determinaciones buenas; pero el escrúpulo está en saber, en calcular si nacerán o no de un amor propio exagerado. "¿Nacerán, acaso —parece que piensa la penitente—, de que yo, aunque indigna y pecadora, presumo que vale más mi alma que las almas de mis semejantes; que la hermosura interior de mi mente y de

---

[51] Aparente.
[52] Que profesa la vida monástica.
[53] Hombres de aldea.
[54] Opinión.
[55] Desventuras, agravios.

mi voluntad se turbaría y se empañaría con el afecto de los seres humanos que conozco y creo que no merecen? ¿Amo a Dios, no sobre todas las cosas, de un modo infinito, sino sobre lo poco conocido que desdeño, que desestimo, que no puede llenar mi corazón? Si mi devoción tiene este fundamento, hay en ella dos grandes faltas: la primera, que no está cimentada en un puro amor a Dios, lleno de humildad y de caridad, sino en el orgullo; la segunda, que esa devoción no es firme y valedera, sino que está en el aire, porque ¿quién asegura que no pueda el alma olvidarse del amor a su Creador cuando no le ama de un modo infinito, sino porque no hay criatura a quien juzgue digna de que el amor en ella se emplee?"

Sobre este caso de conciencia, harto alambicado[56] y sutil para que así preocupe a una lugareña, ha venido a consultarme el padre vicario. Yo he querido excusarme de decir nada, fundándome en mi inexperiencia y pocos años; pero el señor vicario se ha obstinado de tal suerte, que no he podido menos de discurrir sobre el caso. He dicho, y mucho me alegraría de que usted aprobase mi parecer, que lo que importa a esta hija de confesión atribulada es mirar con mayor benevolencia a los hombres que la rodean, y en vez de analizar y desentrañar sus faltas con el escalpelo de la crítica, tratar de cubrirlas con el manto de la caridad, haciendo resaltar todas las buenas cualidades de ellos y ponderándolas mucho, a fin de amarlos y estimarlos; que debe esforzarse por ver en cada ser humano un objeto digno de amor, un verdadero prójimo, un igual suyo, un alma en cuyo fondo hay un tesoro de excelentes prendas y virtudes, un ser hecho, en suma, a imagen y semejanza de Dios. Realzado[57] así cuanto nos rodea, amando y estimando a las criaturas por lo que son y por más de lo que son, procurando no tenerse por superior a ellas en nada; antes bien, profundizando con valor en el fondo de nuestra conciencia para descubrir todas nuestras faltas y pecados, y adquiriendo la santa humildad y el menosprecio de uno mismo, el corazón se sentirá lleno de afectos humanos y no despreciará, sino valuará en mucho, el mérito de las cosas y de las personas; de modo que si sobre este fundamento descuella luego y se levanta el amor divino con invencible pujanza, no hay ya miedo de que pueda nacer este amor de una exagerada estimación propia, del orgullo o de un desdén injusto del prójimo, sino que nacerá de la pura y santa consideración de la hermosura y de la bondad infinitas.

Si, como sospecho es Pepita Jiménez la que ha consultado al señor vicario sobre estas dudas y tribulaciones, me parece que mi padre no puede lisonjearse todavía de ser muy querido; pero si el vicario acierta a darle mi consejo, y ella lo acepta y pone en práctica, o vendrá a hacerse una María de Agreda[58] o cosa por el estilo, o, lo que es más probable, dejará a un lado misticismos y desvíos y se conformará y contentará con aceptar la mano y el corazón de mi padre, que en nada es inferior a ella.

---

[56] Afectado, agudo.
[57] Puesto en relieve.
[58] Sor María de Agreda (1602-1665), religiosa franciscana, célebre por sus éxtasis y sus visiones.

Tras incesantes luchas espirituales que se plantean en el ánimo del protagonista entre su vocación religiosa y su atracción por Pepita, el seminarista se decide al fin por el amor humano.

No obstante, esta determinación lleva aparejada un nuevo conflicto, puesto que la joven viuda, como hemos visto, es la prometida de su padre. Este conflicto se resuelve en la segunda parte de la novela:

II.   Paralipómenos[59]

En la mañana del día 27 de junio, después de irse el médico, don Pedro quedó solo con su hijo, y entonces la tan difícil confesión para don Luis tuvo lugar del modo siguiente:

—Padre mío—dijo don Luis—; yo no debo seguir engañando a usted por más tiempo. Hoy voy a confesar a usted mis faltas y a desechar la hipocresía.

—Muchacho, si es confesión lo que vas a hacer, mejor será que llames al padre vicario. Yo tengo muy holgachón[60] el criterio, y te absolveré de todo, sin que mi absolución te valga para nada. Pero si quieres confiarme algún hondo secreto como a tu mejor amigo, empieza, que te escucho.

—Lo que tengo que confiar a usted es una gravísima falta mía, y me da vergüenza. . . .

—Pues no tengas vergüenza con tu padre, y di sin rebozo[61].

Aquí don Luis, poniéndose muy colorado y con visible turbación, dijo:

—Mi secreto es que estoy enamorado de. . . Pepita Jiménez, y que ella. . .

Don Pedro interrumpió a su hijo con una carcajada, y continuó la frase:

—Y que ella está enamorada de ti, y que la noche de la velada[62] de San Juan estuviste con ella en dulces coloquios hasta las dos de la mañana, y que por ella buscaste un lance[63] con el conde de Genezahar, a quien has roto la cabeza. Pues, hijo, bravo secreto me confías. No hay perro ni gato en el lugar que no esté ya al corriente de todo. Lo único que parecía posible ocultar era la duración del coloquio hasta las dos de la mañana; pero unas gitanas buñoleras[64] te vieron salir de la casa, y no pararon hasta contárselo a todo bicho viviente. Pepita, además, no disimula cosa mayor; y hace bien, porque sería el disimulo de Antequera[65]. Desde que estás enfermo viene aquí Pepita dos veces al día, y otras dos o tres veces envía a Antoñona a saber de tu salud; y si no han entrado a verte es porque yo me he opuesto, para que no te alborotes.

La turbación y el apuro de don Luis subieron de punto cuando oyó contar a su padre toda la historia en lacónico compendio.

—¡Qué sorpresa!—replicó—. ¡Qué asombro habrá sido el de usted!

[59] Dos libros canónicos del Antiguo Testamento.
[60] Amplio.
[61] Abiertamente, sin tapujos.
[62] Festividad nocturna.
[63] Desafío, duelo.
[64] Vendedoras de buñuelos.
[65] *Antequera*: victoria de los españoles contra los franceses en 1812; (fig.) regocijo que no se puede ocultar.

—Nada de sorpresa ni de asombro, muchacho. En el lugar sólo se saben las cosas hace cuatro días, y, la verdad sea dicha, ha pasmado tu transformación. "¡Miren el cógelas a tientas y mátalas callando[66]; miren el santurrón y el gatito muerto —exclaman las gentes— con lo que ha venido a descolgarse!" El padre vicario, sobre todo, se ha quedado turulato[67]. Todavía está haciéndose cruces al considerar cuánto trabajaste en la viña del Señor en la noche del veintitrés al veinticuatro, y cuán variados y diversos fueron tus trabajos. Pero a mí no me cogieron las noticias de susto, salvo tu herida. Los viejos sentimos crecer la hierba. No es fácil que los pollos engañen a los recoveros[68].

—Es verdad: he querido engañar a usted. ¡He sido hipócrita!

—No seas tonto; no lo digo por motejarte[69]. Lo digo para darme tono de perspicaz. Pero hablemos con franqueza: mi jactancia es inmotivada. Yo sé punto por punto el progreso de tus amores con Pepita, desde hace más de dos meses; pero lo sé porque tu tío el deán, a quien escribías tus impresiones, me lo ha participado todo.

Los encantos de Pepita y del ambiente andaluz triunfan sobre la vocación religiosa de Luis, con beneplácito de don Pedro.

Si bien Valera idealiza los amores de Pepita Jiménez y Luis de Vargas de acuerdo con el dictamen de su creación artística, pocas obras de la época exponen de manera tan clara y sistemática el inicio y desarrollo de una pasión amorosa, características que la constituyen en una de las primeras novelas sicológicas del siglo XIX en España.

Para algunos de sus críticos, sin embargo, Valera demuestra poca profundidad emocional[70], siendo su mayor mérito la calidad de su prosa, que lo anticipa, como estilista preocupado por la elegancia de la expresión, a la generación del 98[71].

Otras novelas del autor son *Doña Luz*, de tema parecido al de *Pepita Jiménez*; *Las ilusiones del doctor Faustino*, *Juanita la Larga* y *Genio y figura*.

Valera murió en Madrid, a principios de 1905.

José María de Pereda

El más convencido y posiblemente el más vigoroso de todos los regionalistas españoles es sin duda José María de Pereda (1833-1902). Nació en Polanco, provincia de Santander. Se educó en esa villa y más tarde en Madrid, donde, por decisión de su familia, se dedicó a estudiar artillería.

---

[66] *Mátalas callando*: aparenta ser lo que no es, disimula.

[67] Alelado, estupefacto.

[68] Personas que se dedican a la compra y venta de pollos y gallinas.

[69] Ponerte motes o apodos.

[70] Azorín, por ejemplo, reprocha a Valera la incapacidad de transmitir la emoción del dolor y de lo trágico.

[71] Valera fue uno de los primeros en reconocer los méritos de Rubén Darío ya desde *Azul...* (1888), para el cual escribió el prólogo.

José María de Pereda.

Partidario decidido del tipo de vida patriarcal como era todavía practicado en su provincia, la capital le parecía llena de vicios y de violencia. Así pues, al cabo de los tres años, abandonó Madrid para regresar a Santander.

Prontó sintió afición por la carrera de las letras y comenzó a escribir crónicas y artículos para diversos diarios y revistas. En 1864 publicó su primera obra en prosa, una colección de cuentos y cuadros de costumbres a la que llamó *Escenas montañesas*.

Atrae particularmente la atención en estas narraciones la habilidad y el cuidado con que el autor retrata los tipos populares: obreros, artesanos, labradores, desfilan por sus páginas con sus vicios, sus virtudes y su manera de vivir característica en un ambiente presentado con gran realismo.

Este autor se destacaría igualmente en la novela, en la que también descuella por su ambientación y por la pintura del paisaje, tanto en la tierra como en el mar. Entre sus más grandes aciertos en este campo, deben citarse *El sabor de la tierruca* (1882), en la que presenta con gran delicadeza una historia de amores aldeanos; y, en fin, la muy celebrada *Sotileza* (1885).

En esta obra, la joven Silda, a la cual llaman Sotileza por su finura, es la figura central. A su alrededor giran la vida y las acciones de sus tres enamorados, que representan tres estratos de la sociedad santanderina de la época.

Andrés, hijo del capitán Colindres, pertenece a la burguesía adinerada. A instancias suyas, el padre Apolinar le consigue un nuevo hogar a la huérfana Silda. Cleto, pescador serio y formal, representa a la clase trabajadora. Tiene la desgracia de ser hijo del tío Mocejón, en cuya casa vivió Sotileza durante un tiempo, maltratada y vejada por la madre y la hermana del joven. Muergo es el tercer pretendiente, huérfano desde niño, criado en el arroyo, casi al margen de la sociedad.

El tío Michelín y su esposa Sidora, pobres y honestos pescadores, recogen a Sotileza a instancias del padre Apolinar, y la tratan como a una verdadera hija. La huérfana, aunque de carácter retraído y un poco frío, les corresponde con gran solicitud y deferencia. A sus pretendientes, en cambio, los recibe con cortesía un tanto distante, con excepción de Muergo. Más que amor, el sentimiento de la muchacha por el menos dotado de sus enamorados parece basarse en una especie de solidaridad o camaradería que existe entre aquellos que han sufrido los reveses de la fortuna por igual.

Andrés y Sotileza se conocían desde niños y todavía continuaban viéndose, lo cual da lugar a murmuraciones. La familia de Andrés se hace eco de los rumores, y a consecuencia del conflicto que se provoca, éste se marcha de la casa y se hace a la mar con un grupo de pescadores. He aquí el capítulo correspondiente a la fuga de Andrés:

> Todavía resonaban hacia la calle de la Mar los gritos de ¡apuyáaa!, ¡apuyáaa! con que el *deputao*[72] del Cabildo de Abajo[73] despertaba a los mercantes[74] recorriendo las calles en que habitaban, y aún no habían llegado los más diligentes de ellos a la Zanguina[75] para tomar la parva de aguardiente o el tazón de cascarilla, cuando ya Andrés, dolorido de huesos y harto desmayado de espíritu, salía de los Arcos de Hacha[76], atravesaba la bocacalle frontera y entraba en el Muelle buscando la Rampa Larga. Eran apenas las cinco de la mañana, y no había otra luz que la tenue claridad del horizonte, precursora del crepúsculo, ni se notaban otros ruidos que el de sus propios pasos, el de las voces de algún muchacho de lancha, o el de los remos que éstos movían sobre los bancos. La negra silueta del aburrido sereno que se retiraba a su hogar dando por terminado su penoso servicio, o el confuso perfil del encogido bracero a quien arrojaba del pobre lecho la dura necesidad de ganarse el incierto desayuno, eran los únicos objetos que la vista percibía en toda la extensión del muelle, descollando sobre la blanca superficie de su empedrado.
>
> Para los fines de Andrés, aquella madrugada ofrecía mejor aspecto que la noche precedente. Estaba menos enrarecida la atmósfera; se aspiraba

---

[72] Diputado del gremio, encargado de tales tareas.
[73] Gremio de pescadores.
[74] Marineros, pescadores.
[75] Nombre de una taberna.
[76] Nombre de otra taberna.

un ambiente casi fresco, y aunque en los celajes, sobre la línea del horizonte por donde había de aparecer el sol, se notaban ciertos matices rojos, este detalle, por sí solo, tenía escasísima importancia.

De la misma opinión fue Reñales, en cuya lancha le esperaba ya Andrés, muy impaciente, pues en cada bulto que distinguía sobre el muelle, creía ver un emisario de su casa que corría en busca suya. Porque es de advertir, aunque no sea necesario, que su corto sueño sobre el banco de la taberna fue una incesante pesadilla, en la cual vio con todos los detalles de la realidad, las angustias de su madre que clamaba por él y le esperaba sin un instante de sosiego; las inquietudes, los recelos y hasta la ira de su padre, que andaba buscándole inútilmente de calle en calle, de puerta en puerta; y, por último, las conjeturas, los consuelos, los amargos reproches . . . y hasta las lágrimas, entre los dos. Este soñado cuadro no se borró de su imaginación después de despertar. Le atormentaba el espíritu y robaba las fuerzas a su cuerpo: pero el plan estaba trazado: era conveniente y había que realizarlo a toda costa.

Al fin, se oyó en el muelle un rumor de voces ásperas y de pisadas recias; llegó a la Rampa un tropel de pescadores cargados con sus artes, su comida, sus ropas de agua, y muchos de ellos con una buena porción del aparejo de la lancha; y vio complacidísimo Andrés cómo la de Reñales quedó en breves momentos aparejada y completa de tripulantes.

Armáronse los remos, arrimóse al suyo, a popa y de pie, el patrón, para gobernar; desatracóse la lancha; recibió el primer empuje de sus catorce remeros; púsose en rumbo hacia afuera y comenzó su quilla sutil a rasgar la estirada, quieta y brillante superficie de la bahía. Pero por diligente que anduvo, otras la precedían, del mismo Cabildo y del de Arriba[77], y cuando llegó a la altura de la Fuente Santa, dejaba por la popa la barquía[78] [1] de Mocejón, en la cual vio Andrés a Cleto, cuya triste mirada, por único saludo, agitó en su memoria los mal apaciguados recuerdos del suceso de la víspera, causa de aquella su descabellada aventura.

La luz del crepúsculo comenzaba entonces a dibujar los perfiles de todos los términos de lo que antes era, por la banda de estribor, confuso borrón, negra y prolongada masa, desde el Cabo Quintres hasta el monte de Cabarga; apreciábase el reflejo de la costa de San Martín en el cristal de las aguas que hendía la esbelta embarcación, y en las praderas y sembrados cercanos renacía el ordenado movimiento de la vida campestre, la más apartada de las batallas del mundo. A la derecha, rojeaban los renales de las Quebrantas, arrebujados en lo alto, con el verdoso capuz del cerro que sostenían, y hundiendo sus pies bajo las ondas mansísimas con que el mar, su cómplice alevoso, se los besaba, entre blandos arrullos, parecían dos tigres jugueteando, en espera de una víctima de su insaciable voracidad.

No sé si Andrés, sentado a popa cerca del patrón, aunque miraba silencioso a todas partes, veía y apreciaba de semejante modo los detalles del panorama que iba desenvolviéndose ante él: pero está fuera de duda que no ponía los ojos en un cuadro de aquellos sin sentir enconadas las heridas de su corazón y recrudecida la batalla de sus pensamientos. Por eso anhelaba salir cuanto antes de aquellas costas tan conocidas y de aquellos sitios que le recordaban tantas horas de regocijo sin amargores en el

[77] Otro gremio de pescadores.
[78] Barca.

espíritu ni espinas en la conciencia; y por ello vio con gusto que, para aprovechar el fresco terral[79] que comenzaba a sentirse, se izaban las velas, con lo que se imprimía doblado impulso al andar de la lancha.

Con la cabeza entre las manos, cerrados los ojos y atento el oído al sordo rumor de la estela, llegó hasta la Punta del puerto, y abocó[80] a la garganta sombría que forman el peñasco de Mouro y la costa de acá; y sin moverse de aquella postura alabó a Dios desde lo más hondo de su corazón, cuando Reñales, descubriéndose la cabeza, lo ordenó así con fervoroso mandato, porque allí empezaba la tremenda región preñada de negros misterios, entre los cuales no hay instante seguro para la vida; y sólo cuando los balances y cabeceos de la lancha le hicieron comprender que estaba bien afuera de la barra, enderezó el cuerpo, abrió los ojos y se atrevió a mirar, no hacia la tierra, donde quedaban las raíces de su pesadumbre, sino al horizonte sin límites, al inmenso desierto en cuya inquieta superficie comenzaban a chisporrotear los primeros rayos del sol, que surgía de los abismos entre una extensa aureola de arrebolados crespones. Por allí se iba a la soledad y al silencio imponentes de las grandes maravillas de Dios y al olvido absoluto de las miserables rencillas de la Tierra, y hacia allá quería él alejarse volando, y por eso le parecía que la lancha andaba poco, y deseaba que la brisa que henchía sus velas se trocara súbitamente en huracán desatado.

Pero la lancha, desdeñando las impaciencias del fogoso muchacho, andaba su camino honradamente, corriendo lo necesario para llegar a tiempo al punto adonde la dirigía su patrón, el cual llamó de pronto la atención de Andrés para decirle:

—Mire usté que *manjúa*[81] de sardina.

Y le apuntaba hacia una extensa mancha oscura, sobre la cual revoloteaba una nube de gaviotas. Por estas señales se conocía la manjúa. Después añadió:

—Buen negocio *pa* las barquías que hayan salido a eso. Cuando yo venga a sardinas, me saltarán las merluzas a bordo. Suerte de los hombres.

Y la lancha siguió avanzando mar adentro, mientras la mayor parte de sus ociosos tripulantes dormían sobre el panel, y cuando Andrés se resolvió a mirar hacia la costa, no pudo reconocer un solo punto de ella, porque sus ojos inexpertos no veían más que una estrecha faja pardusca, sobre la cual se alzaba un monigote blanquecino, que era el faro de Cabo Mayor, según le dijo el patrón.

Y aún seguía alejándose la lancha, hacia el Noroeste, sin la menor sorpresa de Andrés, pues aunque nunca había salido tan afuera, sabía por demás que para la pesca de la merluza suelen alejarse las lanchas quince y dieciocho millas del puerto; y, cuando se trata del bonito, hasta doce o catorce leguas, por lo cual van provistas de compás para orientarse a la vuelta.

A medida que la esbelta y frágil embarcación avanzaba en su derrotero, iba Andrés esparciendo las brumas de su imaginación y haciéndose más locuaz. Contadísimas fueron las palabras que había cambiado con el

[79] Viento que sopla de la tierra.
[80] Enfiló.
[81] Colonia o banco de peces.

patrón desde su salida de la Rampa Larga; pero en cuanto se vio tan alejado de la costa, no callaba un momento. Preguntaba, no sólo cuanto deseaba saber, sino lo que, de puro sabido, tenía ya olvidado: sobre los sitios, sobre los aparejos, sobre las épocas, sobre las ventajas y sobre los riesgos. Averiguó también a cuántos y a quiénes de los pescadores que iban allí habían alcanzado la leva[82], y supo que a tres, uno de ellos su amigo Cole, que era de los que a la sazón dormían bien descuidados. Y lamentó la suerte de aquellos mareantes, y hasta discurrió largo y tendido sobre si esa carga que pesaba sobre el gremio era más o menos arreglada a justicia, y si se podía o no se podía imponer en otras condiciones menos duras, y hasta apuntó unas pocas por ejemplo. ¡Quién sabe de cuántas cosas habló!

Y hablando, hablando de todo lo imaginable, llegó el patrón a mandar que se arriaran las velas, y la lancha a su paradero.

Mientras el aparejo de ella se arreglaba, se disponían los de pesca y se ataban las *lascas*[83] sobre los *careles*[84]. Andrés paseó una mirada en derredor, y la detuvo largo rato sobre lo que había dejado atrás. Todo aquel extensísimo espacio estaba salpicado de puntitos negros, que aparecían y desaparecían a cada instante en los lomos o en los pliegues de las ondas. Los más cercanos a la costa eran las barquías, que nunca se alejaban del puerto más de tres o cuatro millas.

—Aquellas otras lanchas —le decía Reñales, respondiendo a algunas de sus preguntas y trazando en el aire con la mano, al propio tiempo, un arco bastante extenso—, están a besugo[85]. Estas primeras, en el *Miguelillo*; las de allí, en el *Betún*, y éstas de acá, en el *Laurel*. Ya usté sabe que ésos son los mejores *placeres* o sitios de pesca *pa* el besugo.

Andrés lo sabía muy bien, por haber llegado una vez hasta uno de ellos; pero no por haber visto tan lejos y tan bien marcados a los tres.

De las lanchas de merluza, con estar tan afuera la de Reñales, era la menos alejada de la costa. Apenas la distinguían los ojos de Andrés; pero los del patrón y los de todos los tripulantes hubieran visto volar una gaviota encima del Cabo Menor.

Al ver largar los cordeles por las dos bandas después de bien encarnados los anzuelos en sus respectivas sotilezas[86] de alambre, Andrés se puso de codos sobre el carel de estribor, con los ojos fijos en el aparejo más próximo, que sostenía en su mano el pescador después de haberlo apoyado sobre la redondeada y fina superficie de la lasca, para no rozar la cuerda con el áspero carel al ser halada para dentro con la merluza trabada. Pasó un buen rato, bastante rato, sin que en ninguno de los aparejos se notara la más leve sacudida. De pronto, gritó Cole desde proa:

—¡Alabado sea Dios!

Esta era la señal de la primera mordedura. En seguida, halando Cole la cuerda y recogiendo medias brazas precipitadamente, pero no sin verdaderos esfuerzos de puño, embarcó en la lancha una merluza; que Andrés,

---

[82] Conscripción militar.

[83] Aparejos que se colocan en los costados de las barcas.

[84] Bordes superiores de una lancha.

[85] Variedad de pez.

[86] Alambre fino que se pone en los extremos de los aparejos de pesca.

por no haberlas visto pescar nunca, le pareció un tiburón descomunal. El impresionable mozo palmoteaba de entusiasmo. Momentos después veía embarcar otra, y luego otra, y en seguida otras dos, y tanto le enardecía el espectáculo, que solicitó la merced de que le cediera una cuerda para probar fortuna con ella. Y la tuvo cumplida, pues no tardó medio minuto en sentir trabada en su anzuelo una merluza. ¡Pero al embarcarla fue ella! Hubiera jurado que tiraban de la cuerda hacia el fondo del mar cetáceos colosales, y que le querían hundir a él y a la lancha y cuantos estaban dentro de ella.

—¡Que se me va... y que nos lleva! —gritaba el iluso, tira que tira del cordel.

Echóse a reír la gente al verle en tal apuro: acercósele un marinero, y, colocando el aparejo como era debido, demostróle prácticamente que, sabiendo halar, se embarcaba sin dificultad un ballenato, cuanto más una merluza de las medianas, como aquélla.

—Pues ahora lo veremos —dijo Andrés nervioso de emoción, volviendo a largar su cordel.

¡Ni pizca se acordaba entonces de las negras aventuras que a aquellas andanzas le habían arrastrado!

Indudablemente, estaba dotado por la naturaleza de excepcionales aptitudes para aquel oficio y cuanto con él se relacionara. Desde la segunda vez que arrojó su cuerda a los abismos del mar, ninguno de los compañeros de la lancha le aventajó en destreza para embarcar pronto y bien una merluza. Lo peor fue que dieron éstas de repente en la gracia de no acudir al cebo que se les ofrecía en sus tranquilas profundidades, a largarse a merodear en otras más de su gusto, y se perdieron las restantes horas de la mañana en inútiles tentativas y sondeos.

Se habló, en vista de ello, de salir más afuera todavía, o, como se dice en la jerga del oficio, de hacer otra *impuesta*.

—No está hoy el jardin *pa* flores —dijo Reñales reconociendo los horizontes—. Vamos a comer en paz y en gracia de Dios.

Entonces cayó Andrés en la cuenta de que, al salir de la Zanguina, no se había acordado de proveerse de un mal zoquete de pan. Felizmente, no le atormentaba el hambre; y con algo de lo que le fueron ofreciendo de los fiambres que llevaban en sus cestos los pescadores, y un buen trago de agua de la del barrilito que iba a bordo, entretuvo las escasas necesidades de su estómago.

La brisa entretanto, iba encalmándose mucho: por el horizonte del Norte se extendía un celaje[87] terso y plomizo, que entre el Este y el Sur se descomponía en grandes fajas irregulares de azul intenso, estampadas en un fondo anaranjado brillantísimo: sobre los Urrieles, o picos de Europa, se amontonaban enormes cordilleras de nubarrones; y el sol, en lo más alto de su carrera, cuando no hallaba su luz estorbos en el espacio, calentaba con ella bastante más de lo regular. Los celadores[88] de las lanchas más internadas en el mar tenían hecha la señal de *precaución*, con el remo

[87] Conjunto de nubes.
[88] Vigilantes.

334

alzado en la braga; pero en ninguno de ellos ondeaba la bandera que indica *recoger*[89].

Reñales estaba tan atento a aquellos celajes y estos signos, como a las tajadas que con los dedos de su diestra se llevaba a la boca de vez en cuando; pero sus compañeros, aunque tampoco los perdían de vista, no parecían darles tanta importancia como él.

Andrés le preguntó qué opinaba de todo ello.

—Que me gusta muy poco cuando estoy lejos del puerto . . .

De pronto, señalando hacia Cabo Mayor, dijo poniéndose de pie:

—Mirad, muchachos, lo que nos cuenta Falagán.

Entonces Andrés, fijándose mucho en lo que le indicaban los pescadores que estaban más cerca de él, vio tres humaredas que se alzaban sobre el cabo. Era la señal de que el sur arreciaba mucho en bahía. Dos humaredas solas hubieran significado que la mar rompía en la costa.

Los pescadores son sorprendidos por una borrasca que casi los hace zozobrar, aunque al fin logran entrar al puerto y ponerse a salvo. Muergo muere ahogado en la tempestad. Poco después, Cleto le declara su amor a Sotileza y es aceptado. Andrés se da cuenta que su mundo no es el de los pescadores y se hace novio de Luisa, la hija de un comerciante adinerado. Concluye así la novela.

Como en la mayoría de las obras de Pereda, los verdaderos protagonistas de *Sotileza* son la naturaleza y el ambiente. Las descripciones de tipos, costumbres y paisajes prevalecen sobre el desarrollo, tanto de la trama como de los caracteres. En parte, éste parece ser el propósito del autor, al decir en el prólogo que la novela no es sino "un pretexto para resucitar gentes, cosas y lugares que apenas existen ya, y reconstruir un pueblo, sepultado de la noche a la mañana, durante su patriarcal reposo, bajo la balumba de otras ideas y otras costumbres arrastradas hasta aquí por el torrente de una nueva y extraña civilización".

Pereda no se limitó a presentar con acierto el escenario montañés o costeño, sino que era también capaz de dibujar con fría ironía las condiciones sociales y políticas de una capital moderna, como lo hizo en *Pedro Sánchez* (1883). Por último queremos mencionar *Peñas arriba* (1895), una de sus novelas más hermosas y mejor estructuradas. Escrita en un castellano sobrio y lleno de ritmo, nos describe el creciente amor de un joven educado en la ciudad, por la montaña, sus habitantes, su paisaje . . .

Artísticamente Pereda es un producto nato de la gran tradición realista de las letras castellanas. Su obra se destaca por el apego y amor a lo español, y el rechazo a todo lo moderno y extranjero —símbolos de ese materialismo que despreciaba con tanta vehemencia.

---

[89] Retirarse.

Benito Pérez Galdós

La obra de Benito Pérez Galdós (1845-1920), constituye una especie de *Comedia humana*[90]: 77 novelas, en las cuales el autor pasa revista a toda la vida moral y sentimental de los españoles del siglo XIX.

Nació en Las Palmas de Gran Canaria. Su padre fue un coronel de milicias y su madre la hija de un oficial del Tribunal de la Inquisición, ya por entonces posición puramente honoraria. Cursó estudios en el colegio de San Agustín en su ciudad natal, y desde joven mostró inclinación por las letras. En 1863 se traslada a Madrid e ingresa en la Facultad de Derecho de la Universidad, prosigue sus estudios con grandes dificultades económicas y, para ganarse la vida, comienza a escribir en diversos periódicos y revistas. Al fin termina su carrera en 1869, pero en vez de practicar las leyes, se dedica de lleno a las letras. Un año más tarde ve la luz su primera novela histórica, *La fontana de oro*, muy bien acogida por la crítica y el público.

De allí en adelante, Galdós consagra toda su vida y energías a la escritura. El resultado fue una obra en la que se esfuerza por mostrar objetivamente las raíces de la realidad española, sin arredrarse ante sus contradicciones o incongruencias. Pone al descubierto la mezquindad de la intolerancia en *Doña Perfecta* (1876), su primera novela acerca de las costumbres de la época. Expone los daños del prejuicio en *Gloria* (1876), al oponer dramáticamente a una cristiana y un judío. Más tarde, acentuando la observación, pinta con gran vigor los problemas de una mujer en *La desheredada* (1881) y los del empleado público en *Miau* (1888).

Al mismo tiempo, emprende una de las empresas novelísticas más ambiciosas jamás concebidas en castellano, los *Episodios Nacionales*: cuarenta y seis novelas, en cinco series, que cubren la historia de España durante la mayor parte del siglo XIX. Cada serie se compone de diez piezas, con excepción de la última que sólo tiene seis. Las novelas de cada grupo guardan relación entre sí, aunque se pueden leer independientemente. En las dos primeras series predomina la historia sobre la ficción; en las posteriores, la maestría en la composición.

Durante el período de 1879 a 1898, Galdós abandona la novela histórica para dedicarse a la de costumbres contemporáneas, donde plasma su visión implacable de la sociedad española de la época, y contrapone el fanatismo y la intolerancia religiosa al progreso y la justicia social. En su novela *Nazarín*, cuya reciente versión cinematográfica deja constancia de su actualidad, se resume una típica situación galdosiana: individuos de altas motivaciones sociales, que, a pesar de sus buenos propósitos, terminan como víctimas de la sociedad a la cual pertenecen.

---

[90] La obra colosal del realista francés Honoré de Balzac (1799-1850).

Uno de sus más grandes aciertos en este campo es sin duda *Fortunata y Jacinta*. Publicada entre 1886 y 1887 en cuatro tomos, la obra narra la historia de dos mujeres enamoradas del mismo hombre. Fortunata, la muchacha del pueblo, inculta pero llena de gracia, y poseedora de ese desparpajo natural que es característico de muchas mujeres de su clase, acabaría por tener un hijo con Juanito Santa Cruz. La otra protagonista, es Jacinta, bella burguesa que llega a casarse con Juanito. Esposa ejemplar, estuvo al tanto de las relaciones de su marido con Fortunata. Mujer estéril, el gran pesar en su vida era no poder tener un hijo.

La trama se desarrolla en el marco natural en que se mueve la burguesía madrileña dedicada al comercio de víveres, ferretería, ultramarinos, en las cercanías de la Plaza Mayor. El autor presenta un pintoresco cuadro de su historia y vida a través de relatos y anécdotas interpolados en la narración, que si bien no siempre forman parte de la trama central, añaden en cambio notas de color y sabor costumbrista a la obra.

Como selección ofrecemos un fragmento de la primera parte titulado "Estupiñá":

Fortunata y Jacinta
I. Estupiñá

En la tienda de Arnáiz, junto a la reja que da a la calle de San Cristóbal, hay actualmente tres sillas de madera curva de Viena, las cuales sucedieron hace años a un banco sin respaldo forrado de hule negro, y este banco tuvo por antecesor a un arcón o caja vacía. Aquélla era la sede de la inmemorial tertulia de la casa. No había tienda sin tertulia, como no podía haberla sin mostrador y santo tutelar[91]. Era esto un servicio complementario que el comercio prestaba a la sociedad en tiempos en que no existían casinos, pues aunque había sociedades secretas y clubes y cafés más o menos patrióticos, la gran mayoría de los ciudadanos pacíficos no iba a ellos, prefiriendo charlar en las tiendas. Barbarita tiene aún reminiscencias vagas de la tertulia en los tiempos de su niñez. Iba un fraile muy flaco, que era el padre Alelí; un señor pequeño con anteojos, que era el papá de Isabel; algunos militares y otros tipos que se confundían en su mente con las figuras de los dos mandarines.

Y no sólo se hablaba de asuntos políticos y de la guerra civil[92], sino de cosas del comercio. Recuerda la señora haber oído algo acerca de los primeros fósforos o mixtos que vinieron al mercado, y aun haberlos visto. Era como una botellita en la cual se metía la cerilla, y salía echando lumbre. También oyó hablar de las primeras alfombras de moqueta[93], de los primeros colchones de muelles y de los primeros ferrocarriles, que

---

[91] Santo patrón.

[92] Se refiere a la guerra carlista del período. Los conflictos armados conocidos como "guerras carlistas" comenzaron cuando el hermano menor del rey Fernando VII, el infante don Carlos, se negó a aceptar el testamento del monarca, en que éste dejaba el trono a su hija Isabel.

[93] Especie de tela de terciopelo muy gruesa

alguno de los tertulios había visto en el extranjero, pues aquí ni asomos de ellos había todavía. Algo se apuntó allí sobre el billete de Banco, que en Madrid no fue papel-moneda corriente hasta algunos años después, y sólo se usaba entonces para los pagos fuertes de la banca. Doña Bárbara se acuerda de haber visto el primer billete que llevaron a la tienda como un objeto de curiosidad, y todos convinieron en que era mejor una onza.

El gas fue muy posterior a esto.

La tienda se transformaba; pero la tertulia era siempre la misma en el curso lento de los años. Unos habladores se iban y venían otros. No sabemos a qué época fija se referían estos párrafos sueltos que al vuelo cogía Barbarita cuando, ya casada, entraba en la tienda a descansar un ratito, de vuelta de paseo o de compras:

—¡Qué hermosotes iban esta mañana los del tercero de fusileros[94] con sus pompones nuevos!...

—El duque[95] ha oído misa hoy en las Calatravas[96]. Iba con Linage y con San Miguel[97]...

—¿Sabe usted, Estupiñá, lo que dicen ahora? Pues dicen que los ingleses proyectan construir barcos de *fierro*[98].

El llamado Estupiñá debía de ser indispensable en todas las tertulias de tiendas, porque cuando no iba a la de Arnáiz, todo se volvía preguntar:

—Y Plácido, ¿qué es de él?

Cuando entraba le recibían con exclamaciones de alegría, pues con su sola presencia animaba la conversación. En 1871 conocí a este hombre, que fundaba su vanidad en haber visto toda la historia de España en el presente siglo. Había venido al mundo en 1803 y se llamaba hermano de fecha de Mesonero Romanos[99], por haber nacido, como éste, el 19 de julio del citado año. Una sola frase suya probará su inmenso saber en esa historia viva que se aprende con los ojos:

—Vi a José[100] como le estoy viendo a usted ahora.

Y parecía que se relamía de gusto cuando le preguntaban:

—¿Vio usted al duque de Angulema[101], a lord Wellington?...

—Pues ya lo creo —su contestación era siempre la misma—: como le estoy viendo a usted.

Hasta llegaba a incomodarse cuando se le interrogaba en tono dubitativo.

—¡Que si vi entrar a María Cristina![102]... Hombre, si eso es de ayer...

Para completar su erudición ocular, hablaba del aspecto que presentaba

---

[94] Regimiento de infantería.

[95] Baldomero Espartero, duque de la Victoria (1793-1879), general y político que luchó contra los carlistas.

[96] Nombre popular de la iglesia de la Concepción Real de Calatrava.

[97] Francisco Linage (1795-1847), secretario de Espartero. Evaristo San Miguel (1785-1882), general y político español.

[98] Hierro.

[99] Autor de cuadros de costumbres ya mencionado.

[100] Hermano de Napoleón, rey de España de 1808 a 1813.

[101] Sobrino de Luis XVIII.

[102] María Cristina de Borbón, hija de los reyes de Nápoles, última esposa de Fernando VII y madre de Isabel II.

Madrid el 1 de septiembre de 1840 como si fuera cosa de la semana pasada. Había visto morir a Canterac[103], ajusticiar a Merino[104] "nada menos que sobre el propio patíbulo", por ser él hermano de la Paz y Caridad; había visto matar a Chico[105]..., precisamente ver no, pero oyó los tiritos hallándose en la calle de las Velas; había visto a Fernando VII[106] el 7 de julio cuando salió al balcón a decir a los milicianos que sacudieran a los de la Guardia; había visto a Rodil[107] y al sargento García[108] arengando desde otro balcón, el año 36; había visto a O'Donnell[109] y Espartero abrazándose; a Espartero, solo, saludando al pueblo; a O'Donnell, solo, todo esto en un balcón; y, por fin, en un balcón había visto, también, en fecha cercana, a otro personaje diciendo a gritos que se habían acabado los reyes[110]. La historia que Estupiñá sabía estaba escrita en los balcones.

La biografía mercantil de este hombre es tan curiosa como sencilla. Era muy joven cuando entró de hortera[111] en casa de Arnáiz, y allí sirvió muchos años, siempre bienquisto del principal por su honradez acrisolada y el grandísimo interés con que miraba todo lo concerniente al establecimiento. Y a pesar de tales prendas[112], Estupiñá no era un buen dependiente. Al despachar, entretenía demasiado a los parroquianos[113], si le mandaban un recado o comisión a la Aduana, tardaba tanto en volver, que muchas veces creyó don Bonifacio que le habían llevado preso. La singularidad de que teniendo Plácido estas mañas no pudieran los dueños de la tienda prescindir de él, se explica por la ciega confianza que inspiraba, pues estando él al cuidado de la tienda y de la caja, ya podían Arnáiz y su familia echarse a dormir. Era su fidelidad tan grande como su humildad, pues ya le podían reñir y decirle cuantas perrerías[114] quisieran, sin que se incomodase. Por esto sintió mucho Arnáiz que Estupiñá dejara la casa en 1837, cuando se le antojó establecerse con los dineros de una pequeña herencia. Su principal, que le conocía bien, hacía lúgubres profecías del porvenir comercial de Plácido trabajando por su cuenta. Prometíaselas él muy felices en la tienda de bayetas y paños del Reino que estableció en la Plaza Mayor, junto a la Panadería. No puso dependientes, porque la cortedad del negocio no lo consentía; pero su tertulia fue la más animada y dicharachera[115] de todo el barrio. Y ved aquí el

[103] Capitán general de Madrid, muerto en un encuentro con los carlistas en 1835.
[104] Ex-sacerdote y guerrillero que trató de asesinar a Isabel II en 1852. Fue más tarde ejecutado.
[105] Francisco Chico, jefe de la policía madrileña.
[106] Véanse las Generalidades de esta sección.
[107] José Ramón Rodil (1789-1853), general y político que luchó contra los carlistas.
[108] Higinio García, uno de los cabecillas del pronunciamiento de la Granja en 1836, en contra de María Cristina.
[109] Leopoldo O'Donnell (1809-1867) general y ministro, fue regente durante el reinado de Isabel II.
[110] Alusión a la revolución de 1854.
[111] Empleado.
[112] Cualidades.
[113] Clientes.
[114] Insultos.
[115] Locuaz.

secreto de lo poco que dio de sí el establecimiento, y la justificación de los vaticinios de don Bonifacio. Estupiñá tenía un vicio hereditario y crónico, contra el cual eran impotentes todas las demás energías de su alma: vicio tanto más avasallador y terrible cuanto más inofensivo parecía. No era la bebida, no era el amor, ni el juego, ni el lujo; era la conversación. Por un rato de palique[116] era Estupiñá capaz de dejar que se llevaran los demonios el mejor negocio del mundo. Como él pegase la hebra[117] con gana, ya podía venirse el cielo abajo, y antes le cortaran la lengua que la hebra. A su tienda iban los habladores más frenéticos, porque el vicio llama al vicio. Si en lo más sabroso de su charla entraba alguien a comprar, Estupiñá le ponía la cara que se pone a los que van a dar sablazos[118]. Si el género pedido estaba sobre el mostrador, lo enseñaba con gesto rápido, deseando que acabase pronto la interrupción; pero si estaba en lo alto de la anaquelería[119], echaba hacia arriba una mirada de fatiga, como el que pide a Dios paciencia, diciendo: "¿Bayeta amarilla? Mírela usted. Me parece que es angosta para lo que usted la quiere". Otras veces dudaba o aparentaba dudar si tenía lo que le pedían: "¿Gorritas para niño? ¿Las quiere usted de visera de hule?... Sospecho que hay algunas, pero son de esas que no se usan ya..."

Si estaba jugando al tute o al mus[120], únicos juegos que sabía, y en los que era maestro, primero se hundía el mundo que apartar él su atención de las cartas. Era tan fuerte el ansia de charla y de trato social, se lo pedía el cuerpo y el alma con tal vehemencia, que si no iban habladores a la tienda no podía resistir la comezón del vicio, echaba la llave, se la metía en el bolsillo y se iba a otra tienda en busca de aquel licor palabrero que se embriagaba. Por Navidad, cuando se empezaban a armar los puestos[121] de la plaza, el pobre tendero no tenía valor para estarse metido en aquel cuchitril[122] oscuro. El sonido de la voz humana, la luz y el rumor de la calle eran tan necesarios a su existencia como el aire. Cerraba, y se iba a dar conversación a las mujeres de los puestos. A todas las conocía, y se enteraba de lo que iban a vender y de cuanto ocurriera en la familia de cada una de ellas. Pertenecía, pues, Estupiñá a aquella raza de tenderos, de la cual quedan aún muy pocos ejemplares, cuyo papel en el mundo comercial parece ser la atenuación de los males causados por los excesos de la oferta impertinente y disuadir al consumidor de la malsana inclinación a gastar el dinero.

—Don Plácido, ¿tiene usted pana azul?

—¡Pana azul! ¿Y quién te mete a ti en esos lujos? Sí que la tengo; pero es cara para ti.

—Enséñemela usted... a ver si me la arregla[123]...

---

[116] Conversación.

[117] Comenzar a hablar con entusiasmo.

[118] Pedir préstamos.

[119] Conjunto de anaqueles, estantes.

[120] Juegos de naipes.

[121] Colocar las tiendecillas o kioskos en la plaza.

[122] Lugar pequeño y poco limpio.

[123] A ver si nos ponemos de acuerdo (en cuanto al precio).

Entonces hacía el hombre un desmedido esfuerzo, como quien sacrifica al deber sus sentimientos y gustos más queridos, y bajaba la pieza de tela.

—Vaya, aquí está la pana. Si no la has de comprar, si todo es gana de moler. ¿Para qué quieres verla? ¿Crees que yo no tengo nada que hacer?

—¿No tiene usted una clase mejor?

—Lo que dije; estas mujeres marean a Cristo[124]. Hay otra clase, sí, señora. ¿La compras, sí o no? A veintidós reales, ni un cuarto menos.

—Pero déjela ver . . . ¡Ay, qué hombre! ¿Cree que me voy a comer la pieza? . . .

—A veintidós realetes.

—¡Ande y que lo parta un rayo!

—Que te parta a ti, malcriada, respondona, tarasca[125]. . .

Era muy fino con las señoras de alto copete[126]. Su afabilidad tenía tonos como éste: "¿La cúbica?[127] Sí que la hay. ¿Ve usted la pieza allá arriba? Me parece, señora, que no es lo que usted busca . . . , digo, me parece; no es que yo me quiera meter . . . Ahora se estilan rayaditas: de eso no tengo. Espero una remesa[128] para el mes que entra. Ayer vi a las niñas con el señor don Cándido. Vaya, que están creciditas. Y ¿cómo sigue el señor mayor? ¡No le he visto desde que íbamos juntos a la bóveda de San Gines.[129]. . ." Con este sistema de vender, a los cuatro años de comercio se podían contar las personas que al cabo de la semana traspasaban el umbral de la tienda. A los seis años no entraban allí ni las moscas. Estupiñá abría todas las mañanas, barría y regaba la acera, se ponía los manguitos verdes y se sentaba detrás del mostrador a leer el *Diario de Avisos*. Poco a poco iban llegando los amigos, aquellos hermanos de su alma, que en la soledad en que Plácido estaba le parecían algo como la paloma del arca, pues le traían en el pico algo más que un ramo de oliva: le traían la palabra, el sabrosísimo fruto y la flor de la vida, el alcohol del alma, con que apacentaba su vicio . . . Pasábanse el día entero contando anécdotas, comentando sucesos políticos , tratando de tú a Mendizábal[130], a Calatrava[131], a María Cristina y al mismo Dios, trazando con el dedo planes de campaña sobre el mostrador en extravagantes líneas tácticas; demostrando que Espartero debía ir necesariamente por aquí y Villarrea[136] por allá; refiriendo también sucedidos del comercio, llegadas de tal o cual género; lances de Iglesia y de Milicia, y de mujeres y de la Corte, con todo lo demás que cae bajo el dominio de la bachillería[133] humana. A todas éstas, el cajón del dinero no se abría una sola vez, y a la vara de medir, sumida en plácida quietud, la faltaba poco para reverdecer y echar

---

[124] Vuelven loco a cualquiera.

[125] Mal hablada, de genio insufrible.

[126] Aristocráticas.

[127] La fina, la de mejor calidad.

[128] Cargamento.

[129] Iglesia al norte de la Plaza Mayor.

[130] Juan Alvarez Mendizábal (1790-1853), político liberal que llegó a ser ministro de Hacienda.

[131] José María Calatrava, político liberal (1781-1847).

[132] Bruno de Villarreal (1801-1860), general carlista que luchó contra Espartero.

[133] Charlatanería.

341

flores como la vara de San José. Y como pasaban meses y meses sin que se renovase el género, y allí no había más que maulas y vejeces, el trueno fue gordo y repentino. Un día le embargaron todo, y Estupiñá salió de la tienda con tanta pena como dignidad.

Galdós gozó de gran popularidad y disfrutó a veces del apoyo oficial. Fue electo diputado a Cortes en 1886, 1890 y 1907. Ingresó en la Real Academia Española en 1897. Murió en Madrid, el cuatro de enero de 1920.

Su conocimiento de la vida, su poder de observación y su portentosa energía creadora le permitirían dar expresión a una de las obras narrativas más importantes del panorama literario español, considerada por muchos como la más valiosa después de Cervantes.

Emilia de Pardo Bazán

Hija única de los condes de Pardo Bazán, Emilia vio la luz en La Coruña en 1852. Desde muy joven mostró su vocación literaria, pues escribió sus primeros versos a los ocho años. A partir de 1868, fecha de su matrimonio con José Quiroga, fija su residencia en Madrid, aunque nunca dejaría de pasar largas temporadas en su amada Galicia. Viajó extensamente por Europa, especialmente por Francia y Bélgica donde se puso en contacto con los escritores más importantes del momento, incluyendo a Emilio Zola, fundador de la escuela naturalista francesa[134].

La condesa de Pardo Bazán se convierte en portavoz y guía del movimiento naturalista a partir de 1883, cuando aparece su libro *La cuestión palpitante*, manifiesto de la escuela naturalista española. El manifiesto causó gran revuelo, a pesar de lo suave de la exposición y de la desaprobación que hace del determinismo[135] y el pesimismo. Gran número de escritores, entre ellos Pereda y Valera, acusaron a la autora de querer implantar el "sucio" naturalismo francés en la Península.

Lectora infatigable, Emilia Pardo Bazán se apasiona por las diversas manifestaciones literarias de su época. Interesada en la crítica literaria, escribe *La revolución y la novela en Rusia*. Ecléctica, compone un delicioso retrato de San Francisco de Asís. Regionalista, nos deja ver en su obra maestra, *Los pazos de Ulloa* (1886), la decadencia de una familia aristocrática en Galicia, su región natal.

---

[134] Movimiento literario que destaca la influencia del medio ambiente y la herencia genética sobre el destino del hombre.

[135] Movimiento filosófico que pone énfasis en la imposibilidad de librarse de las circunstancias que determinan y condicionan al hombre.

Un pazo gallego.

Especialmente interesante para el estudio de esta autora son sus narraciones breves, que demuestran su agudo poder de observacíon sicológica y la vitalidad de su prosa. La condesa de Pardo Bazán escribió numerosos relatos que recogió en ocho volúmenes, entre los que se destacan, *Cuentos escogidos* (1891), *Cuentos de Marineda* (1892) y *Arco Iris* (1895).

"El indulto", que ofrecemos como selección, fue incluido en *Cuentos de Marineda*. Presenta un cuadro fiel de las pasiones y acciones humanas, teñidas del fatalismo que caracteriza a la escuela naturalista.

El indulto

De cuantas mujeres enjabonaban ropa en el lavadero público de Marineda, ateridas por el frío cruel de una mañana de marzo, Antonia, la asistenta, era la más encorvada, la más abatida, la que torcía con menos brío, la que refregaba con mayor desaliento. A veces, interrumpiendo su labor, pasábase el dorso de la mano por los enrojecidos párpados, y las gotas de agua y burbujas de jabón parecían lágrimas sobre su tez marchita.

Las compañeras de trabajo de Antonia la miraban compasivamente, y de tiempo en tiempo, entre la algarabía[136] de las conversaciones y disputas, se cruzaba un breve diálogo, a media voz, entretejido con exclamaciones de asombro, indignación y lástima. Todo el lavadero sabía al dedillo[137] los males de la asistenta, y hallaba en ellos asunto para interminables comentarios. Nadie ignoraba que la infeliz, casada con un mozo carnicero,

---

[136] Gritería confusa.
[137] *Sabía al dedillo:* sabía muy bien.

343

*Emilia Pardo Bazán. (Cortesía The Hispanic Society
of America)*

residía, años antes, en compañía de su madre y de su marido, en un barrio
extramuros, y que la familia vivía con desahogo, gracias al asiduo trabajo
de Antonia y a los cuartejos ahorrados por la vieja en su antiguo oficio
de revendedora, baratillera y prestamista. Nadie había olvidado tampoco
la lúgubre tarde en que la vieja fue asesinada, encontrándose hecha astillas
la tapa del arcón[138] donde guardaba sus caudales y ciertos pendientes y
brincos[139] de oro. Nadie, tampoco, el horror que infundió en el público
la nueva de que el ladrón y asesino no era sino el marido de Antonia,
según esta misma declaraba, añadiendo que desde tiempo atrás roía[140] al
criminal la codicia del dinero de su suegra, con el cual deseaba establecer
una tablajería[141] suya propia. Sin embargo, el acusado hizo por probar
la coartada, valiéndose del testimonio de dos o tres amigotes de taberna, y
de tal modo enlvovió el asunto, que, en vez de ir al palo[142], salió con veinte

[138] Especie de baúl, generalmente de madera.
[139] Joyas pequeñas usadas en las tocas o sombreros.
[140] Atormentaba interiormente, recomía.
[141] Lugar de juego por dinero.
[142] La horca.

años de cadena. No fue tan indulgente la opinión como la ley: además de la declaración de la esposa, había un indicio vehementísimo: la cuchillada que mató a la vieja, cuchillada certera[143] y limpia, asestada de arriba abajo, como las que los matachines dan a los cerdos, con un cuchillo ancho y afiladísimo, de cortar carne. Para el pueblo, no cabía duda en que el culpable debió subir al cadalso. Y el destino de Antonia comenzó a infundir sagrado terror cuando fué esparciéndose el rumor de que su marido se la había jurado[144] para el día en que saliese del presidio, por acusarle. La desdichada quedaba encinta, y el asesino la dejó avisada de que, a su vuelta, se contase entre los difuntos.

Cuando nació el hijo de Antonia, ésta no pudo criarlo, tal era su debilidad y demacración y la frecuencia de las congojas que desde el crimen la aquejaban. Y como no le permitía el estado de su bolsillo pagar ama, las mujeres del barrio que tenían niños de pecho dieron de mamar por turno a la criatura, que creció enclenque, resintiéndose de todas las angustias de su madre. Un tanto repuesta ya, Antonia se aplicó con ardor al trabajo, y aunque siempre tenían sus mejillas esa azulada palidez que se observa en los enfermos del corazón, recobró su silenciosa actividad, su aire apacible.

«¡Veinte años de cadena! En veinte años —pensaba ella para sus adentros—, él se puede morir o me puedo morir yo, y de aquí allá, falta mucho todavía.»

La hipótesis de la muerte natural no la asustaba; pero la espantaba imaginar solamente que volvía su marido. En vano las cariñosas vecinas la consolaban, indicándole la esperanza remota de que el inicuo parricida se arrepintiese, se enmendase, o, como decían ellas, se volviese de mejor idea. Meneaba Antonia la cabeza entonces, murmurando sombríamente:
—¿Eso él? ¿De mejor idea? Como no baje Dios del cielo en persona y le saque aquel corazón perro y le ponga otro...
Y, al hablar del criminal, un escalofrío corría por el cuerpo de Antonia.

En fin: veinte años tienen muchos días, y el tiempo aplaca la pena más cruel. Algunas veces, figurábasele a Antonia que todo lo ocurrido era un sueño, o que la ancha boca del presidio, que se había tragado al culpable, no le devolvería jamás; o que aquella ley que al cabo supo castigar el primer crimen sabría prevenir el segundo. ¡La ley! Esa entidad moral, de la cual se formaba Antonia un concepto misterioso y confuso, era sin duda fuerza terrible, pero protectora; mano de hierro que la sostendría al borde del abismo. Así es que a sus ilimitados temores se unía una confianza indefinible, fundada sobre todo en el tiempo transcurrido y en el que aún faltaba para cumplirse la condena.

¡Singular enlace el de los acontecimientos!

No creería de seguro el rey, cuando vestido de capitán general y con el pecho cargado de condecoraciones daba la mano ante el ara a una princesa, que aquel acto solemne costaba amarguras sin cuento a una pobre asistenta, en lejana capital de provincia. Así que Antonia supo que había

[143] Acertada, experta.
[144] *Se la había jurado:* había jurado matarla.

recaído indulto en su esposo, no pronunció palabra, y la vieron las vecinas sentada en el umbral de la puerta, con las manos cruzadas, la cabeza caída sobre el pecho, mientras el niño, alzando su cara triste de criatura enfermiza, gimoteaba:

—Mi madre... ¡Caliénteme la sopa, por Dios, que tengo hambre!

El coro benévolo y cacareador de las vecinas rodeó a Antonia. Algunas se dedicaron a arreglar la comida del niño; otras animaban a la madre del mejor modo que sabían. ¡Era bien tonta en afligirse así! ¡Ave María Purísima! ¡No parece sino que aquel hombre no tenía más que llegar y matarla! Había Gobierno, gracias a Dios, y Audiencia, y serenos; se podía acudir a los celadores, al alcalde...

—¡Qué alcalde! —decía ella con hosca mirada y apagado acento.

—O al gobernador, o al regente, o al jefe municipales. Había que ir a un abogado, saber lo que dispone la ley...

Una buena moza, casada con un guardia civil, ofreció enviar a su marido para que le «metiese un miedo» al picarón; otra, resuelta y morena, se brindó a quedarse todas las noches a dormir en casa de la asistenta. En suma: tales y tantas fueron las muestras de interés de la vecindad, que Antonia se resolvió a intentar algo, y sin levantar la sesión, acordóse consultar a un jurisperito[145], a ver qué recetaba.

Cuando Antonia volvió de la consulta, más pálida que de costumbre, de cada tenducho y de cada cuarto bajo salían mujeres en pelo a preguntarle noticias, y se oían exclamaciones de horror. ¡La ley, en vez de protegerla, obligaba a la víctima a vivir bajo el mismo techo, maritalmente con el asesino!

—¡Qué leyes, divino Señor de los cielos! ¡Así los bribones que las hacen las aguantaran! —clamaba indignado el coro—. ¿Y no habrá algún remedio, mujer, no habrá algún remedio?

—Dice que nos podemos separar... después de una cosa que le llaman divorcio.

—¿Y qué es divorcio, mujer?

—Un pleito muy largo.

Todas dejaron caer los brazos con desaliento: los pleitos no se acaban nunca, y peor aún si se acaban, porque los pierde siempre el inocente y el pobre.

—Y para eso —añadió la asistenta— tenía yo que probar antes que mi marido me daba mal trato.

—¡Aquí de Dios! ¿Pues aquel tigre no le había matado a la madre? ¿Eso no era mal trato? ¿Eh? ¿Y no sabían hasta los gatos que la tenía amenazada con matarla también?

—Pero como nadie lo oyó ... Dice el abogado que se quieren pruebas claras...

Se armó una especie de motín. Había mujeres determinadas a hacer, decían ellas, una exposición al mismísimo rey, pidiendo contraindulto. Y, por turno, dormían en casa de la asistenta, para que la pobre mujer pudiese conciliar el sueño. Afortunadamente, el tercer día llegó la noticia de que el

---

[145] Experto en cuestiones jurídicas.

indulto era temporal, y al presidiario aún le quedaban algunos años de arrastrar el grillete. La noche que lo supo Antonia fue la primera en que no se enderezó[146] en la cama, con los ojos desmesuradamente abiertos, pidiendo socorro.

Después de este susto, pasó más de un año y la tranquilidad renació para la asistenta, consagrada a sus humildes quehaceres. Un día, el criado de la casa donde estaba asistiendo creyó hacer un favor a aquella mujer pálida, que tenía su marido en presidio, participándole cómo la reina iba a parir, y habría indulto, de fijo.

Fregaba la asistenta los pisos, y al oír tales anuncios soltó el estropajo, y descogiendo[147] las sayas que traía arrolladas a la cintura, salió con paso de autómata, muda y fría como una estatua. A los recados que le enviaban de las casas respondía que estaba enferma, aunque en realidad sólo experimentaba un anonadamiento general, un no levantársele los brazos a labor alguna. El día del regio parto contó los cañonazos de la salva, cuyo estampido le resonaba dentro del cerebro, y como hubo quien le advirtió que el vástago real era hembra, comenzó a pensar que un varón habría ocasionado más indultos. Además, ¿por qué le había de coger el indulto a su marido? Ya le habían indultado una vez, y su crimen era horrendo: ¡matar a la indefensa vieja que no le hacía daño alguno, todo por unas cuantas tristes monedas de oro! La terrible escena volvía a presentarse ante sus ojos: ¿merecía indulto la fiera que asestó aquella tremenda cuchillada? Antonia recordaba que la herida tenía los labios blancos, y le parecía ver la sangre cuajada al pie del catre.

Se encerró en su casa, y pasaba las horas sentada en una silleta junto al fogón. ¡Bah! Si había de matarla, mejor era dejarse morir.

Sólo la voz plañidera del niño la sacaba de su ensimismamiento.

—Mi madre, tengo hambre. Mi madre, ¿que hay en la puerta? ¿Quién viene?

Por último, una hermosa mañana de sol se encogió de hombros, y tomando un lío de ropa sucia, echó a andar camino del lavadero. A las preguntas afectuosas respondía con lentos monosílabos, y sus ojos se posaban con vago extravío en la espuma del jabón que le saltaba al rostro.

¿Quién trajo al lavadero la inesperada nueva, cuando ya Antonia recogía su ropa lavada y torcida e iba a retirarse? ¿Inventóla alguien con fin caritativo, o fué uno de esos rumores misteriosos, de ignoto[148] origen, que en vísperas de acontecimientos grandes para los pueblos, o los individuos, palpitan y susurran en el aire? Lo cierto es que la pobre Antonia, al oírlo, se llevó instintivamente la mano al corazón, y se dejó caer hacia atrás sobre las húmedas piedras del lavadero.

—¿Pero de veras murió?—preguntaban las madrugadoras a las recién llegadas.

—Sí, mujer...

—Yo lo oí en el mercado...

---

[146] Incorporó.

[147] Soltando.

[148] Desconocido.

—Yo, en la tienda...
—¿A ti quién te lo dijo?
—A mí, mi marido.
—¿Y a tu marido?
—El asistente del capitán.
—¿Y al asistente?
—Su amo...

Aquí ya la autoridad pareció suficiente y nadie quiso averiguar más, sino dar por firme y valedera la noticia. ¡Muerto el criminal, en víspera de indulto, antes de cumplir el plazo de su castigo! Antonia la asistenta alzó la cabeza, y por primera vez se tiñeron sus mejillas de un sano color y se abrió la fuente de sus lágrimas. Lloraba de gozo, y nadie de los que la miraban se escandalizó. Ella era la indultada; su alegría, justa. Las lágrimas se agolpaban a sus lagrimales, dilatándole el corazón, porque desde el crimen se había quedado cortada, es decir, sin llanto. Ahora respiraba anchamente, libre de su pesadilla. Andaba tanto la mano de la Providencia en lo ocurrido, que a la asistenta no le cruzó por la imaginación que podía ser falsa la nueva.

Aquella noche, Antonia se retiró a su cama más tarde que de costumbre, porque fue a buscar a su hijo a la escuela de párvulos, y le compró rosquillas de «jinete», con otras golosinas que el chico deseaba hacía tiempo, y ambos recorrieron las calles, parándose ante los escaparates, sin ganas de comer, sin pensar más que en beber el aire, en sentir la vida y en volver a tomar posesión de ella.

Tal era el enajenamiento de Antonia, que ni reparó en que la puerta de su cuarto bajo no estaba sino entornada. Sin soltar de la mano al niño entró en la reducida estancia que le servía de sala, cocina y comedor, y retrocedió atónita[149] viendo encendido el candil. Un bulto negro se levantó de la mesa, y el grito que subía a los labios de la asistenta se ahogó en la garganta.

Era él. Antonia, inmóvil, clavada al suelo, no le veía ya, aunque la siniestra imagen se reflejaba en sus dilatadas pupilas. Su cuerpo yerto sufría una parálisis momentánea; sus manos frías soltaron al niño, que, aterrado, se le cogió a las faldas. El marido habló:
—¡Mal contabas conmigo ahora! —murmuró con acento ronco, pero tranquilo. Y al sonido de aquella voz, donde Antonia creía oír vibrar aún las maldiciones y las amenazas de muerte, la pobre mujer, como desencantada, despertó, exhaló un ¡ay! agudísimo, y cogiendo a su hijo en brazos, echó a correr hacia la puerta. El hombre se interpuso.
—¡Eh..., chis! ¿Adónde vamos, patrona? —silabeó con su ironía de presidiario—. ¿A alborotar el barrio a estas horas? ¡Quieto aquí todo el mundo!

Las últimas palabras fueron dichas sin que las acompañase ningún ademán agresivo, pero con un tono que heló la sangre de Antonia. Sin embargo, su primer estupor se convertía en fiebre, la fiebre lúcida del instinto de conservación. Una idea rápida cruzó por su mente: ampararse del niño.

[149] Pasmada.

¡Su padre no le conocía; pero, al fin, era su padre! Levantóle en alto y le acercó a la luz.

—¿Ese es el chiquillo? —murmuró el presidiario, y descolgando el candil llególo al rostro del chico. Este guiñaba los ojos, deslumbrado, y ponía las manos delante de la cara, como para defenderse de aquel padre desconocido, cuyo nombre oía pronunciar con terror y reprobación universal. Apretábase a su madre, y ésta, nerviosamente, le apretaba también, con el rostro más blanco que la cera.

—¡Qué chiquillo tan feo! —gruñó el padre, colgando de nuevo el candil—. Parece que lo chuparon las brujas.

Antonia, sin soltar el niño, se arrimó a la pared, pues desfallecía. La habitación le daba vueltas alrededor, y veía unas lucecitas azules en el aire.

—A ver: ¿no hay nada de comer aquí? —pronunció el marido.

Antonia sentó al niño en un rincón, en el suelo, y mientras la criatura lloraba de miedo, conteniendo los sollozos, la madre comenzó a dar vueltas por el cuarto, y cubrió la mesa con manos temblorosas. Sacó pan, una botella de vino, retiró del hogar una cazuela de bacalao, y se esmeraba sirviendo diligentemente, para aplacar al enemigo con su celo. Sentóse el presidiario y empezó a comer con voracidad, menudeando los tragos de vino. Ella permanecía en pie, mirando, fascinada, aquel rostro curtido, afeitado y seco que relucía con ese barniz especial del presidio. El llenó el vaso una vez más y la convidó.

—No tengo voluntad... —balbució Antonia; y el vino, al reflejo del candil, se le figuraba un coágulo de sangre.

El lo despachó encogiéndose de hombros, y se puso en el plato más bacalao, que engulló[150] ávidamente, ayudándose con los dedos y mascando grandes cortezas de pan. Su mujer le miraba hartarse, y una esperanza sutil se introducía en su espíritu. Así que comiese, se marcharía sin matarla. Ella, después, cerraría a cal y canto la puerta, y si quería matarla entonces, el vecindario estaba despierto y oiría sus gritos. ¡Sólo que, probablemente, le sería imposible a ella gritar! Y carraspeó para afianzar la voz. El marido, apenas se vio saciado de comida, sacó del cinto un cigarro, lo picó[151] con la uña y encedió sosegadamente el pitillo en el candil.

—¡Chis!... ¿Adónde vamos? —gritó, viendo que su mujer hacía un movimiento disimulado hacia la puerta—. Tengamos la fiesta en paz.

—A acostar al pequeño —contestó ella sin saber lo que decía. Y refugióse en la habitación contigua, llevando a su hijo en brazos. De seguro que el asesino no entraría allí. ¿Cómo había de tener valor para tanto? Era la habitación en que había cometido el crimen, el cuarto de su madre. Pared por medio dormía antes el matrimonio; pero la miseria que siguió a la muerte de la vieja, obligó a Antonia a vender la cama matrimonial y usar la de la difunta. Creyéndose en salvo, empezaba a desnudar al niño, que ahora se atrevía a sollozar más fuerte, apoyado en su seno; pero se abrió la puerta y entró el presidiario.

Antonia le vio echar una mirada oblicua en torno suyo, descalzarse con suma tranquilidad, quitarse la faja, y, por último, acostarse en el lecho

[150] Tragó.
[151] Le cortó el extremo.

de la víctima. La asistenta creía soñar. Si su marido abriese una navaja, la asustaría menos quizá que mostrando tan terrible sosiego. El se estiraba y revolvía en las sábanas, apurando la colilla y suspirando de gusto, como hombre cansado que encuentra una cama blanda y limpia.

—¿Y tú? —exclamó dirigiéndose a Antonia—. ¿Qué haces ahí quieta como un poste? ¿No te acuestas?

—Yo... no tengo sueño —tartamudeó ella, dando diente con diente.

—¿Qué falta hace tener sueño? ¡Si irás a pasar la noche de centinela!

—Ahí..., ahí... no... cabemos... Duerme tú... Yo aquí de cualquier modo...

El soltó dos o tres palabras gordas.

—¿Me tienes miedo o asco, o qué rayo es esto? A ver cómo te acuestas, o si no...

Incorporóse el marido, y extendiendo las manos, mostró querer saltar de la cama al suelo. Mas ya Antonia, con la docilidad fatalista de la esclava, empezaba a desnudarse. Sus dedos presurosos rompían las cintas, arrancaban violentamente los corchetes[152], desgarraban las enaguas. En un rincón del cuarto se oían los ahogados sollozos del niño...

Y el niño fué quien, gritando desesperadamente, llamó al amanecer a las vecinas, que encontraron a Antonia en la cama, extendida, como muerta. El médico vino aprisa, y declaró que vivía, y la sangró, y no logró sacarle gota de sangre. Falleció a las veinticuatro horas, de muerte natural, pues no tenía lesión alguna. El niño aseguraba que el hombre que había pasado allí la noche la llamó muchas veces al levantarse, y viendo que no respondía, echó a correr como un loco.

Además de sus labores literarias, la condesa de Pardo Bazán colaboró en diversos diarios de España y América y desempeñó el cargo de consejero de Instrucción Pública. En 1916 se creó especialmente para ella la cátedra de literaturas románticas en la Universidad Central de Madrid, que la escritora desempeñó hasta su muerte en 1921.

Leopoldo Alas, "Clarín"

Leopoldo Alas, más conocido por su seudónimo Clarín, nació en Zamora en 1852. Salvo breves viajes a Madrid permaneció toda su vida en Asturias. Estudió la carrera de derecho en la universidad de Oviedo, donde más tarde desempeñó la cátedra de derecho romano.

Desde su retiro provinciano se mantenía en contacto con el movimiento artístico e intelectual de Europa y sostenía una colaboración constante en diversos periódicos madrileños. Sus reseñas y ensayos satíricos, amenos y agresivos, dieron origen a numerosas polémicas, ya que Clarín era un crítico

---

[152] Broches.

Leopoldo Alas, "Clarín".

no solamente muy conocido, sino también temido por lo agudo de su análisis, su severidad y por la popularidad de sus artículos, que aparecían bajo el título de *Solos y Paliques*. Hoy día, sin embargo, despierta más interés su prosa de ficción que su crítica literaria.

Sus primeras obras en el campo de la literatura siguen la tendencia naturalista, como lo demuestra su gran novela *La Regenta*, publicada en dos tomos en 1882. Más tarde Clarín comenzaría a evolucionar hacia una profunda reflexión y un idealismo que anuncian ya la generación del 98. Sus narraciones y cuentos cortos sobre todo, reflejan esa nostalgia por la tradición y el pasado marginados por la civilización moderna, precursora de los escritores del 98. En este período su técnica narrativa se simplifica, las obras aparecen como abocetadas y la narración, directa y expresiva, contiene un gran sentido moral y crítico, de tono más bien pesimista.

Entre sus obras de esta época merece citarse la colección de cuentos *El gallo de Sócrates* publicada en 1901, del cual ofrecemos como selección "Dos sabios". En este cuento Clarín nos brinda un sugestivo cuadro de los efectos del egoísmo y la incomprensión en los moradores de un balneario imaginario, alegoría de un amplio sector de la sociedad de su tiempo.

Dos sabios

En el balneario de Aguachirle[153], situado en lo más frondoso de una región de España muy fértil y pintoresca, todos están contentos, todos se entienden, menos dos ancianos venerables que desprecian al miserable vulgo de los bañistas y mutuamente se aborrecen.

¿Quiénes son? Poco se sabe de ellos en la casa. Es el primer año que vienen. No hay noticias de su procedencia. No son de la provincia, de seguro; pero no se sabe si el uno viene del Norte y el otro del Sur o viceversa, . . . o de cualquier otra parte. Consta que uno dice llamarse D. Pedro Pérez y el otro D. Alvaro Alvarez. Ambos reciben el correo en un abultadísimo paquete, que contiene multitud de cartas, periódicos, revistas, y libros muchas veces. La gente opina que son un par de sabios.

Pero ¿qué es lo que saben? Nadie lo sabe. Y lo que es ellos, no lo dicen. Los dos son muy corteses, pero muy fríos con todo el mundo e impenetrables. Al principio se les dejó aislarse, sin pensar en ellos; el vulgo alegre desdeñó el desdén de aquellos misteriosos pozos de ciencia, que, en definitiva, debían de ser un par de chiflados[154] caprichosos, exigentes en el trato doméstico y con berrinches endiablados[155], bajo aquella capa superficial de fría buena crianza. Pero, a los pocos días, la conducta de aquellos señores fue la comidilla de los desocupados bañistas que vieron una graciosísima comedia en la antipatía y rivalidad de los viejos.

Con gran disimulo, porque inspiraban respeto y nadie osaría reírse de ellos en sus barbas, se les observaba, y se saboreaban y comentaban las vicisitudes de la mutua ojeriza[156] que se exacerbaba por las coincidencias de sus gustos y manías, que les hacían buscar lo mismo y huir de lo mismo, y sobre ello, morena[157].

Pérez había llegado a Aguachirle algunos días antes que Alvarez. Se quejaba de todo; del cuarto que le habían dado, del lugar que ocupaba en la mesa redonda, del bañero, del pianista, del médico, de la camarera, del mozo que limpiaba las botas, de la campana de la capilla, del cocinero, y de los gallos y los perros de la vecindad, que no le dejaban dormir. De los bañistas no se atrevía a quejarse, pero eran la mayor molestia. «¡Triste y enojoso rebaño humano! Viejos verdes, niñas cursis, mamás grotescas, canónigos[158] egoístas, pollos empalagosos[159], indianos soeces y avaros, caballeros sospechosos, maníacos insufribles, enfermos repugnantes, ¡peste de clase media! ¡Y pensar que era la menos mala! Porque el pueblo... ¡uf! ¡el pueblo! Y aristocracia, en rigor, no la había. ¡Y la ignorancia general! ¡Qué martirio tener que oír, a la mesa, sin querer, tantos disparates, tantas vulgaridades que le llenaban el alma de hastío y de tristeza!»

[153] Nombre ficticio, de tono despectivo, que significa sin sabor ni carácter.
[154] Algo locos, un poco perturbados.
[155] Grandes enojos.
[156] Antipatía.
[157] Y *sobre ello morena:* expresión que significa sostener sus puntos de vista a cualquier costa.
[158] Asesor jurídico del cabildo catedral.
[159] Jóvenes fastidiosos.

Algunos entrometidos, que nunca faltan en los balnearios, trataron de sonsacar[160] a Pérez sus ideas, sus gustos; de hacerle hablar, de intimar en el trato, de obligarle a participar de los juegos comunes; hasta hubo un tontiloco que le propuso bailar un rigodón[161] con cierta dueña... Pérez tenía un arte especial para sacudirse estas moscas. A los discretos los tenía lejos de sí a las pocas palabras; a los indiscretos, con más trabajo y alguna frialdad inevitable; pero no tardaba mucho en verse libre de todos.

Además, aquella triste humanidad le estorbaba en la lucha por las comodidades; por las pocas comodidades que ofrecía el establecimiento. Otros tenían las mejores habitaciones, los mejores puestos en la mesa; otros ocupaban antes que él los mejores aparatos y pilas de baño; y otros, en fin, se comían las mejores tajadas.

El puesto de honor en la mesa central, puesto que llevaba anejo[162] el mayor mimo y agasajo del jefe del comedor y de los dependientes, y puesto que estaba libre de todas las corrientes de aire entre puertas y ventanas, terror de Pérez, pertenecía a un señor canónigo, muy gordo y muy hablador; no se sabía si por antigüedad o por odioso privilegio.

Pérez que no estaba lejos del canónigo, le distinguía con un particular desprecio; le envidiaba, despreciándole, y le miraba con ojos provocativos, sin que el otro se percatara de tal cosa. Don Sindulfo, el canónigo, había pretendido varias veces pegar la hebra[163] con Pérez; pero éste le había contestado siempre con secos monosílabos. Y D. Sindulfo le había perdonado, porque no sabía lo que se hacía, siendo tan saludable la charla a la mesa para una buena digestión.

Don Sindulfo tenía un estómago de oro, y le entusiasmaba la comida de fonda, con salsas picantes y otros atractivos; Pérez tenía el estómago de acíbar, y aborrecía aquella comida llena de insoportables galicismos[164]. Don Sindulfo soñaba despierto en la hora de comer: y D. Pedro Pérez temblaba al acercarse el tremendo trance de tener que comer sin gana.

—¡Ya va un toque! —decía sonriendo a todos don Sindulfo, y aludiendo a la campana del comedor.

—¡Ya han tocado dos veces! —exclamaba a poco, con voz que temblaba de voluptuosidad.

Y Pérez, oyéndole, se juraba acabar cierta monografía que tenía comenzada proponiendo la supresión de los cabildos catedrales.

Fue el sabio díscolo y presunto minando el terreno, intrigando con camareras y otros empleados de más categoría, hasta hacerse prometer, bajo amenaza de marcharse, que en cuanto se fuera el canónigo, que sería pronto, el puesto de honor, con sus beneficios, sería para él, para Pérez, costase lo que costase. También se le ofreció el cuarto de cierta esquina del edificio, que era el de mejores vistas, el más fresco y el más apartado del

---

[160] Procurar que uno diga o descubra algo.
[161] Especie de contradanza popular en el siglo XIX.
[162] Agregado.
[163] *Pegar la hebra:* trabar conversación o prolongarla más de lo debido.
[164] Importaciones francesas (aquí en sentido irónico).

mundanal y *fondil*[165] ruido. Y para tomar café, se le prometió cierto rinconcito, muy lejos del piano, que ahora ocupaba un coronel retirado, capaz de andar a tiros con quien se lo disputara. En cuanto el coronel se marchase, que no tardaría, el rinconcito sería para Pérez.

* * *

En esto llegó Alvarez. Aplíquesele todo lo dicho acerca de Pérez. Hay que añadir que Alvarez tenía el carácter más fuerte, el mismo humor endiablado, pero más energía y más desfachatez para pedir gollerías[166].

También le aburría aquel rebaño humano, de vulgaridad monótona; también se le puso en la boca del estómago el canónigo aquel, de tan buen diente, de una alegría irritante y que ocupaba en la mesa redonda el mejor puesto. Alvarez miraba también a don Sindulfo con ojos provocativos, y apenas le contestaba si el buen clérigo le dirigía la palabra. Alvarez también quiso el cuarto que solicitaba Pérez y el rincón donde tomaba café el coronel.

A la mesa notó Alvarez que todos eran unos majaderos y unos charlatanes... menos un señor viejo y calvo, como él, que tenía enfrente y que no decía palabra, ni se reía tampoco con los chistes grotescos de aquella gente.

«No era charlatán, pero majadero también sería. ¿Por qué no?» Y empezó a mirarle con antipatía. Notó que tenía mal genio, que era un egoísta y maniático por el afán de imposibles comodidades.

«Debe de ser un profesor de instituto o archivero lleno de presunción. Y él, Alvarez, que era un sabio de fama europea, que viajaba de incógnito, con nombre falso, para librarse de curiosos e impertinentes admiradores, aborrecía ya de muerte al necio pedantón que se permitía el lujo de creerse superior a la turbamulta del balneario. Además, se le figuraba que el archivero le miraba a él con ira, con desprecio; ¡habríase visto insolencia!»

Y no era eso lo peor: lo peor era que coincidían en gustos, en preferencias que les hacían muchas veces incompatibles.

No cabían los dos en el balneario. Alvarez se iba al corredor cuando el pianista la emprendía con la *Rapsodia húngara*...Y allí se encontraba a Pérez, que huía también de Liszt adulterado. En el gabinete de lectura nadie leía el *Times*... más que el archivero, y justamente a las horas en que él, Alvarez el falso, quería enterarse de la política extranjera en el único periódico de la casa que no le parecía despreciable.

«El archivero sabe inglés. ¡Pedante!»

A las seis de la mañana en punto, Alvarez salía de su cuarto con la mayor reserva, para despachar las más viles faenas con que su naturaleza animal pagaba tributo a la ley más baja y prosaica...Y Pérez, obstruccionista odioso, tenía, por lo visto, la misma costumbre, y buscaba el mismo lugar con igual secreto... y ¡aquello no podía aguantarse!

No gustaba Alvarez de tomar el fresco en los jardines ramplones del establecimiento, sino que buscaba la soledad de un prado de fresca hierba,

---

[165] De fonda o posada.
[166] Delicadezas, superfluidades.

y en cuesta muy pina[167], que había a espaldas de la casa... Pues allá, en lo más alto del prado, a la sombra de *su* manzano... se encontraba todas las tardes a Pérez, que no soñaba con que estaba estorbando.

Ni Pérez ni Alvarez abandonaban el sitio; se sentaban muy cerca uno de otro, sin hablarse, mirándose de soslayo con rayos y centellas.

* * *

Si el archivero supuesto tales simpatías merecía al fingido Alvarez, Alvarez a Pérez le tenía frito[168], y ya Pérez le hubiera provocado abiertamente si no hubiera advertido que era hombre enérgico y, probablemente, de más puños que él.

Pérez, que era un sabio hispano-americano del Ecuador, que vivía en España muchos años hacía, estudiando nuestras letras y ciencias y haciendo frecuentes viajes a París, Londres, Rusia, Berlín y otras capitales; Pérez, que no se llamaba Pérez, sino Gilledo, y viajaba de incógnito, a veces, para estudiar las cosas de España, sin que éstas se las disfrazara nadie al saberse quien él era; digo que Gilledo o Pérez había creído que el intruso Alvarez era alguna notabilidad de campanario[169] que se daba tono de sabio con extravagancias y manías que no eran más que pura comedia. Comedia que a él le perjudicaba mucho, pues, sin duda por imitarle, aquel desconocido, boticario probablemente, se le atravesaba en todas sus cosas: en el paseo, en el corredor, en el gabinete de lectura y en los lugares menos dignos de ser llamados por su nombre.

Pérez había notado también que Alvarez despreciaba o fingía despreciar a la multitud insípida y que miraba con rencor y desfachatez al canónigo que presidía la mesa.

La antipatía, el odio se puede decir, que mutuamente se profesaban los sabios incógnitos crecía tanto de día en día, que los disimulados testigos de su malquerencia llegaron a temer que el sainete acabara en tragedia, y aquellos respetables y misteriosos vejetes se fueran a las manos.

Llegó un día crítico. Por casualidad, en el mismo tren se marcharon el canónigo, el bañista que ocupaba la habitación tan apetecida, y el coronel que dejaba libre el rincón más apartado del piano. Terrible conflicto. Se descubrió que el amo del establecimiento había ofrecido la sucesión de D. Sindulfo, y la habitación más cómoda, a Pérez primero, y después a Alvarez.

Pérez tenía el derecho de prioridad, sin duda; pero Alvarez... era un carácter. ¡Solemne momento! Los dos, temblando de ira, echaron mano al respaldo. No se sabía si se disputaban un asiento o una arma arrojadiza.

No se insultaron, ni se comieron la figura más que con los ojos.

El amo de la casa se enteró del conflicto, y acudió al comedor corriendo.

—¡Usted dirá! —exclamaron a un tiempo los sabios.

Hubo que convenir en que el derecho de Pérez era el que valía.

---

[167] Empinada, aguda.
[168] *Le tenía frito:* le irritaba.
[169] Propio de gente rústica.

Alvarez cedió en latín, es decir, invocando un texto del derecho romano que daba la razón a su adversario. Quería que constase que cedía a la razón, no al miedo.

Pero llegó lo del aposento disputado. ¡Allí fué ella! También Pérez era el *primero en el tiempo*... pero Alvarez declaró que lo que es absurdo desde el principio, y nulo, por consiguiente, *tractu temporis convalescere non potest*, no puede hacerse bueno con el tiempo; y como era absurdo que todas las ventajas, por gollería, se las llevase Pérez, él se atenía a la promesa que había recibido..., y se instalaba desde luego en la habitación dichosa; donde, en efecto, ya había metido sus maletas.

Y plantado en el umbral, con los puños cerrados amenazando al mundo, gritó:

—*In pari causa, melior est conditio possidentis*[170].

Y entró y se cerró por dentro.

Pérez cedió, no a los textos romanos, sino por miedo.

En cuanto al rincón del coronel, se lo disputaban todos los días, apresurándose a ocuparlo el que primero llegaba y protestando el otro con ligeros refunfuños y sentándose muy cerca y a la misma mesa de mármol. Se aborrecían, y por la igualdad de gustos y disgustos, simpatías y antipatías, siempre huían de los mismos sitios y buscaban los mismos sitios.

Una tarde, huyendo de la *Rapsodia húngara*, Pérez se fué al corredor y se sentó en una mecedora, con un lío de periódicos y cartas entre las manos.

Y a poco llegó Alvarez con otro lío semejante, y se sentó, enfrente de Pérez, en otra mecedora. No se saludaron, por supuesto.

Se enfrascaron en la lectura de sendas cartas.

De entre los pliegues de la suya sacó Alvarez una cartulina, que contempló pasmado.

Al mismo tiempo, Pérez contemplaza una tarjeta igual con ojos de terror.

Alvarez levantó la cabeza y se quedó mirando atónito a su enemigo.

El cual también, a poco, alzó los ojos y contempló con la boca abierta al infausto Alvarez.

El cual, con voz temblona, empezando a incorporarse y alargando una mano, llegó a decir:

—Pero... usted, señor mío..., ¿es... puede usted ser... el doctor... Gilledo?...

—Y usted... o estoy soñando... o se... parece ser... es... el ilustre Fonseca?...

—Fonseca el amigo, el discípulo, el admirador, el apóstol del maestro Gilledo... de su doctrina...

—De nuestra doctrina, porque es de los dos; yo el iniciador, usted el brillante, el sabio, el profundo, el elocuente reformador, propagandista... a quien todo se lo debo.

[170] *In pari causa*...: En causa igual, lo mejor es tener la posesión.

—¡Y estábamos juntos!...

—¡Y no nos conocíamos!...

—Y a no ser por esta flaqueza... ridícula... que partió de mí lo confieso, de querer conocernos por estos retratos...

—Justo, a no ser por eso...

Y Fonseca abrió los brazos, y en ellos estrechó a Gilledo, aunque con la mesura que conviene a los sabios.

La explicación de lo sucedido es muy sencilla. A los dos se les había ocurrido, como queda dicho, la idea de viajar de incógnito. Desde su casa Fonseca, en Madrid, y desde no sé dónde Gilledo, se hacían enviar la correspondencia al balneario, en paquetes dirigidos a Pérez y Alvarez, respectivamente.

Muchos años hacía que Gilledo y Fonseca eran uña y carne en el terreno de la ciencia. Iniciador Gilledo de ciertas teorías muy complicadas acerca del movimiento de las razas primitivas y otras baratijas prehistóricas, Fonseca había acogido sus hipótesis con entusiasmo, sin envidia; había hecho de ellas aplicaciones muy importantes en lingüística y sociología, en libros más leídos, por más elocuentes, que los de Gilledo. Ni éste envidiaba al apóstol de su idea el brillo de su vulgarización, ni Fonseca dejaba de reconocer la supremacía del iniciador, del maestro, como llamaba al otro sinceramente. La lucha de la polémica que unidos sostuvieron con otros sabios, estrechó sus relaciones; si al principio, en su ya jamás interrumpida correspondencia, sólo hablaban de ciencia, el mutuo afecto, y algo también la vanidad mancomunada, les hicieron comunicar más íntimamente, y llegaron a escribirse cartas de hermanos más que de colegas.

Alvarez, o Fonseca, más apasionado, había llegado al extremo de querer conocer la *vera effigies*[171] de su amigo; y quedaron, no sin confesarse por escrito la parte casi ridícula de esta debilidad, quedaron en enviarse mutuamente su retrato con la misma fecha...Y la casualidad, que es indispensable en esta clase de historias, hizo que las tarjetas aquellas, que tal vez evitaron un crimen, llegaran a su destino el mismo día.

Más raro parecerá que ninguno de ellos hubiera escrito al otro lo de la ida a tal balneario, ni el nombre falso que adoptaban... Pero tales noticias se las daban precisamente (¡claro!) en las cartas que con los retratos venían.

* * *

Mucho, mucho se estimaban Alvarez y Pérez, a quienes llamaremos así por guardarles el secreto, ya que ellos nada de lo sucedido quisieron que se supiera en la fonda.

Tanto se estimaban, y tan prudentes y verdaderamente sabios eran, que depuestos, como era natural, todas las rencillas y odios que les habían separado mientras no se conocían, no sólo se trataron en adelante con el mayor respeto y mutua consideración, sin disputarse cosa alguna..., sino que, al día siguiente de su gran descubrimiento, coincidieron una vez más

---

[171] Verdadera imagen.

Joaquín Sorolla: "Christian Franzen".
(Foto cortesía de Fonópolis 1978, Madrid)

en el propósito de dejar cuanto antes las aguas y volverse por donde habían venido. Y, en efecto, aquella misma tarde Gilledo tomó el tren ascendente, hacia el sur, y Fonseca el descendente, hacia el norte.

Y no se volvieron a ver en la vida.

Y cada cual se fue pensando para su coleto que había tenido la prudencia de un Marco Aurelio[172], cortando por lo sano y separándose cuanto antes del otro. Porque ¡oh miseria de las cosas humanas! la pueril, material antipatía que el amigo desconocido le había inspirado... no había llegado a desaparecer después del infructuoso reconocimiento.

El personaje *ideal*, pero de carne y hueso, que ambos se habían forjado cuando se odiaban y despreciaban sin conocerse, era el que subsistía; el amigo real, pero invisible, de la correspondencia y de la *teoría común*, quedaba desvanecido... Para Fonseca el Gilledo que *había visto* seguía siendo el aborrecido archivero; y para Gilledo, Fonseca, el odioso boticario.

[172] MARCO AURELIO (121-180), emperador romano y filósofo estoico.

Y no volvieron a escribirse sino con motivo puramente científico.

Y al cabo de un año, un *Jahrbuch*[173] alemán publicó un artículo de sensación para todos los arqueólogos del mundo.

Se titulaba *Una disidencia*.

Y lo firmaba *Fonseca*. El cual procuraba demostrar que las razas aquellas no se habían movido de Occidente a Oriente, como él había creído, influido por sabios maestros, sino más bien siguiendo la marcha aparente del sol... de Oriente a Occidente.

Leopoldo Alas murió en Oviedo en 1901, a los 53 años de edad. Entre sus obras más importantes merecen citarse, aparte de las ya mencionadas, *El señor, Adiós cordera, Su único hijo* y *Cuentos morales*. Su obra crítica se ha recogido en los cinco volúmenes de sus *Solos* (1890-98).

No podríamos dejar de mencionar a Armando Palacio Valdés (1853-1938), escritor regionalista, que pinta el ambiente asturiano en una interesante novela, *Marta y María* (1883), luego el andaluz en *La hermana San Sulpicio* (1889), y el madrileño en *Riverita* (1886). Su obra desborda siempre gran alegría y sabor; sus personajes, simpáticos y llenos de gracia, como los de *Los majos de Cádiz*, han hecho de este autor uno de los favoritos del gran público.

Vincente Blasco Ibáñez

Vicente Blasco Ibáñez (1867-1926), pertenece cronológicamente a la generación del 98, pero por sus ideas y estilo artístico es considerado el último de los realistas españoles. Hombre de vigorosa personalidad, ha sido calificado de aventurero, político y revolucionario. Dejó una copiosa obra donde sus ideas sociales quedaron plasmadas sin demasiados artificios intelectuales. Su novela *Flor de mayo* (1895) describe la vida de los pescadores de la región valenciana. *La barraca* (1898), de la cual ofrecemos un fragmento, es un cuadro impresionante de las penalidades que sufre un campesino que viene de otra región a trabajar las tierras de un usurero.

La barraca[174]

Capítulo I

Desperezóse la inmensa vega bajo el resplandor azulado del amanecer, ancha faja de luz que asombra por la parte del Mediterráneo.
Los últimos ruiseñores, cansados de animar con sus trinos aquella noche

---

[173] Registro anual.

[174] Cabaña de adobe con techo de paja.

359

Vicente Blasco Ibáñez. (Cortesía The Hispanic Society
of America)

de otoño, que por lo tibio de su ambiente parecía de primavera, lanzaban el gorjeo final como si les hiriese la luz del alba con sus reflejos de acero.

De las techumbres de paja de las barracas salían las bandadas de gorriones como un tropel de pilluelos[175] perseguidos, y las copas de los árboles empezaban a estremecerse bajo los primeros jugueteos de estos granujas del espacio, que todo lo alborotaban con el roce de sus blusas de plumas.

Apagábanse lentamente los rumores que habían poblado la noche: el borboteo de las acequias[176], el murmullo de los cañaverales, los ladridos de los mastines vigilantes.

Despertaba la huerta, y sus bostezos eran cada vez más ruidosos. Rodaba el canto del gallo de barraca en barraca. Los campanarios de los pueblecitos devolvían con ruidoso badajeo[177] el toque de misa primera que sonaba a lo lejos, en las torres de Valencia, esfumadas por la distancia. De los

[175] Grupo de chiquillos traviesos.
[176] Canales de irrigación.
[177] Repique.

corrales salía un discordante concierto animal: relinchos de caballos, mugidos de vacas, cloquear de gallinas, balidos de corderos, ronquidos de cerdos; un despertar ruidoso de bestias que, al sentir la fresca caricia del alba cargada de acre perfume de vegetación, deseaban correr por los campos.

El espacio se empapaba de luz: disolvíanse las sombras, como tragadas por los abiertos surcos y las masas de follaje. En la indecisa neblina del amanecer iban fijando sus contornos húmedos y brillantes las filas de moreras[178] y frutales, las ondulantes líneas de cañas, los grandes cuadros de hortalizas, semejantes a enormes pañuelos verdes, y la tierra roja cuidadosamente labrada.

Animábanse los caminos con filas de puntos negros y movibles, como rosarios de hormigas, marchando hacia la ciudad. De todos los extremos de la vega llegaban chirridos de ruedas, canciones perezosas interrumpidas por el grito que arrea a las bestias, y de vez en cuando, como sonoro trompetazo del amanecer, rasgaba el espacio un furioso rebuzno del cuadrúpedo paria, como protesta del rudo trabajo que pesaba sobre él apenas nacido el día.

En las acequias conmovíase la tersa lámina de cristal rojizo con chapuzones[179] que hacían callar a las ranas; sonaba luego un ruidoso batir de alas, e iban deslizándose los ánades[180] lo mismo que galeras de marfil, moviendo cual fantásticas proas sus cuellos de serpiente.

La vida, que con la luz inundaba la vega, iba penetrando en el interior de barracas y alquerías[181].

Chirriaban las puertas al abrirse, veíanse bajo los emparrados figuras blancas que se desperezaban con las manos tras el cogote[182], mirando el iluminado horizonte. Quedaban de par en par los establos, vomitando hacia la ciudad las vacas de leche, los rebaños de cabras, los caballejos de los estercoleros[183]. Entre las cortinas de árboles enanos que ensombrecían los caminos vibraban cencerros y campanillas, y cortando este alegre cascabeleo sonaba el enérgico "¡arre, aca!"[184] animando a las bestias reacias.

En las puertas de las barracas saludábanse los que iban hacia la ciudad y los que se quedaban a trabajar los campos.

—¡Bòn día mos done Deu![185].

—¡Bòn día!

Y tras este saludo, cambiado con toda la gravedad propia de una gente que lleva en sus venas sangre moruna y sólo puede hablar de Dios con gesto solemne, se hacía el silencio si el que pasaba era un desconocido, y si era íntimo, se le encargaba la compra en Valencia de pequeños objetos para la mujer o para la casa.

---

[178] Arboles de cuyas hojas se alimentan los gusanos de seda.
[179] Zambullidas.
[180] Patos.
[181] Casa de campo para la labranza.
[182] Parte superior y posterior del cuello.
[183] Los que recogen y secan estiércol.
[184] Interjección equivalente a "¡camina!"
[185] En dialecto valenciano, "Buen día nos dé Dios".

Ya era de día completamente.

El espacio se había limpiado de tenues neblinas, transpiración nocturna de los húmedos campos y las rumorosas acequias. Iba a salir el sol. En los rojizos surcos saltaban las alondras con la alegría de vivir un día más, y los traviesos gorriones, posándose en las ventanas todavía cerradas, picoteaban las maderas, diciendo a los de adentro con su chillido de vagabundos acostumbrados a vivir "de gorra"[186]. "¡Arriba, perezosos! ¡A trabajar la tierra, para que comamos nosotros!..."

En la barraca de Toni, conocido en todo el contorno por "Pimentó"[187], acababa de entrar su mujer, Pepeta, una animosa criatura, de carne blancuzca y fláccida, en plena juventud, minada por la anemia, y que era, sin embargo, la hembra más trabajadora de toda la huerta.

Al amanecer ya estaba de vuelta del Mercado. Levantábase a las tres, cargaba con los cestones de verduras escogidas por Toni al cerrar la noche anterior entre reniegos y votos contra una pícara vida en la que tanto hay que trabajar, y a tientas por los senderos, guiándose en la oscuridad como buena hija de la huerta, marchaba a Valencia, mientras su marido, aquel buen mozo que tan caro le costaba, seguía roncando dentro del caliente "estudi"[188], bien arrebujado[189] en las mantas del camón matrimonial.

Los que compraban las hortalizas al por mayor para revenderlas conocían bien a esta mujercita que antes del amanecer ya estaba en el mercado de Valencia, sentada en sus cestos, tiritando bajo el delgado y raído mantón. Miraba con envidia, de la que no se daba cuenta, a los que podían beber una taza de café para combatir el fresco matinal. Y con una paciencia de bestia sumisa esperaba que le diesen por las verduras el dinero que se había fijado en sus complicados cálculos, para mantener a Toni y llevar la casa adelante.

Después de esta venta corría otra vez hacia su barraca, deseando salvar cuanto antes una hora de camino.

Entraba de nuevo en funciones para desarrollar una segunda industria: después de las hortalizas, la leche. Y tirando del ronzal[190] de una vaca rubia, que llevaba pegado al rabo como amoroso satélite un ternerillo juguetón, volvía a la ciudad con la varita bajo el brazo y la medida de estaño para servir a los clientes.

La "Rocha", que así apodaban a la vaca por sus rubios pelos, mugía dulcemente, estremeciéndose bajo una gualdrapa de arpillera[191], herida por el fresco de la mañana, volviendo sus ojos húmedos hacia la barraca, que se quedaba atrás, con su establo negro, de ambiente pesado, en cuya paja olorosa pensaba con la voluptuosidad del sueño no satisfecho.

Pepeta la arreaba con su vara. Se hacía tarde, e iban a quejarse los parroquianos. Y la vaca y el ternerillo trotaban por el centro del camino de Alboraya, hondo, fangoso, surcado de profundas carrileras.

Por los ribazos[192] laterales, con un brazo en la cesta y el otro balan-

---

[186] Vivir de los demás, sin trabajar.

[187] De "pimentón", alusión a su temperamento violento.

[188] Cuarto dormitorio.

[189] Envuelto, cubierto.

[190] Rienda, cuerda que se ata al cuello de un animal.

[191] Tejido burdo.

[192] Terreno algo elevado y en declive.

"Pastores de la Alpujarra", de José María López Mezquita.
(Cortesía The Hispanic Society of America)

ceante, pasaban los interminables cordones[193] de cigarreras e hilanderas de seda, toda la virginidad de la huerta, que iban a trabajar en las fábricas, dejando con el revoloteo de sus faldas una estela de castidad ruda y áspera.

Esparcíase por los campos la bendición de Dios.

Tras los árboles y las casas que cerraban el horizonte asomaba el sol como enorme oblea[194] roja, lanzando horizontales agujas de oro que obligaban a taparse los ojos. Las montañas del fondo y las torres de la ciudad iban tomando un tinte sonrosado; las nubecillas que bogaban por el cielo coloreábanse como madejas de seda carmesí, las acequias y los charcos del camino parecían poblarse de peces de fuego. Sonaba en el interior de las barracas el arrastre de la escoba, el chocar de la loza, todos los ruidos de la limpieza matinal. Las mujeres agachábanse en los ribazos, teniendo al lado el cesto de la ropa por lavar. Saltaban en las sendas los pardos conejos, con su sonrisa marrullera[195], enseñando, al huir, las rosadas posaderas partidas por el rabo en forma de botón; y sobre los montones de rubio estiércol, el gallo, rodeado de sus cloqueantes odaliscas, lanzaba un grito de sultán celoso, con la pupila ardiente y las barbillas rojas de cólera.

[193] Filas.
[194] Hoja delgada de masa de harina en forma redonda.
[195] Taimada, astuta.

Pepeta, insensible a este despertar que presenciaba diariamente, seguía su marcha, cada vez con más prisa, el estómago vacío, las piernas doloridas y las ropas interiores impregnadas de un sudor de debilidad propio de su sangre blanca y pobre, que a lo mejor se escapaba durante semanas enteras, contraviniendo las reglas de la naturaleza.

La avalancha de gente laboriosa que se dirigía a Valencia llenaba los puentes. Pepeta pasó entre los obreros de los arrabales que llegaban con el saquito del almuerzo pendiente del cuello, se detuvo en el fielato de Consumos[196] para tomar su resguardo[197] —unas cuantas monedas que todos los días le dolían en el alma— y se metió por las desiertas calles, que animaba el cencerro de la "Rocha" con un badajeo de melodía bucólica, haciendo soñar a los adormecidos burgueses con verdes prados y escenas idílicas de pastores.

Tenía sus parroquianos la pobre mujer esparcidos en toda la ciudad. Era su marcha una enrevesada[198] peregrinación por las calles, deteniéndose ante las puertas cerradas; un aldabonazo[199] aquí, tres y repique más allá, y siempre, a continuación, el grito estridente y agudo, que parecía imposible pudiese surgir de su pobre y raso pecho: "¡La lleeet![200] Jarro en mano bajaba la criada desgreñada[201] en chancleta, con los ojos hinchados, a recibir la leche, o la vieja portera, todavía con la mantilla que se había puesto para ir a la misa del alba.

A las ocho, después de servir a todos sus clientes, Pepeta se vio cerca del barrio de Pescadores.

Como también encontraba en él despacho, la pobre huertana se metió valerosamente en los sucios callejones, que parecían muertos a aquella hora. Siempre, al entrar, sentía cierto desasosiego, una repugnancia instintiva de estómago delicado. Pero su espíritu de mujer honrada y enferma sabía sobreponerse a esta impresión, y continuaba adelante con cierta altivez vanidosa, con un orgullo de hembra casta, consolándose al ver que ella, débil y agobiada por la miseria, aún era superior a otras.

De las cerradas y silenciosas casas salía el hálito[202] de la crápula[203] barata, ruidosa y sin disfraz: un olor de carne adobada y putrefacta, de vino y de sudor. Por las rendijas de las puertas parecía escapar la respiración entrecortada y brutal del sueño aplastante después de una noche de caricias de fiera y caprichos amorosos de borracho.

Pepeta oyó que la llamaban. En la puerta de una escalerilla le hacía señas una buena moza, despechugada[204], fea, sin otro encanto que el de una juventud próxima a desaparecer; los ojos húmedos, el moño torcido, y en las mejillas manchas del colorete[205] de la noche anterior: una caricatura, un payaso del vicio.

---

[196] Oficina donde se pagan los derechos de consumo.

[197] Recibo.

[198] Complicada, revesada.

[199] Golpe dado con una aldaba, o llamador de hierro, sobre una puerta.

[200] La leche.

[201] Con el pelo revuelto.

[202] Aliento.

[203] Embriaguez.

[204] Sin pechos.

[205] Afeite, maquillaje.

La labradora, apretando los labios con un mohín[206] de orgullo y desdén para que las distancias quedasen bien marcadas, comenzó a ordeñar las ubres de la "Rocha" dentro del jarro que le presentaba la moza. Esta no quitaba la vista de la labradora.

—¡Pepeta! —dijo con voz indecisa, como si no tuviese la certeza de que era ella misma.

Levantó su cabeza Pepeta; fijó por primera vez sus ojos en la mujer-zuela, y también pareció dudar.

—¡Rosario!... ¿Eres tú?

Sí, ella era; lo afirmaba con tristes movimientos de cabeza. Y Pepeta, inmediatamente, manifestó su asombro. ¡Ella allí!...¡Hija de unos padres tan honrados!¡Qué vergüenza, Señor!...

La fija mirada de los ojos claros de Pepeta pareció avergonzarla, y bajó la cabeza como si fuese a llorar.

No; ella no era mala. Había trabajado en las fábricas, había sido criada, pero al fin sus hermanas le dieron el ejemplo cansadas de sufrir hambre, y allí estaba. Era natural; donde no hay padre y madre, la familia termina así. De todo tenía la culpa el amo de la tierra, aquel don Salvador que de seguro ardía en los infiernos. ¡Ah, ladrón!... ¡Y cómo había perdido a la familia!

Pepeta olvidó su actitud fría y reservada para unirse a la indignación de la muchacha. Verdad, todo verdad: aquel tío[207] avaro tenía la culpa. La huerta entera lo sabía. ¡Válgame Dios, y cómo se pierde una familia! ¡Tan bueno que era el pobre tío Barret![208] ¡Si levantara la cabeza y viese a sus hijas!... Ya sabían allá que el pobre padre había muerto en Ceuta[209] hacía dos años: y en cuanto a la madre, la infeliz vieja había acabado de padecer en una cama del hospital. ¡Las vueltas que da el mundo en diez años! ¿Quién les hubiera dicho a ella y sus hermanas, que estaban en su casa como reinas, que acabarían de tal modo? ¡Señor! ¡Señor! ¡Libradnos de una mala persona!...

Rosario se animaba con la conversación: parecía rejuvenecerse ante aquella amiga de la niñez. Sus ojos, antes muertos, chispeaban al recorder el pasado. ¿Y su barraca? ¿Y las tierras? Seguían abandonadas. ¿Verdad? ... Aquello le gustaba: que reventaran, que se hicieran la santísima[210] los hijos del pillo de don Salvador. Era lo único que la consolaba: estaba muy agradecida a Pimentó y a todos los de allá porque habían impedido que otros entrasen a trabajar lo que de derecho pertenecía a la familia. Y si alguien quería apoderarse de aquello, ya era sabibo el remedio ... ¡Pum! Un escopetazo que le deshiciera la cabeza.

Después de hablar del triste pasado, la despierta curiosidad de Rosario fue preguntando por todos los de allá y acabó por fijarse en Pepeta. ¡Pobre-cita! Bien se veía que no era feliz. Joven aún, sólo revelaban su edad

---

[206] Mueca o gesto.

[207] Individuo del que se menciona algo bueno o malo.

[208] *Tío Barret*: usado ante el nombre propio o apodo, tío se usa como tratamiento que se da a un hombre casado o entrado en años.

[209] En esa época, centro penal español en la costa marroquí.

[210] *Que se hicieran la santísima*: se vayan al infierno.

aquellos ojazos claros de virgen, inocentones y tímidos. El cuerpo, un puro esqueleto; y en el pelo rubio, de un color de mazorca tierna, aparecían ya las canas a puñados antes de los treinta años. ¿Qué vida le daba Pimentó? ¡Siempre tan borracho y huyendo del trabajo! Ella se lo había buscado casándose contra los consejos de todo el mundo. Buen mozo, eso sí; le temblaban todos en la taberna de Copa[211] los domingos por la tarde, cuando jugaba al truc[212] con los más guapos de la huerta; pero en casa debía ser un marido insufrible. Aunque bien mirado[213], todos los hombres eran iguales. ¡Si lo sabría ella! Unos perros que no valían la pena de mirarlos. ¡Hija! ¡y qué desmejorada estaba la pobre Pepeta!

Un vozarrón de marimacho bajó como un trueno por el hueco de la escalerilla.

—¡Elisa!... Sube pronto la leche.

Rosario comenzó a reír como una loca. Ahora se llamaba Elisa: ¿no lo sabía? Pero a pesar de su regocijo, tuvo prisa en retirarse. Y subió veloz por la escalerilla, después de recomendar mucho a Pepeta que pasase alguna vez por allí para recordar las cosas de la huerta.

El cansado esquilón de *La Rocha* repiqueteó más de una hora por las calles de Valencia; soltaron las mustias ubres hasta la última gota de leche insípida, producto de un mísero pasto de hojas de col y desperdicios, y por fin Pepeta emprendió la vuelta a la barraca.

La pobre labradora caminaba triste y pensativa. La había impresionado el encuentro; recordaba como si hubiera sido en el día anterior la espantosa tragedia que se tragó al tío Barret con toda su familia.

Desde entonces que [214] los campos que hacía más de cien años trabajaban los ascendientes del pobre labrador, estaban abandonados a la orilla del camino. Su barraca deshabitada, sin una mano misericordiosa que echase un remiendo a la cubierta, ni un puñado de barro a las grietas de las paredes, se iba hundiendo lentamente.

Diez años de continuo tránsito junto a aquella ruina, bastaban para que la gente no se fijase ya en ella. La misma Pepeta hacía tiempo que no había parado su atención en la vieja barraca. Esta sólo interesaba a los muchachos, que heredando el odio de sus padres, se metían por entre las ortigas de los campos abandonados para acribillar a pedradas la abandonada vivienda, abriendo anchas brechas en la cerrada puerta o para cegar[215] con tierra y pedruscos el pozo que se abría bajo la vetusta parra.

Pero aquella mañana, Pepeta, influida por su reciente encuentro, se fijó en la ruina y hasta se detuvo en el camino para verla mejor.

---

[211] Apodo del dueño de la taberna.

[212] Truque; juego de cartas.

[213] Después de todo.

[214] *Desde entonces que:* Blasco Ibáñez usa frecuentemente *que* como expletivo después de un abverbio o una frase adverbial.

[215] Llenar.

Los campos del tío Barret, o más bien dicho, del judío don Salvador y sus descomulgados herederos, eran un oasis de miseria y abandono en medio de la huerta tan fecunda, trabajada y sonriente. Diez años de abandono habían endurecido la tierra, haciendo brotar de sus infecundas entrañas todas las plantas parásitas, todos los abrojos que Dios ha criado para castigo del labrador. Una selva enana, enmarañada y deforme, se extendía sobre aquellos campos, con un oleaje de extraños tonos verdes, matizado aquí y allá por flores misteriosas y raras, de esas que sólo surgen de las ruinas y los cementerios.

En las frondosidades de aquella selva, alentados por la seguridad de la guarida, crecían y se multiplicaban toda suerte de bichos asquerosos, derramándose en los campos vecinos, lagartos verdes de lomo rugoso, enormes escarabajos con caparazón de metálico reflejo, arañas de patas cortas y vellosas, y hasta culebras que se corrían a las acequias inmediatas. Allí vivían en el centro de la hermosa y cuidada vega, formando estado aparte, devorándose unos a otros; y aunque causaban algún daño a los labradores, los respetaban hasta con cierta veneración, pues las siete plagas de Egipto parecían poca cosa a los de la huerta para arrojarlas sobre aquellos terrenos malditos.

Las tierras del tío Barret no habían de ser nunca para los hombres: que anidasen, pues, en ellas los bicharracos asquerosos, y cuantos más mejor.

En el centro de estos campos de desolación, que se destacaban sobre la hermosa vega como una mancha de mugre[216] en un manto regio de verde terciopelo, alzábase la barraca, o más bien dicho, caía, con su montera[217] de paja despanzurrada[218], enseñando por las aberturas que agujerearon el viento y la lluvia el carcomido costillaje de madera. Las paredes, arañadas por las aguas, mostraban los adobes de barro, sin más que algunas ligerísimas manchas blancas que delataban el antiguo enjalbegado; la puerta estaba rota por bajo, roída por las ratas, con grietas que la cortaban de un extremo a otro; las dos o tres ventanillas, completamente abiertas y martirizadas por los vendavales, pendían de un solo gozne e iban a caer de un momento a otro, apenas soplase una buena ventolera.

Aquella ruina apenaba el ánimo, oprimía el corazón. Parecía que del casuco abandonado iban a salir fantasmas apenas cerrase la noche; que de su interior partían gritos de personas asesinadas; que toda aquella maleza era un sudario que ocultaba centenares de trágicos cadáveres.

Cosas horribles era lo que inspiraba la contemplación de los campos abandonados; y su tétrica miseria aun descollaba más con el contraste de las tierras que los rodeaban, rojas, bien cuidadas, con sus correctas filas de hortalizas y sus arbolillos, a cuyas hojas daba el otoño una transparencia acaramelada. Hasta los pájaros huían de aquellos campos de muerte, tal vez por temor a los animaluchos que rebullían bajo la maleza o por husmear el hálito[219] de la desgracia.

[216] Suciedad.
[217] Techumbre.
[218] Rota y abierta.
[219] *Husmear el hálito*: oler el soplo.

Sobre la rota techumbre de paja, si algo se veía revolotear eran alas negras y traidoras, plumajes fúnebres que al agitarse hacían enmudecer los árboles cargados de gozosos aleteos y juguetones piídos, quedando silenciosa la huerta como si no hubiese gorriones en media legua a la redonda.

Pepeta iba a seguir adelante, hacia su blanca barraca que asomaba entre los árboles algunos campos más allá; pero hubo de permanecer inmóvil en el alto borde del camino para que pasase antes un carro cargado que avanzaba dando tumbos y parecía venir de la ciudad.

Su curiosidad femenil se excitó al fijarse en él.

Era un pobre carro de labranza tirado por un rocín[220] viejo y huesudo, al que ayudaba en los baches difíciles un hombre alto que marchaba junto a él animándole con gritos y chasquidos de tralla.

Vestía de labrador, pero el modo de llevar el pañuelo anudado a la cabeza, sus pantalones de pana y otros detalles de su traje, delataban que no era de la huerta, donde el adorno personal ha ido poco a poco contaminándose del gusto de la ciudad. Era labrador de algún pueblo lejano: tal vez venía del riñón de la provincia.

Sobre el carro amontonábanse, formando pirámide hasta más arriba de los varales, toda clase de objetos domésticos. Era la emigración de una familia entera. Tísicos colchones, jergones rellenos de escandalosa hoja de maíz, sillas de esparto, sartenes, calderas, platos, cestas, verdes banquillos de cama; todo se amontonaba sobre el carro, sucio, gastado, miserable, oliendo a hambre, a fuga desesperada, como si la desgracia marchase tras la familia pisándole los talones. Y en la cumbre de este revoltijo veíanse tres niños abrazados que contemplaban los campos con los ojos muy abiertos, como exploradores que visitan un país por vez primera.

A pie y tras el carro, como vigilando por si algo caía de éste, marchaban una mujer y una muchacha alta, delgada, esbelta, que parecía hija de aquélla. Al otro lado del rocín, ayudando cuando el carro se detenía en un mal paso, iba un muchacho de unos once años: su exterior grave delataba al niño que acostumbrado a luchar con la miseria, es hombre a la edad en que otros juegan. Un perrillo sucio y jadeante cerraba la marcha.

Pepeta, apoyada en el lomo de su vaca, les veía avanzar, poseída cada vez de mayor curiosidad. ¿Adónde iría la pobre gente?

El camino aquel, afluente[221] al de Alboraya, no iba a ninguna parte: se extinguía a lo lejos como agotado por las bifurcaciones innumerables de sendas y caminitos que daban entrada a las barracas.

Pero su curiosidad tuvo un final inesperado. ¡Virgen Santísima! El carro se salía del camino, atravesaba el ruinoso puentecillo de troncos y tierra que daba acceso a las tierras malditas, y se metía por los campos del tío Barret aplastando con sus ruedas la maleza respetada.

---

[220] Caballo.
[221] Que desembocaba en.

La familia seguía detrás, manifestando con gestos y confusas palabras la impresión que le causaba tanta miseria, pero en línea recta hacia la destrozada barraca, como quien toma posesión de lo que es suyo.

Pepeta no quiso ver más. Ahora sí que corrió de veras hacia su barraca. Hasta para llegar antes abandonó la vaca y el ternerillo, que siguieron su marcha tranquilamente, como quien no se preocupa de las cosas humanas y tiene el establo seguro.

Pimentó estaba tendido a un lado de su barraca, fumando perezosamente, con la vista fija en tres varitas untadas con liga[222], puestas al sol y en torno de las cuales revoloteaban algunos pájaros. Aquella ocupación era de señor.

Al ver llegar a su mujer con los ojos asombrados y el pobre pecho jadeante, Pimentó mudó de postura para escuchar mejor, recomendándola que no se aproximase a las varitas.

Vamos a ver, ¿qué era aquello?[223] ¿le habían robado la vaca?

Pepeta con la emoción y el cansancio, apenas podía decir dos palabras seguidas.

Las tierras de Barret . . . una familia entera . . . iban a trabajar, a vivir en la barraca. Ella lo había visto.

Pimentó, cazador con liga, enemigo del trabajo y terror de la contornada[224], no pudo conservar su gravedad impasible de gran señor ante tan inesperada noticia.

—¡*Recontracordons!*[225]

De un salto puso recta su pesada y musculosa humanidad, y echó a correr sin aguardar más explicaciones.

Su mujer vio cómo corría a campo traviesa hasta un cañar inmediato a las tierras malditas. Allí se arrodilló, se echó sobre el vientre, para espiar por entre las cañas como un beduino al acecho, y pasados algunos minutos volvío a correr, perdiéndose en aquel dédalo de sendas, cada una de las cuales conducía a una barraca, a un campo donde se encorvaban los hombres haciendo brillar en el espacio el azadón como un relámpago de acero.

La huerta seguía risueña y rumorosa, impregnada de luz y de susurros, aletargada bajo la cascada de oro del sol de la mañana.

Pero a lo lejos sonaba gritos y llamamientos: la noticia se transmitía a grito pelado de un campo a otro campo, y un estremecimiento de alarma, de extrañeza, de indignación, corría por toda la vega como si no hubierana transcurrido los siglos y circulara el aviso de que en la playa acababa de aparecer una galera argelina buscando cargamento de carne blanca.

---

[222] Sustancia que pega, usada para atrapar los pájaros.
[223] ¿Qué es lo que pasaba?
[224] Alrededores.
[225] Expresión vulgar valenciana.

Pablo Gargallo (1881-1934): "Buey vasco".
(Foto cortesía de Fonópolis 1978, Madrid)

Batiste, un pobre campesino de las cercanías de Sagunto, viene con su familia a trabajar las tierras de los herederos del usurero don Salvador que habían quedado baldías desde que el tío Barret, su antiguo arrendatario, había matado a don Salvador cuando este último lo quiso expulsar de sus tierras.

Los campesinos de los alrededores, capitaneados por Pimentó, tratan de impedir, como lo habían hecho en el pasado, el cultivo de las tierras. Ante la resistencia tenaz del hortelano, lo llegan a acorralar hasta que, exacerbadas las pasiones, ocasionan la muerte de Pimentó a manos de Batiste. Los hortelanos enardecidos, en venganza, prenden fuego a la barraca de Batiste, que con tanto amor había cuidado.

Batiste es una figura heroicamente trágica, víctima de las circunstancias que le hacen blanco de la maldad e incomprensión de sus vecinos. Ciegamente, ellos intentan saldar una injusticia con otra.

En *La barraca* se destaca el tema básico de la obra de Blasco Ibáñez, que no es otro que el conflicto entre el individuo y su medio ambiente. Blasco Ibáñez ve este conflicto desde un punto de vista escéptico, tal vez pesimista, ya que parece considerar que la maldad y el egoísmo del ser humano son los responsables de sus sufrimientos.

Las novelas valencianas de Blasco Ibáñez se caracterizan por la agilidad de la acción, la vívida presentación del ambiente y sobre todo, su gran vitalidad. Entre sus obras figuran también novelas de tema social como *La horda;* de ambiente artístico al estilo de D'Annunzio[226], como *Entre naranjos;* o inspiradas en la Primera Guerra Mundial, como *Los cuatro jinetes del Apocalipsis.* Esta última gozó de una versión cinematográfica con el famoso Rodolfo Valentino, quien también protagonizó *Sangre y arena,* la más popular de sus obras fuera de España.

En general, sus narraciones poseen intensidad creadora, dramatismo y gran poder descriptivo. Estas cualidades, además de su cosmopolitismo, hicieron de él uno de los autores más traducidos de su tiempo.

Según se acerca el fin del siglo XIX, comienza a tomar cuerpo en España una reacción contra el realismo y el naturalismo en el arte, el positivismo[227] en filosofía, y el conformismo burgués de la sociedad: como resultado empieza a afirmarse en el campo de las artes y del pensamiento un anhelo de renovación formal y una actitud crítica frente a los valores tradicionales.

Los escritores que siguen esta orientación serán conocidos más tarde bajo el nombre de *generación del 98.* Sus obras se caracterizarán por su profunda originalidad y su gran calidad artística. Con ellos se inicia ya un nuevo período de florecimiento en las letras españolas.

---

[226] GABRIEL D'ANNUNZIO (1863-1938), célebre poeta y novelista italiano.

[227] Sistema filosófico que limita sus postulados a las verdades extraíbles de la observación y la experiencia.

Aspecto del Parque Güell, Barcelona, obra del arquitecto catalán Antonio Gaudí.

IV

LITERATURA CONTEMPORANEA

SIGLO XX

1. GENERALIDADES

El siglo XX comienza en España con el clamor suscitado por la liquidación del imperio colonial y continúa con un proceso de convulsiones políticas que conducen a la caída de la monarquía, y, finalmente, a la guerra civil.

La pérdida de las últimas colonias de ultramar —a raíz de la Guerra de Independencia de Cuba y, como secuela de este conflicto, de la guerra con los Estados Unidos— fue atribuida en gran medida a los errores de la política española tradicional. Parte de la población acepta los hechos con estoica conformidad, pero otros protestan con ímpetu cada vez mayor, que en muchos casos conduce a la acción revolucionaria violenta. Tal situación prepara el terreno para el cambio de régimen.

El malestar se manifiesta también contra la influencia del clero, los excesos del militarismo y la costosa guerra de Marruecos, que como hemos visto, comenzó en la segunda mitad del siglo XIX. Los obreros procuran mejoras al tiempo que se acentúa el sentimiento regionalista, sobre todo en Cataluña.

A mediados de 1917 se declara una huelga general de tendencia socialista inspirada en la revolución rusa de febrero de ese año, que había derrocado al zarismo. Tras escasos días de lucha, empero, la acción sindical española es sofocada por el ejército.

Los disturbios, los atentados y las crisis políticas continúan en escala cada vez mayor. El propio rey Alfonso XIII, con su deseo de instaurar un gobierno personal, conduce a errores militares que traen como consecuencia un desastre estratégico en Marruecos[1]. En septiembre de 1923, el Capitán

---

[1] Derrota sufrida por los españoles en 1921 en Annual, pueblo del Rif al norte de Marruecos, tras sublevación del caudillo moro Abd El-Krim, quien opuso tenaz resistencia a la conquista franco-española de ese territorio (1921-1925).

General de Cataluña, Miguel Primo de Rivera, asume el poder por medio de un pronunciamiento[2].

Durante la dictadura de Primo de Rivera no se convocan las Cortes[3] como disponía la constitución vigente, se crea un partido oficial, la "Unión Patriótica", se somete a expediente a los profesores desafectos y sólo a partir de 1925 se permite la participación civil en el gobierno. A pesar de estas medidas represivas, la oposición al régimen se manifiesta en muy diversas formas, y va en aumento con el transcurso de la década.

Finalmente, ante la baja de la peseta[4] y el creciente descontento del pueblo y del mismo ejército, el rey aprovecha una coyuntura favorable en enero de 1930 para pedir la dimisión del dictador. Algunas semanas después, Primo de Rivera muere exilado en París.

El nuevo gobierno es presidido por el jefe de la Casa Militar, general Dámaso Berenguer, quien suaviza las medidas adoptadas por su predecesor, por cuanto no faltó quien dijese que ejercía la dicta*blanda* en vez de la dicta*dura*. Se promulga una amnistía para los numerosos detenidos políticos y se promete la celebración de elecciones. La consulta popular se realiza finalmente en abril de 1931, bajo el gobierno del Capitán General de la Armada, Juan B. Aznar.

Si bien la votación era tan sólo a escala municipal, la oposición a la monarquía da a los comicios toda la fuerza de un referéndum para dirimir la cuestión de la forma de gobierno que deseaba el país: todo parece indicar que España se aproxima a uno de los momentos decisivos de su historia.

Y, en efecto, los candidatos republicanos triunfan en las ciudades más importantes, aunque en números redondos la monarquía obtiene la mayoría de los escaños. El impacto de estos resultados sella el destino del trono español. Alfonso XIII decide entregar el gobierno a los republicanos y se embarca en un crucero rumbo al puerto francés de Marsella.

En medio de un extraordinario desbordamiento de júbilo popular, es proclamada la Segunda República Española, el 14 de abril de 1931.

El primer gobierno republicano, encabezado por Niceto Alcalá Zamora, dispone la celebración de elecciones para diputados a las Cortes Constituyentes, encargadas de redactar una nueva Ley Fundamental. Los comicios se celebran en junio y resultan en una victoria abrumadora para republicanos y socialistas. Las deliberaciones de las Cortes comienzan a mediados del mes siguiente.

[2] Exposición de motivos. La palabra ha venido a significar "golpe militar".
[3] El parlamento español.
[4] La unidad monetaria española actual.

Sin embargo, pronto surgen graves dificultades y escisiones dentro de las filas republicanas. Diversos sectores católicos retiran su apoyo al gobierno al aprobarse por las Cortes la expulsión de los jesuitas y la limitación de las libertades de otras órdenes religiosas. Por otra parte, los incendios de conventos e iglesias, unidos a las frecuentes marchas callejeras, contribuyen a caldear los ánimos, ya exaltados por la precipitada sucesión de los acontecimientos. Finalmente, Alcalá Zamora renuncia a la jefatura del Gobierno y es reemplazado por el ministro de la Guerra, Manuel Azaña.

En diciembre de 1931 se aprueba la nueva Constitución, que define a España como "una República democrática de trabajadores de todas clases". Sus artículos estipulan la separación de la Iglesia y el Estado, la libertad de enseñanza —aunque las escuelas eclesiásticas quedan sometidas a la inspección del gobierno— y la nacionalización de los principales servicios públicos. En cláusulas especiales se dispone además la concesión de autonomía a las regiones que expresen tal voluntad por voto mayoritario.

Como Presidente de la República es elegido Alcalá Zamora y como Jefe de Gobierno continúa Manuel Azaña.

En el período subsiguiente se aprueban la reforma agraria y el llamado Estatuto de la Generalidad de Cataluña, que concede autonomía a esta región sin perjuicio de la unidad nacional. Además, se proclama la libertad de culto y de conciencia, y se declara laico el Estado español.

Entretanto, los elementos más radicales de derecha y de izquierda prosiguen sus choques entre sí y con la fuerza pública —los unos, por considerar las medidas del gobierno como excesivas, y los otros, por hallarlas insuficientes.

En 1933, tras renovadas crisis, son disueltas las Cortes y se convoca una vez más a elecciones. En esta ocasión resulta victoriosa la coalición de derechas, y el nuevo gabinete es presidido por Alejandro Lerroux, quien define como objetivo máximo de su gobierno el "restablecer la paz social, la disciplina moral y el prestigio de la ley". Lerroux dimite en abril del año siguiente, pero es llamado nuevamente a formar gobierno pocos meses después. Su vuelta al poder es recibida por la izquierda con una huelga general (octubre de 1934) y con sublevaciones en Asturias y Cataluña.

El movimiento insurreccional fracasa, pero Lerroux dimite definitivamente en octubre de 1935 y el nuevo gabinete dispone la celebración de elecciones. En estos comicios, efectuados en febrero de 1936, sale triunfante la coalición de izquierdas agrupadas en el Frente Popular. La Jefatura del Consejo de Ministros es asumida —una vez más— por Manuel Azaña.

Las fricciones entre la izquierda y el Presidente de la República, Alcalá Zamora, conducen finalmente a la destitución de éste por las recién electas

Cortes, que nombran para reemplazarlo a Manuel Azaña. Al frente del gabinete queda entonces otro político del Frente Popular, Santiago Casares Quiroga.

Lejos de ceder, la ola de violencia se acentúa con estos cambios, en forma de atentados personales, incendios y tiroteos. Ocurren ocupaciones de tierras; los partidos sindicalistas crean milicias con vistas a la instauración de un gobierno proletario; los elementos derechistas se consolidan en torno a la Falange Española, creada en 1933 por José Antonio Primo de Rivera[5] y declarada pocos años más tarde fuera de la ley.

Por supuesto, el creciente antagonismo entre izquierdistas y derechistas se refleja también en el seno de las Cortes, que sirve de escenario a debates cada vez más acalorados. El 13 de julio de 1936, poco después de un debate semejante, es asesinado el jefe de la oposición parlamentaria, José Calvo Sotelo. A los cincos días de este hecho, una parte considerable de las fuerzas armadas se subleva contra el gobierno de la República, en el llamado "Alzamiento Nacional". A su frente se coloca el general Francisco Franco.

El gobierno decide enfrentar a los rebeldes con la ayuda de las tropas leales y con fuerzas del pueblo, a las que entrega armas. Los nacionalistas dominan pronto las regiones de Galicia, León, Castilla la Vieja, Navarra y Aragón, y ciudades como Sevilla, Córdoba, Granada, Badajoz y Talavera de la Reina. Los republicanos cuentan con las guarniciones leales de Asturias, Castilla la Nueva, las Vascongadas (salvo Vitoria), Extremadura y el Levante.

Durante casi tres años se libra una guerra sin cuartel a todo lo largo y ancho del país. Al comienzo, la suerte no favorece de modo decisivo a ninguno de los sectores en pugna; sin embargo, con el transcurso de los meses, la fortuna se inclina gradualmente del lado rebelde. Tras devastadoras batallas, las fuerzas franquistas ocupan Barcelona en enero de 1939, y Madrid dos meses después. El primero de abril del propio año, el general Franco anuncia la victoria final del Alzamiento.

El nuevo régimen se constituye de acuerdo con los principios de la Falange Española y de las J.O.N.S.[6]. Franco asume las funciones de Jefe de Estado —es decir, representante supremo de la nación— y Jefe de Gobierno. Poco después, en septiembre de 1939, estalla en el centro de Europa la Segunda Guerra Mundial.

---

[5] Hijo del general Miguel Primo de Rivera, antes mencionado. Nació en 1903, estudió derecho y participó activamente en la política. Fue fusilado en Alicante en 1936.

[6] Juntas de Ofensiva Nacional-Sindicalistas, fundadas durante la República y unidas a la Falange desde 1934. El gobierno disuelve los partidos políticos, elimina la prensa de oposición, crea los llamados "sindicatos verticales" en que participan patronos y obreros, etc.

A pesar de los vínculos ideológicos que unían al gobierno español con las potencias del "eje", España declaró su neutralidad en el conflicto. No obstante, al concluir la guerra, las Naciones Unidas recomendaron a sus miembros retirar a los jefes de misión acreditados en Madrid.

El aislamiento internacional de España en los primeros años de la posguerra tuvo graves efectos sobre la economía del país, pero apenas modificó su posición política. En 1953 empezó a operarse un cambio con la firma de un tratado de bases militares estratégicas con los Estados Unidos. Finalmente, en diciembre de 1955, España fue admitida a las Naciones Unidas.

El 7 de abril de 1956 Madrid concede la independencia a Marruecos. En 1967 se amplía el "Fuero de los españoles"[7], proclamado en 1945, para reconocer en uno de sus artículos la libertad de cultos. En 1969, el príncipe

[7] Conjunto de leyes que define los derechos y deberes de los ciudadanos del país. Es parte de la Constitución vigente en la España actual.

Joaquín Sorolla y Bastida: "Procesión en Valencia". (Cortesía The Hispanic Society of America)

Juan Carlos de Borbón[8] es proclamado sucesor en la Jefatura del Estado con el título de Rey. En junio de 1973 quedan separados formalmente los poderes de la Jefatura del Estado, que continúa ejerciendo Franco, y del Gobierno, que es entregado al almirante Luis Carrero Blanco. El 20 de diciembre del propio año, Carrero Blanco es víctima de un atentado terrorista, y Franco nombra en su lugar al ministro del Interior Carlos Arias Navarro —el primer civil que ocupa tal cargo desde la caída de la República.

Tras prolongada enfermedad, Franco muere el 20 de noviembre de 1975. Dos días más tarde, es proclamado rey Juan Carlos de Borbón, que asume el trono con el nombre de Juan Carlos I.

El 15 de junio de 1977 se efectúan las primeras elecciones libres en España en 41 años.

En el transcurso de los años siguientes queda abolida la censura de prensa y se concede la autonomía a diversas regiones, entre ellas el País Vasco y Cataluña (1980).

[8] Nieto de Alfonso XIII.

Pablo Picasso: "Les demoiselles d'Avignon" (1907). Oleo sobre tela, 244 cm. x 233 cm. (Colección, The Museum of Modern Art, N.Y. Adquirido por el Legado de Lillie P. Bliss)

En las últimas décadas del siglo XIX y las primeras del XX, la cu... española experimenta un auge desconocido desde el Siglo de Oro. Este florecimiento, que comienza con los mejores representantes de la novela realista, se consolida con el aporte de tres generaciones: 1) La que abarca a modernistas y escritores del 98; 2) La primera generación propiamente dicha del siglo XX, considerada como heredera directa de la anterior; y 3) La generación de 1927, que da sus mejores frutos durante la Dictadura y la República.

Antes de estudiar estas manifestaciones literarias, es preciso indicar que éste es también uno de los grandes momentos de la música española, iniciado por las creaciones de Albéniz y Granados[9], y continuado por Manuel de Falla y Joaquín Turina[10]. En pintura, destacan los lienzos impresionistas de Joaquín Sorolla[11], los retratos y paisajes de Ignacio Zuloaga[12], y los primeros cuadros cubistas de Pablo Picasso y Juan Gris[13]. En arquitectura es particularmente significativa la aportación de Antonio Gaudí[14].

En el plano de las letras, el siglo XX comienza en España, como hemos dicho, con el doble florecimiento del modernismo y la generación del 98. El movimiento modernista reacciona contra el prosaísmo en que había caído la literatura hispana en las últimas fases del realismo. Su principal exponente es el poeta nicaragüense Rubén Darío[15], quien logra incorporar con admi-

[9] ISAAC ALBENIZ nació en Camprodón, Gerona, en 1860. Entre sus composiciones más destacadas figuran la ópera *Pepita Jiménez*, basada en la novela de Valera, y la suite *Iberia*. Murió en 1909. ENRIQUE GRANADOS nació en Lérida, en 1867. Son particularmente populares sus composiciones para piano (*Danzas españoles, Goyescas*, etc.). Murió en un naufragio en 1916.

[10] MANUEL DE FALLA nació en Cádiz en 1876. Sus composiciones combinan elementos impresionistas con formas folklóricas. Son famosos sus ballets *El amor brujo* y *El sombrero de tres picos*, este último basado en la novela de Alarcón. Se trasladó a Argentina en 1939 y murió allí en 1946. JOAQUIN TURINA nació en Sevilla en 1882. Su música, frecuentemente inspirada en el folklore andaluz, incluye la *Oración del torero*, la *Sinfonía sevillana* y numerosas piezas para piano. Murió en 1945.

[11] Nació en Valencia en 1863. Su tendencia impresionista se refleja particularmente en sus *marinas* y en algunos de sus retratos. Murió en 1923.

[12] Nació en Eibar, Guipúzcoa, en 1870. Son muy apreciados sus cuadros de costumbres, en que abundan los tipos populares, pintados con gran realismo. Murió en 1945.

[13] PABLO RUIZ PICASSO nació en Málaga en 1881. Su obra, extensísima y compleja, refleja en su evolución las múltiples facetas de su genio. La pintura y la escultura de Picasso han influido decisivamente sobre toda la plástica contemporánea. Murió en Francia en 1973. JUAN GRIS, cuyo verdadero nombre era José Victoriano González, nació en Madrid en 1887. Sus cuadros cubistas figuran en los principales museos de Europa y Norteamérica. Murió en 1927.

[14] Nació en Reus, Tarragona, en 1852. Su estilo arquitectónico combina líneas sinuosas con motivos naturalistas, para lograr un conjunto de imponente belleza. Su obra maestra es la iglesia de la Sagrada Familia en Barcelona. Murió en 1926.

[15] Máxima figura de la poesía hispanoamericana de este período, cuya influencia alcanza hasta bien entrado el siglo XX y se manifiesta incluso en poetas de hoy día. Nació en Metapa, una aldea que hoy se llama en su honor Ciudad Darío, el 18 de enero de 1867. Sus libros más célebres son *Azul, Prosas profanas, Cantos de vida y esperanza* y *El canto errante*. Murió en Nicaragua en 1916.

*Picasso: "Muchacha frente al espejo". (The
Museum of Modern Art, New York, donación
de Mrs. Simon Guggenheim)*

rable efectividad a nuestra lengua las innovaciones de diversas escuelas
europeas, principalmente francesas[16]. En general, el modernismo tiende en
sus manifestaciones a crear un lenguaje específicamente literario, que persigue un *ideal estético absoluto*. Esa tendencia le lleva a prestar atención
especial a la forma y a buscar los temas exóticos y los ambientes lejanos —o
bien a expresar sentimientos y sensaciones sumamente íntimos.

En España, este movimiento de doble raíz foránea —hispano-americana
por una parte y francesa por la otra— cuenta entre sus cultivadores más
distinguidos a Manuel Machado en la poesía, Ramón del Valle-Inclán en
la novela y, hasta cierto punto, Jacinto Benavente y Eduardo Marquina en el
teatro. De estos autores nos ocuparemos con detenimiento más adelante.

La generación del 98 reúne a un grupo de escritores cuya preocupación

---

[16] En especial de los parnasianos y simbolistas, de los que hereda la preocupación por
los valores expresivos y melódicos del verso.

Iglesia de la Sagrada Familia en Barcelona. La obra principal de Antonio Gaudi, combina elementos neogóticos, cubistas y de art nouveau. *(MAS)*

fundamental es la definición, el estudio y las eventuales soluciones de lo que se ha dado en llamar la "problemática" española. En sus obras más representativas, los hombres del 98 persiguen, aparte de la belleza puramente literaria, un *ideal de carácter ético:* la reforma de la realidad.

La crítica, siempre dada a divergencias, adopta las posiciones más disímiles en casi todo lo relativo a estos dos grupos. Consideramos sin embargo que, en definitiva, habrá de imponerse la diferenciación empleada en este texto[17]. Aparte de los rasgos distintivos básicos ya mencionados, he aquí otras diferencias estilísticas importantes:

Modernismo	*Generación del 98*
— Uso abundante de las figuras retóricas.	— Antirretoricismo.
— Creación de un lenguaje musical, independiente de la realidad cotidiana.	— Creación de un lenguaje natural, ceñido a la realidad.
— Expresión sensual, al servicio de la belleza.	— Expresiones definitorias, al servicio del intelecto.
— Cosmopolitismo.	— Reafirmación de los valores nacionales.
— Estilo "difícil".	— Estilo "accesible".

Los principales representantes de la generación del 98 son Miguel de Unamuno, Pío Baroja, Azorín y Antonio Machado.

[17] Seguimos aquí esencialmente la tesis de Guillermo Díaz-Plaja en su ensayo *Modernismo frente a Noventa y ocho,* Espasa-Calpe, Madrid.

José Ortega y Gasset. (Cortesía The Hispanic Society of America)

La siguiente promoción —la primera que pertenece al siglo XX en el sentido estricto de la palabra— incorpora a su obra muchos de los temas del 98 y también numerosos rasgos formales del modernismo, por lo que ha sido considerada como "generación epigonal"[18]. A ella pertenecen Ortega y Gasset, Eugenio D'Ors y Gregorio Marañón entre los ensayistas[19], Pérez de Ayala y Gabriel Miró entre los novelistas[20], y Ramón Gómez de la Serna, de producción copiosa y multiforme[21].

Fuera de toda posible agrupación generacional, domina la primera parte del siglo la descollante figura literaria de Juan Ramón Jiménez, cuya poesía es objeto de detenido estudio en uno de los próximos capítulos.

En 1927, la celebración del tercer centenario de la muerte de Góngora sirve de hito para designar a la tercera promoción del período. Es ésta una época particularmente favorable para la poesía, y poetas son los principales exponentes de la generación del 27: Federico García Lorca, Rafael Alberti, Jorge Guillén y Pedro Salinas.

La última promoción republicana, llamada por algunos generación del 36, queda escindida por la guerra civil: antes del estallido del conflicto, sus representantes son aún demasiado jóvenes como para lograr reconocimiento; a la conclusión de la guerra, los que han sobrevivido han de reemprender lenta y penosamente el camino literario —unos dentro y otros fuera de España. Su máximo representante es Miguel Hernández, el poeta por excelencia de la literatura española *comprometida*.

Con los últimos disparos de la guerra civil, se cierne el silencio durante muchos años sobre los asolados dominios de la literatura española. Al estudio de las voces que han comenzado a horadar ese silencio están dedicadas nuestras páginas finales.

---

[18] Que sigue las huellas de sus predecesores.

[19] JOSE ORTEGA Y GASSET nació en Madrid en 1883. Se doctoró en la Facultad de Filosofía y Letras de la Universidad de Madrid en 1904, y continuó estudios en Leipzig, Berlín y Marburgo. En 1910 fue nombrado catedrático de metafísica en la Universidad madrileña. A partir de 1936 residió en Francia, Holanda, Argentina y Portugal. Después de 1945 volvió con cierta frecuencia a España y en 1948 fundó en Madrid un Instituto de Humanidades. Su obra incluye ensayos tan famosos como *La rebelión de las masas*, *La deshumanización del arte* y *Meditaciones del Quijote*. Murió en Madrid en 1955. EUGENIO D'ORS nació en Barcelona en 1882. Se distinguió principalmente por sus ensayos sobre artes plásticas (*Tres horas en el Museo del Prado*, *Mi salón de otoño*) También escribió en catalán. Murió en 1954. GREGORIO MARAÑON nació en Madrid en 1887. Médico ensayista, cultivó también el género biográfico (*Amiel*, *Tiberio*, *El Greco*). Murió en 1960.

[20] RAMON PEREZ DE AYALA nació en Oviedo en 1880. Sus novelas sobresalen por la agudeza de sus retratos sicológicos. Su obra más conocida es *La pata de la raposa*, de carácter lírico y autobiográfico. Publicó también algunos volúmenes de poesía. Murió en 1962. GABRIEL MIRO asombra por la pureza de su estilo y la riqueza de su vocabulario. Nació en Alicante en 1879. Publicó *La novela de mi amigo*, *El obispo leproso*, *Nuestro padre San Daniel* y otros relatos. Murió en 1930.

[21] Nació en Madrid en 1888. Cultivó prácticamente todos los géneros literarios, y fue el creador de la "greguería", frase breve, de agudeza conceptual y apariencia paradójica. Murió en 1963.

2. EL MODERNISMO: MANUEL MACHADO, RAMON DEL VALLE-INCLAN

Frecuentemente se ha hablado del modernismo como de un "nuevo romanticismo"—y en efecto, muchas de sus características coinciden con las estudiadas en la generación romántica: subjetivismo, búsqueda de temas exóticos, creación de un mundo de ensueños, énfasis sobre lo sensual y sentimental, y empleo de formas métricas poco usuales en la literatura castellana tradicional.

La diferencia esencial estriba, a nuestro juicio, en la particular atención concedida por los modernistas al aspecto puramente "musical" del lenguaje,

"Mi tío Daniel y su familia", de Ignacio Zuloaga. Oleo sobre tela, 208 cm. x 292 cm. (Compra, Fondo Caroline L. W. French. Cortesía Museum of Fine Arts, Boston)

que en ocasiones llega a la artificialidad en la búsqueda de efectos estéticos. En cambio, como hemos visto, los románticos buscaban sus efectos por la vía del contraste formal, de los versos rotundos y del desbordamiento pasional.

Hemos indicado ya que el máximo exponente del modernismo en lengua española es un poeta hispanoamericano: Rubén Darío. Pero la semilla de Rubén germina también en la Península, y da allí frutos óptimos, entre ellos la lírica de Manuel Machado y la exquisita prosa poética de Ramón del Valle-Inclán.

Manuel Machado

Nace en Sevilla en 1874. Estudia filosofía y literatura en Madrid; pasa los últimos años del XIX en París; entabla amistad con numerosos escritores célebres, tales como Rubén Darío y Amado Nervo[1]. En 1912 se establece definitivamente en Madrid, donde, además de desarrollar sus actividades literarias, se distingue como bibliotecario, periodista y crítico teatral. En 1938 es elegido académico de la Española. Muere en Madrid, en enero de 1947.

Las primeras poesías de Manuel Machado denotan ya la fuerte influencia de Darío. A diferencia de su hermano Antonio[2], que abandona pronto la órbita rubeniana, Manuel se siente a gusto en el modernismo. Más tarde, cultiva también con fruición temas y formas regionales que hacen de él uno de los grandes *cantores* de Andalucía.

Entre sus composiciones más celebradas figuran los sonetos dedicados a cuadros famosos, como "La primavera"[3], y "El caballero de la mano al pecho"[4]. El primero sugiere una atmósfera tan etérea y sensual como la del propio lienzo, en versos trémulos que recuerdan *"la delicia del beso adolescente, casi puro"*, y evocan *"despertares de amor entre cantares/y humedad de jardín, llanto sin pena,/divina enfermedad que el alma llena/primera mancha de los azahares..."* En los demás sonetos se advierte una intención similar de recrear en palabras un universo plástico.

---

[1] AMADO (RUIZ DE) NERVO nació en Tepic, México, en 1870. Estudió en el seminario de Zamora, Michoacán, pero pronto abandonó la carrera religiosa y se trasladó a la capital donde ejerció el periodismo. En 1896 fundó la *Revista moderna de México*. Cuatro años más tarde es enviado como corresponsal de *El Imparcial* a la Exposición de París, donde conoce a Darío y lleva durante algún tiempo la vida bohemia de los modernistas. De 1905 a 1919 desempeñó cargos diplomáticos en España, Argentina y Uruguay. Su obra, de gran influencia en las generaciones posteriores de ambos lados del Atlántico, incluye novelas (*El bachiller*), cuentos (*Las almas que pasan*), y sobre todo poesía (*La amada inmóvil*). Murió en Montevideo, Uruguay, en 1919.

[2] Véase el Capítulo 4 de esta sección.

[3] Del pintor florentino Sandro Boticelli (1444-1510).

[4] De El Greco. Véase las *Generalidades* de la Segunda Parte.

Manuel Machado. (MAS)

La adjetivación más típicamente modernista es quizás la del poemario *Ars moriendi*, publicado en 1922. A esta colección pertenecen sonetos como "Ocaso", que comienza: *"Era un suspiro lánguido y sonoro/ la voz del mar aquella tarde . . . El día, /no queriendo morir, con garras de oro/ de los acantilados se prendía . . ."*

Otro de sus poemas más divulgados es "Antífona", del volumen *Alma* (1902):

> Ven, reina de los besos, flor de la orgía,
> amante sin amores, sonrisa loca . . .
> Ven, que yo sé la pena de tu alegría
> y el rezo de amargura que hay en tu boca.
>
> Yo no te ofrezco amores que tú no quieres;
> conozco tu secreto, virgen impura;

amor es enemigo de los placeres
en que los dos ahogamos nuestra amargura.

Amarnos . . . ¡Ya no es tiempo de que me ames!
A ti y a mí nos llevan olas sin leyes.
¡Somos a un mismo tiempo santos e infames,
somos a un mismo tiempo pobres y reyes!

¡Bah! Yo sé que los mismos que nos adoran,
en el fondo nos guardan igual desprecio.
Y justas son las voces que nos desdoran . . .
Lo que vendemos ambos no tiene precio.

Así los dos, tú amores, yo poesía,
damos por oro a un mundo que despreciamos . . .
¡Tú, tu cuerpo de diosa; yo, el alma mía! . . .
Ven y reiremos juntos mientras lloramos.

Joven quiere en nosotros Naturaleza
hacer, entre poemas y bacanales,
el imperial regalo de la belleza,
luz a la oscura senda de los mortales.

¡Ah! Levanta la frente, flor siempreviva,
que das encanto, aroma, placer, colores . . .
Diles con esa fresca boca lasciva . . .
¡que no son de este mundo nuestros amores!

Igual camino en suerte nos ha cabido.
Un ansia igual nos lleva, que no se agota,
hasta que se confunda en el olvido
tu hermosura podrida, mi lira rota.

Crucemos nuestra calle de la amargura,
levantadas las frentes, juntas las manos . . .
¡Ven tú conmigo, reina de la hermosura;
hetairas y poetas somos hermanos!

En sus cantares regionales, Manuel Machado adopta estrofas y combinaciones métricas típicas de la copla andaluza: soleares, malagueñas, sevillanas,
etc. En este aspecto de su lírica, el poeta procura fundirse con el sentir popular —a tal punto, que su anhelo es escribir un cantar tan verdadero *"que la
gente ignore/ que ha estado en el papel/ y el que lo cante llore/ como si fuera
de él"*.

Conjuntamente con Antonio, Manuel Machado escribió varias piezas
para la escena, entre ellas *La Lola se va a los puertos*, de ambiente popular,
y *Desdichas de la fortuna*, de tema histórico.

En términos generales, puede decirse que la poesía de Manuel Machado,
sin llegar a la estridencia o pecar de rigorismo. equilibra con maestría lo

Ramón del Valle-Inclán. (MAS)

popular y lo profundo, en una combinación de palpable influencia sobre muchos de los grandes líricos contemporáneos.

Ramón María del Valle-Inclán

El artífice mayor de la prosa modernista española nace en Villanueva de Arosa, Pontevedra, en 1866. Pasa la niñez en su Galicia natal; en 1892 viaja como soldado y corresponsal a México, y a partir de 1895 se establece en Madrid.

Su figura extravagante —de luengas barbas, sombrero de copa, melena y grandes lentes sujetos por una cinta negra— se hace pronto familiar en las tertulias literarias de la capital. En 1910 viaja a Sudamérica al frente de una compañía de teatro. Algunos años después regresa a España, donde es encarcelado brevemente por sus críticas a la Dictadura. Contrae matrimonio con la actriz Josefina Blanco, y, en 1932, es elegido presidente del Ateneo de Madrid.

En la última época de su vida se retira a su región natal, y muere en Santiago de Compostela, en enero de 1936.

Valle-Inclán es sin duda la figura más interesante y original del modernismo español. Sus primeras poesías, que denotan una fuerte influencia de

Rubén Darío y Gabriel D'Annunzio[5], aparecen recogidas en el volumen *Aromas de leyendas* (1907). Sus obras más representativas son sus narraciones y sus piezas teatrales.

El primer grupo importante de novelas lo constituye la tetralogía de las *Sonatas*, de primavera, estío, otoño e invierno. Fueron publicadas de 1902 a 1905, y en conjunto representan uno de los grandes momentos de la prosa castellana contemporánea. Las supuestas "memorias" del marqués de Bradomín, que así se presentan al lector las novelas en cuestión, hacen gala de un estilo brillante, sensual, transido de nostalgia —como corresponde necesariamente al modernismo más acendrado.

A continuación una escena de la *Sonata de primavera*[6]:

Qué triste es para mí el recuerdo de aquel día. María Rosario estaba en el fondo de un salón llenando de rosas los floreros de la capilla. Cuando yo entré, quedóse un momento indecisa: Sus ojos miraron medrosos hacia la puerta, y luego se volvieron a mí con un ruego tímido y ardiente. Llenaba en aquel momento el último florero, y sobre sus manos deshojóse una rosa. Yo entonces le dije, sonriendo:
—¡Hasta las rosas se mueren por besar vuestras manos!
Ella también sonrió contemplando las hojas que había entre sus dedos y después con leve soplo las hizo volar. Quedamos silenciosos: Era la caída de la tarde y el sol doraba una ventana con sus últimos reflejos: Los cipreses del jardín levantaban sus cimas pensativas en el azul del crepúsculo, al pie de la vidriera iluminada. Dentro, apenas si se distinguía la forma de las cosas, y en el recogimiento del salón las rosas esparcían un perfume tenue y las palabras morían lentamente igual que la tarde. Mis ojos buscaban los ojos de María Rosario con el empeño de aprisionarlos en la sombra. Ella suspiró angustiada como si el aire le faltase, y apartándose el cabello de la frente con ambas manos, huyó hacia la ventana. Yo, temeroso de asustarla, no intenté seguirla y sólo le dije después de un largo silencio:
—¿No me daréis una rosa?
Volvióse lentamente y repuso con voz tenue:
—Si la queréis . . .
Dudó un instante, y de nuevo se acercó. Procuraba mostrarse serena, pero yo veía temblar sus manos sobre los floreros, al elegir la rosa. Con una sonrisa llena de angustia me dijo:
—Os daré la mejor.
Ella seguía buscando en los floreros. Yo suspiré romántico:
—La mejor está en vuestros labios.
Me miró apartándose pálida y angustiada:
—No sois bueno . . . ¿Por qué me decís esas cosas?
—Por veros enojada.
—¿Y eso os agrada? ¡Algunas veces me parecéis el Demonio . . . !
—El Demonio no sabe querer.

[5] Véase la nota 226 en el Capítulo 5 de la Cuarta Parte.
[6] Volumen 430 de la Colección Austral, Ed. Espasa-Calpe, Madrid.

Quédose silenciosa. Apenas podía distinguirse su rostro en la tenue claridad del salón, y sólo supe que lloraba cuando estallaron sus sollozos. Me acerqué queriendo consolarla:

—¡Oh . . . ! Perdonadme.

Y mi voz fue tierna, apasionada y sumisa. Yo mismo, al oírla, sentí su extraño poder de seducción. Era llegado el momento supremo, y presintiéndolo, mi corazón se estremecía con el ansia de la espera cuando está próxima una gran ventura. María Rosario cerraba los ojos con espanto, como al borde de un abismo. Su boca descolorida parecía sentir una voluptuosidad angustiosa. Yo cogí sus manos que estaban yertas: Ella me las abandonó sollozando, con un frenesí doloroso:

—¿Por qué os gozáis en hacerme sufrir . . . ? ¡Si sabéis que todo es imposible!

—¡Imposible . . . ! Yo nunca esperé conseguir vuestro amor . . . ¡Ya sé que no lo merezco . . . ! Solamente quiero pediros perdón y oír de vuestros labios que rezaréis por mí cuando esté lejos.

—¡Callad . . . ! ¡Callad . . . !

—Os contemplo tan alta, tan lejos de mí, tan ideal, que juzgo vuestras oraciones como las de una santa.

—¡Callad . . . ! ¡Callad . . . !

—Mi corazón agoniza sin esperanza. Acaso podré olvidaros, pero este amor habrá sido para mí como un fuego purificador.

—¡Callad . . . ! ¡Callad . . . !

Yo tenía lágrimas en los ojos, y sabía que cuando se llora las manos pueden arriesgarse a ser audaces. ¡Pobre María Rosario, quedóse pálida como una muerta, y pensé que iba a desmayarse en mis brazos! Aquella niña era una santa, y viéndome a tal extremo desgraciado, no tenía valor para mostrarse más cruel conmigo. Cerraba los ojos, y gemía agoniada:

—¡Dejadme . . . ! ¡Dejadme . . . !

Yo murmuré:

—¿Por qué me aborrecéis tanto?

—¡Porque sois el Demonio!

Me miró despavorida, como si al sonido de mi voz se despertase, y arrancándose de mis brazos huyó hacia la ventana que doraban todavía los últimos rayos del sol. Apoyó la frente en los cristales y comenzó a sollozar. En el jardín se levantaba el canto de un ruiseñor, que evocaba, en la sombra azul de la tarde, un recuerdo ingenuo de santidad.

El marqués escapa del palacio tras la muerte de una de las hermanas de María Rosario, cuyos sentimientos de culpa por el breve momento de debilidad que hemos visto en el fragmento anterior le hacen finalmente perder la razón.

Con el transcurso de los años, Valle-Inclán se aparta gradualmente del preciosismo de sus primeras narraciones y crea un nuevo estilo en que el humor desgarrado sustituye a la melancolía, el colorido chillón a los tonos delicados y la imagen grotesca a la evocación nostálgica. En esa segunda época de su obra predominan la sátira y la caricatura de la realidad española.

"Campesina gallega", de Fernando Alvarez de Sotomayor. (Cortesía The Hispanic Society of America)

A esa etapa pertenecen entre otras las narraciones *La corte de los milagros* (1927), *¡Viva mi dueño!* (1928), y parte de su obra teatral, especialmente sus *farsas* y *esperpentos*. En este último grupo figuran algunas de sus piezas más representadas, como la *Farsa y licencia de la Reina Castiza* (1920) y *Los cuernos de don Friolera* (1921). Han obtenido también gran éxito popular sus tragedias *Divinas palabras* (1920), de ambiente aldeano, y *Luces de Bohemia* (1924).

La poesía de Valle-Inclán sufre una evolución similar a la de su prosa y su teatro. Sus primeros poemas adoptan los rasgos más típicos del modernismo, combinados con motivos de su Galicia natal. Más adelante, sus versos sugieren una atmósfera más personal, trágica y misteriosa: *"Es la hora de la lechuza:/ descifra escrituras el viejo,/ se quiebra de pronto el espejo,/ sale la vieja con la alcuza. / ¡Es la hora de la lechuza!"*

Por último, *La pipa de Kif* (1919) constituye la expresión poética del mismo estilo *goyesco*, satírico y desgarrado de los esperpentos: *"Por la divina primavera/ me ha venido la ventolera/ de hacer versos funambulescos/ —un purista diría grotescos— . . . / ¿Acaso esta musa grotesca/ —ya no digo funambulesca—/ que con sus gritos espasmódicos/ irrita a los viejos retóricos/ y salta luciendo la pierna,/ no será la musa moderna?"*

En conjunto, la obra de Valle-Inclán alcanza niveles pocas veces igualados en la literatura española contemporánea, específicamente en lo que se refiere a los recursos idiomáticos. Y aunque el impulso estilístico que domina su producción resulta frecuentemente en menoscabo de su calor humano, no por ello podemos dejar de considerarlo como uno de los grandes escritores del siglo XX.

Casa Milá, Barcelona (1910), del arquitecto Antonio Gaudí. Nótese que todos los ángulos son diferentes. (Cortesía de Editorial Hiares)

3. LA GENERACION DEL 98: MIGUEL DE UNAMUNO, PIO BAROJA, AZORIN

Como hemos visto, la generación de 1898 hace su aparición en el escenario de las letras castellanas a raíz de la guerra que, ese mismo año, liquida definitivamente el imperio colonial español.

La preocupación por la derrota y la decadencia de España, iniciada en el siglo XVII, se había reflejado ya en las obras de numerosos escritores de otros períodos. Pero no es hasta la crisis noventayochista que esta actitud culmina y se concreta en un movimiento literario propiamente dicho, al que sirve de denominador común.

En la búsqueda de las causas que llevaron al desastre del 98, esta generación trata de calar profundamente en la esencia misma de España, y para ello, según Azorín, procura "resucitar los poetas primitivos (Berceo, Juan Ruiz, Santillana); da aire al fervor por El Greco ... siente entusiasmo por Larra ... (y) se esfuerza, en fin, en acercarse a la realidad, y en desarticular el idioma, en agudizarlo, o aportar a él viejas palabras, plásticas palabras, con objeto de aprisionar menuda y fuertemente esa realidad".

Como dijimos antes, los escritores de este grupo hacen de los problemas nacionales su fuente principal de inspiración, renuncian a los sueños de grandeza que habían provocado la ruina del país y se hacen conscientes de la extensa miseria social, pero a la vez "meditan ante las bellezas ignoradas, descubren remansos de verdadera emoción, rincones olvidados. Su reivindicación de la aldea castellana, del paisaje castellano, es una nota típica"[1].

No es preciso insistir en el hecho de las divergencias de la crítica acerca de los integrantes de este grupo. Algunos incluyen en él a Angel Ganivet, a pesar de que éste murió precisamente en 1898[2]; otros, quizá con más acierto, lo sitúan entre los precursores. Parte de la crítica incluye entre los

[1] Angel Valbuena Prat, ob. cit.
[2] Ganivet nació en Granada en 1865. Su obra más conocida es el *Idearium español*, publicado en 1897. En este ensayo quedan expuestas muchas de las preocupaciones e ideas que animarían a los hombres del 98. Murió en Riga, donde desempeñaba un cargo diplomático.

Miguel de Unamuno. (Cortesía The Hispanic Society of America)

noventayochistas a Valle-Inclán, que acabamos de estudiar como uno de los principales representantes del modernismo.

Nadie, empero, discute la clasificación en este grupo de Miguel de Unamuno, Pío Baroja, Azorín, Ramiro de Maeztu[3] y Antonio Machado. Mentor y guía de todos ellos es el primero, cuyas profundas y extensas actividades literarias comprenden desde la lírica hasta la narrativa, el ensayo y el teatro.

Miguel de Unamuno

Nació en Bilbao en 1864. Estudió filosofía y letras en la Universidad de Madrid de 1880 a 1884. Después de varias oposiciones infructuosas a diversas cátedras, obtiene en 1891 la de griego en la Universidad de Salamanca.

---

[3] Ensayista y periodista nacido en Vitoria en 1874. Presencia en Cuba la derrota del ejército español, y a su regreso se suma a los escritores que claman por la reforma de la política nacional. Desempeña corresponsalías y cargos diplomáticos. Murió en 1936.

Bilbao. (Oficina Nacional de Turismo Español, N.Y.)

Algunos años después es nombrado rector de esa institución y continúa en el cargo hasta 1914, cuando, por razones políticas es destituido por el Ministro de Instrucción Pública.

Su activa oposición a la Dictadura de Primo de Rivera ocasiona en 1924 su destierro a las Islas Canarias. Es indultado a los pocos meses, pero en lugar de regresar a España, se traslada a Francia en gesto de protesta. Seis años más tarde, tras la caída de la Dictadura, regresa a su patria, donde los estudiantes lo reciben como a un héroe.

En abril de 1931, a los pocos días de proclamarse la República, Unamuno vuelve a ocupar el Rectorado de la Universidad de Salamanca. No obstante, el gobierno republicano lo destituye por su indocilidad al cabo de cierto tiempo, y al estallar la guerra civil los nacionalistas lo miran también con desconfianza. Murió en la propia Salamanca, el 31 de diciembre de 1936.

Miguel de Unamuno es una de las grandes figuras de la literatura española. Su cultura literaria y filosófica era extraordinariamente vasta. Se manifestó siempre renuente a toda clasificación, a todo "ismo", y llegó a declarar en su libro de ensayos titulado *Mi religión*: "Buscan poder encasillarme y meterme en uno de los cuadriculados en que colocan a los espíritus, diciendo de mí: es luterano, es calvinista, es ateo, es racionalista, es místico o cualquier otro de esos motes, cuyo sentido claro desconocen, pero que les dispensa de pensar más. Y yo no quiero dejarme encasillar, porque yo, Miguel de Unamuno, como cualquier otro hombre que aspire a conciencia plena, soy especie única".

Como elementos de estilo cultiva la paradoja y el juego de palabras. Sus temas esenciales son las contradicciones inherentes al ser humano: las discordancias entre razón y religión, entre el ansia de eternidad y la certeza de la muerte, entre intelecto y sentimientos. Esos temas se reiteran bajo las más variadas formas: el ensayo —se ha llegado a decir que todo en Unamuno son ensayos—, la poesía, la novela, el cuento, el teatro e incluso el artículo periodístico.

El ensayo como género queda fuera de los límites de este texto. Teniendo en cuenta empero su importancia en la totalidad de la obra unamuniana, consideramos indispensable para la comprensión cabal de las páginas siguientes la lectura cuidadosa de por lo menos *El sentimiento trágico de la vida*, y *La agonía del cristianismo*.

La novela es la forma literaria en que Unamuno alcanza mayor originalidad. He aquí algunas de las características de su personalísimo concepto del género: brevedad del relato; ausencia de elementos descriptivos, del "mundo de las cosas"; preponderancia del diálogo y de la acción interna; inescrutabilidad de los personajes centrales. Su preocupación esencial es quizá el destino del hombre, y sus narraciones presentan esa preocupación en forma dinámica, de acuerdo con uno de sus pensamientos más citados: "Ser es obrar, y sólo existe lo que obra, lo activo, y en cuanto obra"[4]. Así, los rasgos principales de sus personajes protagónicos —que él llamaba "agónicos"— son justamente el actuar, el luchar, el querer. En su primera novela, *Paz en la guerra*, el personaje principal es colectivo: la población de Bilbao durante las guerras carlistas[5]. Seguidamente publica *Amor y pedagogía*, varias novelas cortas, *Niebla* y *Abel Sánchez*.

En un volumen titulado *Tres novelas ejemplares y un prólogo* aparecen en 1920 *Dos madres*, *El marqués de Lumbría* y *Nada menos que todo un hombre*.

Esta última narra en breves páginas la historia de Julia Yáñez y el indiano[6] Alejandro Gómez. La trama comienza cuando el padre de la joven, apremiado por una difícil situación económica, decide casar a Julia con un "buen partido" sin tener en cuenta los sentimientos de su hija. Esto provoca en la protagonista una intensa rebeldía que la lleva a proponer la fuga a dos de sus ocultos pretendientes. Ninguno acepta, lo cual no hace sino exacerbar el rencor de la joven hacia su padre. Por ese entonces compra una hacienda

---

[4] *Del sentimiento trágico de la vida*, Capítulo VII.
[5] Véase el Capítulo 5 (nota 92) de la sección anterior.
[6] Dícese en España del que vuelve rico de América.

Escena de un pueblo de provincia (La Alberca, Salamanca).

en el lugar el indiano Gómez, del cual apenas nos dice el autor que "nadie sabía bien de su origen, nadie de sus antecedentes, nadie le oyó hablar nunca ni de sus padres ni de sus parientes, ni de su pueblo ni de su niñez . . ." Nada de rasgos físicos, ni de datos precisos acerca de su biografía: lo más que sabemos, en todo caso, son rumores.

Su personalidad, en cambio, es descrita con lujo de detalles:
Alardeaba de plebeyo.
—Con dinero se va a todas partes —solía decir.
—No siempre, ni todos —le replicaban.
—¡Todos no; pero los que han sabido hacerlo sí! Un señoritingo de esos que lo ha heredado, un condesito o duquesín de alfeñique, no, no va a ninguna parte, por muchos millones que tenga; pero ¿yo? ¿Yo? ¿Yo que he sabido hacerlo por mí mismo, a puño? ¿Yo?
¡Y había que verlo cómo pronunciaba yo! En esta afirmación personal se ponía el hombre todo.

Desde el principio, pues, Alejandro Gómez se presenta al lector como la encarnación típica del concepto de la voluntad, según lo entiende Unamuno. La fama de la hermosura de Julia llega hasta oídos del indiano, y éste decide hacerla su esposa. Por su parte, la joven ve en el recién llegado una posibilidad de escapar a la insoportable situación familiar, y, entre desdenes y sarcasmos, accede al noviazgo.

La conciencia de que todo ha sido tramado por encima de su voluntad no abandona, empero, a Julia en ningún momento:

A la tercera visita, los padres los dejaron solos. Julio temblaba. Alejandro callaba. Temblor y silencio se prolongaron un rato.
—Parece que está usted mala, Julia —dijo él.
—¡No, no; estoy bien!
—Entonces, ¿por qué tiembla así?
—Algo de frío acaso . . .
—No, sino miedo.
—¿Miedo? ¿Miedo de qué?
—¡Miedo . . . a mí!
—¿Y por qué he de tenerle miedo?
—¡Sí, me tiene miedo!
Y el miedo reventó deshaciéndose en llanto. Julia lloraba desde lo más hondo de las entrañas, lloraba con el corazón. Los sollozos le agarrotaban, faltábale el respiro.
—¿Es que soy algún ogro? —susurró Alejandro.
—¡Me han vendido! ¡Me han vendido! ¡Han traficado con mi hermosura! ¡Me han vendido!
—¿Y quién dice eso?
—¡Yo, lo digo yo! ¡Pero no, no seré de usted . . . sino muerta!
—Serás mía, Julia, serás mía . . . ¡Y me querrás! ¿Vas a no quererme a mí? ¿A mí? ¡Pues no faltaba más!
Y hubo en aquel a mí un acento tal, que se le cortó a Julia la fuente de las lágrimas, y como que se le paró el corazón. Miró entonces a aquel hombre, mientras una voz le decía: "¡Este es un hombre!"

—¡Puede usted hacer de mí lo que quiera!

—¿Qué quieres decir con eso? —preguntó él, insistiendo en seguir tuteándola.

—No sé . . . No sé lo que me digo . . .

—¿Qué es eso de que puedo hacer de ti lo que quiera?

—Sí, que puede . . .

—Pero es que lo que yo —y este *yo* resonaba triunfador y pleno— quiero es hacerte mi mujer.

A Julia se le escapó un grito, y con los grandes ojos hermosísimos irradiando asombro, se quedó mirando al hombre, que sonreía y se decía: "Voy a tener la mujer más hermosa de España."

—¿Pues qué creías . . . ?

—Yo creí . . . , yo creí . . .

Y volvió a romper el pecho en lágrimas ahogantes. Sintió luego unos labios sobre sus labios y una voz que le decía:

—Sí, mi mujer, mía . . . , mía . . . , mía. . . . ¡Mi mujer legítima, claro está! ¡La ley sancionará mi voluntad! ¡O mi voluntad la ley!

—¡Sí . . . tuya!

Estaba rendida. Y se concertó la boda.

Alejandro salda las numerosas deudas de su suegro, y los recién casados se establecen en la capital. En su vida matrimonial, el indiano se revela como un esposo ejemplar, dispuesto siempre a satisfacer los mas mínimos deseos de Julia. Sin embargo, su carácter hermético y su abstención de toda expresión amorosa provocan en la joven una duda lacerante: "¿Me quiere, o no me quiere? . . . Me colma de atenciones, me trata con el mayor respeto, aunque algo como a una criatura voluntariosa; hasta me mima; ¿pero, me quiere?"

En parte por salir de esta duda, y ayudada por las circunstancias, Julia inicia una "aventura" con el conde de Bordaviella —un individuo pusilánime, a quien su mujer engaña regularmente y al que Alejandro ha prestado cuantiosas sumas de dinero. Consumado el adulterio, el indiano se niega a reconocerlo, y recluye en cambio a Julia en un manicomio. Ante la férrea voluntad de su esposo, y el temor de enloquecer de veras, la joven se finge curada y asegura que habían sido "alucinaciones" sus tratos con el conde.

Julia regresa al hogar y, en una escena preparada por su esposo, niega ante el conde la realidad de sus relaciones. Con ella, la voluntad del indiano logra imponerse sobre los propios hechos —es decir, llega a convertirse en una *nueva realidad*.

Finalmente, la acumulación de crisis y tormentas emocionales comienza a minar la salud de Julia y termina por provocar su muerte. Enfrentado a este hecho inalterable, Alejandro se abraza a su pequeño hijo y se suicida junto al cadáver de su esposa, en una confesión final de impotencia ante la única realidad que no pudo modificar.

Nada menos que todo un hombre contiene prácticamente todos los rasgos esenciales de la narrativa unamuniana. "Sus agonistas", dice el propio autor en el prólogo, ". . . son reales, realísimos, y con la realidad más íntima, *con la que se dan ellos mismos*, en puro querer ser o en puro querer no ser, y no con la que le den sus lectores".

El teatro de Unamuno es menor en volumen, pero no en peso específico, que el resto de sus manifestaciones literarias. Tiene numerosos puntos de contacto con su novela —muy vinculada, a su vez, con lo estrictamente dramático— y abarca tanto tragedias (*Fedra*, 1921) como dramas (*Sombras de sueño*, 1930) y comedias (*El hermano Juan*, 1934).

Los valores de su poesía son esencialmente internos. Apenas se encuentran en ella musicalidades formales, pero sí una gran intensidad lírica derivada de la plasmación sincera y directa de profundas "realidades poéticas". Un ejemplo nos aclarará en seguida estos conceptos; veamos un fragmento de una de sus composiciones más conocidas: "Salamanca" (1907).

> Alto soto de torres que al ponerse
> tras las encinas que el celaje esmaltan
> dora a los rayos de su lumbre el padre
> Sol de Castilla;
>
> bosque de piedras que arrancó la historia
> a las entrañas de la tierra madre,
> remanso de quietud, yo te bendigo,
> ¡mi Salamanca!
>
> Miras a un lado, allende el Tormes[7] lento,
> de las encinas el follaje pardo
> cual el follaje de tu piedra, inmoble,
> denso y perenne.
>
> Y de otro lado, por la calva Armuña[8],
> ondea el trigo, cual tu piedra, de oro,
> y entre los surcos al morir la tarde
> duerme el sosiego.
>
> Duerme el sosiego, la esperanza duerme,
> de otras cosechas y otras dulces tardes,
> las horas al correr sobre la tierra
> dejan su rastro.
>
> Al pie de tus sillares, Salamanca,
> de las cosechas del pensar tranquilo
> que año tras año maduró tus aulas,
> duerme el recuerdo.

[7] Río, mencionado al estudiar la picaresca, que pasa por Salamanca.
[8] Llanura cercana a la ciudad.

Salamanca: la universidad.

Duerme el recuerdo, la esperanza duerme,
y es el tranquilo curso de tu vida
como el crecer de las encinas, lento,
    lento y seguro.

De entre tus piedras seculares, tumba
de remembranzas del ayer glorioso,
de entre tus piedras recogió mi espíritu
    fe, paz y fuerza.

En este patio que se cierra al mundo
y con ruinosa crestería borda
limpio celaje, al pie de la fachada
    que de plateros[9]

[9] Se refiere al tipo de ornamentación empleado en la arquitectura española del siglo
XVII, y que se asemeja al trabajo de los plateros.

ostenta filigranas en la piedra,
en este austero patio, cuando cede
el vocerío estudiantil, susurra
   voz de recuerdos.
. . . .

Pregona eternidad tu alma de piedra
y amor de vida en tu regazo arraiga,
amor de vida eterna, y a su sombra
   amor de amores.

En tus callejas, que del sol nos guardan
y son cual surcos de tu campo urbano,
en tus callejas duermen los amores
   más fugitivos.

Amores que nacieron como nace
en los trigales amapola ardiente
para morir antes de la hoz, dejando
   frutos de sueño.
. . . .

¡Oh, Salamanca!, entre tus piedras de oro
aprendieron a amar los estudiantes
mientras los campos que te ciñen daban
   jugosos frutos.

Del corazón en las honduras guardo
tu alma robusta; cuando yo me muera
guarda, dorada Salamanca mía,
   tú mi recuerdo.

Y cuando el sol al acostarse encienda
el oro secular que te recama,
con tu lenguaje, de lo eterno heraldo,
   di tú que he sido.

Aun cuando la poesía unamuniana es, según se ha dicho, "lira de muchas cuerdas", sus rasgos básicos son la desnudez de galas y rimas, el verso sobrio y fuerte, la profundidad de sentimiento. Estas cualidades lo sitúan como uno de los primeros cultivadores peninsulares de la llamada "poesía pura" —un movimiento surgido en Francia a fines del siglo XIX, y que, en España, daría frutos sólo comparables a los del Siglo de Oro.

Pío Baroja y Nessi

Nace en San Sebastián, en 1872. Después de viajar por diversas ciudades de la Península, su familia se radica en Madrid, donde Pío termina el bachillerato y cursa estudios de medicina. Al terminar esta carrera comienza a

Pío Baroja y Nessi. (Cortesía The Hispanic Society of America)

ejercer en la pequeña comunidad rural de Cestona, pero pronto se cansa de su profesión y regresa a Madrid para trabajar en una panadería. En su tiempo libre continúa sus extensas lecturas y se dedica al periodismo.

El éxito de su primera obra, la colección de cuentos titulada *Vidas sombrías* (1900), le permite dedicarse de lleno a la escritura. Ese mismo año aparece *La casa de Aizgorri*, primer tomo de su trilogía *Tierra vasca*, que también logra el favor del público.

Viajero infatigable, llegará a conocer su patria como pocos, y visitará, además, diversos países europeos. Escritor sumamente prolífico, no interrumpirá su trabajo hasta poco tiempo antes de su muerte, acaecida en Madrid en 1956.

El género más importante de su obra literaria es la novela. Baroja es el novelista nato: para él la narración representa el medio perfecto de expresión. Sus personajes están bien concebidos y son ejemplo de su talento y de su poder de observación. Pocos de ellos, empero, alcanzan pleno desarrollo o cobran vida propia por lo fragmentario de la acción.

San Sebastián: ayuntamiento y jardines. (Oficina Nacional de Turismo Español, N.Y.)

En el campo de las ideas, Baroja se mueve dentro de la generación del 98, aunque él mismo lo negara. Racionalista[10] escéptico, desdeña toda clase de instituciones, entre ellas particularmente al clero, aunque demuestra siempre gran fervor patriótico.

Baroja emplea un estilo simple y directo. Prefiere el párrafo corto y siempre trata de expresarse de una manera clara y precisa. Suele emplear términos y expresiones habituales del país vasco; esto último, en cierta medida, explica su vocabulario y su uso de la gramática.

En su novela *Aventuras, inventos y mixtificaciones de Silvestre Paradox*, Baroja cuenta las peripecias de un aventurero algo ingenuo, pero también algo pícaro cuando el instinto de conservación así lo exige. El autor logra hacernos partícipe de las ilusiones y desengaños de su protagonista, cuya respuesta a las flaquezas humanas, al vicio y la indiferencia que lo rodea, es replegarse en sí mismo y dedicarse a sus invenciones fantásticas con optimismo y determinación.

Huérfano de padre desde temprana edad, Silvestre pasa parte de su niñez con unos parientes de su madre, puntillosos, sórdidos y tacaños que lo hacen objeto de reprimendas y castigos. Como defensa a los malos tratos que de ellos recibe, se dedica a asustarlos periódicamente con una serie de diabluras. Descubierto por su tío Paco, decide fugarse para escapar al castigo.

[10] Doctrina filosófica que confiere a la razón el poder de resolver los problemas generales que se plantean a la conciencia.

Pocos días después, Silvestre se encuentra con un inglés, mezcla de pillo y curandero, que en compañía de su mujer deambula de pueblo en pueblo vendiendo mejunjes y engañando a los incautos. Sigue con el matrimonio hasta Barcelona y luego París, donde la policía arresta al inglés y a su mujer, los acusa de estafa y los deporta. Por su parte, Silvestre resuelve escaparse de la casa de huéspedes, no sin antes hacerse esta reflexión: "Si Macbeth —que así se llamaba el inglés— y su mujer eran ladrones, ¿serían los ladrones las únicas personas buenas y caritativas del mundo? Y al pensar en sus tíos, que gozaban fama de intachables y de honrados, se preguntaba si no sería ser honrado sinónimo de egoísta, de miserable y de vil".

A partir de este momento la vida de Silvestre se hunde en el misterio hasta que regresa a Madrid a cobrar una pequeña herencia. Esos fondos le permiten quedarse en la capital y dedicarse a toda clase de trabajos de investigación seudocientífica. Sus inventos descabellados —una ratonera, un tipo de pan reconstituyente, un submarino de aletas, etc.— consumen el poco dinero que le queda.

En el Capítulo XVII nos encontramos a don Avelino Diz de la Iglesia, coleccionista de bagatelas y amigo de Silvestre, discutiendo con éste la estrecha situación económica en que ambos se encontraban, y de la cual logra sacarlos don Pelayo, el criado de Silvestre:

Entró Diz de la Iglesia en la buhardilla de su amigo y preguntó a don Pelayo.
—¿Se ha levantado don Silvestre?
—No, aún no.
—¿Estará dormido?
—No sé.
—¿Qué hay, Diz? —preguntó Paradox desde la cama—. ¿Qué ocurre?
—Nada. Una pequeñez. Que la patrona me ha armado una bronca con el pretexto que no se le paga.
—¡Hombre! ¿Pues qué quiere esa señora? ¿Que se le pague todos los meses?
—Como otros huéspedes no pagan nunca, ha pensado, sin duda, que paguemos nosotros siempre. Habrá que tomar una determinación.
—Sí. Habrá que tomar una determinación —murmuró Silvestre en tono soñoliento, dando una vuelta entre las sábanas.
—No, no. Es que hay que tomar una determinación seria.
—Pues eso digo yo. Una determinación seria.
—¿Es que usted no me cree capaz a mí de obrar?
—Sí, le creo a usted capaz de obrar. Tengo tanta confianza en usted como en mí mismo.
—Bueno. Va usted a comprender quién soy; me voy a ver a Vives.
—¿Quién es Vives?
—Es el administrador de unas viejas ricas.
—¿Le va usted a pedir dinero?

—Sí.

—¿Cuánto le va usted a pedir?

—No sé. ¿Qué le parece a usted?

—Pídale usted lo más que pueda. Ya tendrá usted tiempo de rebajar.

—Le pediré cien duros[10A].

—Bien, muy bien.

Avelino con una decisión admirable, salió de casa. Silvestre, que no creía en los resultados de la gestión de su amigo, llamó a don Pelayo y le preguntó si no habría en la buhardilla nada empeñable.

—A no ser los bichos disecados . . . —respondió el fetiche[11].

—No, no; de esos no quiero desprenderme. Es como si me dijera usted que empeñara mi familia.

—Pues otra cosa me parece que no debe de haber.

—Busque usted, hombre, busque usted. Habrá . . . alguna cosa . . .

Y Silvestre cerró los ojos y quedó sumido en un sopor delicioso. Oyó los pasos del fetiche, que andaba de un lado a otro revolviendo los trastos de la buhardilla, se durmió, se volvió a despertar con el ruido de una silla caída, y cuando comenzaba nuevamente a dormirse oyó que don Pelayo le llamaba.

—¡Don Silvestre! ¡Don Silvestre!

—¡Eh! ¿Qué pasa? ¿Qué pasa?

—Que he encontrado algo vendible —dijo el fetiche mostrando una carpeta atada con bramante.

—¿Y es?

—Estas fotografías.

—No dan dos reales por todas.

—En una casa de préstamos no darán nada; pero yo conozco un tío que tiene un cosmorama[12] en un barracón de un solar de la calle de Cuchilleros que puede que compre estas fotografías.

—Pero, ¿qué interés puede tener esto? Muchas de estas fotografías son de la guerra grecoturca. Las compré a cinco céntimos cada una en los muelles de París. No son de actualidad.

—¿Y eso qué importa? Se las ilumina y se les ponen títulos nuevos, como si fueran fotografías de la guerra de Cuba.

—Hombre, sí. Es una idea luminosa. Iluminaré las fotografías y les pondré títulos sugestivos.

—No hay que olvidarse de hacer en todas las casas unos agujeritos y ponerles detrás un papel encarnado.

—¿Pero en todas hay que poner los agujeritos?

—Sí, sí. En todas.

—Bueno. Pues hágalos usted.

El fetiche no dejó casa, ni choza, ni ambulancia de heridos, ni monolito sin su correspondiente fila de farolillos a la veneciana. Se indicaba así la gran alegría que experimentaban los combatientes al encontrarse rompiéndose el alma en los campos de batalla. Mientras tanto, Silvestre siguió roncando.

[10A] Moneda de cinco pesetas.

[11] Normalmente, ídolo, objeto de veneración. Aquí el término está usado en sentido despectivo.

[12] Proyector.

Acompañado por la suerte, Silvestre, no solamente logra vender las fotografías por 40 duros, sino que consigue un empleo de preceptor con un sueldo de 40 duros al mes. Sin embargo, por considerar inmoral la situación que existe en la casa de sus alumnos, decide renunciar. A partir de este momento sus finanzas se van deteriorando progresivamente. Su criado don Pelayo le roba sus escasas pertenencias. Enterados de ello, los acreedores sitian a Silvestre y a don Avelino en la buhardilla, pero estos logran escapar por el tragaluz. Después de una serie de peripecias, ambos deciden marcharse de Madrid, y empeñan el reloj de don Avelino para pagar el pasaje. Tantos reveses de la fortuna, empero, no desmoralizan a los protagonistas, que en el tren que los conduce a Burjasot, un pueblecillo cerca de Valencia, entablan la siguiente conversación:

—Oiga usted, ¿y en este pueblo no hay saltos de agua?
—No sé; pero creo que sí. Debe de haberlos.
—¿Y no hay ninguna fábrica de electricidad?
—No. Me parece que no. ¿Por qué lo pregunta usted?
—Porque podíamos instalarla nosotros.
—Chóquela, Paradox... Es verdad. Es usted el hombre del siglo.
—Sí. Sí. Hay que estudiar eso. Quizá de esta hecha podamos hacernos ricos. No lo dude usted, ¡ricos! Y entonces, ¡qué de inventos, amigo Diz!
—¡Y lo creo! —Y Avelino, entusiasmado, sacó la cabeza por la ventanilla y gritó, despreciando el frío y la nieve de fuera:
—¡Bravo! ¡Bravo!
—¡Hurrá! ¡Hurrá! —gritó Silvestre, asomándose a la otra ventanilla del vagón, desafiando con su entusiasmo y con su locura a la Naturaleza, muerta, indiferente y fría, que helaba y agarrotaba sus miembros, pero que no podía nada contra su espíritu.
Y el tren resopló con fuerza y corrió echando nubes de humo por el campo blanco cubierto de nieve...

Pío Baroja es considerado como el creador de la novela moderna española: ágil, de lenguaje sucinto, de acción fragmentaria. Su estilo es el más descuidado de su generación, pero también el más dinámico: a la corrección gramatical antepone la espontaneidad, la viveza expresiva. El argumento está constituido generalmente por una sucesión de escenas cortas, que dan a la narración un ritmo especial, casi se diría de *stacatto*. Sus personajes sirven frecuentemente de vehículo para expresar las opiniones del autor: consideraciones casi siempre amargas, críticas acerbas sobre el mundo que lo rodea y sus habitantes.

En definitiva, la obra de Baroja abrió para la novela española nuevos caminos, por los que emprendieron un fructífero viaje las generaciones posteriores.

José Martínez Ruiz

Más conocido bajo el seudónimo de Azorín, nació en Monóvar, Alicante,

Azorín. (Cortesía The Hispanic Society of America)

en 1873. El paisaje de la campiña alicantina, así como la tradicional y ordenada vida familiar de estos primeros años dejarían una huella imborrable en su personalidad y en su obra literaria.

Estudia la segunda enseñanza en Yecla, y se matricula en la Facultad de Derecho de la Universidad de Valencia, pero poco a poco descuida esta carrera para dedicarse al periodismo. Conoce a Blasco Ibáñez y a través de su amistad entra en la redacción de *El pueblo,* periódico de tendencia radical y revolucionaria.

Desalentado al no poder obtener su licenciatura en leyes, aún después de intentos fallidos en las universidades de Granada y Salamanca, decide dedicarse de lleno a las letras.

En noviembre de 1896 se traslada a Madrid, y al poco tiempo logra publicar su primer libro, *Charivari,* sátira brutal y demoledora de la sociedad de su tiempo. Calmado el escándalo que su publicación produjo, se dedica al periodismo desde las páginas de *El País,* donde también escribe Pío Baroja,

"Andalucía: El encierro", cuadro de Sorolla que evoca las llanuras abiertas y los vastos horizontes de la región. (Cortesía The Hispanic Society of America)

y a preparar su próxima gran obra, *El alma castellana*, que aparece en 1900 y lo consagra definitivamente.

A partir de este momento, su vida va derivando suavemente hacia lo tradicional al mismo tiempo que sus valores literarios se van consolidando. En 1903 publica *La voluntad* y *Antonio Azorín*, personaje literario que le serviría más tarde de seudónimo. En 1904, aparecen *Las confesiones de un pequeño filósofo*, obra en que, a través de una serie de viñetas, continúa dando a conocer, al igual que en las dos anteriores, la vida cotidiana y aparentemente trivial del joven Antonio Azorín.

Su estilo es elegante; su lenguaje, de una pureza acrisolada. Estas características, unidas a su gran talento descriptivo, capaz de hacernos sentir la nostalgia, la quietud, el reposo peculiar del campo, los pueblos y los viejos monumentos de España, hacen de Azorín el paisajista más destacado de la generación del 98.

Con *Los pueblos* (1905), la primera de sus crónicas, se inicia la parte más representativa de su obra. En este libro agrupa 19 relatos breves que recrean ante nuestros ojos el panorama los pueblecillos y los habitantes de la campiña española, como podemos apreciar en el siguiente fragmento de *La Andalucía trágica*:

En Sevilla

I

¿No os habéis despertado una mañana, al romper el día, después de una noche de tren, cansados, enervados, llenos aún los ojos del austero paisaje de la Mancha, frente a este pueblo que un mozo de estación con voz lenta, plañidera, melódica, acaba de llamar Lora del Río? Asomaos a la ventanilla del coche; tended vuestras miradas por la campiña; el paisaje es suave, claro, plácido, confortador, de una dulzura imponderable. Ya no estamos en las estepas yermas, grises, bermejas, gualdas, del interior de España; ya el cielo no se extiende sobre nosotros uniforme, de un añil intenso, desesperante; ya las lejanías no irradian inaccesibles, abrumadoras. Son las primeras horas del día; una luz sutil, opaca, cae sobre el campo; el horizonte es de un color violeta nacarado; cierra la vista una neblina tenue. Y sobre este fondo difuso, dulce, sedante, destacan las casas blancas del poblado, y se perfila pina[13], gallarda, aérea la torre de una iglesia, y emergen, acá y allá, solitarias, unas ramas curvadas, unas palmeras. ¿Qué hay en este paisaje que os invita a soñar un momento y trae a vuestro espíritu un encanto y una sugestión honda? ¿Es el pueblo que se columbra a lo lejos bañado por esta luz difusa de la mañana? ¿Son las paredes blancas que irradian iluminadas por el sol que ahora nace? ¿Es este hálito profundo de sosiego que en este punto respiramos? Pero la voz plañidera de antes ha vuelto a resonar en los andenes; el tren torna a ponerse en marcha; poco a poco va perdiéndose, esfumándose a lo lejos el pueblo; apenas si las fachadas diminutas refulgen blanquecinas. Y vemos extensas praderías verdes, caminos que se alejan serpenteando en amplios recodos, cuadros de olivos cenicientos, tablares de habas, piezas de sembradura amarillentas. Y en el fondo, limitando el paisaje, haciendo resaltar toda la gama de los verdes, desde el obscuro hasta el presado, un amplio telón de un azul sombrío, grisáceo, plomizo, negruzco, se levanta. Y ante él van pasando y perfilándose durante unos momentos los cortijos blancos, los pueblecillos con sus torres sutiles, las ringleras[14] de álamos apretados, los anchurosos rodales de alcace[15] tierno. El tren corre vertiginoso. Ahora aparece un pedazo de río que hace un corvo y hondo meandro, bordeado de arbustos que se inclinan sobre sus aguas; ahora surge un huertecillo con una vieja añora rodeado de frutales en flor; ahora unos inmensos trigos aparecen y desaparecen rápidos, cuajados de florecillas rojas, de florecillas gualdas, de florecillas azules. El tren corre, corre veloz. Nuestras miradas descubren otro pueblo: es Cantillana. Abajo, en primer término, paralela a la vía, corre una línea de piteras[15A] grisáceas; más arriba se extiende un inmenso ámbito de un verde claro; más arriba se destaca una línea de álamos; por entre los claros del ramaje asoman las casas blancas del poblado; y más lejos aún, por lo alto del caserío, la serranía adusta, hosca, pone su fondo zarco[15B]. Y en sus laderas, rompiendo a trechos la austeridad del azul negro, aparecen cuadrilongos manchones de un verde claro.

[13] Aguda.

[14] Filas.

[15] Cebada.

[15A] Planta de pita.

[15B] Azul claro.

Ya la mañana ha ido avanzando. El cielo, pálido, suave, se muestra rasgado en la lejanía por largas y paralelas fajas blancas. Ya nos acercamos al término del viaje; torna a aparecer en lontananza otro poblado por entre los espacios del ramaje: es Brenes. Luego vemos de nuevo el río en otra sinuosidad callada, con sus aguas terrosas; después volvemos a contemplar otro camino que se pierde allá en los montes; más tarde viene por centésima vez otro ancho prado, llano, aterciopelado, por el que los toros caminan lentos y levantan un instante sus cabezas al paso del convoy... El tren sigue corriendo. Allá en la línea del horizonte, imperceptible, velada ante la bruma, aparece la silueta de una torre. Nos detenemos de pronto ante una estación rumorosa. ¿No véis aquí ya, en los andenes, yendo y viniendo, los tipos castizos, pintorescos de la tierra sevillana? ¿No observáis ya estos gestos, estos ademanes, estos movimientos tan peculiares, tan privativos de estos hombres? ¿No archiváis para vuestros recuerdos esta manera de comenzar a andar, lentamente, mirando de cuando en cuando las puntas de los pies? ¿Y este modo, cuando se camina de prisa, de zarandear los brazos, tendidos a lo largo del cuerpo, rítmicamente, sin chabacanismo, con elegancia? ¿Y esta suerte de permanecer arrimados a una pared o a un árbol, con cierto aire de resignación suprema y mundana? ¿Y el desgaire y gallardía con que un labriego o un obrero llevan la chaquetilla al hombro? ¿Y esta mirada, esta mirada de una profunda y súbita comprensión, que se os lanza y que os coge desde los pies a la cabeza? ¿Y este encorvamiento de espaldas y de hombros que se hace después de haber apurado una copa? La gente va, viene, grita, gesticula a lo largo de los andenes. "¡Manué! ¡Rafaé! ¡Migué!", dicen las voces; retumban los golpazos de las portezuelas; silba la locomotora; el tren se pone en marcha. Y entonces la distante silueta de la torre gallarda va rápidamente destacándose con más fuerza, creciendo, surgiendo limpia, esbelta, por encima de una espesa arboleda, entre unos cipreses negros, sobre el fondo de un delicado, maravilloso cielo violeta. Y ya comienzan a desfilar los almacenes, las fábricas, los talleres que rodean a las grandes ciudades. Estamos en Sevilla. El tren acaba de detenerse. Cuando salís de la estación, un tropel de mozos, de intérpretes, de maleteros os coge el equipaje; un turbión de nombres de hoteles entra en vuestros oídos. Mas vosotros sabéis que estos hoteles son iguales en todas las latitudes; vosotros tenéis ansia de conocer cuanto antes, en tal cual viejo mesón, en este o en el otro castizo parador, a todas estas netas sevillanas, a las cuales el poeta Musset quería dar unas terribles serenatas "que hiciesen rabiar a todos los alcaldes, desde Tolosa el Guadalete".

A faire damner les alcades
de Tolose au Guadaleté.

Y estos empecatados mozos y caleseros no os entienden; tal vez se han acabado ya los mesones y paradores clásicos de Sevilla. Y así, os conducen rápidos, frívolos a una fonda que tiene un blanco y limpio patio en el centro y en que hay unas mecedoras y un piano. Esto os place, sin duda; mas vosotros no tardáis en dejar este patio, estas mecedoras y este piano y en saltar sobre el primer tranvía que pasa por la puerta. Las calles son estrechas, empedradas, limpias, sonoras; parece que hay en ellas una ráfaga de alegría, de voluptuosidad, de vida desenvuelta e intensa. Veis los patios nítidos y callados de las casas a través de cancelas y vidrieras; en las fachadas de vetustos casones destaca la simbólica

411

La Giralda de Sevilla. (Oficina Nacional de Turismo Español, N.Y.)

madeja; pasan raudas, rítmicas las sevillanas con flores rojas o amarillas en la cabeza; leéis en los esquinazos de torcidas callejas estos nombres tan nobles, tan sonoros de Mañara, de Andueza, de Rodríguez Zapata; en los balcones cuelgan ringlas de macetas, por las que desborda un raudal de verdura. El tranvía corta vías angostas, cruza plazas, corre a lo largo de anchas avenidas con árboles.

—¿Y Salú? —le grita al cobrador una mujer desde la acera.

El cobrador es un sevillano menudito, airoso, que lleva colgada sobre el hombro la bolsa con una elegancia principesca.

—¡Hoy ta mehó! —contesta a la pregunta con una voz sonora.

Hemos pasado junto a la catedral; atrás queda la cuadrada y gentil Giralda; cruzamos frente a la puerta de San Bernardo; a dos pasos de aquí se columba el matadero. ¿No son estos mozos que platican en estos corros los célebres y terribles jiferos sevillanos de que nos habla Cervantes en *Los perros Mahudes?*

Y después, por las afueras de la ciudad, bordeamos las viejas dentelleadas murallas, y tornamos a internarnos en las callejas serpenteantes; los vendedores lanzan sus salmodias interminables y melancólicas; en un mercado, un viejo hace subir y bajar por largas cañas unas figurillas de cartón. ¿No veis en este hombre un filósofo auténtico? ¿No os agradaría tener una amena conversación con este sevillano?

Mas todavía existen otros seres más filosóficos en Sevilla; pensad en estos barberos enciclopédicos que vemos al pasar frente a sus barberías; pensad también en estos increíbles pajareros que hacen maravillas estupendas con sus pájaros, de todos tamaños y colores. ¿No hay en el am-

"Sevilla: El baile", parte de una serie de lienzos de Sorolla sobre temas de la vida española. (Cortesía The Hispanic Society of America)

413

biente de esta ciudad algo como un sentido de la vida absurdo, loco, jovial, irónico y ligero? ¿No es esta misma ligereza, rítmica y enérgica a la par, una modalidad de una elegancia insuperable? Las ideas se suceden rápidamente; la vida se desliza en pleno sol; todas las casas están abiertas; todos los balcones se hallan de par en par; gorjean los canarios; tocan los organillos; los mozos marcan sobre las aceras cadenciosos pases de vals; se camina arriba y abajo por las callejas; se grita con largas voces melodiosas; los músculos juegan libremente en un aire sutil y templado; livianos trajes ceñidos cubren los cuerpos. Y así en este medio de enervación, de voluptuosidad, nacen las actitudes gallardas, señoriles, y un descuido y una despreocupación aristocrática nos hacen pasar agradablemente entre las cosas, lejos de las quimeras y los ensueños hórridos de los pueblos del Norte ...

Mas nuestro paseo ha terminado; se va acercando la hora de dejar a Sevilla. Hay otros moradores en tierras andaluzas para quienes la vida es angustiosa. Esa es la Andalucía trágica que ha venido por lo pronto a buscar el cronista. Aquí queda nuestra ilusión de un momento por todas estas sevillanas que caminan airosas por las callejas con la flor escarlata en sus cabellos de ébano.

A continuación, Azorín describe la miseria, el hambre y la desolación en que se encontraba Andalucía en esos años, y que el autor resume en las líneas siguientes:

Ya están cansados los buenos labriegos de Lebrija; ya están cansados los labriegos, los obreros, los comerciantes. Los industriales de toda España. Ya estamos cansados los que movemos la pluma para pedir un poco de sinceridad, de buena fe, de amor, de reflexión a los hombres que nos gobiernan. ¿Qué va a venir después de este cansancio?

A partir de *Los pueblos*, Azorín continúa publicando los relatos y crónicas que constituirían la parte más representativa de su obra: en 1905, *La ruta de don Quijote*; en 1912 *Castilla*; *Un pueblecito: Riofrío de Avila* en 1916. Esta actividad literaria, sin embargo, no implica el abandono del periodismo. En un artículo, publicado en 1910 en el diario *ABC*, es el primero que expone la tesis generacional, al referirse a la generación que él llama del 96, y de la cual dice: "La cualidad predominante de la generación de 1896 era un profundo amor al arte y un honrado prurito de protesta contra las fórmulas anteriores . . . Se trabajó tenazmente por el idioma; se escudriñó el paisaje; se creó una inquietud por el misterio; se procuró un estado de refinamiento intelectual . . ."

Durante la Primera Guerra Mundial, Azorín apoya a los aliados. Viaja en diversas ocasiones a París, escribe —*Clásicos y modernos* (1913), *Con bandera de Francia* (1915), *El paisaje de España visto por los españoles* (1917)— hace periodismo y participa en la política. Es nombrado subsecretario de Instrucción Pública y Bellas Artes y es elegido diputado cinco veces.

Durante los años 20 continúa derivando hacia la derecha. En 1924, por fin, recibe la máxima consagración oficial: es llamado a ocupar un sillón de

Castilla: campesinos. (N.Y. Public Library)

la Real Academia. Con la instauración de la República en 1931, Azorín comienza a mostrar tendencias izquierdistas, cesa de escribir en *ABC* y *Blanco y Negro*[16] para pasar a la redacción de *El Sol* y luego a la de *La Libertad*, periódico de extrema izquierda, al mismo tiempo que colabora con varios diarios latinoamericanos, entre ellos *La Nación* y *La Prensa* de Buenos Aires, Argentina.

Esta posición política, empero, no va a durar mucho tiempo. En el verano de 1936, cuando la crisis comienza a agravarse, Azorín decide marcharse a Francia. No regresaría a España hasta la conclusión de la guerra civil en 1939. Sus últimos años transcurren en Madrid, dedicado a sus labores de periodista y escritor, casi hasta que lo sorprende la muerte, ya cumplidos los 94 años, en 1967.

Azorín es considerado el gran artífice de la prosa española contemporánea —y tanto la diafanidad de su estilo como la fluidez de su lenguaje le hacen ciertamente merecedor de tan honrosa distinción.

[16] Periódicos de tendencias derechistas.

415

4. LA POESIA: ANTONIO MACHADO, JUAN RAMON JIMENEZ

El paisaje poético del siglo XX español está dominado por dos figuras de talla gigantesca: Antonio Machado, el lírico por antonomasia de la generación del 98, y Juan Ramón Jiménez, mentor y guía de varias promociones literarias y Premio Nobel de 1956.

Antonio Machado

Nace en Sevilla en 1875, y se educa en Madrid. Al igual que su hermano Manuel, pasa los dos últimos años del siglo XIX en París, donde trabaja como traductor. Vuelve a España y obtiene en 1907 una cátedra de profesor de francés. Es destinado a Soria, y allí contrae matrimonio en 1909 con Leonor Izquierdo Cuevas. Dos años después viaja nuevamente a París, donde sigue cursos universitarios de filosofía y prepara poemarios hasta que su esposa enferma súbitamente y ambos regresan a Soria.

El poeta se consagra entonces al cuidado de Leonor, pero todos los esfuerzos médicos resultan infructuosos y la joven muere en 1912, a los 21 años de edad.

Machado abandona Soria poco después, y enseña durante cinco años en el Instituto de Baeza, al tiempo que continúa sus estudios de filosofía y concluye su doctorado. Pasa luego a Segovia, y comienza a colaborar con su hermano en obras teatrales de considerable éxito[1]. En 1927 ingresa a la Academia Española de la Lengua; cinco años más tarde es trasladado al Instituto Calderón de Madrid.

Al estallar la guerra civil, el poeta se traslada a Valencia, que de 1936 a 1937 fue sede del gobierno republicano. Al hacerse inminente el triunfo del Alzamiento, Machado atraviesa a pie los Pirineos y busca refugio político en Francia. Muere poco después, el 21 de febrero de 1939, en la pequeña localidad fronteriza de Collioure.

La obra poética de Antonio Machado es uno de los momentos culmi-

[1]Véase el Capítulo 2 de esta Quinta Parte.

Antonio Machado. (MAS)

nantes de la literatura española contemporánea. Sus versos sobrios, desnudos de toda retórica, reflejan esencialmente la *realidad interior* del poeta —tanto al expresar sus sentimientos más profundos como al plasmar sus reflexiones sobre el mundo exterior.

Sus principales temas incluyen: el tiempo y su erosión implacable sobre todo cuanto amamos; el sueño como refugio para escapar a las amarguras de la vida; el amor, la angustia individual y el dolor social ante los males de España. Este último tema —que lo vincula estrechamente con el resto de la generación del 98— aparece en muchas ocasiones combinado con descripciones del paisaje castellano, que sirven así de punto de partida para la exposición de sus convicciones sociales.

Uno de los más conocidos poemas de este tipo es "A orillas del Duero", de la colección *Campos de Castilla,* que comienza con una descripción al parecer intrascendente (*"Mediaba el mes de julio. Era un hermoso día . . ."*)

Vista general de Soria. (Oficina Nacional de Turismo Español, N.Y.)

y se convierte pronto en una crítica acerba y dolorida (*"¡Oh, tierra triste y noble,/ . . . de campos sin arados, regatos ni arboledas;/ decrépitas ciudades, caminos sin mesones,/ y atónitos palurdos sin danzas ni canciones . . . !"*). El poema contiene además su famosa diatriba contra la decadencia castellana, que se expresa y termina con la misma sentencia lapidaria: *"Castilla miserable, ayer dominadora,/ envuelta en sus andrajos desprecia cuanto ignora"*.

Más íntimo, más lírico y a la vez más popular es el poema XI del volumen *Soledades*, en que el autor combina elementos cultos y folklóricos:

> Yo voy soñando caminos
> de la tarde. ¡Las colinas
> doradas, los verdes pinos,
> las polvorientas encinas! . . .
> ¿Adónde el camino irá?
> Yo voy cantando, viajero
> a lo largo del sendero . . .
> —la tarde cayendo está—.
> "En el corazón tenía
> la espina de una pasión;
> logré arrancármela un día:
> ya no siento el corazón."
> Y todo el campo un momento
> se queda, mudo y sombrío,

meditando. Suena el viento
en los álamos del río.
　　La tarde más se oscurece;
y el camino que serpea
y débilmente blanquea
se enturbia y desaparece.
　　Mi cantar vuelve a plañir:
"Aguda espina dorada,
quien te pudiera sentir
en el corazón clavada."

También aquí el paisaje exterior sirve de punto de partida para llegar al paisaje interior del poeta, que es en este caso un motivo lírico de gran belleza. Del "contrapunto poético" entre ambos mundos, el físico y el espiritual, surge la delicada armonía literaria de la composición.

Uno de los poemas más conocidos de Antonio Machado es sin duda "Retrato", del volumen *Campos de Castilla*. Sus versos constituyen quizá el camino más directo hacia esa realidad íntima en que como hemos dicho, el poeta fundamenta la mayor —y mejor— parte de su obra:

　　Mi infancia son recuerdos de un patio de Sevilla,
y un huerto claro donde madura el limonero;
mi juventud, veinte años en tierras de Castilla;
mi historia, algunos casos que recordar no quiero.
　　Ni un seductor Mañara[2], ni un Bradomín he sido[3]
—ya conocéis mi torpe aliño indumentario—
mas recibí la flecha que me asignó Cupido,
y amé cuanto ellas puedan tener de hospitalario.
　　Hay en mis venas gotas de sangre jacobina[4],
pero mi verso brota de manantial sereno;
y, más que un hombre al uso que sabe su doctrina,
soy, en el buen sentido de la palabra, bueno.
　　Adoro la hermosura, y en la moderna estética
corté las viejas rosas del huerto de Ronsard[5];
mas no amo los afeites de la actual cosmética,
ni soy un ave de esas del nuevo gay-trinar[6].
　　Desdeño las romanzas de los tenores huecos
y el coro de los grillos que cantan a la luna.
A distinguir me paro las voces de los ecos,
y escucho solamente, entre las voces, una.

---

[2] Miguel de Mañara (1626-1679), caballero español famoso por su habilidad para cautivar los corazones femeninos.

[3] Se refiere al Marqués de Bradomín, el personaje de Valle-Inclán antes estudiado.

[4] El "Club de los Jacobinos" (1789-1794) agrupó en Francia a numerosos revolucionarios extremistas.

[5] PIERRE DE RONSARD (1524-1585) renueva la lírica francesa con sus *Odas* de corte pindárico, sus sonetos compilados en el volumen *Amores* y otros poemas. Encabezó el grupo de la Pléiade.

[6] Se refiere a los modernistas. Al arte de rimar y combinar las estrofas se le llama "gay saber" o "gaya ciencia".

¿Soy clásico o romántico? No sé. Dejar quisiera
mi verso, como deja el capitán su espada:
famosa por la mano viril que la blandiera,
no por el docto oficio del forjador preciada.

Converso con el hombre que siempre va conmigo
—quien habla solo espera hablar a Dios un día—;
mi soliloquio es plática con este buen amigo
que me enseñó el secreto de la filantropía.

Y al cabo, nada os debo; debéisme cuanto he escrito.
A mi trabajo acudo, con mi dinero pago
el traje que me cubre y la mansión que habito,
el pan que me alimenta y el lecho donde yago.

Y cuando llegue el día del último viaje,
y esté al partir la nave que nunca ha de tornar,
me encontraréis a bordo, ligero de equipaje,
casi desnudo, como los hijos de la mar.

Si bien las primeras composiciones de Machado —recogidas en el libro *Soledades*, al que hemos aludido antes— denotan aún una influencia modernista, su obra posterior adopta gradualmente un acento cada vez más personal, de resonancias profundas y purísimo timbre.

Hacia el final de su vida, sus poemas adquieren ribetes filosóficos, se acercan al epigrama y al aforismo[7]. En esta última época crea dos poetas ficticios, Abel Martín y Juan de Mairena, a los que atribuye numerosas composiciones. Particularmente interesantes resultan sus "interpretaciones" de tales poemas, que arrojan nueva luz sobre las propias teorías estéticas del autor.

En conjunto, la poesía de Antonio Machado constituye el antípoda de la literatura modernista: a la retórica y la sensualidad externa de ésta, opone aquél un verso "esencial", simple, desnudo, que nos llega como "la ola humilde... de unas pocas palabras verdaderas". La autenticidad de esas "pocas palabras" hace de su poesía una de las más hondas manifestaciones del genio literario español, de repercusiones insondables en la actual generación.

Juan Ramón Jiménez

Nació el 24 de diciembre de 1881 en Moguer, provincia de Huelva. Cursó sus primeros estudios en el colegio jesuita de Puerto de Santa María, Cádiz, y en 1896 se trasladó a Sevilla, donde escribió sus primeros poemas. Cuatro años más tarde viaja a Madrid, pero la muerte de su padre le hace volver pronto a Moguer. Sufre depresiones y otros quebrantamientos de la salud física y mental. En 1911 se traslada nuevamente a Madrid, esta vez con la intención de permanecer definitivamente allí.

---

[7] Epigrama: composición breve, de carácter satírico; aforismo: sentencia breve, de contenido doctrinal o moral.

Juan Ramón Jiménez. (Cortesía The Hispanic Society
of America)

El joven poeta vive entonces en la Residencia de Estudiantes, cuyas publicaciones dirige en los años siguientes. Hace amistad con Azorín, Ortega y Gasset, Benavente y otros autores. En 1916 pasa algunos meses en los Estados Unidos y contrae matrimonio con Zenobia Camprubí. Tras regresar a España edita diversas revistas literarias donde brinda acogida y estímulo a las nuevas generaciones de escritores.

El estallido de la guerra civil le sorprende en Madrid. Pasa algún tiempo en la capital, colabora en la enseñanza de alumnos de primaria y por último acepta una invitación de la Universidad de Puerto Rico y se traslada a América. Viaja algún tiempo después a Cuba, la Florida y Washington, y en 1947 realiza una gira de conferencias por América Latina que cimenta definitivamente su prestigio en los círculos intelectuales del Nuevo Continente.

En 1956 es laureado con el Premio Nobel. Dos años después fallece en San Juan de Puerto Rico. Sus restos descansan hoy día en su Moguer natal, junto a los de su esposa.

Casa de Juan Ra·nón Jiménez en Moguer.
(Oficina Nacional de Turismo Español, N.Y.)

Como tantos otros poetas de su tiempo, Juan Ramón llega a la literatura por el camino del modernismo. Sus primeras colecciones, *Ninfeas* y *Almas de violeta,* denotan influencia rubendariana en su "impresionismo sentimental", su musicalidad y su profusa adjetivación. Más adelante, su poesía se estiliza, se hace más íntima, y cobra la sencillez apasionada que habría de caracterizar sus mejores creaciones. El "Poema 5" del volumen *Eternidades* describe la actitud de Juan Ramón frente al desarrollo de la poesía de su época mejor que cualquier paráfrasis[8]:

[8] Explicación amplificativa.

Vino, primero, pura,
vestida de inocencia;
y la amé como un niño.
    Luego se fue vistiendo
de no sé que ropajes;
y la fui odiando, sin saberlo.
    Llegó a ser una reina,
fastuosa de tesoros . . .
¡Qué iracundia de yel[9] y sin sentido!
. . . Mas se fue desnudando.
Y yo le sonreía.
    Se quedó con la túnica
de su inocencia antigua.
Creí de nuevo en ella.
    Y se quitó la túnica,
y apareció desnuda toda . . .
¡Oh pasión de mi vida, poesía
desnuda, mía para siempre!

La búsqueda de esa "poesía desnuda", de la "poesía pura" de que tanto se ha hablado en la literatura europea desde el siglo XIX, es el motivo capital de la creación juanramoniana. Curiosamente, uno de los libros más típicos y conocidos del poeta —y quizás también uno de los más logrados de acuerdo con los objetivos estéticos del autor— es un conjunto de narraciones en prosa: *Platero y yo*. La "historia de Platero", es decir, la serie de aventuras del burrito inmortalizado por Juan Ramón con ese nombre, constituye sin duda uno de los mejores ejemplos de prosa poética de la literatura castellana.

Para algunos críticos, empero, la verdadera plenitud del genio juanramoniano se alcanza en el destierro. Es la época en que publica *La estación total* con las *Canciones de la nueva luz*, los *Romances de Coral Gables* y el libro *Animal de fondo*, además de varias obras en prosa.

A la primera de estas colecciones, *La estación total*, pertenece "Criatura afortunada", uno de sus poemas más brillantes:

Cantando vas, riendo, por el agua,
por el aire silbando vas, riendo,
en ronda azul y oro, plata y verde,
dichoso de pasar y repasar
entre el rojo primer brotar de abril,
¡forma distinta, de instantáneas
igualdades de luz, vida, color,
con nosotros, orillas inflamadas!

¡Qué alegre eres tú, ser,
con qué alegría universal, eterna!

---

[9] Jiménez utiliza una ortografía propia, como podrá verse en el resto de los fragmentos que citamos. La ortografía regular aquí sería *hiel*.

¡Rompes feliz el ondear del aire,
bogas contrario el ondular del agua!
¿No tienes que comer ni que dormir?
¿Toda la primavera es tu lugar?
¿Lo verde todo, lo azul todo,
lo floreciente todo es tuyo?
¡No hay temor en tu gloria;
tu destino es volver, volver, volver,
en ronda plata y verde, azul y oro,
por una eternidad de eternidades!

Nos das la mano, en un momento
de afinidad posible, de amor súbito,
de concesión radiante;
y, a tu contacto cálido,
en loca vibración de carne y alma,
nos encendemos de armonía,
nos olvidamos, nuevos, de lo mismo,
lucimos, un instante, alegres de oro.
¡Parece que también vamos a ser
perennes como tú,
que vamos a volar del mar al monte,
que vamos a saltar del cielo al mar,
que vamos a volver, volver, volver
por una eternidad de eternidades!
¡Y cantamos, reímos por el aire,
por el agua reímos y silbamos!

¡Pero tú no te tienes que olvidar,
tú eres presencia casual perpetua,
eres la criatura afortunada,
el májico ser solo, el ser insombre,
el adorado por calor y gracia,
el libre, el embriagante robador,
que, en ronda azul y oro, plata y verde,
riendo vas, silbando por el aire,
por el agua cantando vas, riendo!

Esta especie de "himno al sol", de tono dionisíaco[10] y extraordinaria inspiración, constituye en cierta medida el centro lírico del volumen: es precisamente el "ser insombre", fuente de toda luz, de todo color, de toda vida, quien preside por derecho propio la primavera, quien hace posible "en un momento . . . de amor súbito, / de concesión radiante" la estación total.

El ansia de lograr la belleza absoluta es el rasgo más típico de la obra juanramoniana. Ese anhelo le hace eludir las soluciones fáciles y los caminos trillados para alcanzar las cimas de la expresión poética. Y sin embargo, llega

---

[10] Dionisio era para los griegos el dios del vino. En literatura, se utiliza el término para denotar exaltación poética. Su "dios opuesto" es Apolo, tutelar de la belleza tranquila, equilibrada.

a ellas sin sacrificar la espontaneidad, la "sencillez del espíritu cultivado". He ahí el gran mérito de Juan Ramón Jiménez.

Varias generaciones posteriores han partido de la poesía de Juan Ramón para la búsqueda de nuevas fórmulas líricas. La más conocida, y posiblemente también la más importante, es la generación de 1927, que estudiaremos en uno de los capítulos subsiguientes. Sin embargo, más allá de su influencia palpable y concreta, Juan Ramón constituye en definitiva "la confirmación del más sostenido anhelo de superación de todos los obstáculos para alcanzar esa belleza suprema que se confunde con la eternidad"[11].

[11]Germán Bleiberg, ob. cit.

5. EL TEATRO: JACINTO BENAVENTE, EDUARDO MARQUINA

El impulso renovador que producen en las letras españolas el modernismo y los escritores del 98 va a manifestarse también en el teatro. Hasta principios del siglo, como hemos visto[1], prevalecía en la escena el melodrama ampuloso de Echegaray y sus discípulos. Sin embargo, pronto se presenta la oportunidad para que las nuevas promociones se vuelvan contra la figura principal de un teatro intrínsecamente opuesto a sus ideales.

El homenaje que se le prepara a Echegaray en 1905, por haber recibido el Premio Nobel, brinda la ocasión propicia. A iniciativa de Valle-Inclán se firma un manifiesto en que prominentes modernistas y representantes de la generación del 98 declaran: "Parte de la prensa inicia la idea de un homenaje a don José Echegaray, y se abroga la representación de toda la intelectualidad española. Nosotros, con derecho a ser comprendidos en ella —sin discutir ahora la personalidad literaria de don José Echegaray—, hacemos constar que nuestras ideas estéticas son otras, y nuestras admiraciones muy distintas". Dos nuevos tipos de teatro —acordes, en cierta forma, con las nuevas tendencias literarias de la época— han de reemplazar finalmente al melodrama de fin de siglo: la *comedia moderna* de Jacinto Benavente, y el *teatro poético* de Eduardo Marquina y otros autores.

Jacinto Benavente

Nace en Madrid en 1866. Cursa el bachillerato en el Instituto de San Isidro e ingresa en la Facultad de Derecho de la Universidad Central, pero al morir su padre abandona esta carrera, decidido a seguir su vocación de escritor. Realiza numerosos viajes por Europa, y se dedica a estudiar las corrientes literarias y filosóficas del continente. Colabora en diversas revistas y publica incluso un libro de poemas, titulado *Versos*. En 1894 logra estrenar su primera comedia, *El nido ajeno,* y aunque la crítica le fue desfavorable, continúa dedicado a la dramaturgia.

En 1899 fue director de la importante revista *Vida literaria;* durante un

---

[1]Véase el Capítulo 4 de la Cuarta Parte.

Jacinto Benavente. (Cortesía The Hispanic Society of America)

breve tiempo estuvo también al frente del Teatro Nacional Español. En 1912 fue elegido miembro de la Academia de la Lengua; en 1922 recibió el Premio Nobel.

Tras haber disfrutado durante varias décadas del favor incondicional del público, y haber escrito un asombroso total de 171 piezas para la escena, Jacinto Benavente murió en Madrid, el 14 de julio de 1954.

La producción benaventina entronca directamente con la tradición de la "alta comedia", en que el autor se basa para crear su propio estilo dramático: un teatro en prosa, de diálogo elegante y cargado de ironía, de sentimentalidad casi siempre moderada y personajes "plausibles". Un teatro que dirige agudas críticas contra la aristocracia y la burguesía, pero que en contadas ocasiones logra verdadera fuerza dramática porque, en general, carece de conflictos profundos; un teatro ingenioso y chispeante, aunque también a veces mediocre y frívolo.

Una de sus piezas más conocidas es sin duda *Los intereses creados*, estrenada en el Teatro Lara de Madrid en 1907. Utilizando personajes de la Commedia dell'Arte[2], Benavente procura demostrar cómo la interrelación del interés y la pasión establecen las pautas que dominan casi todas las acciones individuales.

En la escena primera presenciamos como Crispín decide encumbrar hasta la posición de gran señor a Leandro, su compañero de aventuras, con quien ha llegado a una ciudad de evidente importancia:

LEANDRO: Gran ciudad ha de ser ésta, Crispín; en todo se advierte su señoría y riqueza.

CRISPIN: Dos ciudades hay. ¡Quiera el Cielo que en la mejor hayamos dado!

LEANDRO: ¿Dos ciudades dices, Crispín? Ya entiendo, antigua y nueva, una de cada parte del río.

CRISPIN: ¿Qué importa el río ni la vejez ni la novedad? Digo dos ciudades como en toda ciudad del mundo: una para el que llega con dinero, y otra para el que llega como nosotros.

LEANDRO: ¡Harto es haber llegado sin tropezar con la Justicia! Y bien quisiera detenerme aquí algún tiempo, que ya me cansa tanto correr tierras.

CRISPIN: A mí no, que es condición de los naturales, como yo, del libre reino de Picardía[3] no hacer asiento en parte alguna, si no es forzado y en galeras, que es duro asiento. Pero ya que sobre esta ciudad caímos y es plaza fuerte a lo que se descubre, tracemos como prudentes capitanes nuestro plan de batalla si hemos de conquistarla con provecho.

LEANDRO: ¡Mal pertrechado ejército venimos!

CRISPIN: Hombres somos, y con hombres hemos de vernos.

LEANDRO: Por todo caudal, nuestra persona. No quisiste que nos desprendiéramos de estos vestidos, que, malvendiéndolos, hubiéramos podido juntar algún dinero.

CRISPIN: ¡Antes me desprendiera yo de la piel que de un buen vestido! Que nada importa tanto como parecer, según va el mundo, y el vestido es lo que antes parece.

LEANDRO: ¿Qué hemos de hacer, Crispín? Que el hambre y el cansancio me tienen abatido, y mal discurro.

CRISPIN: Aquí no hay sino valerse del ingenio y de la desvergüenza, que sin ella nada vale el ingenio. Lo que he pensado es que tú has de hablar poco y desabrido, para darte aires de persona de calidad; de vez en cuando te permito que descargues algún golpe sobre mis costillas; a cuantos te pregunten, responde misterioso; y cuando hables por tu cuenta, sea con gravedad; como si sentenciaras. Eres joven, de buena presencia; hasta ahora sólo supiste malgastar tus cualidades; ya es hora de aprovecharse de ellas. Ponte en mis manos, que nada conviene tanto a un hombre como llevar a su lado quien haga notar sus méritos, que en uno mismo la modestia es necedad y la propia alabanza locura, y con las dos se pierde para el mundo. Somos los hombres como mercancía, que valemos más o menos según la habilidad del mercader que nos presenta. Yo te aseguro que así[4] fueras vidrio,

---

[2] Teatro improvisatorio de la Italia pre-renacentista. Véanse las *Generalidades* de la Primera Parte, nota 16.

[3] Antigua provincia del norte de Francia. En sentido figurado, patria de los "pícaros". Véase el Capítulo 3 de la Segunda Parte.

[4] Aun cuando fueras de vidrio...

a mi cargo corre que pases por diamante. Y ahora llamemos a esta hostería, que lo primero es acampar a vista de la plaza.

LEANDRO: ¿A la hostería dices? ¿Y cómo pagaremos?

CRISPIN: Si por tan poco te acobardas, busquemos un hospital o casa de misericordia, o pidamos limosna, si a lo piadoso nos acogemos; y si a lo bravo, volvamos al camino y salteemos al primer viandante; si a la verdad de nuestros recursos nos atenemos, no son otros nuestros recursos.

LEANDRO: Yo traigo cartas de introducción para personas de valimiento en esta ciudad, que podrán socorrernos.

CRISPIN: ¡Rompe luego esas cartas, y no pienses en tal bajeza! ¡Presentarnos a nadie como necesitados! ¡Buenas cartas de crédito son ésas! Hoy te recibirán con grandes cortesías, te dirán que su casa y su persona son tuyas, y a la segunda vez que llames a su puerta, ya te dirá el criado que su señor no está en casa ni para en ella; y a otra visita, ni te abrirán la puerta. Mundo es éste de toma y daca; lonja de contratación, casa de cambio, y antes de pedir, ha de ofrecerse.

LEANDRO: ¿Y qué podré yo ofrecer si nada tengo?

CRISPIN: ¡En qué poco te estimas! Pues qué, un hombre por sí, ¿nada vale? Un hombre puede ser soldado, y con su valor decidir una victoria; puede ser galán o marido, y con dulce medicina curar a alguna dama de calidad o doncella de buen linaje que se sienta morir de melancolía; puede ser criado de algún señor poderoso que se aficione de él y le eleve hasta su privanza, y tantas cosas más que no he de enumerarte. Para subir, cualquier escalón es bueno.

LEANDRO: ¿Y si aun ese escalón me falta?

CRISPIN: Yo te ofrezco mis espaldas para encumbrarte. Tú te verás en alto.

LEANDRO: ¿Y si los dos damos en tierra?

CRISPIN: Que ella nos sea leve.

Según avanza la obra, y van perfilándose las personalidades de los protagonistas, se hace patente el propósito del autor de mostrarnos la dualidad inherente al alma humana. Crispín y Leandro llegan a complementarse de tal manera, que ambos parecen movidos por una sola alma que canaliza todo lo generoso, grande y bello a través de Leandro, y todo lo ruin y mezquino a través de Crispín, como declara este último en la segunda escena mientras se dirige a una dama:

CRISPIN: A mi amo lo hallaréis el más cortés y atento caballero. Mi desvergüenza le permite a él mostrarse vergonzoso. Duras necesidades de la vida pueden obligar al más noble caballero a empleos de rufián, como a la más noble dama a bajos oficios, y esta mezcla de ruindad y nobleza en un mismo sujeto desluce con el mundo. Habilidad es mostrar separado en dos sujetos lo que suele andar junto en uno solo. Mi señor y yo, con ser uno mismo, somos cada uno parte del otro. ¡Si así fuera siempre! Todos llevamos en nosotros un gran señor de altivos pensamientos, capaz de todo lo grande y de todo lo bello. Y a su lado, el servidor humilde, el de las ruines obras, el que ha de emplearse en las bajas acciones a que obliga la vida ... Todo el arte está en separarlos de tal modo, que cuando caemos en alguna bajeza podamos decir siempre: no fue mía, no fui yo, fue mi criado. En la mayor miseria de nuestra vida siempre hay algo en nosotros que quiere sentirse superior a nosotros mismos. Nos despreciaríamos demasiado si no creyésemos valer más que nuestra vida ... Ya sabéis quién es mi señor: el de los altivos pensamientos, el de los bellos sueños. Ya sabéis quién soy yo: el de los ruines empleos, el que siempre, muy bajo, rastrea y socava entre toda mentira y toda indignidad y toda miseria. Sólo hay algo en mí que me redime y me eleva a mis propios ojos: esta lealtad de mi servidumbre, esta lealtad que se humilla y se arrastra para que otro pueda volar y pueda ser siempre el señor de los altivos pensamientos, el de los bellos sueños.

Para lograr el matrimonio de Leandro con Silvia, hija del rico Polichinela, Crispín se sirve de doña Sirena, humilde, aunque bien relacionada, y venal; así como de Arlequín, el poeta pobre, y de un orgulloso capitán.

En el último acto, cuando sus embustes ya se han descubierto, Crispín se enfrenta con los acreedores y demás personajes que han venido a pedirle cuentas, y con ruda franqueza les hace saber que la única posibilidad que tienen de cobrar el dinero que le han prestado o de evitar el ridículo, es obligando a Polichinela a permitir el matrimonio de su hija con Leandro. Aparecen en la escena Pantalón —un acreedor burlado—, el hostelero, el capitán, Arlequín, Crispín, Polichinela, la señora de éste, Silvia, Leandro, doña Sirena, el doctor o consejero legal y Colombina.

PANTALON Y HOSTELERO: ¡Silvia!

CAPITAN Y ARLEQUIN: ¡Juntos! ¡Los dos!

POLICHINELA: ¿Conque era cierto? ¡Todos contra mí! ¡Y mi mujer y mi hija con ellos! ¡Todos conjurados para robarme! ¡Prended a ese hombre, a esas mujeres, a ese impostor, o yo mismo . . . !

PANTALON: ¿Estáis loco, señor Polichinela?

LEANDRO: (Bajando al proscenio en compañía de los demás.) Vuestra hija vino aquí creyéndome malherido acompañada de doña Sirena, y yo mismo corrí al punto en busca de vuestra esposa para que también la acompañara. Silvia sabe quién soy, sabe toda mi vida de miserias, de engaños, de bajezas, y estoy seguro que de nuestro sueño de amor nada queda en su corazón . . . Llevadla de aquí, llevadla; yo os lo pido antes de entregarme a la Justicia.

POLICHINELA: El castigo de mi hija es cuenta mía; pero a ti . . . ¡Prendedle digo!

SILVIA: ¡Padre! Si no le salváis, será mi muerte. Le amo, le amo siempre, ahora más que nunca. Porque su corazón es noble y fue muy desdichado, y pudo hacerme suya con mentir, y no ha mentido.

POLICHINELA: ¡Calla, calla, loca, desvergonzada! Estas son las enseñanzas de tu madre . . ., sus vanidades y fantasías. Estas son las lecturas romancescas, las músicas a la luz de la luna.

SEÑORA DE POLICHINELA: Todo es preferible a que mi hija se case con un hombre como tú, para ser desdichada como su madre. ¿De qué me sirvió nunca la riqueza?

SIRENA: Decís bien, señora Polichinela. ¿De qué sirven las riquezas sin amor?

COLOMBINA: De lo mismo que el amor sin riquezas.

DOCTOR: Señor Polichinela, nada os estará mejor que casarlos.

PANTALON: Ved que esto ha de saberse en la ciudad.

HOSTELERO: Ved que todo el mundo estará de su parte.

CAPITAN: Y no hemos de consentir que hagáis violencia a vuestra hija.

DOCTOR: Y ha de constar en el proceso que fue hallada aquí, junto con él.

CRISPIN: Y en mi señor no hubo más falta que carecer de dinero, pero a él nadie le aventajará en nobleza . . ., y vuestros nietos serán caballeros . . . si no dan en salir al abuelo . . .

TODOS: ¡Casadlos! ¡Casadlos!

PANTALON: O todos caeremos sobre vos.

HOSTELERO: Y saldrá a relucir vuestra historia . . .

ARLEQUIN: Y nada iréis ganando . . .

SIRENA: Os lo pide una dama, conmovida por este amor tan fuera de estos tiempos.

COLOMBINA: Que más parece de novela.

TODOS: ¡Casadlos! ¡Casadlos!

POLICHINELA: Cásense enhoramala. Pero mi hija quedará sin dote y desheredada . . . Y arruinaré toda mi hacienda antes que ese bergante . . .

DOCTOR: Eso sí que no haréis, señor Polichinela.

PANTALON: ¿Qué disparates son ésos?

HOSTELERO: ¡No lo penséis siquiera!

ARLEQUIN: ¿Qué se diría?

CAPITAN: No lo consentiremos.

SILVIA: No, padre mío; soy yo la que nada acepto, soy yo la que ha de compartir su suerte. Así le amo.

LEANDRO: Y sólo así puedo aceptar tu amor . . . (*Todos corren hacia Silvia y Leandro.*)

DOCTOR: ¿Qué dicen? ¿Están locos?

PANTALON: ¡Eso no puede ser!

HOSTELERO: ¡Lo aceptaréis todo!

ARLEQUIN: Seréis felices y seréis ricos.

SEÑORA DE POLICHINELA: ¡Mi hija en la miseria! ¡Ese hombre es un verdugo!

SIRENA: Ved que el amor es niño delicado y resiste pocas privaciones.

DOCTOR: ¡No ha de ser! Que el señor Polichinela firmará aquí mismo espléndida donación, como corresponde a una persona de su calidad y a un padre amantísimo. Escribid, escribid, señor Secretario, que a esto no ha de oponerse nadie.

TODOS: (*Menos Polichinela.*) ¡Escribid, escribid!

DOCTOR: Y vosotros, jóvenes enamorados . . ., resignaos con las riquezas, que no conviene extremar escrúpulos que nadie agradece.

PANTALON: (*A Crispín.*) ¿Seremos pagados?

CRISPIN: ¿Quién lo duda? Pero habéis de proclamar que el señor Leandro nunca os engañó . . . Ved cómo se sacrifica por satisfaceros aceptando esa riqueza, que ha de repugnar a sus sentimientos.

PANTALON: Siempre le creímos un noble caballero.

HOSTELERO: Siempre.

ARLEQUIN: Todos lo creímos.

CAPITAN: Y lo sostendremos siempre.

CRISPIN: Y ahora, Doctor, ese proceso, ¿habrá tierra bastante en la tierra para echarle encima?

DOCTOR: Mi previsión se anticipa a todo. Bastará con puntuar debidamente algún concepto . . . Ved aquí: donde dice . . . "Y resultando que si no declaró . . .", basta una coma, y dice: "Y resultando que sí, no declaró . . ." Y aquí: "Y resultando que no, debe condenársele . . .", fuera la coma, y dice: "Y resultando que no debe condenársele . . ."

CRISPIN: ¡Oh, admirable coma! ¡Maravillosa coma! ¡Genio de la Justicia! ¡Oráculo de la Ley! ¡Monstruo de la Jurisprudencia!

DOCTOR: Ahora confío en la grandeza de tu señor.

CRISPIN: Descuidad. Nadie mejor que vos sabe cómo el dinero puede cambiar a un hombre.

431

SECRETARIO: Yo fui el que puso y quitó esas comas . . .

CRISPIN: En espera de algo mejor . . . Tomad esta cadena. Es de oro.

SECRETARIO: ¿De ley?

CRISPIN: Vos lo sabréis que entendéis de leyes . . .

POLICHINELA: Sólo impondré una condición. Que este pícaro deje para siempre de estar a tu servicio.

CRISPIN: No necesitáis pedirlo, señor Polichinela. ¿Pensáis que soy tan pobre de ambiciones como mi señor?

LEANDRO: ¿Quieres dejarme, Crispín? No será sin tristeza de mi parte.

CRISPIN: No la tengáis, que ya de nada puedo serviros y conmigo dejáis la piel del hombre viejo . . . ¿Qué os dije, señor? Que entre todos habían de salvarnos . . . Creedlo. Para salir adelante con todo, mejor que crear afectos es crear intereses . . .

LEANDRO: Te engañas, que sin el amor de Silvia, nunca me hubiera salvado.

CRISPIN: ¿Y es poco interés ese amor? Yo di siempre su parte al ideal y conté con él siempre. Y ahora, acabó la farsa.

SILVIA: (Al público.) Y en ella visteis, como en las farsas de la vida, que a estos muñecos como a los humanos, muévenlos cordelillos groseros, que son los intereses, las pasioncillas, los engaños y todas las miserias de su condición: tiran unos de sus pies y los llevan a tristes andanzas; tiran otros de sus manos, que trabajan con pena, luchan con rabia, hurtan con astucia, matan con violencia. Pero entre todos ellos, desciende a veces del cielo al corazón un hilo sutil, como tejido con luz de sol y con luz de luna, el hilo del amor, que a los humanos, como a estos muñecos que semejan humanos, les hace parecer divinos, y trae a nuestra frente resplandores de aurora, pone alas en nuestro corazón y nos dice que no todo es farsa en la farsa, que hay algo divino en nuestra vida que es verdad y es eterno y no puede acabar cuando la farsa acaba.

Los intereses creados es posiblemente la obra más lograda de Benavente, además de ser también la de mayor éxito. El autor plasma en ella, según se ha interpretado, su propia concepción del mundo: una actitud despectiva y desilusionada, que sólo acepta como fuerza purificadora la llama del amor.

Otras piezas muy representadas de Benavente son *La noche del sábado* (1903), una crítica mordaz a la aristocracia internacional; *Señora ama* (1908) y *La malquerida* (1913), de ambiente rural e intensos choques de pasiones; *Rosas de otoño* (1905), sobre el tema de la fidelidad conyugal.

En definitiva, y a pesar de sus desigualdades, el teatro benaventino constituye sin duda una valiosa contribución a la escena española contemporánea. Y de ello da testimonio el favor del público, que no le abandonó jamás.

Eduardo Marquina

Nace en Barcelona en 1879. Cursa sus estudios en la propia Ciudad Condal, y desde muy joven se siente inclinado hacia la literatura. A diferencia de muchos otros escritores catalanes de su generación, que dedican sus esfuerzos a revivir la lengua vernácula, Marquina prefiere expresarse en castellano. En 1900 publica su primer libro, *Odas*, que lo coloca entre los

Eduardo Marquina. (MAS)

poetas jóvenes más prometedores de la nueva tendencia modernista. Cultiva también la novela y hace periodismo. Sin embargo, es en el teatro donde ha de cosechar sus mayores éxitos de público y de crítica.

Sus valores literarios le merecen el nombramiento de presidente de la Sociedad General de Autores Españoles y el ingreso a la Real Academia de la Lengua. Permanece en España durante la guerra civil, así como en los años siguientes.

Muere en Nueva York en 1946, durante el desempeño de una misión diplomática.

Como hemos dicho, la obra de Eduardo Marquina cobra su significación más plena en el teatro. Su primera pieza, *El pastor*, es mal acogida en 1902, pero seis años después obtiene un resonante triunfo con el estreno de *Las hijas del Cid*. A partir de esta obra se perfilan las características definitivas de su mejor teatro: piezas dramáticas, escritas en verso, de temas históricos o legendarios.

En 1909 se estrena *Doña María la brava*, también de corte poético-

Estudiantes de Vich, provincia de Barcelona.
(N.Y. Public Library)

legendario, y al año siguiente *En Flandes se ha puesto el sol,* sin duda su pieza más conocida. Esta obra está inspirada en las guerras de los siglos XVI y XVII en los Países Bajos, aunque la verdad histórica es tratada con gran libertad. Más que en la exposición de hechos concretos, el valor histórico del drama reside en la interpretación de los ideales y sentimientos colectivos que dieron origen y carácter al conflicto.

La obra comienza en una pequeña hacienda del Brabante. Al levantarse el telón, la familia del pintor flamenco Juan Pablo Godart contempla con angustia desde las ventanas de su vivienda el incendio y saqueo de la aldea cercana por las fuerzas españolas. Pronto la guerra parece llegar hasta sus propias puertas en la persona del capitán español don Diego de Acuña, que ha sido herido y es traído por dos soldados en busca de amparo. La familia le ofrece refugio, don Diego anuncia con voz débil que España ha declarado la paz y ordena que sus hombres sigan camino a Italia, pues *"es condición de las paces / que en obra de pocos días, / no queden tercios[5] en Flandes"*.

El nudo sentimental de la pieza se enlaza al enamorarse don Diego, encarnación del temperamento tradicional español, de Magdalena Godart, hija del pintor y personificación de los ideales flamencos de libertad, ilustración y bienestar económico.

El segundo acto nos presenta a Magdalena y Diego ya casados y con un hijo, Albertino. Viven en una precaria paz que se desvanece pronto ante las rigurosas medidas de seguridad de los españoles que desconfían de los flamencos. Diego sigue con los suyos, y Godart es uno de los conspiradores. Surge así un conflicto de conciencia para Magdalena, obligada a decidirse entre su marido y su padre, entre la patria de su esposo y su Flandes natal, que quiere la independencia.

Un grupo de flamencos perseguidos se refugia en casa de Magdalena. Llega también, poco después, Juan Pablo Godart, a quien las autoridades buscan por rebelde. Cuando un capitán de las fuerzas españolas aparece para arrestarlos, Magdalena los protege. Don Diego llega, destruye la orden de arresto de su suegro y se entrega a sus propios compatriotas para expiar su falta.

En el tercer acto, la rebelión flamenca alcanza su punto culminante. Las cárceles quedan desguarnecidas al salir los españoles a operaciones de batalla, y son los rebeldes los que ponen en libertad a don Diego. Triste y abatido, el antiguo capitán de los orgullosos tercios españoles regresa junto a Magdalena. Esta, al comprender el conflicto entre lealtad a su patria y amor a su familia que aflige a don Diego, le insta a que retorne a la lucha con los suyos.

En el acto final don Diego vuelve una vez más al hogar, ahora totalmente vencido y humillado por la derrota definitiva de España. En la última escena de la obra, los sentimientos de amargura se van disipando ante el amor y el cariño de su esposa, así como de Albertino, el hijo de ambos, quien se identifica por completo con su padre. En el fragmento siguiente, don Diego, abrumado por la derrota, piensa en el suicidio, pero cambia de parecer ante la actitud de su esposa:

MAGDALENA: *(Saliéndole al encuentro.)* ¡Diego!
DON DIEGO: *(Cordialmente, cogiéndose a ella como a la*
última tabla en un naufragio.) ¡Magdalena!

---

[5] Regimientos españoles de infantería en los siglos XVI y XVII.

MAGDALENA: Estamos
          solos, Diego; no hay razón
          que calle tu corazón
          en lo que los dos digamos.
          Desesperado y vencido,
          tanto tu ánimo ha podido,
          que al llegar tú, todavía
          en tus manos has traído
          para todos alegría . . .
          Los mismos que te vencieron,
          en tu grandeza has vencido,
          Diego; pero ellos no vieron,
          cuando gozosos partieron,
          que quedabas mal herido.
          Lo veo yo, y aunque cuidas
          de esconderme tu aflicción
          con tus sonrisas fingidas,
          te estoy viendo el corazón
          a través de tus heridas.
DON DIEGO: ¡No!
MAGDALENA: *(Esperanzada.)* ¿Me engaño?
DON DIEGO: No hay razón,
          puesto que solos estamos,
          para que, en lo que digamos,
          disimule el corazón.
          Había un deseo en mí,
          Magdalena; de él cogí
          voluntad para tornar,
          y aquí quería llegar
          para colmármelo aquí.
MAGDALENA: *(Adivinándole.)* ¿La muerte?
DON DIEGO: La deseaba,
          Magdalena, y no la temo;
          cuando más agrio luchaba,
          la quería y la esperaba
          como un descanso supremo.
MAGDALENA: ¡Diego mío!
DON DIEGO: Y ha un instante,
          cuando los demás se fueron,
          veleidades me cogieron
          de no seguir adelante.
MAGDALENA: ¡Diego!
DON DIEGO: Pero hablaste; oí
          tu voz, Magdalena, y creo
          que renacer me sentí;
          tanto pudo en mí el deseo,
          que me ha traído hasta aquí.
          Magdalena, yo quería
          morir; pero al expirar,
          entre tus manos dejar,
          como un don, el alma mía.
          Y, al llegar a hacerte el don

que reservé a este momento
con el alma mía, siento
que va a ti mi corazón.
(*Tomándole las manos, con infinita ternura.*)
Manos que cuando curaron
por vez primera mi herida,
de la sangre que tocaron,
rosas de fuego sembraron
por las sendas de mi vida:
si a tantos gestos humanos
yo respondí con las furias
de mis odios castellanos,
hoy, que las beso, estas manos,
¿olvidarán mis injurias?
(*Ella misma levanta sus manos hasta los labios
de don Diego, que las besa; Magdalena sonríe
inefablemente.*)
Al final de la refriega,
mi alma ardiente, mi alma ciega
torna humana
y a ti y a tu hijo se llega:
tú mi vida, él mi mañana,
¡el hogar y la ventana
de mi casa solariega!
Llamo a la puerta rendido...

MAGDALENA: Mi mano te abre, al entrar.
DON DIEGO: Llego trocado y herido.
MAGDALENA: Mi mano sabe curar.
DON DIEGO: El sueño con que, al marchar,
soñé, se ha desvanecido...
MAGDALENA: ¡Mi mano lo ha recogido
para volvértelo a dar!
Diego mío, castellano,
mientras reñías lejano,
te he guardado, en el hogar,
lumbre, flores que cortar,
lecho para reposar,
quieta paz, huerto lozano,
un libro para rezar,
un corazón para amar;
¡todo lo que está en mi mano!
DON DIEGO: Magdalena, al regresar,
me parece despertar
en ti, de un delirio insano;
¡dame fuerzas con que entrar
segunda vez en lo humano!
Acostúmbrame a olvidar,
acompáñame a esperar,
y, aun si me ves vacilar,
¡no me dejes de tu mano!
(*Se hace precisa en este momento una música
que desde hace un rato sonaba lejana.*)

MAGDALENA: ¡Qué bien se une y se acomoda,
              serenando el alma toda,
              la música de la orquesta!
              (Escuchan los dos un instante.)
DON DIEGO: Di, Magdalena . . . ¿no es ésta
              la que sonó en nuestra boda?
MAGDALENA: ¡Grande era, Diego, el contento
              que mi alma entonces sentía;
              pero yo no trocaría
              por aquél este momento!
DON DIEGO: Yo sí; que en aquél lucía
              con luz rosada la aurora,
              y esta sangrienta de ahora
              anuncia que ha muerto el día;
              que ya mi Imperio español
              se deshace . . .
              (Sigue al son de la orquesta el barullo
              precursor del festejo . . .)
MAGDALENA: No, mi Diego.
DON DIEGO: Cuando mi sol era fuego,
              en Flandes se ha puesto el sol.
. . . .

La aparición de Albertino, con una antorcha encendida, trueca en regocijo la amargura de don Diego: el fuego que sostiene el pequeño en sus manos es símbolo de un futuro más brillante, en que la paz permita la reconciliación definitiva de ambos pueblos.

El teatro poético de Marquina contrasta fuertemente con la comedia de Benavente, Martínez Sierra[6] y otros representantes de la tendencia realista en la escena. Sus temas históricos resucitan el ideal romántico del temperamento español; la elevación de su lenguaje dramático lo vincula definitivamente al movimiento modernista peninsular.

[6] GREGORIO MARTINEZ SIERRA nació en Madrid en 1881. Sus obras más célebres son *Canción de cuna* y *El amor catedrático*. Su teatro rehuye los extremos cómicos y trágicos por igual, y procura presentar escenas de la vida cotidiana. Murió en 1947.

6. LA GENERACION DEL 27: FEDERICO GARCIA LORCA, RAFAEL ALBERTI, JORGE GUILLEN, PEDRO SALINAS

En el terreno de la poesía, la llamada Edad de Plata de la cultura española alcanza su punto culminante entre el fin de la Primera Guerra Mundial y el comienzo del conflicto civil. Es ésta la época en que, simultáneamente, llegan a su madurez los grandes líricos de la generación anterior y salen a la palestra —con gran ímpetu, como hemos de ver— los representantes de la nueva.

Este grupo de poetas, formados ya dentro del ambiente cultural del siglo XX, ha recibido diversas designaciones —entre ellas "generación de la Dictadura", por coincidir cronológicamente con el gobierno de Primo de Rivera; "generación Guillén-Lorca", por ser éstos sus autores más representativos; "generación de 1925", etc. No obstante, la denominación más común, y quizás la más adecuada, es la de generación del 27, que se fundamenta en un acontecimiento de hondas repercusiones en la vida cultural española: la celebración del tercer centenario de la muerte de Góngora. La lucha por restablecer el prestigio del gran poeta barroco, preterido desde hacía casi trescientos años, dio unidad y cohesión al grupo desde sus primeras manifestaciones públicas[1].

Sin embargo, el hecho de que la generación del 27 se aúne bajo la insignia gongorina rebasa los límites meramente anecdóticos —e incluso históricos, si se quiere— para adquirir además una elevada significación literaria.

En efecto, la nueva generación trae también consigo, en parte de su obra, una actitud frente a la creación artística que está mucho más cerca del barroco europeo —y en particular del culteranismo español— que de sus antecesores inmediatos. Los resultados poéticos de esta nueva corriente son tan revolucionarios en lo que respecta a la estructura del verso de su tiempo como pudieron serlo las *Soledades* en el suyo.

Antes de estudiar individualmente a sus poetas más conocidos, veamos

---

[1] Joaquín González Muela y Juan Manuel Rozas, *La generación poética de 1927*, Ediciones Alcalá, Madrid.

algunas de las características comunes más sobresalientes de la nueva generación[2]:

Predominio del intelecto —La poesía del grupo del 27 es una actividad intelectual, culta y hasta hermética en muchos de sus representantes, aun cuando en determinados poemas se sirva del folklore o de la tradición.

Desencadenamiento de la imaginación —El anhelo de escapar a la realidad cotidiana lleva a dar rienda suelta a las poderosas corrientes de la imaginación y la fantasía.

Autonomía poética —El reino de la lírica establece sus propias leyes, aspira a convertirse en entidad dotada de vida independiente y autónoma.

Preocupación formal —Este rasgo, que se infiere sin esfuerzo alguno de los anteriores, es uno de los más característicos de toda la generación, para la cual "el poema es canto y sólo en segundo término contenido"[3].

Estas características, por supuesto, se dan en medida diferente en los diversos autores de la generación del 27. Veamos seguidamente la vida y obra de cinco de sus integrantes más conocidos a nivel internacional.

Federico García Lorca

Nace en Fuentevaqueros, provincia de Granada, el 5 de junio de 1898. Su padre es hacendado y su madre maestra. Estudia en el Colegio del Sagrado Corazón de Jesús de Granada y en 1914 se matricula en las Facultades de Filosofía y Letras y Derecho de la universidad granadina. En 1919 se traslada a Madrid, donde pasa los meses de curso hasta 1928, y donde conoce a Juan Ramón Jiménez, Luis Buñuel[4], Eduardo Marquina y muchos otros escritores y artistas. Comienza a publicar profusamente. En 1923 se licencia en derecho. Se estrechan sus lazos de amistad con el músico Manuel de Falla y con el pintor Salvador Dalí[5]. En 1929 y 1930 viaja a los Estados Unidos y Cuba. A su regreso a España continúa su intensa actividad literaria y en 1932 funda con Eduardo Ugarte el teatro universitario La Barraca, que lleva obras clásicas a los más apartados rincones del país.

En 1933 realiza una gira triunfal por Argentina, Uruguay y Brasil. Es aclamado en Buenos Aires, donde pronuncia una serie de conferencias, ve

---

[2] Véase Hugo Friedrich, *Die Struktur der modernen Lyrik*, Rowohlt Verlag.

[3] Hugo Friedrich, ob. cit.

[4] LUIS BUÑUEL, director de cine nacido en 1900. Entre sus películas más célebres figuran "El perro andaluz", cortometraje surrealista; y en época reciente "Nazarín", "El ángel exterminador", "Viridiana", "Belle de Jour" y "El fantasma de la libertad".

[5] SALVADOR DALI nació en 1904. Sus lienzos más conocidos incluyen *La persistencia de la memoria* y *La última cena*. Colaboró con Buñuel en la realización de "El perro andaluz", y es además autor de la biografía *La vida secreta de Salvador Dalí*.

Federico García Lorca. (MAS)

escenificadas varias de sus piezas teatrales e incluso dirige *La dama boba* de Lope de Vega.

En 1934 vuelve a España. El estallido de la guerra civil lo sorprende en Granada, donde acostumbraba a pasar los veranos, y allí cae asesinado el 19 de agosto de 1936.

Lorca es, sin duda alguna, el escritor más popular de su generación. Es también el más conocido fuera de su país. En parte, ello se debe a su cultivo consciente y deliberado de las formas folklóricas, adaptadas a su peculiar sensibilidad. El romance, por ejemplo, adquiere una nueva dimensión en su *Romancero Gitano*, publicado en 1928. A esta colección pertenecen el enigmático "Romance sonámbulo"[6], así como "La casada infiel" —uno de los poemas más conocidos de toda su obra:

[6] Es el celebrado "romance en verde", en que este color adquiere poderosa fuerza simbólica y domina un paisaje lleno de misterio: *"Verde que te quiero verde. / Verde viento. Verdes ramas. / El barco sobre la mar / y el caballo en la montaña . . ."*

Y que yo me la llevé al río
creyendo que era mozuela,
pero tenía marido.
    Fue la noche de Santiago
y casi por compromiso.
Se apagaron los faroles
y se encendieron los grillos.
En las últimas esquinas
toqué sus pechos dormidos,
y se me abrieron de pronto
como ramos de jacintos.
El almidón de su enagua
me sonaba en el oído
como una pieza de seda
rasgada por diez cuchillos.
Sin luz de plata en sus copas
los árboles han crecido,
y un horizonte de perros
ladra muy lejos del río.
    Pasadas las zarzamoras,
los juncos y los espinos,
bajo su mata de pelo
hice un hoyo sobre el limo.
Yo me quité la corbata.
Ella se quitó el vestido.
Yo, el cinturón con revólver.
Ella, sus cuatro corpiños.
Ni nardos ni caracolas
tienen el cutis tan fino,
ni los cristales con luna
relumbran con ese brillo.
Sus muslos se me escapaban
como peces sorprendidos,
la mitad llenos de lumbre,
la mitad llenos de frío.
Aquella noche corrí
el mejor de los caminos,
montado en potra de nácar
sin bridas y sin estribos.
No quiero decir, por hombre,
las cosas que ella me dijo.
La luz del entendimiento
me hace ser muy comedido.
Sucia de besos y arena,
yo me la llevé del río.
Con el aire se batían
las espadas de los lirios.

    Me porté como quien soy.
Como un gitano legítimo.
La regalé un costurero
grande, de raso pajizo,

442

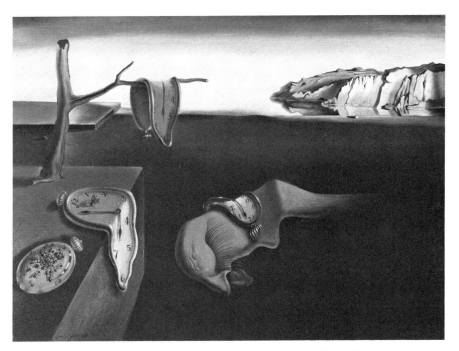

Salvador Dalí: "La persistencia de la memoria" (1931). Oleo sobre tela, 24 cm. x 33 cm. (Colección, The Museum of Modern Art, N.Y. Obsequio anónimo)

> y no quise enamorarme
> porque teniendo marido
> me dijo que era mozuela
> cuando la llevaba al río.

Mucho se ha hablado y se ha escrito acerca del "folklorismo" de García Lorca. El mismo, empero, rechazaba su encasillamiento como poeta fácil, primitivo, gitano. En una carta a Jorge Guillén decía ya en 1927: "Me va molestando un poco mi mito de gitanería. Confunden mi vida y mi carácter. No quiero de ninguna manera. Los gitanos son un tema. Y nada más. Yo podía ser lo mismo poeta de agujas de coser o de paisajes hidráulicos. Además, el gitanismo me da un tono de incultura, de falta de educación y de *poeta salvaje*, que tú sabes bien no soy. No quiero que me encasillen. Siento que me van echando cadenas. NO . . ."[7]

Para escapar a esa imagen compone odas de tono solemne, utiliza el verso libre y, durante su viaje a los Estados Unidos, escribe su célebre *Poeta*

[7] Citado por el propio Guillén en su prólogo a las *Obras Completas* de Lorca, Ediciones Aguilar, Madrid.

Cuevas gitanas de Guadix, Granada. (MAS)

en Nueva York —uno de los grandes resultados líricos del choque entre las culturas hispana y norteamericana.

A ese poemario, transido de superrealismo[8], pertenece la "Oda al rey de Harlem":

. . . .

La sangre no tiene puertas en vuestra noche boca arriba.
No hay rubor. Sangre furiosa por debajo de las pieles,
viva en la espina del puñal y en el pecho de los paisajes,
bajo las pinzas y las retamas[9] de la celeste luna de cáncer.

Sangre que busca por mil caminos muertes enharinadas y ceniza de nardo,
cielos yertos en declive, donde las colonias de planetas
ruedan por las playas con los objetos abandonados.

[8] Movimiento originado en Francia, que propugna la expresión automática, "eximida de todo control por parte de la razón" (André Breton). El superrealismo renueva profundamente el lenguaje literario, con sus sorprendentes asociaciones oníricas de ideas y palabras. Se manifiesta también en otras actividades artísticas como la pintura (Dalí), el cine (Buñuel), etc. El superrealismo español, y en particular el de Lorca, participa más de las características formales (metafóricas, etc.) que del automatismo del movimiento francés.

[9] Planta de pequeñas flores amarillas.

Sangre que mira lenta con el rabo del ojo,
hecha de espartos exprimidos, néctares de subterráneos.
Sangre que oxida el alisio[10] descuidado en una huella
y disuelve a las mariposas en los cristales de la ventana.

Es la sangre que viene, que vendrá
por los tejados y azoteas, por todas partes,
para quemar la clorofila de las mujeres rubias,
para gemir al pie de las camas ante el insomnio de los lavabos
y estrellarse en una aurora de tabaco y bajo amarillo.
. . . .

¡Ay, Harlem disfrazada!
¡Ay, Harlem, amenazada por un gentío de trajes sin cabeza!
Me llega tu rumor,
me llega tu rumor atravesando troncos y ascensores,
a través de lágrimas grises,
donde flotan sus automóviles cubiertos de dientes,
a través de los caballos muertos y los crímenes diminutos,
a través de tu gran rey desesperado,
cuyas barbas llegan al mar[11].

La brillantez y audacia de las imágenes se combinan aquí con la fuerza del desgarramiento interior, experimentado por el poeta ante ciertas manifestaciones de la vida neoyorquina. El dramatismo, la intensidad expresiva y la misteriosa belleza de sus versos hacen de *Poeta en Nueva York* uno de los mejores ejemplos de superrealismo español.

Muy emotivo es también su "Llanto por la muerte de Ignacio Sánchez Mejías", publicado en 1935. El tema aquí es muy andaluz —la muerte en el ruedo de un torero sevillano— y a sus versos vuelven las sonoridades de los romances gitanos: *"Dile a la luna que venga,/ que no quiero ver la sangre/ de Ignacio sobre la arena"*. La primera parte del "Llanto" repite como estribillo, con ecos de letanía o de doblar de campanas, su primer verso (*A las cinco de la tarde*). En la segunda, Lorca utiliza como recurso similar otro verso corto (*¡Que no quiero verla!*). Las dos últimas partes, en arte mayor, son más reposadas y menos efectistas.

En 1936 escribe el *Diván del Tamarit*, que denota influencias de la poesía oriental y que se publicó póstumamente.

El teatro lorquiano representa un significativo esfuerzo por abrir nuevos

----

[10] Vientos regulares.

[11] Federico García Lorca, *Obras Completas*. © C. Aguilar S. A. de Ediciones. Derechos reservados. Ambas selecciones reproducidas por autorización de New Directions Publishing Corporation, editora del volumen *Selected Poems* de Lorca y representante de sus derechos de autor.

Rafael Alberti. (MAS)

cauces a la dramaturgia nacional. Lorca redescubre las posibilidades poéticas de la escena, no sólo a nivel del texto, sino sobre todo, para usar las palabras de Julián Marías, "en la sustancia dramática misma". El resultado de ello es un teatro cada vez más estilizado, en que el autor aplica magistralmente sus extensos recursos literarios, plásticos y hasta musicales.

Lamentablemente, el limitado espacio de este libro no permite un estudio detallado de la aportación de Lorca a la escena española. Debe dejarse sentado, empero, que en 1927, con el estreno en Barcelona de su primera obra[12], se abre un nuevo capítulo en la historia del teatro nacional español —un capítulo que sólo pudo truncar, con su implacable violencia, la guerra civil.

Rafael Alberti

Nace en Puerto de Santa María, Cádiz, en 1902. Estudia allí sus primeras letras en el colegio de los padres jesuitas y en 1917 se traslada a Madrid. Cultiva inicialmente la pintura y llega a exponer en el célebre Salón Nacional de Otoño. Sin embargo, en marzo de 1920, la muerte de su padre le sugiere

---

[12] *Mariana Pineda.* Los decorados fueron de Dalí. Nos referimos, por supuesto, al estreno de su primera pieza importante. Lorca había estrenado sin mayor resonancia algunas farsas de carácter guiñolesco.

su primer poema. Una afección pulmonar le obliga a guardar reposo en la sierra de Guadarrama, y durante este tiempo surgen de su pluma los más variados versos: Alberti ha descubierto su verdadera vocación.

En 1925 recibe el Premio Nacional de Literatura por su libro *Marinero en tierra*[13]. Continúa escribiendo poemas que formarán las colecciones *El alba del alhelí* y *Cal y canto*, prepara obras de teatro, en 1927 participa del homenaje a Góngora. En 1929 publica *Sobre los ángeles*; en 1931 estrena su primera obra de teatro y se afilia al Partido Comunista. Al consumarse la derrota de la República en la guerra civil, emigra a Francia y luego a Argentina.

"La diferencia entre Alberti y García Lorca es la que va de la pintura a la música", dice Max Aub[14]. Y, en efecto, si bien en Lorca prevalecen las sonoridades, en Alberti dominan el espacio y el color: *"La anguila azul del canal / enlaza las dos bahías"; "Pronto el verde de la mar, / la escama azul del pescado, / el viento de la bahía y el remo para remar"*. Sobre todo en la primera etapa de su vida literaria, Alberti es el poeta del verso ligero, ágil, pero a la vez intenso y esencial en el sentido juanramoniano de la palabra:

> Noche.
> Verde caracol, la luna.
> Sobre todas las terrazas,
> blancas doncellas desnudas.
>
> ¡Remadores, a remar!
> De la tierra emerge el globo
> que ha de morir en el mar.
>
> Alba.
> Dormíos, blancas doncellas,
> hasta que el globo no caiga
> en brazos de la marea.
>
> ¡Remadores, a remar
> hasta que el globo no duerma
> entre los senos del mar![15]

Sigue luego una época más metafórica, "neogongorina", en que se evidencian notas decididamente barrocas[16], y más tarde la etapa superrealista, en que su verso adquiere la caótica belleza de la poesía onírica[17]. Durante

---

[13] Conjuntamente con los *Versos humanos* de Gerardo Diego. Véase más adelante.

[14] En su ensayo *La poesía española contemporánea*, Imprenta Universitaria de México, Aub observa con perspicacia que se trata de las primeras vocaciones respectivas de los futuros poetas.

[15] Es la poesía "Sueño", de *Marinero en tierra*. Lleva como epígrafe el verso " '¡A los remos, remadores!' ", de Gil Vicente.

[16] Específicamente en el volumen *Cal y canto* (1929).

[17] Particularmente en los últimos poemas de *Sobre los ángeles*.

sus últimos años de actividad literaria en España publica obras de contenido político, y declara al respecto: "Antes mi poesía estaba al servicio de mí mismo y unos pocos. Hoy no. Lo que me impulsa a ello es la misma razón que mueve a los obreros y a los campesinos: o sea, una razón revolucionaria"[18]. Es la época de *Consigna* (1933), *El poeta en la calle* (1936), *De un momento a otro* (1937), etc.

En el destierro, Alberti publica una extraordinaria serie de volúmenes poéticos, que abarcan desde *Entre el clavel y la espada* (1941) hasta las *Coplas de Juan Panadero* (1949) y *Ora marítima con baladas y canciones del Paraná* (1953). En 1961 se publicaron sus *Poesías completas*.

Sin embargo, el Alberti "clásico" sigue siendo el de *Sobre los ángeles*, el de *Cal y canto*, el de los alados entusiasmos juveniles de "Malva luna de yelo" de la colección *Marinero en tierra*:

> Las floridas espaldas ya en la nieve,
> y los cabellos de marfil al viento.
> Agua muerta en la sien, el pensamiento
> color halo de luna cuando llueve.
>
> ¡Oh qué clamor bajo del seno breve!
> ¡Qué palma al aire el solitario aliento!
> ¡Qué témpano, cogido al firmamento,
> el pie descalzo, que a morir se atreve!
>
> ¡Brazos de mar, en cruz, sobre la helada
> bandeja de la noche! ¡Senos fríos,
> de donde surte, yerta, la alborada!
>
> ¡Oh piernas como dos celestes ríos,
> Malva-luna-de-yelo, amortajada
> bajo los mares de los ojos míos!

Con la forma métrica tradicional del soneto en arte mayor, Alberti combina aquí una extraordinaria libertad metafórica que deja el contenido del poema envuelto en un velo de misterio. Una vez más, lo esencial es la forma, el *canto*; la interpretación precisa de su tema se deja a cada lector: sólo sabemos que el autor y la yerta heroína del soneto se encuentran en una glacial noche de invierno sobre la nieve.

Rafael Alberti es el "gran virtuoso de la forma"[19] de la generación del 27, capaz de ejecutar los malabarismos poéticos más difíciles con la mayor naturalidad. Pero además, entran también con él en los dominios de la poesía neobarroca los temas esenciales de su tierra natal y, en la producción posterior, su toma de conciencia de los más trágicos aspectos de la alienación del hombre.

---

[18] Citado por Max Aub, en la ob. cit.
[19] Hugo Friedrich, ob. cit.

Jorge Guillén

Nace en Valladolid en 1893. Estudia filosofía y letras en Madrid y Granada; en 1914 viaja a Alemania; de 1917 a 1923 es lector de español en La Sorbona de París; en 1924 recibe su doctorado en letras en Madrid. Al año siguiente obtiene una cátedra de literatura española en la Universidad de Murcia, y en 1929 es contratado como lector por la Universidad de Oxford. Permanece allí hasta 1931, año en que regresa a España para asumir una cátedra en la Universidad de Sevilla.

Durante todo este tiempo colabora asiduamente en periódicos y revistas; publica sus primeras ediciones de *Cántico;* traduce poemas de Valéry y Supervielle[20]. En 1938 pasa a los Estados Unidos, donde se distingue como profesor de español y literatura.

Jorge Guillén es el máximo representante de la "poesía pura" en idioma español. ¿Qué entiende el propio Guillén por esa designación? "Poesía pura es todo lo que permanece en el poema después de haber eliminado todo lo que no es poesía", escribe en una carta de 1926. Y añade: *"pura* (en este caso) es igual a *simple,* químicamente". Poesía esencial, que diría Juan Ramón. Y en el caso de Guillén, poesía del júbilo, del entusiasmo ante el luminoso espectáculo de la creación —*"Mañana, mañana, clara/ si fuese yo quien te amara!"—,* pero también poesía de rigor formal, de la modulación precisa, de la profundidad de pensamiento:

> Arriba dura el sosiego.
> Nada humano le corrompe.
> Eternamente refulgen
> Las soledades mayores.
>
> Va la luna
> Ganando noche a la noche,
> Y rendida
> Luce una verdad muy joven.
>
> Es la paz. No existen fuegos
> Ni lámparas que interroguen.
> La luna está serenando
> Su horizonte.
>
> Y a ese filo de la luna
> Corresponde
> Neto el perfil de la cumbre,
> Sola entonces.

[20] PAUL VALERY (1871-1945). Sin duda el gran lírico del siglo XX francés. Sus primeros versos, escritos a fines del XIX, caían aún dentro del ámbito simbolista. Su "Cementerio marino", que fue traducido por Guillén, ejerció fuerte influencia en la generación. JULES SUPERVIELLE (1884-1960). Nació en Montevideo, y vivió alternativamente en Francia y Sudamérica. En 1955 recibió el Gran Premio de Literatura de la Academia Francesa. Son célebres sus *Gravitaciones* (1925) y la colección *Uruguay* (1928).

Jorge Guillén. (MAS)

Nadie lanza voz ni piedra
Que por los riscos rebote.
Intacto el silencio arriba
Dura sobre los rumores.

Es el poema I del ciclo *Las horas.* Tras la presentación de las alturas límpidas y serenas, "incorruptas" por lo humano, el poema II nos coloca nuevamente a ras de tierra: a la "paz intacta" de la noche cósmica se contrapone ahora el desasosiego del hombre: *"La almohada / Del insomne / Comunica a las tinieblas / su desorden . . ."* El desvelado yace inquieto mientras *"tiembla el reloj sin paisaje",* mientras pasan las horas sin destino: *"¿Hacia dónde / va una hora sin un mundo / que la asombre?"*

El poema III penetra en el mundo interior del insomne, que escucha las lejanas campanadas del reloj de alguna torre: *"¿Las dos, las tres? En redondo / reposa lo oscuro enorme".* El poema IV vuelve al paisaje:

La luna da claridad
Humana ya al horizonte,

Y la claridad reúne
Torres, sierras, nubarrones.

Se abandona el desvelado,
¡Firme el borde
Nocturno! La inmensidad
Es un bloque.

En torno velando el cielo
Atiende, ciñe a la noche.
De la raíz a la hoja
Se yergue velando el bosque.

Fiel a oscuras
Va el mundo con el insomne.
El reloj
Da las cuatro. ¡Firmes golpes!

Todo lo ciñe el sosiego.
Horas suenan. Son del hombre.
Las soledades humanas
Palpitan y se responden.

El tiempo es pues "del hombre", y el reloj, pulso de sus soledades. La esencia del poema es el contraste entre lo individual y lo eterno, entre la frialdad de la belleza telúrica[21] y la angustiosa certidumbre del dolor humano.

La angustia, empero, no es tema frecuente de su poesía. En términos generales, sus versos constituyen un canto entusiasta a la plenitud de la existencia, a la alegría del ser: "*¡Cuerpo en el viento y con cuerpo la gloria! / ¡Sol / del viento, soy a través de la tarde más viento, / soy más que yo!*" O bien: "*Hacia el sol, en volandas, / la plenitud se escapa. / ¡Ya sólo sé cantar!*" Guillén sólo sabe cantar: pocas veces, en la literatura moderna, se ha dado limitación más feliz.

Las últimas ediciones de su libro capital ya mencionado, *Cántico*, son cada vez más voluminosas y se publican en 1945 y 1950. La versión final contiene 270 poemas divididos en cinco secciones: "Al aire de tu vuelo", "Las horas situadas", "El pájaro en la mano", "Aquí mismo" y "Pleno ser". Estos títulos, que en cierta forma resumen las palabras claves de su poesía, indican a la vez la ordenación íntima del volumen —según las categorías de movimiento, tiempo, objeto amado, espacio y existencia— que ha llevado a la crítica a considerarlo como uno de los libros mejor estructurados de la lírica europea contemporánea[22].

En 1965, al hacer una selección de sus poemas para la Editorial Gredos, Guillén presenta su trilogía *Clamor* como aclaración y complemento de

---

[21] De la tierra.
[22] Hugo Friedrich, ob. cit.

Cántico. La componen las series, "Maremagnum", ". . . Que van a dar en la mar", de 1960, y "A la altura de las circunstancias", de 1963. Al igual que otros productos líricos del destierro, el *Clamor* de Jorge Guillén vibra con las dolorosas notas del desarraigo. Sin embargo, la toma de conciencia de tales problemas no impide que su canto continúe siendo ante todo poesía, como lo fue siempre.

Pedro Salinas

Nace en Madrid en 1892. Estudia en la Facultad de Derecho de la Universidad Central. De 1914 a 1917 es lector de español en La Sorbona. Seguidamente regresa a Madrid y se doctora en filosofía y letras. En 1918 obtiene una cátedra de lengua y literatura española en la Universidad de Sevilla, y más tarde pasa a la de Murcia. De 1922 a 1923 es lector de español en la Universidad de Cambridge. Viaja extensamente por Europa y Africa del Norte. De 1933 a 1936 es secretario de la Universidad Internacional de Santander durante los cursos de verano y reside el resto del año en Madrid,

Pedro Salinas. (MAS)

donde colabora como profesor en la Escuela Central de Idiomas y en la Facultad de Filosofía y Letras.

Al final de la guerra civil emigra a los Estados Unidos. Es profesor en Wellesley, más tarde en Puerto Rico y finalmente en la Universidad Johns Hopkins de Baltimore. Muere en Boston, el 4 de diciembre de 1951, y es sepultado en San Juan.

Si a Lorca se le considera como el "músico", a Alberti como el "pintor" y a Guillén como el "pensador" de la generación del 27, a Salinas habría que considerarlo el "amador".

"Era fatal", escribe Jorge Guillén, "que la poesía de Pedro Salinas culminase en el tema amoroso". El lector se encuentra, empero, "ante un amor que es todo un mundo independiente y aparte de la realidad ordinaria, aunque este mundo del amor sea a su vez realísimo —si no el más real— y todo quede en él exaltado: la pasión, la ternura, la sensualidad . . ."[23] A veces, su canto adquiere tonos patéticos y modalidades "ultramodernistas", pero la línea más constante es "una nota de apasionada ternura que trae a la memoria los nombres de Garcilaso, Bécquer y Juan Ramón Jiménez"[24]. La autenticidad era, según sus propias palabras, su valor más apreciado en poesía. Y sus versos, plenos de sincera emoción, dan testimonio de ello:

> Para vivir no quiero
> islas, palacios, torres.
> ¡Qué alegría más alta:
> vivir en los pronombres!
>
> Quítate ya los trajes,
> las señas, los retratos;
> yo no te quiero así,
> disfrazada de otra,
> hija siempre de algo.
> Te quiero pura, libre,
> irreductible: tú.
> Sé que cuando te llame
> entre todas las gentes
> del mundo,
> sólo tú serás tú.
>
> Y cuando me preguntes
> quién es el que te llama,
> el que te quiere suya,
> enterraré los nombres,
> los rótulos, la historia.

[23] En su prólogo al volumen *Poemas escogidos* de Pedro Salinas, Espasa-Calpe, Buenos Aires.
[24] J. García López, ob. cit.

Iré rompiendo todo
lo que encima me echaron
desde antes de nacer.
Y vuelto ya al anónimo
eterno del desnudo,
de la piedra, del mundo,
te diré:
"Yo te quiero, soy yo"[25] .

Una vez más, versos *desnudos,* que se desprenden de "nombres, rótulos e historia", para alcanzar la belleza en el "anónimo eterno" del pronombre. "¡Qué completa una poesía a un tiempo intelectual, pasional, sensual!" expresa Guillén en el prólogo mencionado. Poesía en "segunda persona", se ha dicho muchas veces, parte de un diálogo íntimo y esencial con la amada.

El poema citado pertenece a la colección *La voz a ti debida* (1934). Dos años después aparece, en la misma órbita lírica, *Razón de amor.* Sus versos transparentan también aquí una emoción profunda y a la vez sutil, contenida en formas naturales que rehúyen toda sonoridad externa, toda afectación: *"¡Cómo me dejas que te piense!* . . . / *Pensar en ti es tenerte, / como el desnudo cuerpo ante los besos, / toda ante mí, entregada".* Y a continuación: *"Siento cómo te das a mi memoria, / cómo te rindes al pensar ardiente, / tu gran consentimiento en la distancia . . ."*

La evocación cobra tal fuerza que se convierte en invocación de la amada, y ésta surge en el ámbito metafórico del verso para unirse simbólicamente con el poeta: *"Y entramos por el beso que me abres, / y pensamos en ti, los dos, yo solo".*

Intelecto, imaginación y sentimiento se combinan en Salinas con la frescura y espontaneidad de su estilo, para dar como resultado uno de los mundos poéticos más bellos y sugestivos de la lírica española contemporánea.

En el destierro, Salinas publica, entre otros libros, un poemario dedicado al mar de Puerto Rico, *El contemplado* (1946); el ciclo *Todo más claro* (1947), reflejo de su hondo desasosiego ante el destino del hombre moderno; la novela *La bomba increíble* (1950) y el ensayo "Reality and the Poet in Spanish Poetry", de capital importancia para la comprensión de las teorías poéticas de su época.

---

[25] Reproducido por autorización de la Agencia Literaria Carmen Balcells, Barcelona. Derechos reservados.

Vicente Aleixandre.

Vicente Aleixandre

Nació en Sevilla en 1898 y pasó casi toda su infancia en Málaga.

Se licenció en derecho en la Universidad de Madrid, pero a partir de 1925 abandonó todas sus actividades extraliterarias para dedicarse por entero a la poesía. Pocos años después de la publicación de su primer libro, *Ambito* (1928), obtuvo el Premio Nacional de Literatura por su poemario *La destrucción o el amor* (1935). Otra de sus obras importantes es *Espadas como labios* (1932).

En 1949 fue elegido miembro de la Real Academia Española de la Lengua y en 1977 recibió el premio Nóbel de literatura.

Aleixandre es uno de los principales exponentes del superrealismo español. Su poesía comparte con la de otros miembros de su generación el interés por el mundo de los sentidos, el volcarse hacia la realidad con impulsos apasionados, en ocasiones dionisíacos.

Sin embargo, esa realidad se transforma en el prisma poético del autor y nos llega como visión depurada, profundamente íntima, no como simple reflejo o descripción del mundo cotidiano.

Veamos uno de los poemas de su libro *La destrucción o el amor.*

El mar ligero

El mar castiga el clamor de las botas en seco
que pasan sin miedo de pisar a los rostros,
a aquellos que besándose sobre la arena lisa
toman formas de conchas de dos en dos cerradas.

El mar bate sólo como un espejo,
como una ilusión de aire,
ese cristal vertical donde la sequedad del desierto
finge un agua o un rumor de espadas persiguiéndose.

El mar, encerrado en un dado,
desencadena su furia o gota prisionera,
corazón cuyos bordes inundarían al mundo
y sólo pueden contraerse con su sonrisa o límite.

El mar palpita como el vilano,
como esa facilidad de volar a los cielos,
aérea ligereza de lo que a nada sustenta,
de lo que sólo es suspiro de un pecho juvenil.

El mar o pluma enamorada,
o pluma libertada,
o descuido gracioso,
el mar o pie fugaz
que cancela el abismo huyendo con un cuerpo ligero.

El mar o palmas frescas,
las que con gusto se ceden en manos de las vírgenes,
las que reposan en los pechos olvidadas del hondo,
deliciosa superficie que un viento blando riza.

El mar acaso o ya el cabello,
el adorno,
el airón último,
la flor que cabecea en una cinta azulada,
de la que, si se desprende, volará como polen.

En este poema, típico del autor en múltiples aspectos, el mar es una metáfora de la vida. Es la fuerza capaz de combatir la opresión de las *botas en seco*, desencadenar su furia, o palpitar como un ave, según lo determine el curso de la historia. Pero es también el mar tranquilo, que puede compararse a plumas, palmas frescas o cintas azuladas; el mar que, al desprenderse finalmente de la realidad, puede ser cabello, penacho o flor, y desintegrarse al viento como granos de polen.

Al igual que la vida, el mar ilimitado de Aleixandre lleva en sí todas las posibilidades imaginables de transmutación.

En la generación del 27 figuran, además de los autores estudiados, otros poetas de la calidad de Luis Cernuda y Gerardo Diego. Si bien el espacio de que disponemos nos impide un estudio detallado de ellos, recomendamos la lectura de sus obras para alcanzar pleno conocimiento de uno de los más notables grupos poéticos de la literatura contemporánea.

Andrés Alfaro: "Cosmos", escultura en hierro.
(Cortesía de Fonópolis 1978, Madrid)

7. LA LITERATURA RECIENTE

La polarización de la sociedad española durante la guerra civil encuentra su expresión más genuina en la literatura de combate que no tarda en aparecer a ambos lados del frente[1]. Al final de la contienda, la destrucción física ocasionada por tres años de cruenta lucha, unida al exilio o la muerte de numerosos intelectuales, trae consigo una abrupta interrupción en la continuidad literaria, y un brusco descenso en el volumen de producción.

Por otro lado, el comienzo de la Segunda Guerra Mundial a los pocos meses de la victoria franquista, contribuye en gran medida al aislamiento del país y a la ruptura de sus vínculos con la mayoría de las corrientes culturales del momento. La literatura española inicia entonces un penoso y lento proceso de reconstrucción.

En capítulos previos hemos estudiado las principales figuras de la etapa republicana y sus actividades dentro y fuera de España. En las páginas que siguen nos ocuparemos principalmente de las promociones surgidas en el país durante la guerra y después de ella.

La poesía

La llamada *generación del 36* es sin duda la más afectada por el conflicto: muchos de sus representantes comienzan apenas a ser conocidos cuando estallan las hostilidades, y otros no han llegado siquiera a publicar libro alguno.

La violencia bélica trunca la obra de unos, lleva al destierro a otros y deja a los restantes en un país devastado, donde la mera supervivencia física se convierte en problema cotidiano. Entre los poetas de este grupo que permanecen en España figuran Luis Felipe Vivanco (1907-1975), Carmen Conde (n. 1907), Leopoldo Panero (1909-1962), Luis Rosales (n. 1910), Ildefonso Manuel Gil (n. 1912), Dionisio Ridruejo (1912-1975) y Germán Bleiberg (n. 1915). Escogen, en cambio, el camino del exilio escritores como Juan Gil-Albert (n. 1906) y Arturo Serrano-Plaja (n. 1909)[2]. Y, como consecuencia de

---

[1] La guerra civil se extendió entre los años 1936 y 1939.

[2] La mayoría de los que se exiliaron se estableció en México y la Argentina, favoreciendo el desarrollo editorial de esos países.

la guerra, queda trunca la obra de quien es considerado por muchos como el principal poeta de la promoción republicana: Miguel Hernández. Veamos algunos detalles de su vida y su poesía.

Miguel Hernández nació en Orihuela, provincia de Alicante, el 10 de octubre de 1910. La precaria situación económica de su familia le obliga a desempeñar desde pequeño tareas de pastor y campesino. Sin embargo, pronto comienza a interesarse por las letras, y su avidez de autodidacta compensa con creces la carencia de una educación formal.

Después de algunas publicaciones en diarios y revistas locales, y de la aparición de su primer libro, *Perito en lunas* (1933), se traslada a Madrid. Poco tiempo antes ha conocido a la que será su esposa, Josefina Manresa, oriunda también de Orihuela.

Durante el conflicto civil defiende con la poesía y con las armas la causa de la República. Al concluir la contienda logra escapar a Portugal, pero las autoridades de ese país lo entregan a la guardia fronteriza española. Pasa algunos meses en una cárcel de Madrid, es dejado en libertad y se traslada entonces a su ciudad natal, donde es detenido nuevamente.

Su salud, ya resentida, se quiebra definitivamente con este último encarcelamiento, y el poeta muere en la penitenciaría de Alicante, el 28 de marzo de 1942.

Tras sus inseguras notas iniciales y un período de ciertas resonancias gongorinas, el canto de Miguel Hernández cobra gradualmente acentos tan personales y timbre tan puro que llega a convertirse en arquetipo de todo un estilo. Su nombre es hoy sinónimo de poesía directa, viril, de forma restallante y alta tensión emocional.

No toda la producción hernandiana alcanza el mismo nivel. En sus mejores momentos, empero, su poesía logra una fuerza difícilmente superable —como por ejemplo, en la "Elegía" por la muerte de su gran amigo y mentor Ramón Sijé, que comienza con los célebres versos *"Yo quiero ser llorando el hortelano/ de la tierra que ocupas y estercolas,/ compañero del alma, tan temprano . . ."*

El poema, que constituye un apasionado himno a la amistad, está concebido en términos de gran belleza lírica y concluye con una emotiva invocación al alma del amigo perdido:

Tu corazón, ya terciopelo ajado,
llama a un campo de almendras espumosas
mi avariciosa voz de enamorado.

Picasso: "Guernica", realizado en 1937 a raíz del bombardeo de la ciudad bizcaína durante la Guerra Civil. Después de muchos años en el Museo de Arte Moderno de Nueva York, está ahora en el Museo del Prado.

> A las aladas almas de las rosas
> del almendro de nata te requiero,
> que tenemos que hablar de muchas cosas,
> compañero del alma, compañero.

Durante el período de la guerra civil, como hemos indicado, Hernández se entrega como hombre y como poeta a la causa de la República. De su pluma surgen entonces los poemas comprometidos de *Viento del pueblo* y *El hombre acecha*. Sin embargo, a diferencia de gran parte de la literatura comúnmente designada como "política", estos volúmenes alcanzan grados tan altos de sinceridad y fuerza expresiva que su condición de poesía comprometida queda fundamentalmente equilibrada por su valor estético *inmanente*[3]. Como tal, la obra Miguel Hernández ha servido de ejemplo e inspiración para numerosos poetas de Europa y América.

En la época de su presidio político, Hernández escribe algunos de sus mejores poemas, que fueron recogidos en un volumen publicado póstumamente bajo el título de *Cancionero y romancero de ausencias* (1939-1941). El más conocido de ellos es sin duda el titulado "Nanas de la cebolla":

> *(Dedicadas a su hijo, a raíz de recibir una*
> *carta de su mujer, en la que le decía*
> *que no comía más que pan y cebolla).*
>
> La cebolla es escarcha
> cerrada y pobre.
> Escarcha de tus días
> y de mis noches.

[3] Que vale en sí mismo.

*Joan Miró: "El pájaro hermoso revela lo desconocido a dos amantes" (1941).
"Gouache" y lavado al óleo, 45.7 cm. x 38.1 cm. (Colección, The Museum of
Modern Art, N.Y. Adquirido por el Legado de Lillie P. Bliss)*

Hambre y cebolla,
hielo negro y escarcha
grande y redonda.

En la cuna del hambre
mi niño estaba.
Con sangre de cebolla
se amamantaba.
Pero tu sangre,
escarchada de azúcar,
cebolla y hambre.

Una mujer morena
resuelta en luna
se derrama hilo a hilo
sobre la cuna.
Ríete, niño,
cuando es preciso.

Alondra de mi casa,
ríete mucho.
Es tu risa en tus ojos
la luz del mundo.
Ríete tanto

que mi alma al oírte
bata el espacio.

Tu risa me hace libre,
me pone alas.
Soledades me quita,
cárcel me arranca.
Boca que vuela,
corazón que en tus labios
relampaguea.

Es tu risa la espada
más victoriosa,
vencedor de las flores
y las alondras.
Rival del sol.
Porvenir de mis huesos
y de mi amor.

La carne aleteante,
súbito el párpado,
el vivir como nunca
coloreado.
¡Cuánto jilguero
se remonta, aletea,
desde tu cuerpo!

Desperté de ser niño:
nunca despiertes.
Triste llevo la boca:
ríete siempre.
Siempre en la cuna,
defendiendo la risa
pluma por pluma.

Ser de vuelo tan alto,
tan extendido,
que tu carne es el cielo
recién nacido.
¡Si yo pudiera
remontarme al origen
de tu carrera!

Al octavo mes ríes
con cinco azahares.
Con cinco diminutas
ferocidades.
Con cinco dientes
como cinco jazmines
adolescentes.

Frontera de los besos
serán mañana,
cuando en la dentadura
sientas un arma.
Sientas un fuego
correr dientes abajo
buscando el centro.

Vuela, niño, en la doble
luna del pecho:
él, triste de cebolla,
tú, satisfecho.
No te derrumbes.
No sepas lo que pasa
ni lo que ocurre.

Dadas las circunstancias, la producción poética de Miguel Hernández fue poco conocida en la España de su tiempo, aunque recibió amplia difusión en otros países. El primer gran impacto poético de la posguerra fue quizá el poemario *Hijos de la ira* de Dámaso Alonso, integrante de la generación del 27 que permanece en España. En medio de la poesía fría y convencional de los primeros años del franquismo, los versos de Alonso sacuden los cimientos del panorama poético castellano: *"Madrid es una ciudad de más de un millón de cadáveres (según las últimas estadísticas)/ . . . Y paso largas horas preguntándole a Dios, preguntándole por qué se pudre lentamente mi alma/ por qué se pudren más de un millón de cadáveres en esta ciudad de Madrid . . ."*

En el mismo año de 1944 aparece *Sombra del paraíso*, de Vicente Aleixandre, que entronca con muchas de las nuevas corrientes europeas del momento y que ejerce una reconocida influencia en la joven poesía. Y desde el exilio, Luis Cernuda publica *Como quien espera el alba* (1947), cuyo influjo habrá de sentirse posteriormente en los miembros de la segunda promoción de posguerra.

Sin embargo, tanto Dámaso Alonso como Aleixandre y Cernuda pertenecen cronológicamente a una generación previa. Los verdaderos representantes de la posguerra se dan a conocer después, cuando la situación comienza a normalizarse lentamente en el país.

De la rebeldía, como aparece en *Hijos de la ira*, surgirá gran parte de la llamada poesía social. El uso de un lenguaje en el que predomina el irracionalismo hará su aparición en el panorama de la poesía después de *Sombra del paraíso*. Comenzando con *Como quien espera el alba*, emerge una tendencia que combina las experiencias reales o imaginarias, en un estilo conversacional, con las reflexiones éticas y metafísicas.

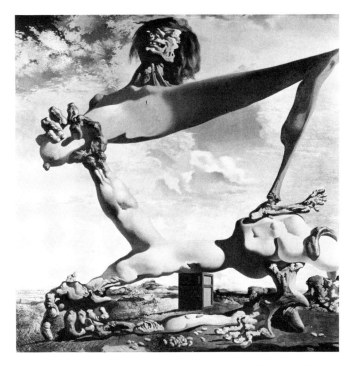

Salvador Dalí: "Premonición de la guerra civil", 1936. (The Philadelphia Museum of Art, The Louise and Walter Arensberg Collection)

Bajo este ambiente poético toma cuerpo la "primera promoción de posguerra" cuyos integrantes principales son: Victoriano Crémer (n. 1910), Blas de Otero (1910-1979), Gabriel Celaya (n. 1919), Vicente Gaos (1919-1981), José Hierro (n. 1922), Eugenio de Nora (n. 1923), Carlos Bousoño (n. 1923) y José María Valverde (n. 1926)[4].

Tres figuras se destacan dentro del conjunto de estos poetas: Blas de Otero, José Hierro y Carlos Bousoño.

Blas de Otero fue el único poeta social español que supo combinar la temática de una poesía comprometida con una fuerte tensión expresiva y gran perfección formal. Así su poesía, en *Pido la paz y la palabra* (1955) y *Que trata de España* (1964), se concentró alrededor de los temas sociales.

José Hierro inicia su carrera como poeta en 1947 con *Tierra sin nosotros* y *Alegría*. Estos libros expresan una visión del mundo fundamentada en la

---

[4] Esta promoción se dio a conocer en la *Antología consultada de la joven poesía española*, Francisco Ribes, ed., Santander, 1952.

465

dialéctica vida-muerte. Voluntariamente su lenguaje es una reproducción del habla cotidiana y del tono documental, aunque con atención rigurosa a los aspectos formales del poema.

Posteriormente, su poesía se fue haciendo cada vez más compleja y rica hasta incorporar elementos irracionales poco atendidos en la poesía de su época. Publica *Con las piedras, con el viento* (1950), *Cuanto sé de mí* (1957) y *Libro de las alucinaciones* (1964). Hoy día es considerado uno de los poetas más representativos de la poesía española de posguerra.

Carlos Bousoño no solamente sobresale como poeta sino que es también un crítico y teórico de reconocido valor. Poeta fundamentalmente reflexivo, aunque desde una base existencial, se ha mantenido hasta la fecha fiel a esta doble vertiente de su poesía.

Los principales libros de Bousoño son *Primavera de la muerte* (1946), *Invasión de la realidad* (1962), *Oda en la ceniza* (1968) y *Las monedas contra la losa* (1973).

Desde 1940 hasta la aparición de la siguiente promoción, la segunda de de posguerra, la poesía social parece dominar la escena poética en España.

Movimientos de vanguardia como el "postismo"[5], ciertos grupos de poetas estetizantes[6] de Andalucía agrupados en torno a la revista *Cántico*, y algunos poetas que obstinadamente buscaron en el inconsciente y la imaginación sus fuentes de inspiración, publicaron su obra conjuntamente con la de los poetas comprometidos. Entre ellos merecen mencionarse Miguel Labordeta (n. 1921), Carlos Edmundo de Ory (n. 1923) y Gabino Alejandro Carriedo (1923-1981).

Los años 50 vieron el nacimiento de una nueva promoción de poetas, la segunda de posguerra. Los nombres más importantes de la misma son Angel González (n. 1925), José Caballero Bonald (n. 1926), Carlos Barral (n. 1928), José Angel Valente (n. 1929), Jaime Gil de Biedma (n. 1929), Francisco Brines (n. 1932), Claudio Rodríguez (n. 1934) y Félix Grande (n. 1937).

Lo que distingue a estos poetas de la generación que los precede es una segura convicción de que el rigor expresivo y el estilo no pueden ser condicionados por ningún tema impuesto desde fuera, por justo que éste sea. Las opinión de que el poeta, para ser auténtico, sólo deberá hablar de su propia experiencia limita su producción. No obstante, no desaparece la con-

---

[5] *Post-ismo:* grupo innovador de escritores y pintores que cultivaba un arte libre y anti-académico.
[6] Preocupados por la belleza de la forma.

ciencia histórico-humanística que es la riqueza mayor de la lírica producida en España hasta los años 70.

En la última generación, la *novísima*[7], disminuye la corriente social y política en la poesía española. Por tanto, se abandona la experiencia como exclusiva fuente del poema, y se desdeña definitivamente toda preocupación religiosa y social. Se amplían entonces los campos temáticos en los mundos de la imaginación, de la cultura y el arte, y aun en la reflexión sobre la propia poesía. Como consecuencia de todo esto, surgen los nuevos poetas. Pere Gimferrer (n. 1945), con *Arde el mar* (1966), y Guillermo Carnero (n. 1947), con *Dibujo de la muerte* (1967), marcan la pauta de la nueva poesía.

En los últimos años todas estas promociones han convivido en un ambiente de total libertad política y estética. Poetas como Antonio Colinas (n. 1946), Leopoldo María Panero (n. 1948), Jaime Siles (n. 1951) y Luis Antonio de Villena (n. 1951), son ya nombres que se confirman lentamente. Los poetas más jóvenes parecen buscar la voz propia, y después de una década de culteranismo estetizante e intelectualismo, la poesía, saturada de todo ello, trata de abrir cauces más humanos sin por eso abandonar los logros estéticos alcanzados en tiempos más recientes.

La narrativa

La novela, escasamente cultivada durante el período republicano, cae durante la guerra y la posguerra en un estancamiento aún mayor que la poesía. Así, la promoción de 1936, tan abundante en poetas, está apenas representada en la narrativa por unos pocos nombres. Casi todos escogen, a la caída de la República, el camino del destierro.

Se podrían distinguir cuatro grupos o tendencias de los narradores de entonces: los intelectualistas, por ejemplo Benjamín Jarnés (1888-1949); los humoristas como Enrique Jardiel Poncela (1901-1952); los realistas moderados, por ejemplo Juan Antonio Zunzunegui y los realistas de crítica social como César Arconada (1900-1964) y Ramón J. Sender.

Ramón Sender, nacido en 1902, es considerado por parte de la crítica como el novelista más importante del exilio, e incluso como el principal exponente de la narrativa española actual. Antes de la guerra había publicado *Imán* (1930), *Siete domingos rojos* (1932), *La noche de las cien cabezas* (1934) y por último *Mister Witt en el Cantón*, que le valió el Premio Nacional de Literatura en 1935.

A raíz de la contienda civil se trasladó a América, donde continuó sus actividades literarias con publicaciones en México, Buenos Aires y Estados

---

[7] Llamada así por la antología que le sirvió de presentación: *Nueve poetas novísimos*, José Ma. Castellet, ed., Barcelona, 1970.

Picasso: *"Mujer en blanco"*. (The Metropolitan Museum of Art, Rogers Fund, 1951. *All rights reserved*)

Unidos. Hasta hace poco, desempeñó además una cátedra en la Universidad de California Meridional. Entre sus obras más recientes figuran *Los cinco libros de la Ariadna* (1957), sobre la guerra civil; *Réquiem por un campesino español* (1960), inspirada en el propio conflicto; los cuentos del volumen *La llave* (1960) y *Crónica del alba* (1963).

Las novelas de Sender constituyen un brillante despliegue de imaginación creadora, en que alternan el humor, la truculencia y la ternura. Su principal atractivo son las situaciones inusitadas de la trama. Su principal defecto es quizá cierto desaliño en el lenguaje, puesto siempre al servicio de la acción. Muchas de sus obras se han traducido al inglés.

Juan Antonio de Zunzunegui, nacido en 1901, publica su primera novela *Chiripi*, sobre el tema del fútbol, en 1931. Poco después aparecen volúmenes de cuentos y novelas cortas, pero su verdadera "cuerda", la narración extensa, no ha de pulsarla hasta el período de la posguerra. A esta categoría pertenecen *El Chipichandle* (1940), *¡Ay, estos hijos!* (1943), *La quiebra* (1947) y *La úlcera*, Premio Nacional de Literatura de 1948.

468

Zunzunegui representa en términos generales una vuelta al realismo "ingenuo" tradicional. Aún cuando en algunas de sus narraciones dé rienda suelta a la fantasía, sus obras más características son aquellas en que predominan las descripciones de tipos y paisajes, de ambientes y costumbres. A esta categoría pertenecen, por ejemplo, *La vida como es* (1954), en que se presentan los barrios bajos de Madrid durante los últimos años de la monarquía; *El mundo sigue* (1960), sobre la quiebra de los valores humanos en la posguerra; y *El premio* (1961), que denuncia aspectos denigrantes de los concursos literarios.

Es ya en el exilio que Max Aub (1903-1972), en realidad coetáneo de los dos novelistas anteriores, comienza su carrera literaria como dramaturgo vanguardista con *Narciso* (1928), *El desconfiado prodigioso* (1931) y otras piezas. Después de la guerra, empero, ha de señalarse como crítico y sobre todo como novelista. Entre sus narraciones más destacadas figuran la trilogía *El laberinto mágico*, constituida por los títulos *Campo cerrado* 1943, (*Campo de sangre* (1945), *Campo abierto* (1951). En ellas la técnica cinematográfica se une a la narración más pura y a las reflexiones en torno a la problemática española para ofrecernos un originalísimo relato del conflicto civil.

Su fantasía lo lleva escribir la "biografía" de un pintor imaginario, *Jusep Torres Campalans* (1958), en que mezcla personajes reales como Pablo Picasso y Alfonso Reyes con entes imaginarios. Las pinturas reproducidas en el texto como presuntas obras de Campalans son del propio Max Aub. *La calle de Valverde* (1961), en que se entremezclan también seres reales y ficticios, se desarrolla en el período de la dictadura y contiene numerosas referencias a la vida literaria de la época.

Otro autor cuya obra más destacada se realiza en el exilio es Arturo Barea (1897-1958), quien se revela como escritor en los últimos momentos de la guerra, con su volumen de narraciones *Valor y miedo*. El libro, empero, pasa totalmente inadvertido, y no es hasta 1951 que logra atraer la atención de la crítica española al publicar en castellano la trilogía *La forja de un rebelde*, escrita durante su exilio en Inglaterra y aparecida inicialmente en inglés.

Las novelas que la integran, básicamente autobiográficas, son *La forja*, en que el autor narra su infancia humilde en Madrid, *La ruta*, sobre sus experiencias como soldado en Marruecos, y *La llama*, que describe acontecimientos de la guerra civil. El principal valor de estas narraciones estriba en la autenticidad del relato y en la espontaneidad con que el autor nos transmite sus experiencias de un momento trascendental de la historia española contemporánea.

A esta promoción pertenece también Francisco Ayala (n. 1906), residente en los Estados Unidos y autor de las novelas *Muertes de perro* (1958) y *El fondo del vaso* (1962). Ayala es también un destacado crítico y traductor. Dos colecciones de sus cuentos le han dado tanta fama como sus novelas: *La cabeza del cordero* (1949) y *El jardín de las delicias* (1971).

Como Ayala, Rosa Chacel (n. 1898) pertenece por su obra a este período literario. Chacel es novelista y poeta. Vivió en el exilio primero en Buenos Aires, y desde 1962, hasta su regreso a España, en Río de Janeiro. Novelista de corte intelectual, inicia su carrera con *Estación, ida y vuelta* (1930). Después publicaría una de sus más conocidas obras, *Memorias de Leticia Valle* (1945), que explora la vida íntima de una estudiante de doce años atraída por su maestro.

Con algunas novelas, como por ejemplo *Teresa* (1941), Rosa Chacel se adelantó a la nueva novela española. Entre sus obras más recientes se encuentran *La sinrazón* (1960) y *La confesión* (1971).

Consecuencia directa de la guerra será la adopción de lo que Gonzalo Sobejano llama *nuevo realismo*. Es decir, "nuevo porque sobrepasa la observación costumbrista y el análisis descriptivo del siglo XIX mediante una voluntad de testimonio objetivo artísticamente concentrado y social e históricamente centrado"[8].

Al igual que ocurrió en la poesía de este mismo período, tres direcciones toma la narrativa de posguerra: hacia la existencia del hombre contemporáneo, *novela existencial*; hacia el vivir de la colectividad, *novela social*; hacia el conocimiento de la persona mediante la exploración de la conciencia y de todo su contexto social, entre lo cual se incluye la propia autocrítica del lenguaje: la *novela estructural*.

La primera dirección predomina entre los narradores que se dieron a conocer por los años 40. Camilo José Cela (n. 1916), Carmen Laforet (n. 1921) y Miguel Delibes (n. 1920), serían los novelistas más destacados.

Ya la primera novela de Cela, *La familia de Pascual Duarte* (1942), denota las características esenciales de su estilo: lenguaje crudo, situaciones violentas, humor negro, sátira despiadada. Por tales rasgos, la obra es considerada como el punto de partida del *tremendismo* literario, que tiene precisamente en Cela uno de sus principales cultivadores.

El protagonista de *La familia de Pascual Duarte* es un condenado a muerte que cuenta la historia de su vida y sus fechorías sin omitir atrocidad alguna:

---

[8] Gran parte del breve esquema que de la narrativa contemporánea española aquí hacemos, está fundamentado en la obra de Gonzalo Sobejano, *Novela española de nuestro tiempo*, 2a. ed., Madrid, Prensa Española, 1975.

se trata pues del antihéroe puro, que no aparecía en las letras castellanas desde la novela picaresca.

La obra posterior de Cela incluye precisamente una vuelta directa y consciente a la picaresca con sus *Nuevas andanzas y desventuras de Lazarillo de Tormes* (1944); una novela de "protagonista colectivo" sobre el Madrid de las posguerra, *La colmena* (1951); narraciones breves como las agrupadas en *El molino de viento* (1956) y libros de viajes como su pintoresco *Viaje a la Alcarria* (1948). Sus dos últimas obras más importantes son *San Camilo, 1936* (1969) y *Oficio de tinieblas 5* (1973).

He aquí uno de sus cuentos más leídos, que lleva por título "La naranja es una fruta de invierno". Está dedicado "al frutero Pardiñas, que cuando los tiempos vienen mal dados, me fía naranjas. Y al confitero Ramonín, que, en una navidad amarga, me regaló una rueda de mazapán para dos de la que comimos cinco".

La naranja es una fruta de invierno

La naranja es una fruta de invierno. Un sol color naranja se fue rodando, más allá de los montes, por los remotos caminos del mundo, por los ignorados y lejanos caminos del mundo.

En la sombra, al pie de una colina de pedernal, de una colina que marca a chispas veloces la andadura de la caballería, dos docenas de casas se aprietan contra el campanario. Las casas son canijas[9], negruzcas, lisiadas; parecen casas enfermas con el alma de roña[10], que va convirtiendo las carnes en polvo de estiércol. El campanario—un día esbelto y altanero—, hoy está desmochado y ruinoso, desnudo y pobre como un héroe en desgracia. El viento, a veces, se distrae en llevarse una piedra del campanario, una piedra que sale volando, como una maldición, contra cualquier tejado y rompe cien tejas, que después ya no se repondrán jamás. Sobre el campanario, el vacío nido de la cigüeña espera los primeros soles rojos de la primavera, los soles que marcarán el retorno de las aves lejanas, de las extrañas aves que conocen el calendario de memoria, como un niño aplicado.

El vacío nido de la cigüeña ha echado misteriosas raíces, firmes raíces en la piedra. Al vacío nido de la cigüeña —doce docenas de secos palitos puestos al desgaire— no hay viento de la sierra que lo derribe, no hay rayo de la nube que lo eche al suelo. Sobre el vacío nido de la cigüeña quizá vuele, como un alto alcotán[11], la primera sombra de Dios.

[9] Enclenques, raquíticas.
[10] Mezquindad, tirria, ojeriza.
[11] Especie de halcón.

Al caserío le van naciendo, con la noche, tenues rendijas de luz en las ventanas que no ajustan del todo, en las ventanas que siempre dejan un resquicio abierto, quién sabe si a la ilusión, al miedo o a la esperanza: como un corazón anhelante, como un corazón que no encuentra consuelo en la soledad.

Entornando el mirar, las rendijas de luz semejan flacos fantasmas atados a las sombras, hojas de las peores facas[12], las facas que tienen luz propia como los ojos de los gatos, como los ojos de los caballos, como los ojos del lobo, que muestran el color del matorral del odio. Y su figura. Y su andar, que nos muerde los nervios de la cabeza, que forman un raro árbol dentro de la cabeza, un árbol que mete sus ramas espantadas por entre las junturas de los sesos.

Un vientecillo que pincha baja por la ladera, husmea como un can con hambre por las callejas y se escapa ululando por el olivar del Cura, el olivar que se pinta con el ceniciento color de la plata vieja, la plata de las monedas antiguas, el confuso color del recuerdo.

Al pie del olivar del Cura, conforme se sale hacia el arroyo, una cerca de adobe guarda del lobo negro de la noche las ovejas de Esteban Moragón, alias Tinto, mozo que va a casar. La alta barda de adobe se corona de espinas erizadas, de secas y heridoras zarzas, de violentas botellas en pedazos, de alambres agresivos, descarados, fríamente implacables. El Tinto se guarda lo mejor que puede.

*

La taberna de Picatel es baja de techo. Picatel es alto. La taberna de Picatel es húmeda y lóbrega. Picatel es seco y tarambana. La taberna de Picatel es negra y rumorosa. Picatel es albino, pero también decidor[13].

Picatel tiene cincuenta años. Picatel no come. A Picatel le zurra su mujer. Picatel es un haragán. Picatel es un pendón. Picatel es fumador, es bebedor, es jugador. Picatel es faldero. Picatel fue cabo en Africa. En Monte Arruit le pegaron a Picatel un tiro en una pierna. Picatel es cojo. Picatel está picado de viruela. Picatel tose.

Esta es la historia de Picatel.

*

—¡Así te vea comido de la miseria!
—...
—¡Y con telarañas en los ojos!
—...
—¡Y con gusanos en el corazón!
—...
—¡Y con lepra en la lengua!
Picatel estaba sentado detrás del mostrador.
—¿Te quieres callar, Segureja?

[12] Cuchillos corvos y grandes.
[13] De palabra fácil.

—No me callo porque no me da la gana.

Picatel es un filósofo práctico.

—¿Quieres que te cuente otra vez lo de tu madre, Segureja?

Segureja se calló. Segureja es la mujer de Picatel. Segureja es baja y gorda, sebosa y culona, honesta y lenguaraz. Segureja fue garrida[14] de moza, y de rosada color.

Segureja se metió en la cocina. Iba en silencio.

*

El Tinto y Picatel no son buenos amigos. La novia del Tinto estuvo de criada en casa de Picatel. Según las gentes, Picatel, a veces, entraba en la cocina y le decía a la novia del Tinto:

—No te afanes, muchacha; lo mismo te van a dar. Que trabaje la Segureja, que ya no sirve para nada más.

Según las gentes, un día salió la novia del Tinto llorando de casa de Picatel. La Segureja le había pegado una paliza, que a poco más la desloma.

La Segureja, según la gente, le decía a la gente:

—Es una gurara[15], una tía asquerosa, que se metía con Picatel en la cuadra a hacer las bellaquerías[16].

La gente le preguntaba a la mujer de Picatel:

—Pero, ¿usted los vió, tía Segureja?

Y la mujer de Picatel respondía:

—No; que si los veo, la mato; ¡vaya si la mato!

Desde entonces, el Tinto y Picatel no son buenos amigos.

*

De las vigas de la taberna de Picatel cuelgan unos chorizos y unas tiras de papel engomado que aún guardan las moscas del verano, las moscas zumbadoras y pendencieras de julio y de agosto.

El Tinto es un mozo jaquetón[17] y terne[18] que baila el pasodoble de lado. El Tinto lleva gorra de visera. El Tinto sabe pescar la trucha con esparavel[19]. El Tinto sabe capar puercos silbando. El Tinto sabe poner el lazo en el camino del conejo. El Tinto escupe por el colmillo.

Las artes del Tinto le vienen de familia. Su padre mató una vez una loba a palos.

—¿Dónde le diste? —le preguntaban los amigos.

—En el alma, muchachos; que si no, no lo cuento.

El padre del Tinto, otra vez, por más de dos cuartillos de vino que iban apostados, entró en una tienda y se comió una perra[20] de todo: una perra

[14] Apuesta, hermosa.
[15] Cochina.
[16] Ruindades, cosas prohibidas.
[17] Bravucón.
[18] Valentón.
[19] Red redonda para pescar en los ríos.
[20] Peseta. Unidad monetaria española.

473

Picasso: escultura de bronce. (The Museum of Modern Art, New York, Mrs. Simon Guggenheim Fund)

de jabón, una perra de sal, una perra de cinta, una perra de clavos, una perra de azúcar, una perra de pimienta, una perra de cola de carpintero, tres piedras de mechero, una carpeta de papel de cartas, una perra de añil, una perra de tocino, una perra de pan de higo, una perra de petróleo, una perra de lija y una perra que sacó el amo del cajón del mostrador. Los seis reales los pagó el de la apuesta.

Después, el padre del Tinto se fue a la botica y se tomó una perra entera de bicarbonato.

*

El Tinto entró en la taberna de Picatel.
—Oye, Picatel. . .
Picatel, ni le miró.
—Llámame Eusebio.

El Tinto se sentó en un rincón.
—Oye, Eusebio. . .
—¿Qué quieres?
—Dame un vaso de blanco[21]. ¿Tienes algo de picar?
—Chorizo, si te hace.

[21] Elipsis por vino blanco.

Picatel salió del mostrador con el vaso de blanco.

—También te puedo dar un poco de bacalao.

El Tinto estaba recostado en la pared, con dos patas de la banqueta en el aire.

—No. No quiero el bacalao. Ni el chorizo.

El Tinto sacó el chisquero, encendió su apagado cigarro y echó una larga bocanada de humo, con la cabeza atrás, casi con deleite.

—Me vas a traer un papel de las moscas. Hoy me da la gana de comerte el papel de las moscas.

Picatel dejó el vaso de blanco sobre la mesa.

—El papel es mío. No lo vendo.

—¿Y las moscas?

—Las moscas también son mías.

—¿Todas?

—Todas, sí. ¿Qué pasa?

*

Lo que pasó en la taberna de Picatel, nadie lo sabe a ciencia cierta. Y si alguien lo sabe, no lo quiere decir.

Cuando llegó la pareja a la taberna de Picatel, Picatel estaba debajo del mostrador, echando sangre por un tajo que tenía en la cara.

La pareja levantó a Picatel, que estaba blanco como la primera harina.

—¿Qué ha pasado?

Picatel estaba como tonto. La herida de la cara le manaba sangre, lenta y roja como un sueño siniestro. Picatel, en voz baja, repetía y repetía la monótona retahíla[22] de su venganza.

—Por donde más te ha de doler... Te he de pinchar por donde más te ha de doler...

Los ojos de Picatel le bizqueaban un poco.

—Por donde más te ha de doler... Te he de pinchar por donde más te ha de doler...

La pareja se acercó al Tinto, que esperaba en su rincón sin mirar para la escena.

—¿Qué comes?

—Nada, papel de moscas. A la guardia civil no se le hace lo que yo coma.

*

Las naranja es una fruta de invierno. El sol color naranja aún ha de tardar varias horas en oír la letanía de Picatel:

—Por donde más te ha de doler... Te he de pinchar por donde más te ha de doler...

La Segureja restañó la herida de Picatel con un pañuelo mojado en anís. Después le puso vinagre en la frente, para que espabilara.

—Por donde más te ha de doler... Te he de pinchar por donde más te ha de doler...

—Pero, ¿qué dices?

Picatel, con los ojos cerrados, no escuchaba la voz de la Segureja.

—Por donde más te ha de doler... Te he de pinchar por donde más te ha de doler...

*

[22] Conjunto de cosas en fila, enumeración.

En el cuartelillo, el Tinto le decía al cabo que él no había querido más que comerse el papel de las moscas.

—Se lo puedo jurar a usted por mi madre, señor cabo. Yo, en comiéndome el papel de las moscas, me hubiera marchado por donde entré.

El cabo estaba de mal humor; la pareja le había levantado de la cama.

Cuando la pareja dio dos golpes sobre la puerta de su cuarto, el cabo estaba soñando que un capitán le decía:

—Oiga usted, brigada, se trata de un servicio difícil, de un servicio que tiene que ser prestado por un hombre de mucha confianza.

El cabo no entendía del todo lo del papel de las moscas.

—Pero bueno, vamos a ver: usted, ¿por qué se quería comer el papel de las moscas?

El Tinto buscaba una buena razón, una razón convincente:

—Pues ya ve usted, señor cabo: ¡un capricho!

*

La gente, la misma gente que había preguntado a Segureja lo que había pasado entre su marido y la novia del Tinto, se agolpó ante la cerca de adobe que hay al pie del olivar del Cura, conforme se sale hacia el arroyo.

Una hora antes, Picatel había saltado como un garduño la alta barda[23] de las espinas y las zarzas, de los vidrios y los alambres desgarradores.

Picatel llevaba en la mano una faca de acero brillador, una faca cuya luz semejaba en la noche el temblor de una tenue rendija en la ventana que no ajusta del todo, en la ventana que siempre deja un resquicio abierto, quién sabe si a la venganza, al miedo o a la desesperación.

Picatel llevaba en la boca la temerosa salmodia[24] que le empujó por encima de los adobes del corral del Tinto.

—Por donde más te ha de doler... Te he de pinchar por donde más te ha de doler...

Picatel se acercó a las ovejas, tibias y prometedoras, aromáticas y femeniles. Su corazón le andaba a saltos, como cuando se encerraba en la cuadra con la novia del Tinto.

Picatel paseó entre las ovejas, celoso como un gallo, rendidamente lujurioso como un sultán que vaga su veneno por entre las confusas filas de un ejército de esclavas desnudas.

A Picatel se le hizo un nudo en la garganta.

—Por donde más te ha de doler... Te he de pinchar por donde más te ha de doler...

Picatel palpó los lomos a una oveja soltera, a una cordera que miraba como su mujer, de moza, o como la novia del Tinto derribada sobre el suelo de estiércol de la cuadra.

A Picatel le empezaron a zumbar[25] las sienes. La cordera se estaba quieta y sobresaltada, como una novia enamorada y obediente.

---

[23] Cubierta de zarzas sobre las tapias.
[24] Canto litúrgico monótono.
[25] Retumbar.

A Picatel se le nublaron los ojos . . . La cordera también sintió que la mirada se le iba...

Fue cosa de un instante. Picatel echó el brazo atrás y descargó un navajazo temeroso en el vientre de la cordera. La cordera se estremeció y se fue contra el suelo del corral.

Una carcajada retumbó por los montes, como el canto de un gallo inmenso y loco.

*

La gente, la misma gente que decía que entre Picatel y la novia del Tinto había más que palabras, seguía, firme y silenciosa ante el corral que queda al pie del olivar del Cura, conforme se sale del pueblo, camino del arroyo.

La pareja no dejaba arrimar[26] a la gente.

Ese hombre que llega tarde a todos los acontecimientos, preguntó:

—¿Qué ha pasado?

—Nada —le respondieron—, que Picatel despanzurró[27] a las cien ovejas del Tinto.

*

Sí; la naranja es una fruta de invierno.

Cuando el sol color naranja llegó rodante, más acá de los montes, por los remotos caminos del mundo, por los lejanos e ignorados caminos del mundo, ya Picatel marchaba, más allá de la colina de duro pedernal[28], de espaldas a las casas canijas, negruzcas, lisiadas, por aquellos caminos que llevaban al mundo, andando como un sonámbulo, repitiendo a la media voz del remordimiento:

—Por donde más te ha de doler... Te he de pinchar por donde más te ha de doler...

El sol color naranja alumbraba la escena, sin darle una importancia mayor.

Sí; sin duda alguna, la naranja es una fruta de invierno.

El sol naranja del invierno es utilizado por Cela en este cuento como ominoso telón de fondo para el desarrollo del argumento. Pero también parece emanar precisamente de esa "fruta de invierno" la misteriosa fuerza que impulsa a sus personajes a obrar con apasionamiento y violencia hasta el dramático desenlace.

Como en sus múltiples narraciones, Cela utiliza aquí un lenguaje descarnado, directo, para transmitir con él sus punzantes imágenes de la vida española contemporánea.

[26] Acercarse.
[27] Despancijar, romper la panza.
[28] Roca.

Carmen Laforet (n. 1921) recibe en 1944 el primer Premio Nadal de la Editorial Destino por su novela *Nada*. Al publicarse en 1945, la novela sorprendió por su presentación de la triste realidad de los primeros años de la posguerra sin idealizaciones ni verbosidades. El efecto de esa sinceridad descriptiva constituyó: "otro aldabonazo en la dormida conciencia de la época"[29], comparable sólo al producido tres años antes por el *Pascual Duarte*.

La obra relata las experiencias de una joven que llega a Barcelona para estudiar letras en la Universidad, y cuyas esperanzas e ilusiones acerca de la vida en una gran ciudad se desmoronan bajo el peso de la monótona existencia cotidiana. La expresión de esa honda frustración existencial da a la novela su centro emotivo, y es sin duda uno de los principales factores de su impacto literario.

Otras narraciones de la autora son *La isla y los demonios* (1952) y *La mujer nueva* (1955). Ninguna de ellas, sin embargo, ha logrado superar el éxito de su primera obra. Y en 1963 inició con *La insolación* lo que habría de ser una trilogía hasta ahora no concluida y cuyo título sería "Tres pasos fuera del tiempo".

Miguel Delibes (n.1920) obtuvo el Premio Nadal de 1947 con su novela *La sombra del ciprés es alargada*, una evocación entre poética y costumbrista de la vida en diversos ambientes de provincia, principalmente en Avila. Su prosa es fluida y amena, matizada frecuentemente por rasgos de humor; el estilo es equilibrado y correcto; la linea narrativa es sostenida, sin caídas, pero también sin vuelos encumbrados ni osadas acrobacias.

En las dos décadas siguientes publicó *El camino* (1950), *La hoja roja* (1958), *Diario de un emigrante* (1958), *Las ratas* (1962) y *Cinco horas con Mario* (1966). Sus últimas novelas son *El príncipe desterrado* (1973) y *Las guerras de nuestros antepasados* (1975). Es hoy día uno de los novelistas más prolíficos de España y, junto con Sender, ha sido considerado varias veces para el Premio Nobel de literatura.

A esta generación pertenece también José María Gironella (n.1917), autor de *Los cipreses creen en Dios* (1953), *Un millón de muertos* (1961) y *Ha estallado la paz* (1966). La trilogía trata el tema de la guerra civil —sus antecedentes, su desarrollo y sus consecuencias, respectivamente— con carácter "documental", estilo llano y técnica tradicional.

Los narradores que eran niños durante la guerra y que se dieron a conocer en los años 50, son los que predominan en la segunda dirección que hemos mencionado anteriormente, la llamada *novela social*.

---

[29] J. García López, ob. cit.

Los nombres sobresalientes que entera o parcialmente pueden clasificarse bajo este rótulo son: Elena Quiroga (n. 1919), Ignacio Aldecoa (1925-1969), Carmen Martín Gaite (n.1925), Jesús Fernández Santos (n.1926), José Manuel Caballero Bonald (n.1926), Ana María Matute (n.1926), Rafael Sánchez Ferlosio (n.1927), Juan García Hortelano (n.1928), Juan Goytisolo (n.1931), Juan Marsé (n.1933) y Luis Goytisolo (n.1935).

Ana María Matute gusta de combinar elementos reales y fantásticos para crear un mundo narrativo muy personal. En 1948 publica su primera novela, *Los Abel*, sobre la vida en un pueblo minero. Le siguen *Fiesta al Noroeste* (1953), *Pequeño teatro* (1954), *En esta tierra* (1955) y *Los niños tontos* (1956). Sus dos últimas novelas son *Tres y un sueño* (1961) y *La Torre vigía* (1971).

Carmen Martín Gaite es otra de las mujeres novelistas más destacadas del período de posguerra. Su primera publicación fue una colección de cuentos que reunió bajo el título de *El balneario (1945)*. Sus novelas más importantes hasta la fecha son *Entre visillos* (1957), *Ritmo lento* (1962), *Retahílas* (1974) y *El cuarto de atrás* (1978).

Entre los autores antes mencionados figura en lugar destacado Rafael Sánchez Ferlosio, autor de una de las primeras novelas "objetivistas", *El Jarama* (1956), donde la intriga desaparece totalmente para dejar paso a un simple testimonio de un sector determinado de la realidad. En este caso, se trata de la excursión de un grupo de obreros madrileños a las márgenes del Jarama, durante la cual no acontece prácticamente nada, salvo un incidente final —la muerte de una joven en el río. La base de las novela es el diálogo: un intercambio interminable de lugares comunes, reflejo del atroz vacío que domina también la vida de los personajes.

Desde la publicación de *El Jarama*, el novelista se ha dedicado a los estudios lingüísticos. Ultimamente ha publicado un libro de ensayos bajo el título de *Las semanas del jardín* (1974).

Son los autores que empiezan a ser conocidos en los años 60 y 70 y algunos que ya disfrutaban de cierto reconocimiento anterior, los que hacen parte de lo que sería la *novela estructural.*

Se caracteriza este período por el cansancio del realismo y la importante ruptura que significó la irrupción de la novelística hispanoamericana en el panorama literario español.

Será Luis Martín Santos con *Tiempo de Silencio* (1962) quien marque la pauta del cambio en la nueva narrativa española. Bajo la influencia de James Joyce, este escritor enlaza la novela española de posguerra con una tradición de modernidad que había sido inaugurada ya por Miguel de Unamuno con *Niebla* (1914) y *Cómo se hace una novela* (1927).

Juan Benet (n.1927) es hoy junto con Juan Goytisolo el escritor vivo que más reconocimiento internacional ha tenido, dentro de lo que puede ser una verdadera narrativa moderna. Benet es un prolífico novelista y también cuentista y dramaturgo. Sus obras más famosas son las que componen una trilogía en la cual es obvia la influencia de la novelística hispanoamericana y la de William Faulkner: *Volverás a Región* (1967), *Una meditación* (1970) y *Un viaje de invierno* (1972). Sus últimas novelas son *En el estado* (1977) y *Saúl y Samuel* (1980).

Entre 1970 y 1980, tres parecen haber sido los rasgos determinantes en la nueva novela: el discurrir y dialogar con el recuerdo; la intrusión del mundo de la fantasía en lo real y concreto; y la presencia del narrador-escritor que reflexiona sobre el proceso de escribir.

Otro conocido novelista de esta generación es José Manuel Guelbenzu (n.1947), que ha escrito cuatro novelas, entre ellas *La noche en casa* (1977).

Novelas como *¿Por qué te fuiste, Walter?* (1973) de Ana María Moix (n. 1947), *Luz de la memoria* (1976) de Lourdes Ortiz (n. 1947) y *Exterminio en Lastenia* (1980) de Fernando Delgado (n.1947) son ejemplos de la última producción dentro de la narrativa actual española.

Eduardo Chillida: "Asbesti gogora", lado II.
(Museo Abstracto de Cuenca)

La narrativa de Juan Goytisolo es una de las más significativas del período de posguerra.

En su novela *Reivindicación del conde don Julián*, un emigrado español emprende un paseo por la ciudad de Tánger. En el transcurso de ese paseo, las incidencias cotidianas lo llevan a identificarse paulatinamente con el célebre conde don Julián, gobernador visigodo del lugar, que, según la tradición, traicionó a su rey, permitió el paso a los musulmanes e incluso peleó contra las huestes españolas en la notoria batalla de Guadalete que inició la dominación árabe en la península[30].

He aquí un pasaje de la novela, en que el protagonista comienza su día y su peregrinar por la ciudad.

Reivindicacion del conde don Julián

[31]la vida de un emigrado de tu especie se compone de interrumpidas secuencias de renuente y laboriosa unidad : aunque despojada de su brillante estatuto internacional[32], la ciudad es crisol de todos los exilios y sus habitantes parecen acampar en un presente incierto, risueño y manirroto para algunos, austero y peliagudo para los más : probeta de intrincados experimentos químicos : de elementos de los orígenes y procedencias más dispares : burgueses precavidos, nobles elegiacos, dudosos comerciantes, especuladores fraudulentos, ejemplares de las infinitas escalas y matices de la compleja, portentosa, variopinta flora sexual : los ingredientes se yuxtaponen sin mezclarse jamás, como estratos geológicos superpuestos por el paso de los siglos o líquidos de densidad diferente que sobrenadan en la vasija experimental del científico o el estudioso : juntos sí, pero no revueltos : la gravedad específica que ejerce sobre ellos el centro común varía, como observó Fígaro, según la mayor o menor cantidad de moléculas que los integran : sólidos, líquidos y gaseosos : abajo, el sólido de los sólidos : costra del mundo, base del edificio social, sobre el cual se pisa, se anda, se sube : ni más ni menos que una piedra : en medio, el hombre líquido : corriendo y serpenteando encima del anterior : en movimiento continuo : a la caza de vacantes y empleos : hoy arroyo, mañana río : y en la cúspide, la ártica región del pensamiento : el hombre-gas, el hombre-globo : asombroso por su grandeza y su aparato y su fama : elevándose olímpicamente hacia alturas sublimes : con fuerza irresistible, como el tapón de una botella de champán : zonas bien demarcadas, reconocibles a simple vista : los beneficios de la ínclita sociedad de consumo no se manifiestan aún en esas tierras y la moda no uniforma ni iguala a los miembros de las diversas capas : así la interferencia, visible siempre, des-

---

[30] Véanse las *Generalidades* de la primera parte.

[31] En esta novela, Goytisolo prescinde de las mayúsculas al comienzo de párrafo u oración. También prescinde del punto y seguido, al que reemplaza por dos puntos.

[32] Durante la Segunda Guerra Mundial, Tánger fue dividida en zonas por las potencias aliadas, tal como se haría después con Berlín.

entona más : resulta para el foráneo, para el no acostumbrado, infinitamente más brusca : el anciano ciego apoyado en el hombro de su lazarillo, zigzagueando de una acera a otra, a todas las horas del día, por todos los barrios de la ciudad : o la viejecita envuelta en una toalla raída, acurrucada contra el muro, inmóvil siempre, con la mano tendida, abierta como una estrellamar : acechando tu paso con ojillos suplicantes : muda como un reproche mudo o una muda interrogación : mientras tú tanteas los bolsillos en busca de moneda : desviando la vista y cambiando de acera cuando no tienes : depositándola en el disco central del humano asteroide : cuyos brazos se cierran entonces sobre la presa y la engullen como si se tratara de una ostra : no sin determinar antes su valor : diez, veinte, cincuenta francos : y murmurar con voz apenas inteligible : el-jamdullah[33] : interferencias éstas habituales, insertas en el orden normal de las cosas, en el mecanismo que rige el buen funcionamiento del conjunto : no las improvisadas y aleatorias, y por ello mucho más temibles, del sablista[34] de profesión, del pobre vergonzante : al que hay que escuchar y compadecer, abrumado como está el infeliz por la prodigiosa sucesión de catástrofes de toda índole que sobre él se abaten y cruelmente se ensañan en la numerosa, desdichada familia : dolores, enfermedades, accidentes que recita con voz monocorde, apelando a la magra reserva de sus fisionómicas disponibilidades : decorosamente vestido para la circunstancia con un gabán un tanto desmerecido, irregularmente abotonado y con el cuello subido hasta la altura de las orejas : las perneras del pantalón desvirtuadas por el dilatado uso y unas melancólicas y extrañas botas de gimnasta : avanzando hacia ti con grave y atormentada sonrisa : la mano derecha escapada al encuentro de la tuya, con respetuosa impaciencia : buenos días, caballero : e informarse al punto de tu firme salud de roble : contrapeso necesario, obligado, de la suya tan frágil, tan calamitosa : así asá, regularcillo nomás : el dichoso hígado, como siempre, haciendo de las suyas, jugándome una de sus malas pasadas : con el tono oficioso de quien ha pasado media vida en las antesalas y despachos de la difunta administración hispana, en instancia de vago empleo o indecisa prebenda, en solicitud de socorro improbable : contaminado del castizo y militar ambiente, del paternalismo familiar y bronco de los de tu fauna : recadero, asistente, hácelotodo de algún sátrapa más o menos estrellado o con esperanzas de estrellar : de algún tiranuelo de escalafón y plantilla, esclavo a su vez del Reglamento y de los decretos del Boletín oficial : espiándote con sus ojos móviles, escurridizos, durante la exposición del sombrío cuadro : revestido de peto, careta, guante y manopla, presto a manejar el sable : el médico me recetó unas midicinas[35] formidables, unas asperinas inglesas : bueno, asperinas no : unas pastillas pa eso, pa el hígado : muy, piro que muy buenas : pausa : piro muy caras : diez dirhames[36] que las condenadas : ¿qué digo? : doce, doce dirhames : que alivian

---

[33] *Arabe:* Gracias a Alá.

[34] El que pide dinero prestado. Todo el pasaje que sigue es una descripción irónica del individuo que vive del "sablazo", es decir, de pedir préstamos sin intención de pagarlos.

[35] *Medicinas.* El cambio de e por i y viceversa es típico del español de la región.

[36] Moneda local, equivalente a unos 25 centavos de dólar.

en seguida el mal, sí : pero dígame usté : ¿de dónde sacar los cuartos? :
y, pasando del caso personal al familiar, del singular al plural, en una
más vasta y asoladora perspectiva, ponerse en guardia con el florete orien-
tado peligrosamente hacia ti : mi mamá, la pobre, como siempre : tirando
bien que mal : setinta años ya y la salud y los disgustos : y el dolor de
cabeza que no la deja : que ni come la pobrecilla : un poquito de pan
por la mañana, una taza de jarira[37] por la tarde y pare usté de contar :
como si estuviéramos en Ramadán : y la asperina, eso sí : dos veces al
día, con un vasito de agua : de la mezquita a la casa, de la casa a la
mezquita : rizando y pinsando : en sus hijos, en la familia de la cábila :
gente de bien : no morralla de esa que no sabe siquiera de donde viene
: sino del país : buenicitos, tranquilitos : uno con su chapuza, otro buscán-
dose la vida como puede, otro arreglándose los papeles en el Amalato[38] :
un poquito apurados de dinero, es verdad : el dichoso trabajo, siempre tan
flojillo : piro sin perder la confianza en Dios : espirando que las cosas se
arreglen, que alguna persona caritativa se acuerde de ellos y les eche una
mano : y esgrimir limpiamente la espada para la estocada final : poca
cosa esta vez : nada, casi nada : quince, veinte dirhames : justo para salir
del paso : el tiempo preciso de esquivarte por el chaflán antes de que te
descubra y topar de narices con él : avanzando hacia ti con grave y atormentada sonrisa : la mano derecha escapada al encuentro de la tuya, con
respetuosa impaciencia : buenos días, caballero : y, después de informarse
de tu salud, entregarse a una prolija descripción de la suya : el hígado,
como de costumbre : o una trastada juguetona del riñón : la crisis pasó
ya, gracias a Dios : piro la procesión va por dentro : un cálculo sí, una
piedrecilla : y mamá, la pobre, pues tirando : setinta años ya y la salud
y los disgustos : que ni come pinsando en sus hijos : sólo su asperina
con un vasito de agua : gente buena : no morralla de esa, sino del país :
un poquito apurados de dinero, sí : piro sin perder la confianza en Dios
: casi nada : para comprar unos kilos de harena : veinte, treinta dirhames : volviendo la cabeza, con verecundo rubor : el sable hundido hasta
la empuñadura[39] : en tanto que tú te escabulles por la tangente, pegado
a la tapia de ladrillos del vecino solar, corriendo a todo correr : y el
corazón te bate con fuerza y el cansancio te oprime : como sil llevaras una
jauría detrás : con la vista adelantada hacia la bocacalle que debe librarte
de su presencia : alcanzándola al fin con infinito alivio y chocando de
nuevo con él : decorosamente vestido con un viejo gabán abotonado hasta
las orejas : las perneras del pantalón desvirtuadas por el dilatado uso
y unas melancólicas y extrañas botas de gimnasta : buenos días, caballero : espiándote con sus ojos móviles, escurridizos, durante la minu-
ciosa exposición del sombrío cuadro : el hígado, sí señor : setinta años
ya y la salud y los disgustos : buenecitos, tranquilitos : espirando que
las cosas se arreglen : casi nada esta vez : cien dirhames : tirando pru-
dentemente calle abajo hasta llegar al bulevar : con una cautelosa mirada

[37] Sopa de carne y verduras que suele comerse durante el mes de ayuno musulmán
(Ramadán).
[38] Alcaldía.
[39] Momento crucial del "sablazo".

hacia los bancos del paseo y el muro del ferrocarril y los establecimientos de baños : el viento hace oscilar las pencas de las palmeras y unos chiquillos apedrean el penacho de una de ellas, apuntando al copioso, bien granado racimo de dátiles : algunos automóviles circulan sin prisa, alguno que otro taxi : y el público de costumbre : parejas de turistas, los consabidos ociosos, un grupo de mujeres campesinas, tras sus borricos, camino del mercado : ninguna señal de peligro a derecha ni izquierda : alegre pues, y con moderado optimismo : lejos de su radio de acción, mientras enciendes un cigarrillo y aspiras el humo : aseverativo y concluyente : por lo que respecta a hoy te has salvado[40]

no es sordo el mar, la erudición engaña : y las corazonadas, a menudo, también : despejado el camino, el día te pertenece : dueño proteico de tu destino, sí, y, lo que es mejor, fuera del devenir histórico : del raudo progreso que, según testigos, juvenece la faz, ayer dormida y torva, hoy floreciente y dinámica del vetusto país : estaciones de servicio y moteles, películas verdosas extranjeras con bikini en las playas : different, yes : lleno de sabor castizo, de soleado y tipical encanto : toros, manzanillas, guitarras : luz, colorido, flamenco : embrujo sutil de las noches hispanas : populorum progressio[41] : gracias al tacto y competencia de vuestros esclarecidos tecnócratas : próvidos celadores del secular enfermo, condenado aún, después de previsora sangría, a la inmovilidad y al reposo, a la cura de sueño, a la hídrica dieta : en vía de recuperación al fin bajo la ubicua potestad de Tonelete : abandonando el lecho, hablando a media voz, dando los primeros pasos : cortos paseos por el·jardín de la clínica : sin prisas de ir al gimnasio ni de dar volteretas : con una cautela que gana diariamente nuevos prosélitos : en esos años sórdidos, con esperanza de mejoras : televisión, 600 y todas esas leches[42] : en el andén, sí señor : apeado del tren que trabajosamente marcha : lento, pero seguro : sin reclamar tu puesto en el nada eucarístico banquete : sin aspirar a las disputadas migajas : en los limbos de un tiempo sin fronteras : en el piadoso olvido : libre de seguir tus pasos donde tus pasos te llevan : de contemplar los jardincillos de la estación, el ininterrumpido ajetreo de los autocares : de sustraerte a la labia del vendedor de lotería, al celo del liampiabotas porfiado : mientras el público discurre en calma delante de ti : campesinas con sombreros trenzados, soldados de permiso, mujeres veladas, un viejo sobre un albo (dioscúrico?) caballo, algún rifeño de rostro riguroso y hermético : y el breve huracán de pronto : una inconfundible españolita que avanza elástica y ágil, como impulsada por la admiración que suscita : los masculinos ojos fijos en ella: en la brusca y candorosa insurgencia de los pechos, en el bien guardado tesoro : teológico bastión, gruta sagrada : tenaz e inexpugnable : pretexto de literarias

---

[40] No hay puntuación alguna al final de párrafo.

[41] Famosa encíclica del papa Juan XXIII en que afirma la solidaridad de la iglesia católica con los esfuerzos en favor del progreso de los pueblos.

[42] *600:* un modelo de auto pequeño y económico. *Leches:* obscenidad por "basuras". Ambos se refieren a productos de la tecnología moderna.

justas, de pemanianos juegos[43] : rebuscadas hipérboles en donde se manifiesta una vez más el natural ingenio de un pueblo singularmente dotado
para el culto requiebro, el conceptual piropo : expresión cumbre de una
retórica de la más rancia estirpe nacional : gachona, guapa, sultana, re-
quetechula, faraona que eres, emperaora : en voz baja, perdiendo saliva :
cumplidos que ella finge no oír o verdaderamente no oye absorta como
está la criatura en la agresiva insinuación del santa sanctorum : cerrando
filas, con la guardia en alto : pasando a un metro escaso de tu mesa y ofreciendo al punto, a la especulativa reflexión, las rotundas esferas, las enjun-
diosas posibilidades : que oscilan y ondean con movimientos helicoides al
alejarse de ti y de cuantos no solicitados catadores ocupan la soleada
terraza : imaginarios espeleólogos de la cripta, de las cavidades recónditas
: residuos de la civilizadora presencia hispánica en esas tierras, algo
cascados por la edad y los achaques, en la inopia operativa y mesiánica,
con un sentencioso palillo entre los dientes : afrontando ahora a los
bardos del vecino café : junto al horario pizarroso de los autobuses y
la perfilada silueta de un hombre con un revólver tácito y elocuente :
JAMES BOND, OPERACION TRUENO, última semana : hasta perderse de vista
y anular de golpe los remotos sueños incumplidos, las jamás satisfechas
esperanzas de los broncos y bizarros carpetos[44] : presagiadas coyundas
dulces y no cantados tientos, fecundo, genitivo soplo : enfrascados de
nuevo tus paisanos en la lectura del heraldo local, en el no man's land
informativo, en la papilla dialéctica : prestigiosa muestra de vuestras
realizaciones en este importante sector : discutiendo con el vecino y
subrayando el evento cuando es necesario : con la voz recia, cavernosa
del antiguo burócrata o jubilado suboficial : para estigmatizar las con-
ductas irresponsables, tan frecuentes, ay, en esta hora transida de inquietudes polémicas : y reducirlas a continuación a sus justas proporciones :
contagiados de la virulencia afirmativa del editorialista : avalándola con
la fuerza de su carrasposa autoridad

me consta que es sólo una minoría muy restringida en tanto que tú apuras
el café de un sorbo y pagas la consumición y vuelves sobre tus pasos :

Se ha dicho que *Reivindicación del conde don Julián* constituye una
agresión literaria contra los supuestos socio-históricos, religiosos y culturales españoles[45]. A ello debe añadirse la agresión estilística[46] de la *inter-
textualidad*, por la cual el autor se apropia de citas de otros escritores desde
la Edad Media hasta nuestros días, y que llega al extremo de incorporar a
su obra pasajes pedidos específicamente a otros novelistas (Carlos Fuentes,
Julio Cortázar, Guillermo Cabrera Infante) para su inclusión en el *Don
Julián*.

---

[43] Alusión a José María Pemán y a su influencia en las actividades literarias de la España
de la posguerra.
[44] Españoles (designación irónica). Carpetania era el nombre del antiguo reino de Toledo.
[45] José Ortega, *Juan Goytisolo* (Nueva York, Eliseo Torres, 1972) 9-10.
[46] Ortega, *op. cit.*

Miguel Viladrich: "Mi funeral".
(Cortesía de The Hispanic Society of America)

En más de un sentido, esta novela representa la reafirmación del barroco en la literatura española contemporánea. Su prioridad máxima es la forma, que en ocasiones se constituye en su propio contenido.

El narrador suprime los límites entre la realidad y el sueño, de modo que los conceptos de espacio finito y tiempo mecánico desaparecen.

Lo que queda en manos del lector es básicamente un *texto*, más significante que significado, más obra literaria autónoma que referencia a una realidad "concreta". La importancia que se concede al juego lingüístico la acerca a la naturaleza experimental de la novela actual hispanoamericana. La contribución de Goytisolo a la literatura española contemporánea sólo puede concebirse a partir de esta premisa.

Otros títulos del autor incluyen *Duelo en el paraíso* (1955), *Fin de fiesta* (1962), *Señas de identidad* (1966), y *Juan sin tierra* (1976).

Goytisolo reside actualmente en París.

La barca sin pescador, *drama de Alejandro Casona. (Barnard College, N.Y., foto de Lina Centeno)*

El teatro

Durante la mayor parte del período precedente a la guerra, los escenarios españoles siguen estrenando obras de autores como Benavente, Marquina, Martínez Sierra y otros que ya cosechaban éxitos desde hacía tiempo. Es cierto que algunas figuras de la generación del 98 y de otras promociones realizan incursiones en el mundo del teatro con propósitos reformistas, pero en general se trata de iniciativas aisladas, que no crean escuela ni logran interesar más que a un público minoritario.

En los últimos años de la República, empero, la piezas de Federico García Lorca y de Alejandro Casona, entre otros, apuntan hacia nuevas direcciones en las escena española. Lamentablemente, la guerra trunca la obra del primero e impulsa al segundo al exilio.

En el capítulo anterior hemos mencionado someramente la significación del teatro lorquiano para la dramaturgia contemporánea. Permítasenos añadir aquí que la fuerza lírico-dramática de obras como *Bodas de Sangre* (1933), *Doña Rosita la soltera* (1935), *Yerma* (1934) y *La casa de Bernarda Alba*

487

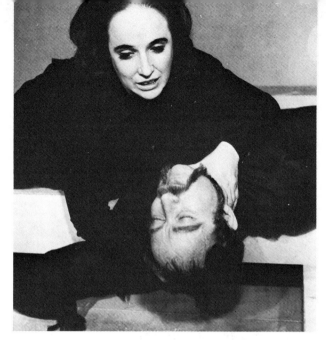

Yerma, *una de las tragedias más famosas de García Lorca, en una representación del Greenwich Mews Spanish Theatre de Nueva York, 1971.*
(Foto de Avery Willard)

La casa de Bernarda Alba: *el velorio. Producción de Nuestro Teatro, Nueva York, 1974. (Foto de Deanne K. Flouton)*

(1936) ha hecho de ellas las piezas de este período que gozan de más popularidad. Su denominador común es el mundo —"real" o estilizado, según los casos— de la mujer española, con sus instintos, pasiones y conflictos ante las convenciones sociales.

Al igual que su poesía, el teatro de Lorca se basa esencialmente en la metáfora —bien sea a nivel dramático o verbal— que domina tanto sus piezas largas como sus farsas guiñolescas al estilo del *Retablillo de don Cristóbal* o *El amor de don Perlimplín con Belisa en su jardín*, ambas de 1931.

Alejandro Casona (1900-1965), estrena en 1934 su primera pieza, *La sirena varada*, y obtiene ya con ella un gran éxito. Al año siguiente sube a escena *Nuestra Natacha*, una pieza de aguda crítica social y anhelos reformistas; por lo mismo, ocupa un lugar aparte en el contexto general de su obra. Durante su exilio en Argentina escribe *La dama del alba* (1944), en torno al tema de la muerte; *La barca sin pescador* (1945), acerca de un Fausto[47] moderno; *Los árboles mueren de pie* (1949), sobre el triunfo de la ilusión y muchas otras.

Casona aporta a la escena española un teatro de intenso componente lírico que no pierde, empero, el contacto con la realidad. De hecho, el tema esencial de su producción es precisamente el conflicto entre realidad y fantasía, que el autor resuelve generalmente en favor de la primera.

José María Pemán (n.1898), aparece al principio estrechamente vinculado con el teatro poético al estilo de Marquina. Es la época del estreno de *El divino impaciente* (1933), *Cuando las Cortes de Cádiz* (1934) y *Cisneros* (1934). Más tarde cultiva el teatro de ambiente contemporáneo, en comedias como *La casa* (1946) y *En tierra de nadie* (1947).

Las profundas convicciones católicas de Pemán y su fervor nacionalista se reflejan fielmente en su obra, que en gran parte puede calificarse de *teatro de tesis*. Lo mismo puede decirse de un segmento considerable de su obra poética y de casi toda su oratoria.

Max Aub, mencionado al hablar de la novela, representa una tendencia innovadora de la escena con sus piezas vanguardistas del corte de *El desconfiado prodigioso* (1924) y *Narciso* (1928). Su ingenio y originalidad dan al volumen *Teatro incompleto* (1931) un atractivo muy especial.

Joaquín Calvo Sotelo (n.1905), trata por lo general temas contemporáneos de implicaciones éticas o sociales. Sus dramas de mayor éxito incluyen *Criminal de guerra* (1951), *La ciudad sin Dios* (1956) y, ante todo, *La*

---

[47] El personaje que vende su alma al diablo, tratado originalmente por Marlowe y desarrollado al máximo por Goethe en su obra del mismo título.

Antonio Buero Vallejo.

muralla (1954), sobre el conflicto de conciencia de una familia católica al descubrirse que su fortuna ha sido mal adquirida.

Antonio Buero Vallejo (n.1916), cultiva un treatro de gravedad dramática en que abundan las interrogantes —sociales, políticas e incluso metafísicas— acerca del hombre contemporáneo y su circunstancia. *Historia de una escalera* (1949) presenta la gris existencia de una serie de personajes humildes en una casa de vecindad.

Historia de una escalera

El escenario está constituido por dos rellanos de una escalera. En las escenas iniciales, todos los residentes de la casa parecen tener la misma importancia dramática, como los personajes de un friso viviente. No obstante, al avanzar la trama, la acción se concentra paulatinamente en torno a las figuras más jóvenes: Elvira, una muchacha de posición relativamente holgada; Fernando, un joven humilde y sin gran disposición para el trabajo; Carmina, novia de Fernando; y Urbano, amigo de éste.

En el transcurso de las escenas siguientes, Elvira logra atraer a Fernando, quien renuncia a su amor por Carmina en aras de una mejor posición económica, y Urbano consigue que la novia abandonada, en su despecho, acceda a casarse con él.

Del matrimonio de Fernando y Elvira nacen dos hijos, Manolín y Fernando. A su vez, Urbano y Carmina tienen una hija, Carmina.

En el tercer acto, el ciclo sentimental comienza de nuevo con el amor que se despierta súbitamente entre los jóvenes Fernando y Carmina.

La oposición de los padres de ambos a tal noviazgo constituye el nudo dramático del acto final, que culmina en una reyerta general entre todos los involucrados y deja entrever, en una especie de epílogo romántico, un rayo de esperanza.

He aquí la escena final del tercer acto, en que los dos antiguos amigos se encuentran inesperadamente en la escalera:

URBANO. — Fernando.

FERNANDO. — *(Volviéndose.)* Hola. ¿Qué quieres?

URBANO. — Un momento. Haz el favor.

FERNANDO. — Tengo prisa.

URBANO. — Es sólo un minuto.

FERNANDO. — ¿Qué quieres?

URBANO. — Quiero hablarte de tu hijo.

FERNANDO. — ¿De cuál de los dos?

URBANO. — De Fernando.

FERNANDO. — ¿Y qué tienes que decir de Fernando?

URBANO. — Que harías bien impidiéndole que sonsacase a mi Carmina.

FERNANDO. — ¿Acaso crees que me gusta la cosa? Ya le hemos dicho todo lo necesario. No podemos hacer más.

URBANO. — ¿Luego lo sabías?

FERNANDO. — Claro que lo sé. Haría falta estar ciego . . .

URBANO. — Lo sabías y te alegrabas, ¿no?

FERNANDO. — ¿Que me alegraba?

URBANO. — ¡Sí! Te alegrabas. Te alegrabas de ver a tu hijo tan parecido a ti mismo . . . De encontrarle tan irresistible como lo eras tú hace treinta años. *(Pausa.)*

FERNANDO. — No quiero escucharte. Adiós. *(Va a marcharse.)*

URBANO. — ¡Espera! Antes hay que dejar terminada esta cuestión. Tu hijo . . .

FERNANDO. — *(Sube y se enfrenta con él.)* Mi hijo es una víctima, como lo fui yo. A mi hijo le gusta Carmina porque ella se le ha puesto delante. Ella es quien le saca de sus casillas. Con mucha mayor razón podría yo decirte que la vigilases.

URBANO. — ¡Ah, en cuanto a ella puedes estar seguro! Antes la deslomo que permitir que se entienda con tu Fernandito. Es a él a quien tienes que sujetar y encarrilar . . . Porque es como tú eras: un tenorio y un vago.

FERNANDO. — ¿Yo un vago?

URBANO. — Sí. ¿Dónde han ido a parar tus proyectos de trabajo? No has sabido hacer más que mirar por encima del hombro a los demás. ¡Pero no te has emancipado, no te has libertado! *(Pegando en el pasamanos.)* ¡Sigues amarrado a esta escalera, como yo como todos!

FERNANDO. — Sí, como tú. También tú ibas a llegar muy lejos con el sindicato y la solidaridad. *(Irónico.)* Ibais a arreglar las cosas para todos . . . hasta para mí.

URBANO. — ¡Sí! ¡Hasta para los zánganos y cobardes, como tú!

(CARMINA, *la madre, sale al descansillo después de escuchar un segundo e interviene. El altercado crece en violencia hasta su final.*)

CARMINA. — ¡Eso! ¡Un cobarde! ¡Eso es lo que has sido siempre! ¡Un gandul y un cobarde!

URBANO. — ¡Tú, cállate!

CARMINA. — ¡No quiero! Tenía que decírselo. (*A* FERNANDO) ¡Has sido un cobarde toda tu vida! Lo has sido para las cosas más insignificantes . . . y para las más importantes. (*Lacrimosa*) ¡Te asustaste como una gallina cuando hacía falta ser un gallo con cresta y espolones!

URBANO. — (*Furioso.*) ¡Métete para adentro!

CARMINA. — ¡No quiero (*A* FERNANDO.) Y tu hijo es como tú, un cobarde, un vago y un embustero. Nunca se casará con mi hija, ¿entiendes? (*Se detiene, jadeante.*)

FERNANDO. — Ya procuraré que no haga esa tontería.

URBANO. — Para vosotros no sería una tontería, porque ella vale mil veces más que él.

FERNANDO. — Es tu opinión de padre. Muy respetable. (*Aparece* ELVIRA, *que escucha y los contempla.*) Pero Carmina es de la pasta de su familia. Es como Rosita . . .[48]

URBANO. — (*Que se acerca a él rojo de rabia.*) Te voy a . . . (*Su mujer le sujeta.*)

FERNANDO. — ¡Sí! ¡A tirar por el hueco de la escalera! Es tu amenaza favorita. Otra de las cosas que no has sido capaz de hacer con nadie.

ELVIRA. — (*Avanzando.*) ¿Por qué te avienes a discutir con semejante gentuza? (FERNANDO HIJO y MANOLIN *ocupan la puerta y presencian la escena con disgustado asombro.*) Vete a lo tuyo.

CARMINA. — ¡Una gentuza a la que no tiene usted derecho a hablar!

ELVIRA. — Y no la hablo.

CARMINA. — ¡Debería darle vergüenza! ¡Porque usted tiene la culpa de todo esto!

ELVIRA. — ¿Yo?

CARMINA. — Sí, usted, que ha sido siempre una zalamera y una entrometida . . .

ELVIRA. — ¿Y usted qué ha sido? ¡Una mosquita muerta! Pero le salió mal la combinación.

FERNANDO. — (*A su mujer.*) Estáis diciendo muchas tonterías . . . (CARMINA HIJA, PACA, ROSA y TRINI *se agolpan en su puerta.*)

ELVIRA. — ¡Tú te callas! (*A* CARMINA, *por* FERNANDO.) ¿Cree usted que se lo quité? ¡Se lo regalaría de buena gana!

FERNANDO. — ¡Elvira, cállate! ¡Es vergonzoso!

URBANO. — (*A su mujer.*) ¡Carmina, no discutas eso!

ELVIRA. — (*Sin atender a su marido.*) Fue usted, que nunca supo retener a nadie, que no ha sido capez de conmover a nadie . . . , ni de conmoverse.

CARMINA. — ¡Usted, en cambio, se conmovió a tiempo! ¡Por eso se lo llevó!

ELVIRA. — ¡Cállese! ¡No tiene derecho a hablar! Ni usted ni nadie de su familia puede rozarse con personas decentes. Paca ha sido toda su vida una murmuradora . . . y una consentidora. (*A* URBANO.) ¡Como usted! Consentidores de los caprichos de Rosita . . . ¡Una cualquiera!

ROSITA. — ¡Deslenguada! ¡Víbora (*Se abalanza y la agarra del pelo. Todos vocean.* CARMINA *pretende pegar a* ELVIRA. URBANO *trata de separarlas.* FERNANDO *sujeta a su mujer. Entre los dos consiguen separarlas a medias.* FERNANDO HIJO, *con el asco y la amargura pintados en su faz, avanza por detrás del grupo y baja los*

---

[48] Hermana de Urbano, que al comienzo de la trama vivió un tórrido romance con Pepe, hermano de Carmina.

escalones, sin dejar de mirar, tanteando la pared a sus espaldas. Con desesperada actitud sigue escuchando desde el "casinillo"[49] la disputa de los mayores.)

FERNANDO. — ¡Basta! ¡Basta ya!

URBANO. — *(A los suyos.)* ¡Adentro todos!

ROSA. — *(A* ELVIRA.) ¡Si yo me junté con Pepe y me salió mal, usted cazó a Fernando . . . !

ELVIRA. — ¡Yo no he cazado a nadie!

ROSA. — ¡A Fernando!

CARMINA. — ¡Sí! ¡A Fernando!

ROSA. — Y le ha durado. Pero es tan chulo como Pepe.

FERNANDO. — ¿Cómo?

URBANO. — *(Enfrentándose con él.)* ¡Claro que sí! ¡En eso llevas razón! Has sido un cazador de dotes. En el fondo, igual que Pepe. ¡Peor! ¡Porque tú has sabido nadar y guardar la ropa!

FERNANDO. — No te parto la cabeza porque . . . ! *(Las mujeres los sujetan ahora.)*

URBANO. — ¡Porque no puedes! ¡Porque no te atreves! ¡Pero a tu niño se la partiré yo como le vea rondar a Carmina!

PACA. — ¡Eso! ¡A limpiarse de mi nieta!

URBANO. — *(Con grandes voces.)* ¡Y se acabó! ¡Adentro todos *(Los empuja rudamente.)*

ROSA. — *(Antes de entrar, a* ELVIRA.) ¡Pécora!

CARMINA. — *(Lo mismo.)* ¡Enredadora!

ELVIRA. — ¡Escandalosas! ¡Ordinarias!

*(*URBANO *logra hacer entrar a los suyos y cierra con un tremendo portazo.)*

FERNANDO. — *(A* ELVIRA *y* MANOLIN.) ¡Vosotros, para adentro también!

ELVIRA. — *(Después de considerarle un momento, con desprecio.)* ¡Y tú a lo tuyo, que ni para eso vales!

(Su marido la mira violento. Ella mete a MANOLIN *de un empujón y cierra también con un portazo.* FERNANDO *baja tembloroso la escalera, con la lentitud de un vencido. Su hijo,* FERNANDO, *le ve cruzar y desaparecer, con una mirada de espanto. La escalera queda en silencio.* FERNANDO HIJO *oculta la cabeza entre las manos. Pausa larga.* CARMINA HIJA *sale, con mucho sigilo, de su casa y cierra la puerta sin ruido. Su cara no está menos descompuesta que la de* FERNANDO. *Mira por el hueco, y después fija su vista, con ansiedad, en la esquina del "casinillo". Baja tímidamente unos peldaños, sin dejar de mirar.* FERNANDO *la siente y se asoma.)*

FERNANDO, HIJO — ¡Carmina! *(Aunque esperaba su presencia, ella no puede reprimir un suspiro de susto. Se miran un momento y en seguida ella baja corriendo y se arroja llorando en sus brazos.)* ¡Carmina . . . !

CARMINA, HIJA. — ¡Fernando! Ya ves . . . Ya ves que no puede ser.

FERNANDO, HIJO. — ¡ Sí puede ser! No te dejes vencer por su sordidez. ¿Qué puede haber de común entre ellos y nosotros? ¡Nada! Ellos son viejos y torpes. No comprenden . . . Yo lucharé para vencer. Lucharé por ti y por mí. Pero tienes que ayudarme, Carmina. Tienes que confiar en mí y en nuestro cariño.

CARMINA, HIJA. — ¡No podré!

---

[49] Un descanso intermedio entre los pisos quinto y cuarto, donde es posible escuchar sin ser visto.

FERNANDO, HIJO. — Podrás. Podrás . . . porque yo te lo pido. Tenemos que ser más fuertes que nuestros padres. Ellos se han dejado vencer por la vida. Han pasado treinta años subiendo y bajando esta escalera . . . Haciéndose cada día más mezquinos y más vulgares. Pero nosotros no nos dejaremos vencer por este ambiente. ¡No! Porque nos marcharemos de aquí. Nos apoyaremos el uno en el otro. Me ayudarás a subir, a dejar para siempre esta casa miserable, estas broncas constantes, estas estrecheces. Me ayudarás, ¿verdad? Dime que sí, por favor. ¡Dímelo!

CARMINA, HIJA — ¡Te necesito, Fernando! ¡No me dejes!

FERNANDO, HIJO. — ¡Pequeña! (*Quedan un momento abrazados. después el la lleva al primer escalón y la sienta junto a la pared, sentándose a su lado. Se cogen las manos y se miran, arrobados.*) Carmina, voy a empezar en seguida a trabajar por ti. ¡Tengo muchos proyectos! (CARMINA, *la madre, sale de su casa con expresión inquieta y los divisa, entre disgustada y angustiada. Ellos no se dan cuenta.*) Saldré de aquí. Dejaré a mis padres. No los quiero. Y te salvaré a ti. Vendrás conmigo. Abandonaremos este nido de rencores y de brutalidad.

CARMINA, HIJA. — ¡Fernando!

(FERNANDO, *el padre, que sube la escalera, se detiene, estupefacto, al entrar en escena.*)

FERNANDO, HIJO. — Sí, Carmina. Aquí sólo hay brutalidad e incomprensión para nosotros. Escúchame. Si tu cariño no me falta, emprenderé muchas cosas. Primero me haré aparejador. ¡No es difícil! En unos años me haré un buen aparejador. Ganaré mucho dinero y me solicitarán todas las empresas constructoras. Para entonces ya estaremos casados . . . Tendremos nuestro hogar, alegre y limpio . . . , lejos de aquí. Pero no dejaré de estudiar por eso. ¡No, no, Carmina! Entonces me haré ingeniero. Seré el mejor ingeniero del país y tú serás mi adorada mujercita...

CARMINA, HIJA. — ¡Fernando! ¡Qué felicidad . . . ! ¡Qué felicidad!

FERNANDO, HIJO. — ¡Carmina!

(*Se contemplan extasiados, próximos a besarse. Los padres se miran y vuelven a observarlos. Se miran de nuevo, largamente. Sus miradas, cargadas de una infinita melancolía, se cruzan sobre el hueco de la escalera, sin rozar el grupo ilusionado de los hijos.*)

(*Cae el telón.*)

A pesar de su tono en ocasiones melodramático, *Historia de una escalera* obtuvo un éxito impresionante cuando se estrenó en el Teatro Español de Madrid en 1949. El tema, aparentemente sentimental, alude a los conflictos acarreados por la guerra civil y la situación en el país durante la época franquista.

Bueno Vallejo reviste de mayor contenido simbólico a los personajes de *En la ardiente oscuridad* (1950), que se desarrolla en una residencia de ciegos, y de *Las Meninas* (1960), en que la figura del pintor Velázquez personifica el conflicto entre el ansia de libertad del espíritu y las restricciones de un medio social petrificado por la tradición.

En 1967 aparece *El tragaluz*, obra en la cual a través de dos científicos del futuro el autor nos hace regresar a la actualidad para observar una familia con un padre loco a consecuencia de la guerra civil española. En *El sueño de la razón* (1970) el héroe principal será el propio pintor Goya.

Posteriormente en las escenas españolas aparecieron *La llegada de los dioses* (1971), *La fundación* (1974) y *La doble historia del doctor Valmy* (1976). Esta última obra había sido prohibida por la censura durante varios años, y el tema es la triple perspectiva de un mismo suceso de horror y de tortura. La última pieza que se ha podido ver de Buero Vallejo lleva por

Arrabal: Los dos verdugos, ofrecido por *The Puerto Rican Traveling Theatre de Nueva York. (Foto de Ken Howard)*

Fernando Arrabal durante una visita a Nueva York.
(Max Waldman)

título *La detonación* y trata de Mariano de Larra, escritor y periodista romántico que analizó con lucidez los problemas de España.

También escriben para la escena en esta época figuras como Miguel Mihura (1905-1977), que logra gran éxito con *Tres sombreros de copa* (1952) y *Ninette y un señor de Murcia* (1964); Lauro Olmo (n. 1923), el comediógrafo Alfonso Paso (1925-1978), José Ruibal (n. 1925), José Martín Recuerda (n. 1925) y Francisco Nieva (n. 1929).

Alfonso Sastre (n.1926) es conocido por practicar un teatro comprometido. Entre sus obras más destacadas están *La mordaza* (1953) y *Oficio de tinieblas* (1960). Sus dos últimas son *La sangre y la ceniza* y *Crónicas romanas,* publicadas en 1979. *La sangre y la ceniza* trata del suplicio y muerte de Miguel Servet a manos de Calvino, pero en realidad el tema de la obra es el uso de los poderes del estado para silenciar a los disidentes. *Crónicas romanas* emplea el sitio y destrucción de Numancia por los romanos como pretexto para criticar la guerra de Vietnam.

En las carteleras teatrales contemporáneas se destacan los nombres de Miguel Romero Esteo (n. 1939), Antonio Gala (n. 1936) y Fernando Arrabal (n. 1932), que reside en París y disfruta de renombre internacional.

*

Monumento a Alfonso XII y estanque, Parque del Retiro, Madrid.

En líneas generales, la literatura española más reciente muestra un despegue del realismo en que, por razones mayormente políticas, había permanecido detenida durante varias décadas. En los escritores actuales, y no sólo los de las promociones más jóvenes, se observa una voluntad de exploración de nuevos caminos y de recuperación de las formas más brillantes de la literatura moderna.

INDICE DE AUTORES
Y OBRAS

A

F

García Hortelano, Juan, 479
García López, José, 114, 169, 175, 235, 258, 453
García Lorca, Federico, 383, 439, 440-446, 447, 453, 487, 489
García Nieto, José, 288
Garcilaso de la Vega, 70, 73, 74, 75, 76-82, 101, 109, 110, 121, 239, 453
Gaviota, La, Fernán Caballero, 311-317
generación poética del 27, La, Joaquín González Muela y Juan Manuel Rozas, 439
Genio y figura, Valera, 328
Gil, Ildefonso Manuel, 459
Gil-Albert, Juan, 459
Gili Gaya, Samuel, 92
Gilman, Stephen, 63
Gil Polo, Gaspar, 89
Gimferrer, Pere, 467
Gironella, José María, 478
Gitanilla, La, Cervantes, 143
Gloria, Pérez Galdós, 336
Goethe, Johann Wolfgang, 141, 226, 489
Gómez de la Serna, Ramón, 383
Gómez de Tejada, 53
Góngora, Luis de, 110, 135, 159, 160-166, 168, 176, 383, 439, 447
González, Angel, 466
González Muela, Joaquín, 439
Goytisolo, Juan, 479, 480, 481-486
Goytisolo, Luis, 479
Gracián, Baltasar, 160
Gramática castellana, Antonio de Nebrija, 65
Granada, fray Luis de, 115
Granada, Zorrilla, 278
Grande, Félix, 466
Gran Galeoto, El, Echegaray, 307-310
Gran teatro del mundo, El, Calderón, 225
Gravitaciones, Supervielle, 449
Gritos del combate, Núñez de Arce, 298-300
Guelbenzu, José Manuel, 480
guerras de nuestros antepasados, Las, Delibes, 478
Guía de pecadores, fray Luis de Granada, 115
guerras civiles de Granada, Las, Pérez de Hita, 100
Guillén, Jorge, 383, 439, 443, 449-452, 453, 454
Guzmán de Alfarache (Aventuras del pícaro Guzmán de Alfarache), Mateo Alemán, 92, 99, 100

H